KB018660

望月吠犬

역사학자 전우용의 시사상식 사전

망월폐견

초판 1쇄 발행 | 2021년 2월 8일
초판 4쇄 발행 | 2021년 2월 24일

지은이 전우용
발행인 한명선

편집 김화영 나은심 **마케팅** 배성진 **관리** 이영혜
디자인 모리스

주소 서울시 종로구 평창길 329(우편번호 03003)
문의전화 02-394-1037(편집) 02-394-1047(마케팅)
팩스 02-394-1029
전자우편 saeum98@hanmail.net
블로그 blog.naver.com/saeumpub
페이스북 facebook.com/saeumbooks
인스타그램 instagram.com/saeumbooks
발행처 (주)새움출판사
출판등록 1998년 8월 28일(제10-1633호)

ⓒ 전우용, 2021
ISBN 979-11-90473-56-9 03300

• 잘못된 책은 바꾸어 드립니다.
• 책값은 뒤표지에 있습니다.

역사학자
전우용의
시사상식
사전

망월폐견

; 달 보고 짖는 개들

새움

내가 페이스북에 세상일에 대한 소감을 적기 시작한 것은 2016년부터의 일이다. 애초의 의도는 아니었으나, 하루하루 쓰다 보니 매천 황현이 초야에서 세상일을 기록한 글처럼 '사료'가 되었다. 작년 겨울, 내 글들을 유심히 보던 새움출판사 대표가 그냥 버리기 아까우니 책으로 묶어 내자고 제안했다. 책으로 내기에는 부끄러울 정도로 정제되지 않은 글들이지만, 세상일들에 대해 여러 독자와 생각을 나누는 것도 의미 있는 일이라 판단하고 승낙했다.

5년여에 걸쳐 쓴 글들을 살펴본 대표는 분량이 너무 많으니 2019, 2020년 두 해분만 정리해 출판하겠다고 했다. 원고를 교정하면서 지난 2년간 내가 어떤 문제들에 대해 언급했는지 다시 살펴봤다. 남북관계, 도시재생과 이해충돌, 일본의 대한對韓 수출규제와 일제 불매운동, 검찰과 언론의 편파성 문제, 코로나19 팬데믹과 방역, 의료개혁, 민주주의와 시민의식 등이 내 글의 주요 주제였다. 이것들은 여론을 뜨겁게 달군 주제로서 '시대의 문제'이기도 했다. '시대의 문제'를 함께 인식하고 해결책을 찾는 것은 공동체 구성원들의 도리라는 생각으로, 미흡한 글에 대한 부끄러움을 조금이나마 억누를 수 있었다.

'역사학자의 세태 감상'으로 흘러가 버릴 글들을 수습해서 '역사'가 될 수 있도록 책으로 묶어 주신 새움출판사 대표와 편집부에게 감사한다.

2021년 1월 26일
전우용

차례

가이드

지금은 행성의 지위를 잃었지만, 2006년까지는 태양계 마지막 행성이 명왕성이었습니다. 명왕성을 처음 발견한 사람은 미국 로웰 천문대 연구원 클라이드 톰보Clyde Tombaugh였습니다. 로웰 천문대를 세운 퍼시벌 로웰Percival Lowell은 우리나라에 와서 고종의 사진을 처음 찍은 사람이기도 합니다.

1883년 미국에 파견된 보빙사 일행은 일본 나가사키에서 미국 여행을 안내할 통역 겸 가이드를 구했습니다. 마침 하버드대학을 졸업하고 일본에 와 있던 퍼시벌 로웰과 연이 닿아 그를 고용, 미국 여행길에 올랐습니다. 로웰은 보빙사 일행의 미국 견문 전반을 주관했고, 보빙사의 견문은 이후 조선 정부의 신문물 도입 정책에 심대한 영향을 미쳤습니다.

보빙사가 귀국한 후, 고종은 로웰을 초청하여 그 공적을 치하했습니다. 로웰은 이때 카메라를 가지고 입국하여 고종의 어진御眞과 서울 여러 곳의 풍경을 촬영했습니다. 그는 이때의 조선 체류 경험을 토대로 〈Korea〉라는 책도 썼습니다. 퍼시벌 로웰은 한국인이 처음 만난 '여행 가이드'였고, 1884년의 조선 국왕은 그를 직접 초청하여 만날 정도로 우대했습니다.

언젠가 어떤 강연에서 청중 한 사람이 제게 물었습니다. "역사학자의 책무가 뭐라고 생각하십니까?" 저는 "시산여행의 가이드라고 생각합니다."라고 대답했습니다. 가이드 없이는 낯선 곳을 여행하기 어렵습니다. 어떤 가이드를 만나느냐에 따라 여행으로 배우는 바가 달라집니다.

경북 예천군 군의원들이 캐나다에서 가이드에게 온갖 추잡한 요구를 하다가 그 요구를 받아주지 않는다고 폭행한 사건이 발생했습니다. 이들이 나라 망신시켰다는 비난이 들끓지만, 사실 이런 건 한국인 관광객들이 흔히 보이는 행태입니다.

우리가 정말 부끄럽게 여겨야 할 건, "내 돈 받는 사람은 내 노예"라는 천박한 의식입니다. 가이드를 폭행한 군의원도, 분명 그를 '자기 아랫것'으로 여겼을 겁니다. 저런 '천박한 갑질 문화'는 아파트 단지, 직장, 학교 등 어디에서나 흔히 볼 수 있습니다. 저들이 그냥 한국인이 아니라 '한국인의 지역 대표'라는 사실이 더 망신스럽기는 하지만, 이번 일은 '안에서 새는 바가지가 밖에서도 샌 것'일 뿐입니다. 한국의 '천박한 갑질 문화'야말로, 국제 망신거리입니다. '갑질'에 익숙한 사람들이 시민의 대표로 뽑힌다는 사실은 더 심한 망신거리고요. 20190109

가정

"그때 일본의 식민지가 되지 않았다면 한국인들은 아직도 양반 상놈 따지며 황제 폐하 만세나 부르고 있거나 러시아의 식민지가 되었다가 독립한 중앙아시아 국가들처럼 되었을 것이다. 그러니 한국을 근대화해 준 일본에 감사해야 한다."는 사람이 많습니다. 역사엔 가정이 없으니만큼 대꾸할 가치도 없는 말이지만, 그런 사람이 너무 많기에 그들에게 몇 가지 질문을 던집니다.

"1894년에 외세가 개입하지 않았다면 동학농민혁명이 어떤 결과를 빚었을지 생각해보시오."

"러일전쟁에서 러시아가 승리했다면 1905년 러시아혁명이 어떻게 됐을지 생각해보시오."

"1905년 혁명이 일어나지 않았다면 1917년 볼셰비키혁명이 가능했을지 생각해보시오."

"러일전쟁에서 러시아가 승리했다면 영국 등 열강이 러시아를 견제하기 위해 어떻게 했을지 생각해보시오."

"한국이 일본의 식민지가 되지 않았다면, 만주사변 중일전쟁 태평양전쟁이 일어났을지 생각해보시오."

"그때 일본이 한국을 식민지화하지 않았다면"이라는 동일한 가정에도, 결과에 대해서는 전혀 상반된 추론이 얼마든지 가능합니다. 당시 한국에서 일어난 일들은 세계사 전체와 관련되어 있기에 추론하기에는 변수가 너무 많습니다. 그러니 "그때 일본의 식민지가 되지 않았다면 한국은 더 발전했을 것"이라는 주장도, "그때 일본의 식민지가 되지 않았다면 한국은 후진 상태를 면치 못했을 것"이라는 주장도 모두 무의미합니다. 중요한 건 일본 군국주의가 한국인들의 삶과 의식에 남긴 '총체적 영향'을 냉정하게 인식하는 겁니다. 다만 그 영향을 '발전'이라는 단어 하나로 인식하는 사람들에겐 "인간에게 발전이란 무엇인가?"라는 질문을 따로 던져야 할 겁니다. 20190812

가해자 보호

"남의 인생을 파탄 내려고 하는 사람들이 자기 인생에 스크래치도 안 당하려고 하면 되느냐?" (유시민, 강성범의 말을 인용하여)

거의 모든 언론이 피해자인 유시민 씨 얼굴 사진을 내보내면서 가해자들의 얼굴 사진은 보여주지 않습니다. 이동재를 검색해도 유시민 사진이 나오고, 한동훈을 검색해도 유시민 사진이 나옵니다.

'n번방' 사건 보도 방식과 '정반대'입니다. 덮어주려는 자들이, 공범입니다. 20200403

갈등 조장

"조국 '자질 검증'은 뒷전… 친문 vs 반문 이념·세대 갈등 비화"라는 제목의 기사가 났군요.

자질 검증은 뒷전으로 돌리고, 우리 사회의 온갖 갈등요소를 마구잡이로 소환해서 계층, 이념, 세대 간 갈등이 극단화하도록 조장한 주범이 '언론' 아니었던가요? 20190829

감수성

몇 해 전 휴가지에서 갓 사춘기에 접어든 것으로 보이는 여자아이가 자기 엄마에게 "미친년"이라고 하는 걸 우연히 들었습니다. 아이를 야단치면서도 누가 들었을까 전전긍긍하던 그 엄마의 모습이 아직 기억납니다. 물론 제 아빠에게 "미친놈"이라고 하는 남자아이도 있을 겁니다.

시대가 많이 변했습니다. 제 부모에게도 저런 욕을 하는 아이들이 교사를 어떻게 대할지는 충분히 짐작할 수 있습니다. 교사인 지인들은 하나같이 "포기했다"고들 합니다. 사실 학생들이 교사를 모욕하고 조롱하는 문화는 아주 오래됐습니다. 교사에게 모욕적인 별명을 붙이는 문화는 사춘기 아이들이 '권위에 저항하는 법'을 배우는 과정에서 생긴 것이라고 이해할 수도 있습니다. 과거에는 교사가 그런 아이들을 폭력으로 대하는 경우가 많았으나, 요즘 그랬다가는 해직당해도 할 말이 없답니다.

남자아이들이 여교사를 성희롱하거나 모욕하는 건 워낙 흔하고 오래된 일입니다. 남교사에 대한 여학생들의 태도도 방식은 다르나 본질은 비슷하답니다. 오랫동안 여학교 교사 생활을 한 지인은 사람과 눈을 잘 맞추지 못합니다. 학생과 눈을 마주치면 오해받는 상황을 오래 겪다 보니 생긴 '직업병'이라고 하더군요.

요즘 중고등학교 교실 내 권력 관계를 간단히 정의하기는 불가능합니다. 교사와 학생 사이의 관계가 예전처럼 일방적이지도 않고, 남자와 여자의 관계 역시 그렇습니다. 남학생이 여교사를 성희롱하는 일도 많고, 여교사가 남학생을 성추행하는 일도 있습니다.

광주의 한 중학교 교사가 성차별 사회의 부조리를 다룬 프랑스 영화 〈억압받는 다수〉를 성평등 교육 교재로 활용했습니다. 이 영화를 보면서 성적 수치심을 느꼈다는 이유로 일부 학생과 학부모가 민원을 제기했고, 광주교육청은 이 교사를 직위 해제하고 경찰에 고발했습니다. 광주의 참교육학부모회가 이 조치에 반발하는 가운데, 해당 영화감독이 학생들에게 "당신에게 성차별과 성희롱에 대한 정보를 주고자 했던 사람과 싸우느라 시간을 낭비하지 말아라. 그 사람이야말로 당신에게 힘을 주고자 하는 분이니까"라는 메일까지 보냈습니다.

그런데 인천의 FeAc인천페미액션과 인천여성의전화라는 단체에서 '피해 학생'을 지지한다며 성명서를 발표했습니다. 그들은 해당 교사 징계가 불합리하다고 주장하는 단체를 강력 규탄한다면서 이렇게 썼습니다. "교사의 의도가 옳았다고 하더라도, 성평등 교육을 위한 공인된 자료라고 하더라도, 우리는 학교 내 젠더 권력에 대한 이해와 성인지감수성이 결여된 교사의 교육을 성평등 교육이라 인정할 수 없다." 광주교육청은 이 주장에 동조하여 교사를 징계했습니다.

"버스 운전자가 준법 운전을 했더라도, 승객이 위험을 느꼈거나 멀미를 했다면 운전자의 면허를 박탈하고 해고하는 것이 옳다"는 주장과 무엇이 다른가요? 일부 학생과 학부모의 성인지감수성이 문제인가요, 교사의 성인지감수성이 문제인가요? 교사의 성별 말고 문제되는 게 뭔가요? 단지 사춘기 여학생의 민감성에 포착되었다는 이유로 한 사람의 남은 일생을 나락에 빠뜨리고 그 가족의 생계를 파탄시키는 건 문제없는 '인권 감수성'인가요?

"내가 느낀 수치심이 타인과 그 가족의 삶 전체보다 중요하다"는 생각이 공공연히 표출되고 용인되는 사회에선, '인권' 자체가 위태로워집니다. 저는 광주교육청과 인천의 두 단체를 강력히 규탄합니다. 20190814

감시

이해하기 위해 보는 것이 관찰, 통제하기 위해 보는 것이 감시입니다.

권력이란, '감시할 권리'이기도 합니다.

검찰이 '감시받지 않는 권력기관'으로 존재하는 것이야말로, 민주적 원칙에 위배됩니다. 20191217

감염병

페스트 대유행 이후 수백 년간, 유럽인들에게 공포의 대상이 되었던 감염병은 매독梅毒입니다. 콜럼버스 원정대가 유럽으로 귀환한 직후 스페인에서 이 병이 퍼지기 시작했기 때문에 매독균이 아메리카 원산이라는 설이 지배적입니다. 이 직후 유럽 기준의 '대항해 시대'가 시작되어 매독균은 전 세계로 확산했습니다. 우리나라에는 16세기 벽두, 유럽에서 창궐한 지 20년도 안 되어 도착했고 처음에는 천포창天疱瘡 또는 양매창楊梅瘡이라는 이름으로 불렸습니다. 그전에 매독이라는 이름의 질병이 따로 있었는데, 증상이 비슷해서 이윽고 이 병이 매독의 이름을 탈취했습니다. 역사학계 일각에는 조선 후기 왕실 후손이 번창하지 못한 이유가 매독 때문은 아닌지 의심하는 사람도 있습니다. 남에게 밝히기 부끄러운 병이어서 얼마나 많은 사람이 이 병으로 죽었는지 알 수는 없지만, 페니실린이 발견되기까지 유럽인의 15% 정도가 이 병으로 죽었다고 보는 것이 통설입니다.

이 병은 이탈리아와 영국에서는 프랑스병, 프랑스에서는 나폴리병, 네덜란드에서는 스페인병, 투르크에서는 기독교병 등으로 불렸습니다. 질병에 대한 혐오를 각각 자기들이 가장 싫어하는 나라에 대한 혐오와 등치시킨 거죠.

아메리카와 유럽이라는 지역이 있는지도 모르던 시절, 유럽인과 직접 접촉한 사람이 전혀 없던 시절에도 매독은 조선에 들어왔습니다. 게다가 지금은 '대항해 시대'와는 비교할 수 없을 정도로 인류의 전 지구적 이동이 늘어난 시대입니다. 인류의 감염병 대처 능력이 커지기는 했지만, 보이지 않는 세균과 바이러스를 완벽히 차단할 수는 없습니다. 중국과 인적 교류를 아예 끊는다고 해서 감염병을 막을 수도 없고, 중국과 관계를 끊고 살 수도 없습니다.

이번 코로나19 감염병에 대해서도 '우한폐렴'이라는 이름을 고집하는 언론사, 정당, 사람들이 있습니다. 중국인 전체 입국 금지를 주장하는 사람도 많습니다. 하지만 이 이름이 드러내는 것은 옛날의 '나폴리병'이나 '프랑스병'처럼 타국에 대한 '혐오감'뿐입니다.

세균과 바이러스는 인간을 차별하지 않습니다. 인간을 차별하는 건 인간뿐입니다. 인간이 맞서 싸워야 할 상대는 세균과 바이러스이지, 환자나 감염 의심자가 아닙니다. 바이러스는 여권 없이 전 세계를 돌아다닙니다. 바이러스에 국적을 부여해서 질병을 막을 수는 없습니다. 인간이 맞서 싸워야 할 대상을 분명히 하기 위해서라도, 환자가 겪는 '증상'이 아니라 그 증상을 만드는 '바이러스'의 이름을 불러야 합니다. 20200221

감찰무마죄

황교안 자유한국당 대표가 "조계종에 육포가 배달된 경위를 철저히 조사하겠다."고 했습니다.

검찰이나 경찰에 수사를 의뢰하면 '수사청부죄', 의뢰하지 않고 자체 징계하면 '감찰무마죄'겠네요.

검찰이 어떻게 하는지 지켜봐야겠습니다. 20200120

강남 3구

"특히 강남 3구에 사는 유권자들은 대한민국에서 누구보다 지식수준이 높고 정보 취득 능력이 뛰어나다." (김종인)

그래서 북한에서 교육받고 고위직에 있던 사람을 공천했군요.

아예 '북한 엘리트 출신이 민의를 대변할 강남'이나 '강남에 북한식 대의제 실험'을 선거 구호로 내세우는 게 낫지 않을까요?

북한 엘리트들이 대거 탈북할지 모르니……. 20200331

강제징용

징병=강제로 군대에 소속시키는 것.

징용=강제로 고용하는 것.

'강제징용'은 동어반복입니다. 일본 공장, 광산, 건설현장에 취업하는 게 조선인의 '로망'이었다면, 조선총독부가 '조선징용령'을 공포할 이유가 없었습니다.

징용이 조선인의 로망이었다고 주장하는 자나, '강제' 두 글자 뺐다고 뭐라 하는 자나……. 20190724

개

한국 정부의 방역에 대해 한국 언론이 비난하는 소리만 따라 읊다가, 외국 언론이 일제히 칭찬한다는 걸 알고는 당황해서 어쩔 줄 모르는 사람이 많습니다.

한 가지만 기억해도, 국제 기준의 '몰상식'은 면할 수 있습니다.

도둑놈이 기른 개는, 도둑 잡는 사람을 보고 짖는 법입니다.

20200317

개구리

병종에 따라, 부대에 따라, 지휘관의 기분에 따라, 또는 본인의 평소 처신에 따라 달라지는 일은 무척 많습니다.

같은 신문사 소속이지만 허위사실을 단정적으로 보도해도 멀쩡한 기자가 있는가 하면, 의문을 던졌다고 징계받는 기자도 있습니다.

그런데도 자기가 직접 겪었거나 취재한 사례만이 '유일 표준'인 줄 아는 사람이 많습니다.

예로부터 이런 사람들을 '개구리'라고 불렀습니다. 20200908

개혁과 수구

1884년 갑신정변 이후 안동 김씨 균均 자 항렬 사람들은 전부 이름을 바꿨습니다. 남양 홍씨 식植 자 항렬 사람들도, 반남 박씨 영泳 자 항렬 사람들도, 대구 서씨 광光 자 항렬과 재載 자 항렬 사람들도 모두 이름을 바꿨습니다. 저들은 자타공인, 당대 최고의 '금수저' 가문이었습니다. '명문대가'의 권위를 지키기 위해 김옥균, 홍영식, 박영효, 서광범, 서재필 등을 축출했다고 선포하는 집단 행위를 한 거죠.

김옥균 등은 자기 일신의 영달을 위해서가 아니라 세상을 바꾸기 위해 정변을 일으켰습니다. 그들이 평생 기득권을 누리며 호의호식하려 했다면, 세상을 그대로 두는 게 훨씬 나은 선택이었습니다. 게다가 그들이 세상을 바꾸려 했다고 해서 기득권을 누리지 않았던 것도 아닙니다. 김옥균 등은 모두 자기 가문의 기득권 덕으로 요직에 올랐습니다. 개혁의 꿈을 품은 뒤에도 기득권자의 삶을 바꾸지 않았습니다. 그때 정변을 일으키지 않고 자기 기득권을 지키는 데에만 열중했다면, 김옥균은 암살당한 뒤 사지가 찢겨 전국에 전시되는 참혹한 꼴을 당하지 않았을 겁니다. 오히려 내내 출세 가도를 달려 이완용의 자리를 대신 차지했을지도 모릅니다.

개혁이란, 자기 존재의 조건을 바꾸는 행위입니다. 그래서 기득권 세력 내의 개혁운동가들은 한편으로 자기 존재 자체가 주는 혜택을 받으면서 다른 한편으로 자기 존재를 부정하려는 이율배반적 면모를 보이곤 합니다. 이런 사람들에게서 보이는 '존재와 의식의 불일치'를 비난하면, 개혁은 불가능합니다. 물론 개혁 대신 혁명을 할 수도 있습니다. 마르크스주의 혁명운동가들은 이 '불일치' 때문에 상층이나 중간 계급 출신 지식인들을 신뢰하지 않았습니다. 이런 태도의 극단을 보여준 게 캄보디아의 폴 포트 정권이었습니다. 그들은 안경을 썼다는 이유만으로 자기 지지자들까지 '기회주의적 지식 분자'로 몰아 학살했습니다.

자기도 기득권 세력의 일원으로 살았으면서 말로만 개혁을 주장했다며 조국 후보를 비난하는 사람이 매우 많습니다. 하지만 역사상 수많은 개혁주의자가 많건 적건 '존재와 의식의 불일치'를 드러냈습니다. 이런 '존재와 의식의 불일치'를 문제 삼아 개혁 세력을 위선적이라고 비난하는 건 '반개혁세력'의 고정 레퍼토리입니다. 이런 비난에 동조하면, 기득권 가문에서 태어나 기득권을 유지 강화하는 데에만 몰두한 사람들이 오히려 일관성 있고 솔직한 사람으로 보이게 됩니다. 당대의 '기득권 구조'를 유지하는 게 도덕적으로 보이는 역설의 현상이 나타나는 거죠.

'개인적 도덕성'의 차원에서는 조국 씨의 '존재와 의식'을 비교하고 불일치하는 점을 찾아내 비판, 비난할 수 있습니다. 그러나 사회적 도덕성의 차원에서 훨씬 더 중요한 것은, 비슷한 환경에서 태어나 같은 해, 같은 대학 같은 과에 입학했던 조국 씨와 나경원 씨의 존재와 존재를 비교하고, 의식과 의식을 비교하는 것입니다. 기득권 세력 중에는 나경원 씨처럼 '존재와 의식의 확실한 일치'를 보여주는 사람이 압도적으로 많습니다. 사회가 발전하지 못하고 고착되는 것은, '존재와 의식의 불일치' 때문이 아니라 '존재와 의식의 일치' 때문입니다.

'존재와 의식의 불일치'는 개혁의 중요한 동력이고, '존재와 의식의 일치'는 수구의 일관된 원칙입니다. 20190901

거지정신

미국과 한국의 검사법이 다를 뿐인데, 미국에서 '다르다'고 하면, 우리가 '틀렸다'고 주장하는 '한국인'이 참 많습니다.

정치 경제 사회 문화 모든 영역에서 지금의 한국은 세계 어느 나라에도 별로 뒤지지 않습니다. 저런 '거지 같은' 정신을 가진 자가 많은 게 문제일 뿐. 20200315

거짓말

"중국인 입국 금지 안 해서 코로나가 창궐한다."고 떠들었는데, 입국 금지한 나라들이 훨씬 더 심합니다.

"중국에 보내서 마스크가 없다."고 떠들었는데, 중국에서 마스크를 받고 있습니다.

"마스크 배급은 사회주의다."라고 떠들었는데, 마스크 살 수 있는 나라가 거의 없습니다.

"조선족이 인터넷 여론을 조작하고 있다."고 떠들었는데, 인터넷 여론에 관계없이 대통령 지지율이 올라갑니다.

"중국 눈치 보다가 세계에 호구됐다."고 떠들었는데, 세계의 모범이 돼 버렸습니다.

"한국산 진단키트는 비상용으로도 못 쓴다."고 떠들었는데, 전 세계가 보내 달라고 사정합니다.

"문재인이 생지옥 만들어 놓고 대구시민의 공을 가로챘다."고 떠들었는데, 대구시장이 정부가 보낸 돈을 가로채고 '실신'한 척합니다.

"질병관리본부가 잘한 거지 대통령은 한 일 없다."고 떠들었는데, G20 국가 정상들이 한국 대통령에게 부탁합니다.

하다 하다 이제는 "질병관리본부는 이순신, 문재인은 선조"라는 말까지 만들어 퍼뜨리려고들 합니다.

지금 질병관리본부장이 백의종군하나요? 원균은 누구고 유성룡은 누구인가요? 이여송이나 양호는?

역사를 엉터리로 배우는 게, 아주 무식한 것보다 더 위험합니다.

맥락과 인과관계를 모르면, 사실 자체를 모르는 게 낫습니다.

임진왜란의 개요만 제대로 배웠어도, 한 가지는 분명히 알 수 있습니다.

대통령과 정부 기관, 국민 사이를 이간질하려고 끊임없이 준동하는 자들이 바로 '왜구'이거나 '토착왜구'라는 것. 20200327

걸레 1

집 안의 더러운 것들을 닦아 없앨 때 쓰는 게 '걸레'이고, 사회의 더러운 것들을 닦아 없앨 때 쓰는 게 '검찰'입니다.

70년간 한 번도 빨지 않아 더러운 게 덕지덕지 묻은 걸레로 닦아 봤자, 깨끗해지기는커녕 더 더러워지기 마련입니다.

걸레는 청소하는 사람이 빨아줘야지, 스스로 깨끗해지지 않습니다. 20191001

걸레 2

"문재인 정권이 성공하려면 권력 핵심 주변부터 깨끗이 청소해야 한다. 그래서 검찰의 청와대 수사를 응원해야 한다."

그럴싸한 말입니다. 하지만 청소를 하려면 먼저 걸레부터 빨아야 합니다.

입주한 지 3년도 안 된 집을 70년 동안 한 번도 빨지 않은 걸레로 닦는 건, 청소하는 게 아니라 더럽히는 겁니다. 20191228

검사

"이정현, 장 지지자" 기자회견 열었다 재판에 넘겨진 학생, 무죄판결에도 3년째 검사에게 시달려.

이 정도면 '검사'의 사전적 정의를 바꿔야 할 것 같습니다.

"자신의 부도덕과 무능을 은폐하기 위해 다른 사람을 집요하게 괴롭히는 직업 또는 그 종사자" 20191219

검언 공모

채널A 이동재 기자가 유시민 씨를 모함하기 위해 수감자를 협박한 사건에 모든 언론매체가 '검언유착 의혹사건'이라는 이름을 붙였습니다.

검언유착은 오래된 관행일 뿐 이 사건의 본령이 아닙니다.

의혹의 핵심은 '검사와 기자가 유착했느냐'가 아니라 '검사와 기자가 공모하여 무슨 짓을 하려고 했느냐'입니다.

이 사건은 '검언 공모에 의한 유시민 인격 살해 및 선거 개입 의혹사건'이라고 불러야 마땅할 겁니다. 너무 길다면 '검언 선거 개입 공모 의혹사건'이라고 불러도 좋을 겁니다. 20200701

검언사태

지난 5개월 가까이 이 나라를 뒤흔들었던 일련의 사건들을 '조국 사태'라고들 하는데, 주어를 적시해서 '검언 사태'라고 부르는 게 옳을 겁니다. 더 정확하게는 '검찰과 언론이 국민을 무시하고 세상을 속이려 한 주권자 능멸 사태'.

자기 수준을 과대평가하고 주권자를 능멸하는 게, '역적'들의 공통점이었습니다. 20191227

검언주의

"최초 카더라식의 제보 ─ 한 언론사의 마녀사냥식 단독 보도 ─ 보수언론들의 집중포화 ─ 사실과 전혀 다른 부풀리기식 카더라 언론 보도 난무 ─ 언론 보도 후 준비한 듯이 대대적 수사 발표 ─ 먼지떨이식 수사 진행 ─ 사건 당사자의 모든 걸 탈탈 털어서 마치 퍼즐 한 조각 한 조각 짜 맞추듯이 수사"

라임 사태의 주범으로 체포된 사람이 쓴 메모 내용인데, 다들 알다시피 라임에만 적용되는 공식은 아닙니다.

노무현을 죽음으로 몰아넣은 공식이고, 조국 일가를 고통에 몰아넣은 공식입니다.

이 공식을 깨지 못하면, '검언주의'가 온 세상을 검은색으로 물들일 겁니다. 20201016

검찰 문화

고등학교 때 '쓰레빠'를 벗어 그걸로 따귀를 때리는 교사가 있었습니다. 맞은 학생 얼굴에는 '쓰레빠' 바닥 무늬가 새겨져 한 달 넘게 지워지지 않았습니다. 말 그대로 '경을 친' 꼴이었죠. 요즘 이런 교사는 없을 겁니다. 시대의 변화가 '교사 문화'를 개혁했기 때문이죠. 하지만 '검찰 문화'는 한 번도 개혁되지 않았습니다. 이 나라의 검사들은 쓰레빠로 따귀 때리는 교사들보다 더 나쁜 짓을 해도 멀쩡합니다. 이런 검찰을 바꾸지 못하면, 우리 자식 세대에게까지 억울함을 물려주게 될 겁니다. 20191204

검찰개혁 1

불법 포획의 증거물인 고래 고기 30억 원어치를 울산 검찰이 상인들에게 되돌려 준 적이 있습니다. 변호사도 울산 검사 출신입니다. 검찰은 이 사건을 조사하러 갔던 청와대 감찰반에게조차 칼을 겨누고 있습니다.

검찰 수사를 받다가 자살한 수사관의 휴대전화를 검찰이 압수했습니다. 현재로서는 그의 자살 동기와 관련해서 가장 큰 책임이 있을 것으로 보이는 집단이 검찰이지만, 검찰의 이 행위를 제어할 기관은 없습니다.

어느 시대, 어느 사회에서나 적폐가 쌓이면, 죄지은 자들이 큰소리치고 죄 없는 사람이 억울하게 당하는 일이 자주 생깁니다. 부패하고 무도한 기득권 세력의 중심에는 언제나 법을 제멋대로 다루는 집단이 있습니다. 우리 사회 각계의 거대 적폐세력들이 의지하는 것은, 검찰권의 무도한 행사입니다.

검찰개혁 없이는 적폐 청산이 불가능합니다. 이는 검찰로부터 '미래의 더러운 부富'를 빼앗는 일이기 때문에 검찰이 저항하는 것도 당연합니다. 지금 검찰개혁을 좌절시키려는 것은 총장 개인이 아니라 검찰 전체의 '집단 의지'일 겁니다. 똑똑한 사람들이니, 어떻게 해야 개혁을 피할 수 있을지는 그들 스스로 잘 알 겁니다. 첫째는 이번 국회에서 검찰개혁 관련 법안이 통과되지 못하게 막는 것이고, 둘째는 혹시 통과될 경우 다음 국회에서 폐기할 수 있도록 하는 것이며, 셋째는 다음 대선에서 적폐세력이 당선되도록 하는 것이겠죠. 다 알다시피 정경심 씨 기소 이래 검찰이 지금까지 해온 것은, '수사'를 빙자한 '여론전'이었습니다.

검찰이 최상위 국가보안 시설인 청와대를 압수수색했답니다. 명목은 청와대의 전 부산 부시장 감찰 무마 의혹을 수사한다는 것이지만, 실제로 노리는 '정치적 효과'는 대통령과 주변 인물들이 불법을 저질렀다는 생각을 사회 전반에 확산시키려는 것이겠죠. '하명 수사를 통한 선거 개입'이란, 바로 지금의 검찰을 두고 할 말일 겁니다.

지난 몇 달간 검찰은 집단 사익私益 앞에서 자기들이 얼마나 잔인하고 흉포할 수 있는지를 유감없이 보여줬습니다. 하지만 이제껏 검찰이 보여준 흉포함은, 검찰개혁이라는 민주적 의지에 포위된 맹수의 흉포함입니다. 검찰의 기세가 등등한 것처럼 보이지만, 최소한의 자제력조차 잃은 적나라한 흉포함은 초조함의 다른 표현입니다.

지금의 검찰은 검찰개혁이라는 시대적 과제와 민주적 의지에 포위되어 있습니다. 그들 스스로 이 사실을 잘 알 겁니다. 우리가 할 일은, 이 포위망을 풀지 않고 질기게 버티면서 검찰의 정치적 노림수와 반대로 행동하는 겁니다.

이번 국회에서 검찰개혁 법안이 통과되지 않으면 다음 국회에서 통과시킬 수 있도록 총선에 임하면 됩니다. 그 법이 폐기되거나 사문화하지 않도록 10년이든 20년이든 버티면 됩니다. 민주 시민들이 오래 버티면, 검찰도 점차 민주적 통제와 새로운 조직 문화에 익숙해질 겁니다. 저들에게 빈틈을 내어 주면, 영영 맹수에게 쫓겨 다니는 비참한 '인간'으로 살 수밖에 없습니다. 20191204

검찰개혁 2

정권 초기에는 전 정권의 비리를 수사하여 개혁 압력을 줄이고, 정권 중반에는 현 정권 인사들의 비리 관련 자료들을 수집해 두었다가, 정권 말기에 수집한 자료로 정권 인사들을 협박하여 개혁을 좌절시키는 게 지난 수십 년간 검찰이 개혁을 막기 위해 써온 기본 수법이었습니다.

이번에도 검찰은 '전가의 보도'를 꺼내 들었지만, 이전과는 크게 세 가지가 달라졌습니다.

첫째는 노무현 전 대통령 서거로 인한 '학습효과'입니다. 검찰의 무리한 수사와 억지 혐의 덮어씌우기로 인해 목숨을 잃은 사람이 한둘이 아니지만, 특히 노무현 전 대통령은 검찰이 자기들의 집단

이익을 위해서는 작은 죄도 부풀리고 없는 죄도 만드는 집단이라는 사실을 자기 생명을 던져 입증했습니다.

둘째, 과거 정권들은 초기에 '검찰개혁' 의지를 보였다가 검찰이 '권력의 시녀' 노릇을 하면 그에 만족하여 스스로 개혁 의지를 접었습니다. 하지만 현 정권은 대통령 임기 중반이 되어도 검찰개혁 의지를 꺾지 않았습니다. 이 때문에 검찰은 다른 정권 때보다 이른 시점에 칼을 뽑아 드는 무리를 범할 수밖에 없었습니다.

셋째, 검찰이 '정권 핵심' 비리의 표본으로 찍어 탈탈 털었던 조국 교수에게서 검찰의 기대와는 달리 별다른 법적 문제가 발견되지 않았다는 점입니다. 이 때문에 검찰은 언론을 동원하여 조국 교수 일가의 인격을 말살하고 대중의 지지를 얻으려 했으나, 오히려 검찰의 무도함과 검언 유착의 추악한 현실만 드러냈을 뿐입니다.

검찰은 지금의 국민이 과거의 국민이 아니며, 지금의 정권이 과거의 정권이 아니라는 사실을 미처 생각하지 못했습니다. 무소불위의 권력에 취해 자아도취 상태에 빠지면, 세상이 바뀌는 것을 이해하지 못하게 마련입니다. 하지만 그들에게도 마지막 카드가 남아 있습니다. 법을 만드는 곳은 정부가 아니라 국회이기 때문입니다. 검찰에게 약점을 잡힌 국회의원이라면 그들의 하수인 노릇을 할 수밖에 없을 겁니다. 이번 공수처법과 검경 수사권 조정 법안에 대해 검찰의 편에 선 의원에 대해서는 '법적 문제'를 의심하는 게 합리적일 겁니다. 20191230

검찰개혁 3

검찰의 기소권 독점과 기소편의주의로 인한 폐단은 어제오늘의 일이 아닙니다. 검사들이 미래의 '돈줄'을 지키기 위해 법을 제멋대로 악용하는 관행을 없애지 못하면, 결국 '국가에 대한 신뢰' 자체가 무너집니다. 그래서 근래 수십 년간 역대 정권이 모두 '검찰개혁'을 공약으로 내세웠지만, 실행하지는 않았습니다. 첫째는 정권이 바뀐 뒤 진행될 검찰의 보복이 두려웠기 때문이고, 둘째는 '검찰개혁' 카드가 검찰과 거래하는 데에 유용했기 때문입니다. 사실 정권을 쥔 상태에서는 굳이 검찰개혁에 손을 대지 않는 편이 낫습니다. '개혁 카드'를 만지작거리는 것만으로 검찰을 통제할 수 있으니까요. 실제로 개혁에 착수하는 순간 검찰은 곧바로 '사익 추구 집단'이 되어 정권에 등을 돌릴 테고, 정권이 바뀐 뒤 무자비한 보복에 나서리라는 건 누구나 쉽게 알 수 있는 일입니다.

이번 정권도 '검찰개혁'을 공약했으나, 애초에 검찰도 언론도 그리 주목하지 않았습니다. 취임 직후 '평검사와 대화'하면서까지 개혁 의지를 불태웠던 노무현 전 대통령조차 실현하지 못하고 결국에는 검찰에 의해 만신창이가 되어 서거에 이른 '선례'가 있기 때문에, 감히 검찰을 건드리지는 못할 거라고들 판단했겠죠.

그러나 검찰개혁을 공약한 대통령이 역시 일관되게 검찰개혁을 주장해 온 조국 민정수석을 법무부 장관에 임명하자, 개혁이 실행될 것을 염려한 검찰은 온갖 무리수를 범하면서 '조국 죽이기'에 나섰습니다. 검찰이 표면적으로 말살한 것은 '조국 일가'이지만, 실제로 말살하고자 한 것은 우리 사회의 '검찰개혁 의지'였습니다. 그들은 조국 일가를 '본보기' 삼아, 감히 검찰을 건드리려 하면 얼마나 처참한 꼴을 당하게 되는지를 널리 알리고자 했습니다. 하지만 이 과정에서 그들이 분명히 드러낸 것은 조국 일가의 혐의가 아니라 자기들의 '불의'와 '부당'이었습니다.

거의 모든 언론이 검찰의 대변인 노릇을 했지만, 바보가 아닌 한 검찰이 '없는 죄'를 조작하거나 작은 일을 침소봉대하여 억지 기소했다는 사실을 금세 알 수 있습니다. 검찰은 언론의 총력 지원을 받아가며 조국 일가를 몇 달간 전방위로 샅샅이 털었으나, '외국 대학 온라인 퀴즈 답안 작성 지원' 같은 혐의 아닌 혐의를 공소장에 끼워 넣을 수밖에 없는 '자기들의 집단적 지질함'을 스스로 폭로할 수밖에 없었습니다. 조국 교수에게 '흠'이 없거나 아주 적었기 때문에, 검찰 스스로 자기 발등을 찍은 셈이 된 거죠. 검찰의 이런 행태로 인해 검찰 문제에 무관심했던 시민들까지 '검찰개혁'의 절실함을 느끼게 되었습니다. 이 절실함은 다시금 촛불로 표출되었고, '검찰개혁'을 미룰 수 없는 국가적 과제로 만들었습니다.

그러나 '미래의 돈줄'이 걸린 문제에서 쉽게 물러나는 집단은 없습니다. 그동안 무소불위의 특권을 누려왔던 검찰은 더할 겁니다. 이번 국회선진화법 위반 사건에서도, 검찰은 자유한국당 의원들을 대거 봐주고 민주당의 '검찰개혁 특위' 위원들을 억지로 끼워 넣었습니다. 검찰이 미래에 어떻게 보복할지를 보여주는 예고편인 셈입니다. 정치인뿐 아니라 누구라도, 검찰의 원한을 사고 싶어 하진 않습니다. 촛불 시민들의 열망과 결기가 없었다면, 정치인들이 검찰의 '예고된 보복' 앞에 굴복했을 가능성이 큽니다.

공수처법 통과는 우리 사회의 오랜 숙제였던 '검찰개혁'의 첫걸음일 뿐입니다. 조국 전 법무부 장관은 자기 말대로 '불쏘시개' 역할을 했고, 시민들은 그 불쏘시개를 일단 작은 불길로 키워냈습니다. 그러나 아직 '걷잡을 수 없는 불길'이 된 건 아닙니다. 개혁을 좌절시키려는 움직임은 앞으로도 상당 기간 계속될 겁니다. 그런 움직임을 분쇄하고 검찰개혁을 확실한 궤도 위에 올리는 것이, 우리 사회의 당면 과제 중 하나입니다.

앞일을 낙관할 수는 없지만, 이번 검찰의 '집단 사익을 위한 공적 권한 남용 사태'로 얻은 '망외望外의 소득'도 있습니다. 전에도 얘기했지만, 브라질에서는 거대 기득권 세력과 언론, 법조 엘리트들이 야합한 선거 개입, 즉 법조 쿠데타가 성공한 바 있습니다. 군사독재

문화와 엘리트주의가 강한 나라에서는 얼마든지 가능한 일이죠. 검찰은 자기들 예상과 달리 개혁이 '현실화'할 가능성을 보이자, 전가의 보도인 '편파 수사'와 '언론 동원'의 칼을 서둘러 뽑아 들었습니다. 대통령 후보를 향해 휘두를 칼을 법무부 장관 후보 앞에서 미리 선보인 거죠. 그런 점에서 조국 교수는 검찰개혁의 '불쏘시개' 역할뿐 아니라 법조 쿠데타의 '예방주사' 역할도 한 셈입니다.

앞으로도 개혁 세력을 향한 검찰의 '편파 보복 수사 시도'는 꽤 오랫동안 계속될 겁니다. 그렇기에 '집단 사익을 위해 공적 권한을 함부로 행사한' 검찰과 그런 검찰의 주장을 초등학교 1학년생처럼 충실히 '받아 쓴' 언론에 대한 기억을 잊어서는 안 됩니다. 그 기억의 보존 여부가, 검찰개혁의 성패를 가를 겁니다. 20200106

검찰개혁 4

이제껏 검찰에게 '권력의 시녀'나 '정권의 사냥개' 같은 별명이 붙었던 것은 일차적으로 검찰이 독립적이지 못했기 때문입니다. 과거의 검찰은 정권의 필요에 따라 간첩이나 유서 대필범을 날조하여 무고한 사람의 일생을 파멸시키는 끔찍한 짓도 서슴지 않고 자행했습니다. 성폭행범이나 탈세범, 뇌물수수범의 죄를 '없는 것'으로 만들어 주기도 했습니다. 검찰의 이런 행태가 계속되는 한, 국가는 신뢰를 얻을 수 없습니다.

그렇다고 검찰을 정권으로부터 완전히 '독립'시키는 것이 능사는 아닙니다. 권력이나 돈을 가진 자들에겐 더할 나위 없이 상냥하고, 돈도 권력도 없는 자들에겐 한없이 잔인한 것이 역사적으로 형성된 검찰의 '습성'이었습니다. 검찰의 이런 '편파적인' 습성을 그대로 두고 '독립성'만 강화했다간, 가난하고 힘없는 사람만 골라서 무는 개를 거리에 풀어놓는 격이 될 수밖에 없습니다. 그래서 검찰개혁은 독립성을 보장하는 동시에 편파성을 제거하는 일이 되어야 합니다. 권력을 가진 처지에서는 검찰을 개혁하지 않는 편이 낫습니다. 검찰의 독립성을 보장하는 것은 정권 스스로 잘 드는 칼을 내려놓는 일이기 때문이고, 검찰의 편파성을 줄이기 위해서는 어쩔 수 없이 그들의 '밥그릇'을 건드려야 하기 때문입니다. 밥그릇을 건드리면, 충직한 개도 주인을 뭅니다. 최근 검찰이 취한 일련의 행보는 그들이 충성하는 대상이 '자기 밥그릇'임을 분명히 보여줬습니다. 앞으로도 검찰은 '검찰개혁'에 앞장선 사람들에게 앙심을 품을 것이고, 어떻게든 꼬투리를 잡아 보복하려 들 겁니다. 예견된 위협 앞에서 '검찰개혁'을 추진하는 건 무척 위험한 일입니다.

촛불 시민들의 압력이 없었다면, 과연 정치인들이 미래의 '위험'을 무릅쓰고 공수처법 등 검찰개혁 법안을 처리했을지 단언하기 어렵습니다. 부자들이 검찰 사위를 얻으려고 하는 것이나, 정치인들이 검찰과 척지지 않으려는 것이나, 이유는 같기 때문입니다. 이제 검찰개혁에 앞장선 정치인들은 대다수 검사에게 '미래의 큰 밥그릇'을 줄여버린 '원수'처럼 돼 버렸습니다. 하지만 시민들에게는 이게 오히려 다행한 일입니다. 앙심을 품고 자기를 주시하는 검사들이 있는 한, 해당 정치인들 스스로 조심할 수밖에 없기 때문이죠. 그런 점에서 공수처법은 검찰을 견제하는 법인 동시에 정치인들의 탈법, 불법행위를 견제하는 법이기도 합니다. 검찰개혁이자 정치개혁인 셈이죠. 검사들에게 미움받는 정치인들이 정권을 쥐고 있는 한, 정치권과 검찰 모두 부패의 유혹 앞에서 더 조심하게 될 겁니다.

20200109

검찰 독재국

"죄가 없더라도 나라를 이 정도로 시끄럽게 만들었으면 그만두는 게 옳다"는 사람이 꽤 많습니다.

아마 그도 그만두고 싶을 겁니다.

그러나 나라를 이 정도로 시끄럽게 만든 건, 그가 아니라 검찰과 언론입니다.

검찰이 원하는 대로 장관이 바뀌는 나라는, 민주공화국이 아니라 검찰 독재국입니다.

일가친척 전원이 검찰과 언론으로부터 잔인하고 집요한 공격을 받는데도 장관 자리에 연연하는 건, 바보나 하는 짓입니다.

그는 바보가 아닙니다.

자기가 무너지면 '검찰 독재국'이 된다는 걸 알기에, 겨우겨우 버티는 거겠죠. 20191010

경력

"아현동 달동네에서 빈민 운동하면서 생계를 위해 여기저기 바쁘게 돌아다니다가 무면허 운전으로 3회 적발되었다. 변호사가 된 뒤에는 가난한 피해자들을 돕느라 '돈 안 되는 일'만 맡았다."

"학생 때 '남친 찬스'를 써서 게임 등급을 올리고 게임동아리 회장을 맡았다. 이력서에 그 등급을 기재해서 전공과 무관한 IT 관련 업계에 취업했다가 진짜 실력이 드러나 그만두었는데, '부당해고'라고 주장한다."

세간에 알려진 정의당 비례대표 후보 두 사람의 '경력'입니다.

앞 사람의 경력을 보면 "세상 참 어렵게 살았구나" 싶고, 뒷사람의 경력을 보면 "세상 참 어려운 줄 모르고 살았구나" 싶습니다.
20200316

경운궁

"태상왕의 궁을 세워 덕수궁이라 하다."(정종실록)

"일제가 훼손한 덕수궁 광명문을 복원했다"는 기사를 보니 좀 화가 납니다.

덕수궁은 본래 '퇴위한 왕이 머무는 궁'이라는 뜻입니다. 지금 덕수궁의 본래 이름은 '경운궁'이었습니다. 일제가 고종을 황제 자리에서 쫓아낸 뒤, 전례에 따라 '덕수궁'으로 이름을 바꾼 거죠.

고종은 애초 경운궁을 순종에게 물려주고 경희궁을 덕수궁으로 삼으려고 했는데, 이토 히로부미는 순종을 창덕궁으로 옮겨 살게 하고 경운궁의 이름을 덕수궁으로 바꿨습니다. 그러니 '덕수궁'이라는 이름 자체가 일제 침략의 산물입니다.

몇 해 전 경운궁으로 이름을 되돌릴 거냐, 덕수궁이라는 이름 그대로 놔둘 거냐를 두고 논란이 있었습니다. 그때 '덕수궁'이라는 이름 자체가 역사의 산물이니 그대로 두자는 쪽이 이겼습니다. 그런데 그랬던 사람들이 '광명문 복원'을 추진했다는 게 너무 어이가 없습니다. '덕수궁'이라는 이름이 역사의 흔적이라 보존해야 했다면, '광명문'이 사라진 것도 역사의 흔적이니 보존해야 마땅하겠죠.

복원이든 존치든, 전문가들의 논의를 거쳐 결정된 사안에 대해 굳이 이견을 달 생각은 없습니다. 그러나 일관성은 있어야죠. 이름 바꾸는 일은 돈이 안 되지만 건물 복원하는 일은 돈이 돼서 그런다는 비난을 받아도, 별로 할 말이 없을 듯합니다. **20190301**

경이로운 후진성

1967년 대통령 선거를 6개월쯤 앞둔 1966년 10월, 존슨 미국 대통령이 방한했습니다. 당시 박정희 정권은 그야말로 '거족적'인 환영 행사를 치르고자 했습니다. 한편으로는 존슨의 환심을 사고, 한편으로는 '거국일치의 경험'을 선거에 동원하기 위해서였습니다. 박정희 정권이 목표로 삼은 인원은 275만 명, 당시 서울 인구는 350만 명이었습니다. 실제로 동원된 인원은 정확히 알 수 없지만, 200만 명은 훨씬 넘었을 것으로 추산됩니다. 거동이 불편한 노인과 어린아이를 뺀 서울시민 전체가 동원된 셈이죠.

양손에 성조기와 태극기를 든 사람들이 김포공항에서 서울시청에 이르는 연도에 늘어섰고, 시청 앞 광장에만 30만 명 이상이 모였습니다. 시청 앞 광장이 생긴 이래 최대 규모의 인파였습니다. 이 환영 행사는 주요 국가들에 중계되었는데, 외국 언론들이 주목한 것은 '후진 독재국가만이 연출할 수 있는 경이로운 스펙터클'이었습니다. 이 '경이로운 후진성'에 대한 인상이 유럽인들의 뇌리에 깊이 박혔기 때문인지, 2002년 월드컵 때에도 한 프랑스 언론은 "거리를 메운 시민들은 동원된 것으로 보인다."고 썼습니다. 당연히 한국인 중에도 당시의 '경이로운 후진성'을 뼈에 새긴 채 살아온 사람이 적지 않습니다.

성조기와 태극기를 들고 광화문 광장을 불법 점거했던 우리공화당이, 트럼프 미국 대통령이 '오신다고' 자진해서 천막을 옮겼습니다. 제 나라 법률은 주저 없이 무시하다가도 미국 대통령이 방한한다고 수그리는 모습에서, 저들의 정서와 정체성을 엿볼 수 있습니다. 조선시대에 사대주의가 기승을 부렸다고는 해도, 저 정도로 얼이 빠진 사람은 아주 드물었습니다. 제 나라 임금은 능멸하면서 상국上國 황제에게만 견마지로를 다한 인간은 모두 '매국노'로 지탄받았습니다.

세계 기준에서는, 우리공화당과 그 지지자들을 '극우'라 부르기도 민망합니다. 저들을 '한국 극우'라고 하면 전 세계 '극우'들이 조롱할 겁니다. 세상에 제 나라 대통령은 능멸하면서 남의 나라 대통령을 황제 모시듯 하는 극우가 어디 있느냐고. 일제강점기 조선 총독을 왕처럼 섬기면서 일본 천황에게 충성을 맹세했던 경험, '후진 독재국가' 시절에 미국 대통령을 '구세주'처럼 여기며 숭배했던 경험들이 청산되지 않은 채 누적된 것이 저들의 정체성일 겁니다.

김영삼 정권 이래 광화문광장의 공식 위상은 '국가 상징 가로'입니다. 국가 상징 가로를 '경이로운 후진성'이 점거하도록 놔두는 것은, 그야말로 '나라 망신'입니다. 저들의 천막 안에 있는 것은, '사대주의와 식민지 노예근성과 후진 독재정치의 망령' 등 진즉에 청산했어야 마땅한 우리 역사의 모든 비루하고 더러운 찌꺼기들입니다. 천막 철거는 서울시의 몫이겠지만, 찌꺼기 청소는 시민의 몫입니다.

20190628

경제 폭망론

'경제 폭망론'은 야당과 족벌언론들이 이미 15년 전에 참여정부를 무력화하기 위해 지겨울 정도로 주장했던 논리입니다.

참여정부 때 경제 사정이 이명박 박근혜 정권 때보다 나았다는 건 통계로 입증됐습니다.

15년 전 레퍼토리가 반복되는 데도 또 솔깃해진다면, 그건 자기 책임입니다. 어지간한 포유류 수준만 돼도, 반복되는 사기 수법에 넘어가지는 않습니다. 20190527

계엄령 문건

계엄령 선포 권한은 대통령에게만 있습니다. 기무사가 계엄령 문건을 작성했을 때, 박근혜는 직무 정지 상태였고, 권한대행은 황교안이었습니다. 그러나 황교안 자유한국당 대표는 계엄령의 '계' 자도 본 적이 없다고 했습니다. 대통령 권한대행의 지시도 없이 기무사가 계엄령 문건을 작성했다면, 이건 자기들 마음대로 국민을 적으로 몰아 군사 작전을 펴겠다는 '내란 수행 계획표'가 분명합니다. 그런데도 검찰은 기무사령관이 외국으로 도주했다는 이유로 관련자들 전원을 불기소 처리했습니다. 사립대학교 총장의 "표창장 준 적 없다."는 발언 하나로 수십 군데를 압수수색하며 '표창장 위조'라는 희대의 엽기적 범죄 '혐의'를 만들어 덮어씌운 행태와 비교하면 너무나 어처구니없는 일입니다.

검찰은 사립대학교 총장이 발행하는 '표창장'을 국민 전체의 생명과 안위가 달린 '내란 수행 계획표'보다 억만 배 중요한 문서로 취급했습니다. 표창장 발급이 내란보다 중요하다는 극심하게 뒤틀린 인식은 어디에서 유래하는 걸까요? 저들 집단이 부패한 군사독재에 적합하게 진화해 온 결과라고밖에는 달리 해석할 길이 없습니다. 일본 군국주의 전범의 유전자가 한국 정치세력 일부에게 남아 있듯이, 군사독재 세력의 유전자도 한국 권력기관 일부에 남아 있습니다. 그걸 청산하지 못하면, 저들이 민주주의를 안에서부터 다 갉아 먹을 겁니다. 20191101

계엄령 문건과 검찰

팬데믹으로 전 세계가 비상인 상황에, 검찰이 '문 대통령 선거 개입 의혹 고발' 사건을 수사팀에 배당했습니다. 반면 김학의는 무혐의 처리했고, 윤석열 총장 관련 의혹들에 대해서는 미동조차 않습니다. 지금 검찰은, 박근혜 기무사에서 만들었던 '계엄령 대비 문건'을 실행하고 있습니다. 자기들이 '계엄하의 합동수사본부'인 것처럼 행동하고 있습니다. 선거에 노골적으로 개입하고 있습니다. 지금의 한국에서, '내란과 외환의 죄를 지었어도 수사할 수 없는 사람'은 검찰총장뿐입니다.

이런 '반헌법적' 상황도, 투표로만 끝낼 수 있습니다. 20190312

계획표

검찰총장이 '검찰 개혁하겠다'고 하니, 임명권자가 '개혁 방안을 마련해 제시하라'고 했습니다.

이걸 두고 '검찰 협박'이라고 주장하는 자가 많습니다.

'계획표'를 만들어 교사나 상급자에게 보여주는 건, 초등학생 때부터 사회생활 그만둘 때까지 하는 일입니다.

이런 지시를 두고 '검찰 협박' 운운하는 자들이야말로, 대통령을 협박해서 국정을 마비시키려는 '반국가세력'입니다. 20190930

고무찬양죄

박정희 정권 때, 판잣집에 살던 사람이 자기 집을 허는 철거반원에게 "김일성보다 더한 놈"이라고 했다가 국가보안법상의 '고무찬양죄'로 처벌받았습니다.

법 적용은 일관되고 공평해야 합니다.

국가보안법을 지키는 게 곧 안보라고 주장해 온 자유한국당은, "김정은이 문재인보다 더 나은 지도자"라고 한 정용기 의원을 즉각 고발해야 할 겁니다. 20190531

고문

고문拷問. '때리면서 묻는다'는 뜻입니다. '진실이든 거짓이든 심문자가 원하는 대답을 듣기 위해 심문받는 자의 육체를 괴롭힌다'고 하는 게 더 친절한 설명일 겁니다. 사전적 의미에서 '고문'은 육체에 고통을 주는 일입니다. 하지만 이 행위의 근본 목적은 정신을 무너뜨리는 데에 있습니다. 굳이 당사자의 육체를 괴롭히지 않더라도 정신을 무너뜨리는 방법은 여러 가지가 있습니다. 영화에도 그런 고문 방법은 자주 나옵니다. 애인을 성폭행하거나 자녀를 괴롭히는 등. 대개 당사자를 괴롭혀도 별 소득이 없을 때 가족이나 친지들을 괴롭히죠.

우리나라에서 '육체적 고문'이 큰 사회적 파장을 일으킨 건 박종철 고문이 아마 마지막이었을 겁니다. 그 뒤로도 고문 피해를 호소하는 사람이 더러 있었으나, 통닭구이, 전기고문, 물고문 같은 사례가 드러나지는 않았습니다. 하지만 '정신 고문'으로 증거를 수집하는 관행은 사라지지 않았습니다.

사실 경찰의 '고문'은 검찰의 '공소장' 작성 편의를 위한 '사전 작업'에 해당합니다. 경찰의 '육체 고문' 관행과 검찰의 '고문 수사' 관행은 서로 긴밀히 연결되어 있기는 하나 별개의 문제입니다. 육체 고문이 사라지자, 검찰은 다른 방식의 '정신 고문'을 개발했습니다. 이 새로운 유형의 '정신 고문'에서 검찰의 충실한 하수인 노릇한 게 언론입니다. 그 대표 사례가 고 노무현 대통령을 모욕하고 그 주변

인물들을 괴롭힌 일입니다. 검찰이 이렇다 할 증거도 없이 '가짜 정보'를 '혐의사실'이라며 언론에 흘리면, 언론은 연일 대서특필하여 사람들로 하여금 검찰의 '모함'을 '기정사실'로 믿게끔 했습니다. 처음 검찰의 고문에 저항하겠다는 의지를 강하게 피력했던 노 전 대통령은 결국 이 고문을 이겨내지 못했습니다.

검찰개혁 촛불집회에 예상보다 훨씬 많은 사람이 참여한 걸 보고 이 공분公憤의 본질이 무엇일까 생각해봤습니다. 지난 두 달 가까운 기간 동안, 검찰과 언론은 '합동으로' 조국 장관 일가친척이 관련된 모든 사안을 그야말로 샅샅이 털었습니다. 검찰은 1년에도 수십만 장이 발행되는 표창장이나 인턴증명서 따위의 진위 여부를 가린답시고 지난 10여 년간 그 자녀들이 발을 디딘 거의 모든 곳을 압수수색했습니다. 도대체 표창장이나 인턴증명서 따위가 국가나 공공公共의 안위와 얼마나 큰 관계가 있는 걸까요? 검찰과 언론의 목표가 '조국 장관 사퇴'라는 건 누구나 아는데도, 저들은 그걸 '사회정의'로 포장하여 그의 가족을 끈질기게 괴롭혔습니다. 이제는 심지어 당시 고등학생이던 딸까지 기소하려 듭니다. 저들은 흠이 있어서 살피는 게 아니라, 흠을 찾기 위해 살핍니다.

사람들은 노무현 전 대통령 서거를 겪은 뒤 이 새로운 유형의 고문이 얼마나 잔혹한지 깨달았습니다. 지난 두 달간 언론과 검찰의 행태는 이명박 정권 초기 노무현을 고문하던 것과 똑같았습니다. 이 학습 경험에다가, 중고등학생 자녀의 일기장까지 뒤지는 검찰의 모습을 보면서 사람들은 이 고문이 결코 '남의 일'이 아님을 뼈저리게 느낄 수 있었습니다. 검찰과 언론은 자기들이 마음만 먹으면 아무에게나 혐의를 씌우고 당사자가 혐의를 부인할 경우 그 가족들까지 잔인하게 고문할 수 있다는 사실을 당당하게 공표했습니다.

박종철 고문치사 사건은 87년 민주화운동을 낳았고, 이 운동의 결과 '육체 고문'은 사실상 사라졌습니다. 그 후 30여 년, 이제 우리 사회의 인권의식은 또 한 단계 진전했습니다. 지금은 물리적 폭력이 없는 성폭력도 단죄받는 시대입니다. 이번 사태는 사안의 중대성을 검찰이 자의적으로 판단하고 언론이 그에 동조하면, 사소한 일로도 일가족 전체의 인격이 말살될 수 있다는 사실을 여지없이 폭로했습니다. 저는 시민들의 공분이 향한 곳은 바로 이 지점이었다고 봅니다.

87년 이후 30여 년간, 검찰과 언론의 인권의식은 단 한 걸음도 진전하지 못했습니다. 저들은 자기들 마음대로 고문을 하면서도, 무엇이 문제인지조차 모릅니다. 이번 촛불집회는 그들에게 '인권의 가치'를 깨닫게 해주는 '인도주의의 실천'입니다. 민주주의는 그 내실을 계속 채워 나가야 하는 것이지 완성되는 것이 아닙니다. 민주화운동은 아직 진행 중입니다. 87년 민주화운동이 '박종철 고문치사 규탄'에서 시작되어 '직선제 개헌'으로 나아갔듯이, 이번 촛불은 '조국 일가 정신 고문 및 인격 살인 규탄'에서 시작되어 '검찰의 민주적 개혁'으로 나아갈 겁니다.

다행히도, 조국 장관은 아직까지 이 잔인한 일가족 고문을 버텨내고 있습니다. 처자식을 구속 기소하겠다는 '정신 고문'에도 버틸 수 있는 것은 그가 법무부 장관이기 이전에 법학자이기 때문일 겁니다. 지금 상황을 보면, 누가 '법'에 의지하고 누가 '고문'에 의존하는지 확연히 알 수 있습니다. 조국 일가 고문을 주도하거나 방조하는 검사와 기자 누구도, 이 정도의 고문을 버텨낼 순 없을 겁니다.

박종철과 조국이 부산 혜광고 동문인 것도 참 아이러니한 일입니다. 박종철은 고문당하다 죽음으로써 민주화의 기폭제가 되었지만, 조국은 고문을 이겨내고 시민이 주도하는 검찰개혁의 지렛대가 되어야 할 겁니다. 20190930

고백

광주에서 시민들을 학살한 군인들부터 억울한 누명을 씌워 한명숙 전 총리를 옥살이시킨 검사들까지.

진실을 고백하고 자기 잘못을 참회하는 사람이 없습니다.

정권이 바뀌고 국회가 변해도 인간 내면의 '악마성'은 사라지지 않습니다.

'악마성'이 승리하지 못하는 사례를 많이 만드는 것 말고는, 방법이 없습니다. 20200515

고소 대처법

"더 이상 대한민국 대통령이 김정은 수석대변인이라는 낯 뜨거운 이야기를 듣지 않도록 해주십시오." (2019.3.12. 나경원)

나경원 씨가 자기에게 '나베'라고 한 사람들을 무더기로 고소했군요. 더 이상 대한민국 제1야당 원내대표가 나베라는 낯 뜨거운 이야기를 듣지 않도록 해주면 그만인 것을.

고소당하신 분들은 나경원 씨가 가르쳐 준 팁 중 하나를 활용하시면 좋을 겁니다.

1. "반민특위가 아니라 반문특위라고 한 것이다."
2. "달창이 달빛창문이라는 뜻인 줄 알았다."
3. "우리 일본은 아무 의미 없이 습관적으로 나온 말이다."
4. "나베라는 말에 기분 상했다면 그 부분에 대해서는 유감을 표시한다."

20190808

공개사과

검찰조차 '군무이탈 혐의'를 인정할 수 없어 추미애 장관, 아들, 보좌관 모두 기소하지 않았습니다.

그동안 추장관 아들이 '탈영'했다고 비난했던 사람들, 공개사과 정도는 해야 하지 않을까요?

'미안하다' 한마디로 퉁 쳤다며 김정은을 욕했으면서, 김정은만도 못한 인간으로 살아선 안 되겠죠? 20200928

공동체의식

며칠 전, 격리 중인 우한 교민 한 사람이 정부가 제공한 도시락에 대한 불만 글을 SNS에 올렸습니다. 네티즌들이 그가 과거에 쓴 '정치적 인터넷 댓글'들을 찾아 공개했습니다. 처지를 바꿔 생각해봤습니다. 전염병이 창궐하는 지역에 고립돼 있는데, 누가 전세기로 탈출시켜 주고, 자기 가족과 친지들에게 병을 옮길까 봐 따로 숙소를 제공하고 때맞춰 밥까지 준다면, 고마움을 느끼는 게 인지상정입니다. 설령 다소 성에 차지 않는 일이 있더라도, 그 고마움으로 상쇄해 불평하지 않는 게 사람의 도리이기도 합니다. 그 '누구'가 특정 개인이 아니라 '공동체' 또는 '국가'라도 마찬가지입니다. 그러나 우리 주변에는 이와 정반대로 생각하고 행동하는 사람이 많습니다.

공동체가 자기에게 베푼 것은 하찮거나 부족하다고 여기는 사람일수록 이상하게도 남에게 베푸는 것에 대해서는 너무 많다고 불평합니다. 공동체의 자원을 남보다 더 많이 소비하면서도 "내가 돈 버는 데 나라에서 보태준 게 뭐 있냐?"라고 큰소리치는 사람들은 대개 종부세에도, 복지 확대에도, 최저임금 인상에도 반대합니다. 남에게 원하는 만큼 대접받지 못하면 불같이 화를 내는 사람이 오히려 아파트 경비원이나 택배 사원들에게는 사람대접하지 않는 꼴을 참 많이 봅니다. 자기가 공동체로부터 받는 혜택은 늘 부족하다고 느끼면서 남이 받는 혜택은 늘 너무 많다고 불평하는 걸 '사회적 상대성 이론'이라고 해도 좋을 겁니다.

대한제국이 망할 때, 이완용 등의 매국노들은 모두 국가로부터 가장 많은 혜택을 입었던 자들이었습니다. 반면 안중근이나 김구 등의 독립운동가들은 오히려 국가의 박해를 받던 사람들이었습니다. 같은 시대, 같은 나라에서 살았지만, 일부는 토착왜구 노릇을 했고 또 다른 일부는 독립운동을 했습니다. 이 둘을 나눈 것은 기본적으로 '공동체에 대한 태도'였습니다. 공동체에 감사하는 마음 없이 자기 이익만 앞세운 자들은 모두 토착왜구가 됐고, 자기에게 억울한 일이 있어도 공동체가 유지되어야 한다고 믿은 사람들이 독립운동가가 됐습니다. 일제강점기 토착왜구들도 자기들이 받는 대우가 미흡하다고 불평하면서도 절대다수 한국인이 노예 취급받는 건 당연시했습니다.

공동체를 배려하지 않는 자들, 공동체에 감사하는 마음이 없는 자들, 자기 개인의 이익이 무엇보다도 중요하다고 믿는 자들, 공동체를 유지하기 위해 누구를 도와야 하는지 모르는 자들. 이런 자들이 토착왜구의 정신을 계승한 21세기 '망국노'들입니다. 이런 자들의 정신이 승리하면, 공동체는 안으로부터 파괴되어 나라가 나라 꼴을 갖출 수 없게 됩니다. 유감스럽게도, 21세기판 토착왜구는 우리 주변에서 흔히 볼 수 있습니다. 그들이 긍정적 역할을 하는 게 한 가지 정도는 있습니다. "토착왜구가 지지하는 정당은 빼고" 찍을 수 있게 해주는 것. 20200214

공부

"물려받은 강북 건물 팔고 조금 보태면 집 가까이에 있는 강남 건물 살 수 있겠다."는 말을 "강남 건물주 되려는 목표하에 불법 수단으로 재산을 불리려 했다."는 주장의 '증거'로 삼아 언론 플레이한 검사.

이 검사의 중고등학생 때 생활기록부가 눈에 보이는 듯합니다.

1. 목표의식이 분명하고 승부욕이 강함.

2. 창의적이고 '자기 주도적' 해석에 능함.

3. 양심 없고 이기적이며 거짓말을 잘함.

1, 2만 중시하고 3은 가볍게 여긴 결과가, 지금 검찰과 언론의 문제이자 우리 사회 전체의 문제일 겁니다.

"양심 없고 인격이 엉망이어도 공부만 잘하면 돼." 20200428

공분公憤

채널A가 MBC 보도 직후 진상조사위원회나 징계위원회를 소집해서 해당 이 모 기자에 대한 징계절차에 착수했다면, '저질 언론'으로 남을 수는 있었을 겁니다.

그러나 선제적으로 "MBC와 채널A의 공방"이라는 프레임을 만듦으로써, 스스로 '악질 공갈 집단'이 되는 길을 선택했습니다. 저들을 그대로 두면, 누구나 채널A 기자에게 협박당할 수 있습니다.

"시키는 대로 하지 않으면 검찰이 네 가족 다 파멸시킬 텐데, 그래도 겁나지 않느냐?"는 공갈은, 조주빈 일당이 한 짓과 조금도 다르지 않습니다. 조주빈 일당에 대한 공분은, 채널A에도 똑같이 향해야 마땅합니다. 20200401

공사 구분

아들 둘이 대학생입니다. 가끔 집에서 학교 과제를 하다가 이것저 것 묻곤 합니다. 몰라서 묻기도 하고, 알면서 제 애비의 '신지식' 수 준을 점검하기 위해 묻기도 합니다. 한마디 대답으로 끝날 때도 있 고, 1시간 넘는 토론으로 이어지기도 합니다. 그 내용이 녀석들의 과제물에 어떻게 반영되는지는 모르나, 도움이 되기는 할 겁니다. 전공은 다르지만 나름대로 '신지식'에 관심 있는 애비를 둔 덕이겠 죠. 그런데 이번에 언론을 통해 검찰의 조국 교수에 대한 공소장 내 용을 접하고서야, 이게 '범죄'라는 사실을 알았습니다. 제 자식들은 자기 배경을 악용하여, 학교의 성적 처리 업무를 방해하는 범죄를 저지른 셈입니다.

집에 프린터가 한 대뿐입니다. 아들 녀석들이 과제물을 제게 메 일로 보내면, 제가 다운받아 출력해 줍니다. 당연히 제 PC에는 아 들 녀석들의 과제물 파일이 여럿 들어 있습니다. 검찰에게 밉보이면 이 파일들이 '업무방해죄'의 증거가 될 수 있다는 사실도, 이번에 처 음 알았습니다.

선배에게 시험 문제 족보를 얻는 행위, 학점 좋은 친구 노트를 복 사하여 그걸로 공부하는 행위, 친한 동료들끼리만 모여 함께 시험 준비하거나 보고서 작성하는 행위 등이 모두 넓게 보면 '성적을 높 이기 위해 인맥을 동원하는 행위'에 속합니다. 검찰과 언론, 일부 지 식인의 주장대로라면 이런 행위들이 전부 '범죄'가 됩니다. 세밀히 따지면, '불공평'하다는 비난을 받을 여지도 있습니다. 그러나 인류 는 아직 이런 종류의 '불공평'을 극복할 방도를 찾지 못했습니다.

가정이라는 공동체가 유지되는 한, 부모의 문화적 취향, 지식수 준, 심지어 음식에 대한 기호까지도 자식에게 영향을 미칩니다. 이 런 걸 '문화자본'이라고 합니다. 급진주의자라면, 아이들이 성장하는 과정에서 '문화자본'의 영향을 원천적으로 배제해야 한다고 주장할 수도 있습니다. 그러나 그러려면, 먼저 고액 과외, 해외 유학이나 연수, 입시 컨설팅, 나아가 각 가정의 도서 구입비나 공부방의 크기 등 학업에 영향을 미치는 '자본' 그 자체의 영향력을 완전히 제거하라고 주장해야 할 겁니다. 하지만 이거야말로 검찰총장이 신년사에서 강조한 '자유민주주의와 시장경제질서'를 근본에서 부정하는 일입니다.

유럽적 또는 근대적 관점에서는, 집 안의 일이 private(私), 집 밖의 일이 public(公)입니다. 가정 내에서 어떤 대화가 오가든, 어떤 토론이 이루어지든, 어떤 협업이 진행되든, 구성원의 신체와 존엄성에 위해가 가지 않는 한 국가나 공공이 간섭하지 않는 것이 '공사 구분'입니다. 한국 언론은 조지워싱턴대 교수의 입을 빌려 "교수 승인 없이 무단으로 협업하는 것은 학칙 위반"이라며 검찰의 편을 들지만, 미국의 어떤 교수도 '부모가 학생에게 도움을 주었는지 여부를 조사하기 위해 가족 간 사적 메시지를 조사하는 나라'가 있을 거라고는 상상하지 못했을 겁니다. 설령 조국 교수가 자녀 시험을 도와준 것이 사실이라고 하더라도, 그보다 훨씬 더 중대하고 심각한 죄가 검찰의 '사생활 침해죄'입니다. 한국 언론들이 즐겨 인용하는 미국 언론이라면, '부모가 집에서 자녀 시험을 도와줬는지 여부를 조사하기 위해 가족 내의 사사로운 메시지를 조사한 행위' 자체를 '국가의 근본을 흔든 중대 범죄'로 취급했을 겁니다.

검찰이 조국 교수 공소장에 조지워싱턴대의 업무를 방해했다는 혐의를 끼워 넣은 것은, 공사 구분의 원칙을 무시했을 뿐 아니라 자본주의 사회의 기본 운영원리를 공격했다는 점에서 '원시적'이며 '야만적'입니다. 자기들에게 위협이 될 것 같은 사람이 있으면 사생활 전반을 샅샅이 뒤져 어떤 죄목을 씌워서든 처형했던 자들이, '원시적 야만'의 대표들이었습니다. 21세기 한국 사회의 핵심부에 '원시적 야만'이 자리 잡고 있는데도, 언론과 일부 지식인이 그들을 비판하긴커녕 두둔하는 건, 정말 끔찍하고도 참담한 일입니다.

20200106

공소장 1

억울함을 하소연하는 게 '소訴'입니다.

'공소장'은 국가나 공공이 개인이나 사적 집단으로부터 억울한 일을 당했다고 하소연하는 문서입니다.

'공소장'에 검사 개인이나 집단의 사욕과 사심이 들어가면, 국가와 공공이 진짜 큰 해를 당합니다. 20191001

공소장 2

검사가 공소장 쓰는 거나, 기자가 기사 쓰는 거나, 학자가 논문 쓰는 거나, 절차는 같습니다. 먼저 가설을 세우거나 혐의를 잡고, 증거 (자료)를 수집해서 분석한 뒤 글을 씁니다.

검사가 편한 점은 자료를 '강제로' 수집할 수 있다는 겁니다. 학자나 기자는 꼭 필요한 자료가 있어도 강제로 받아낼 수 없지만, 검사는 '압수수색'해서 찾아낼 수 있습니다.

압수수색은 검사가 자료를 수집하는 방법 중 하나입니다. 그 자료를 이용해 어떤 공소장을 쓰든, 그건 '검사의 의견'일 뿐 확정된 사실은 아닙니다. 학자가 도서관에서 11시간 동안 자료를 뒤졌다고 해서, 그가 역작을 쓸 거라고 단정할 수는 없습니다. 학자가 정치적 의도를 갖고 가설을 세운 뒤 그에 맞는 자료만 수집하면, 아무리 많은 자료를 봐도 엉터리 글을 쓰게 됩니다.

지금 검사들은 자기 이해에 직결된 사안에 대해 명백한 정치적 의도를 갖고 악의적인 가설을 세운 뒤 국민이 부여한 권리를 남용하여 마구잡이로 자료를 수집하고 있습니다. 이렇게 자료를 수집했다고 해서 완벽하거나 훌륭한 공소장을 쓸 거라고 볼 수는 없습니다.

그런데도 언론들은 마치 혐의가 중대하거나 그 대부분이 사실로 확정됐기 때문에 11시간 동안 압수수색한 것인 양 보도하고 있습니다. 자택이 압수수색당했으니 장관은 알아서 사퇴해야 한다고 주장하기까지 합니다. 명색이 기자라는 양반들, 당신들 취재 대상이 되면 사퇴해야 하나요? 20190925

공시인순막 貢市人詢瘼

왕이 직접 저자에 나가 상인들의 고충을 듣는 '공시인순막'이 관례화한 것은 서울이 상업 도시로 변모하던 18세기 중반부터입니다. '순막'이란 '병폐에 관해 묻다'라는 뜻입니다. 당시 영조는 "도성민의 절반이 공인貢人과 시인市人이니, 그들의 얘기를 듣는 것은 왕의 책무"라고 했습니다. 이 행사는 조선 말까지 계속되다가 갑오개혁 이후 폐지되었습니다. 조선 총독도 시장에서 상인들과 만나는 일은 하지 않았죠.

공시인순막을 되살린 건 자기가 '임금'이라고 생각했던 이승만입니다. 이승만을 대하는 상인들의 태도도 '왕조 국가의 신민'과 거의 다르지 않았고요. 정치인들이 시장 골목에서 어묵, 떡볶이, 라면 등을 사 먹으며 상인들에게 '경제가 어려워 큰일이다' 등의 얘기를 듣는 건 사실 '서민 코스프레'가 아니라 '임금 코스프레'입니다. 이 이

벤트의 '정치적 효과와 상징성'도 '왕조 국가의 신민 의식'과 무관하지 않으리라고 봅니다.

지금은 서울시민의 절반이 시장 상인인 시대도 아니고, 앞으로도 아주 특별한 맛집이 아닌 한 어묵이나 라면 가게 주인의 입에서 "장사 잘된다"나 "먹고 살 만하다"는 말이 나올 일은 없을 겁니다. 최저임금 받는 노동자들을 찾아가서 "최저임금이 올라 살기 어렵지 않으냐?"고 묻는 게 차라리 현실감 있는 정치인의 태도일 겁니다. 이런 시대착오적이고 중세적인 '대권 욕심 정치인의 골목시장 순막詢瘼', 이제 끝낼 때가 되었습니다. 20200210

공익제보 1

1894년 갑오개혁 때, 조선 전래의 관직 체계를 개편하여 크게 칙임관, 주임관, 판임관의 세 등급으로 나눴습니다. 이 관직 체계의 골격은 현재까지 유지되고 있습니다.

칙임관은 대군주(황제)가 '직접' 임명하는 사람, 주임관은 칙임관의 주청에 따라 대군주(황제)가 임명하는 사람, 판임관은 칙임관이 재량으로 임명하는 사람이었습니다. 이 등급은 관직 임명뿐 아니라 국가 운영의 기본 틀과도 관련되었습니다. 대군주(황제)와 함께 국정을 논의하는 일은 칙임관만 할 수 있었습니다. 그러니까 "아니 되옵니다, 폐하."는 칙임관만 할 수 있는 말이었죠. 거칠게 구분하면 칙임관은 정무적 판단을 하는 사람, 주임관은 실무적 판단을 하는 사람, 판임관은 실무를 집행하는 사람으로 나눌 수 있습니다. 대군주(황제)와 논의를 거듭하여 정책을 결정하는 게 칙임관의 일이었고, 그 정책을 합법적으로 처리할 수 있는 방안을 강구하여 판임관들에게 실무를 나누어 맡기는 게 주임관의 일이었습니다. 주임관도 당연히 '정치적 소신'을 가질 수 있지만, 그는 '정무적 판단'에 관여할 수 없었습니다.

오늘날의 공무원 직급으로 보자면, 칙임관은 장차관급, 주임관은 국과장급, 판임관은 주무관급입니다. 신재민 전 사무관은 주임관 최말단에 해당합니다. 청와대와 장차관 사이에서 협의된 '정무적 결정'을, 법과 규정을 지키면서 집행하는 방안을 마련해 주무관들에게 맡기는 게 그의 일이었습니다. 그 '정무적 결정'을 집행하는 과정에서 부득이 법과 규정을 위반해야 했다거나 그 결정이 '반인륜적'이었다면, 그에겐 이 사실을 폭로할 '도덕적 의무'가 있습니다. 그러나 그 '정무적 결정'이 자기 개인의 '정치적 소신'과 맞지 않는다는 이유로, 또는 청와대와 장차관이 협의하는 과정에서 '사무관'의 의견을 무시했다는 이유로, 그 결정의 배경을 제멋대로 해석해서 비방하는 건 '공익제보'가 아니라 '국기 문란' 행위입니다.

과거 윤석양 이병이나 이문옥 감사관이 폭로한 사실은 모두 자기가 소속된 기관이 자행한 '불법행위'였습니다. 그러나 이번 신재민 전 사무관이 비방한 대상은 청와대와 장차관 사이에서 협의된 '정무적 판단'입니다. 비유하자면, 참모본부와 사단장이 작전계획을 수립하고 명령을 내렸는데, 소대장인 소위가 자기 생각과 다르다며 그 작전 내용을 폭로하고 비방한 격입니다. 또는 참모본부가 사단장과 논의한 것 자체를 군기 문란 행위라고 비방한 격입니다. 만약 그 명령이 반인륜적이라면 이행을 거부해야 마땅합니다. 그러나 자기 생각과 다르다는 이유로 명령 내용을 공공연히 폭로 비방한다면, 그가 갈 곳은 한 군데뿐입니다.

물론 야당은 어떤 '정무적 결정'에 대해서든 비판, 비난, 비방하기 마련입니다. 청와대와 정부의 '정무적 결정'과 자기의 '정치적 소신'이 배치된다면, 칙임관급이든 주임관급이든 사직할 수 있습니다. 사직하고 나서 정부를 비판, 비난, 비방할 수도 있습니다. 그러나 그건 야당의 비판, 비난, 비방과 같은 행위이지 결코 '공익제보'가 아닙니다. 야당과 언론들이 한 퇴직 공무원의 '사심私心'에 따른 정부 공격을 '공익제보'라고 표현하는 것이야말로, 국가 운영의 근간을 무너뜨리는 짓입니다. 20190105

공익제보 2

얼마 전까지 '차파라치'라는 '전문직업인'들이 있었습니다. 도로교통법 위반 차량 사진을 찍어 제보하고 포상금으로 '사익'을 챙기는 사람들이었죠. 이들의 제보는 '공익제보'일까요, '사익제보'일까요? 좋게 말하면 공익과 사익의 조화라고 할 수도 있을 겁니다.

공익제보와 '사익' 또는 '사감私憾' 제보 사이에 분명한 경계선을 긋기는 어렵습니다. 평소 층간 소음 때문에 자주 다투었던 위층 사람이 장애인 주차 구역에 주차한 걸 보고 '옳거니' 하면서 사진 찍어 제보할 수 있습니다. 이런 경우 위층 사람이 '공공의 규칙'을 위반한 게 분명하니 아무리 사감이 개입되었어도 '공익제보'라고 해야겠죠. 하지만 위층 아이가 갑자기 아파 소아과 병원 앞 도로에 잠시 주차했다는 사실을 알면서도 사진 찍어 제보했다면, 이런 것도 '공익제보'라고 할 수 있을까요?

"제보자의 동기는 따지지 말고 제보 내용이 사실인지 아닌지만 따져라"고 주장하는 사람이 상상 이상으로 많습니다. 만약 우리 사회에 이런 원칙이 일반적으로 통용된다면, 소방서나 경찰서는 매일매일을 만우절처럼 보내게 될 겁니다. 제보했다는 사실이 밝혀질 경우 제보자가 심각한 해를 입는 '내부 고발'이 아니라면, 제보의 동기도 따져 볼 필요가 있습니다. 형사 사건에서도 '고소인 조사'를 먼저 하는 법입니다. 20200914

공익제보 3

재작년 겨울, 기재부 전직 사무관 신 모 씨가 "청와대가 정치적 이유로 부당하게 적자 국채 발행을 강요했다"고 주장했습니다. 당시 모든 언론이 이 주장을 '공익제보'로 취급해서 청와대와 정부를 향해 맹공격을 퍼부었지만, 법원의 최종 판결은 "국채 발행 과정에 문제없었다"였습니다. 언론인들이 '전직 사무관 신 모 씨는 국채 발행 규모에 관여할 위치에 있지 않았다'는 가장 기초적인 사실만 외면하지 않았어도, 터무니없는 논란거리를 만들어 세상을 어지럽히진 않았을 겁니다.

이번에도 언론인들은 '휴가 연장에 부당한 외압이 있었다'고 주장한 전직 카투사 당직 사병의 주장을 '공익제보'로 취급했습니다. '그가 휴가 연장의 적절성 여부를 판단할 위치에 있지 않았다'는 가장 기초적인 사실에는 관심조차 기울이지 않았습니다. 제보 내용의 신빙성을 따지기 위해서는 '제보자가 사실의 전후 관계를 알 만한 위치에 있었는가?'부터 판단해야 합니다. 이런 판단조차 할 줄 모르니 태영호 말만 믿고 '김정은 사망설'을 유포했던 거죠.

물론 누구나 실수는 합니다. 하지만 같은 실수를 계속 반복하면, '고의'라고 할 수밖에 없습니다. 실수는 인간의 한계이지만 고의는 도덕과 법의 문제입니다. '도덕성'에 심각한 하자가 있는 건 누구인가요? 20200913

공정 1

'공정公正'은 일상생활에서 흔히 쓰고, 특히 언론사마다 캐치프레이즈로 내거는 단어지만, 그 개념을 간단히 정의할 수는 없습니다. 한

자 공公은 본래 '지상에 구현된 하늘의 도리'라는 뜻입니다. 영어의 public과 private는 서로 대등한 개념이지만, 한자의 공公과 사私는 상하 수직적 관계에 있습니다. 구미인들이 privacy 존중을 중시하는 반면, 한자 문화권 사람들이 '선공후사先公後私'나 '멸사봉공滅私奉公'을 내세우는 것도 이 때문입니다.

사심私心과 사욕私慾에 의해 뒤틀린 것들을 다 버리고, 하늘의 도리에 합당한 것들만 추려 그중에서 가장 바른正 것을 고르는 게 '공정'입니다. 그래서 기계적 중립으로는 결코 공정을 이룰 수 없습니다. 1+1=2와 1+1=1 사이에서 기계적 중립을 취하면 1+1=1.5가 되지만, 이것 역시 '틀린 답'일 뿐입니다. "1923년 관동대지진 때 조선인들이 우물에 독을 탔다"는 '망언'과 "헛소문에 현혹된 일본인들이 조선인을 학살했다"는 '진실' 사이에서, 또는 "1980년 5월 북한군 수백 명이 광주에 내려와 무장폭동을 일으킨 뒤 흔적도 안 남기고 돌아갔다"는 '망언'과 "군인들이 무고한 시민을 학살했다"는 '진실' 사이에서 기계적 중립을 취해 봤자, 그 역시 '망언'일 뿐입니다.

도리에 어긋나는 것들을 배제하는 게, '공정'을 이루는 첫걸음입니다. 아무리 힘센 집단의 주장이라도 망언은 망언입니다. 언론이 어떤 말이 망언인지 이유를 밝혀 제대로 알려주기는커녕, 망언과 진실 사이에서 기계적 중립을 취하는 건 망언에 힘을 실어주는 '불공정' 행위일 뿐입니다. '언론은 권력과 불편한 긴장 관계를 맺어야 한다'는 건 정말 옳은 말입니다. 그런데 그 당당함을 과거의 여당이자 현재의 제1야당에게는 왜 보이지 못하는 건가요? 옳음과 그름, 맞음과 틀림 사이에서 기계적 중립을 취하는 건 '공정'이 아니라 '비겁'입니다.

'문재인 독재자'라는 말은 사전의 정의에도 맞지 않고 인류의 보편 상식에도 전면 배치되는 '망언'입니다. 이 말은 문 대통령에 대한 근거 없는 모욕일 뿐입니다. 그런데 어제 대담에서 기자는 이 모욕적 망언에 일말의 타당성이라도 있는 것처럼 "자유한국당이 대통령더러 독재자라고 하는데, 그 말을 들으니 기분이 어떠냐?"고 질문했습니다. 상습 성희롱범의 모욕적 발언으로 상처 입은 피해자에게 기자가 마이크를 들이대고 "성희롱당한 기분이 어떠냐?"고 물었다면, 그 기자에게 뭐라고 해야 할까요? 송기자가 인터뷰를 참 잘했다고 주장하는 기자 여러분, 누가 당신들에게 "듣자니 댁이 재벌들 돈 받고 가짜 기사 쓰는 양아치라던데, 그 말 들으니 기분이 어떤가요?"고 물으면, 어떻게 반응할 건가요? 아무리 힘센 집단의 주장이라도 '망언은 망언'이라고 지적하는 게, '공정'을 표방하는 언론의 기본 책무입니다. 그걸 모르면, '기레기'보다 더 심한 욕을 들어도 할 말이 없을 겁니다. 기계적 중립이 '공정'인 줄 아는 언론이, 진짜 '공정'을 파괴하는 주범입니다. 20190510

공정 2

역사라는 악보樂譜에서 전쟁이나 혁명, 자연재해 같은 큰 사변들이 하나의 악절樂節을 이룬다면, 특정한 정치적 사회적 경제적 자연적 조건에 대한 사람들의 개별적이거나 집단적인 반응은 각각의 음표를 구성한다고 볼 수 있습니다. 가령 1997년의 IMF 구제금융 사태는 그 자체로 하나의 역사적 사건이지만, 이 '단일 사건'을 미시적으로 살펴보면 그 안에 개인과 가족 단위의 숱한 '작은 역사'들이 밀집해 있음을 알 수 있습니다. 파산, 부도, 실직, 전직轉職, 경매, 별거, 이혼, 가정불화와 가정폭력, 진학 포기, 자살 또는 자살미수 등의 개인 또는 가족 단위의 사건과 선택들이, 이 사태의 그늘에서 일어났습니다.

　IMF 구제금융 사태 이후 우리 사회가 겪은 중요 변화 중 하나가

'비정규직' 양산입니다. 당시 기업들의 구조조정 과정에서 '실직'했다가 자영업자가 되거나 비정규직이 된 사람은 헤아릴 수 없이 많습니다. 그들 사연 하나하나를 들여다보면, 누구도 '공정'한 기준에 의해 실직했다고 하기 어렵습니다. 맞벌이라는 이유로, 동기들보다 나이가 많다는 이유로, 상사에게 잘 보이지 못했다는 이유로, 그밖에 지금 기준에서는 말도 안 되는 이유로 실직한 사람이 많습니다. 그로부터 23년. 그때 실직한 사람들은 입사 동기가 부장이 되고 이사가 되는 동안, 이런저런 비정규직을 전전하거나 영세 자영업자로 머물렀습니다. 비정규직이 양산되던 시절, 기업 인사 담당자의 '선택'은 개인뿐 아니라 그 가족들의 삶 전체를 바꿔놓았습니다. 하지만 그 비상사태에서 '공정성' 문제를 따지기란 대단히 어려웠습니다.

취업 준비하는 청년 대다수가 인천공항공사 정규직 전환에 '분개'한답니다. 지금의 취업난에서 중심 문제는 '일자리' 자체보다는 '좋은 일자리', 즉 '정규직' 일자리가 부족하다는 겁니다. 이른바 4차 산업혁명 시대에 '사람의 일자리'는 계속 줄어들 겁니다. 이런 형편에서 정규직 일자리를 늘리는 방법은 비정규직을 정규직화하는 것밖에 없습니다. 문제는 사람이 아니라 '자리'입니다. 비정규직을 당연히 여겼던 '일자리'들을 정규직으로 바꾸는 과정에서 갑작스럽게 '혜택'을 입는 사람이 나오는 건 부득이한 일입니다. 정규직이었던 일자리가 비정규직으로 바뀌는 과정에서 인생의 파탄을 겪은 사람이 많았던 것처럼.

비정규직이었던 사람을 다 쫓아내고 새로 정규직을 모집해서 일자리를 채우는 게 '공정'한 방법일까요? 아니면 비정규직은 영원히 비정규직으로 묶어두는 게 '공정'한 방법일까요? 비정규직 일자리를 정규직으로 전환하는 것은 '좋은 일자리'를 위해 취업 준비하는 청년들에게도 도움이 되는 일입니다. 그 과정에서 일부 '운 좋은' 사람이 생긴다고 해서, 그것이 우리 사회의 '공정성'을 심각하게 훼손하는 결과를 빚을까요? 지금의 취업 준비생들은 '정규직'으로 전환되는 일자리로 인해 어떤 피해를 볼까요? 취업 준비생들의 기회는 그대로 두면서, 질 낮은 일자리를 줄여가는 것이 더 '공정'한 길 아닐까요?

대다수 언론매체는 이제껏 '질 낮은 일자리'만 공급한다고 정부를 비난해 왔습니다. 그러다가 막상 '질 낮은 일자리'를 '질 좋은 일자리'로 바꾼다고 하자, '공정성' 훼손이라며 맹비난하고 있습니다. 언론과 일부 정치인들, 그리고 분개하는 취업 준비생들에게 묻습니다. 비정규직을 정규직으로 전환하는 것 말고, '질 좋은 일자리'를 늘리는 방법이 뭐가 있을까요? 한 번 시험에 합격하면 평생 일자리가 보장되는 사람들과 매일 해고 걱정하면서 평생 일하는 사람들로 나뉘는 세상은 '공정'한 세상일까요? 20200630

공천

당 대표가 도장 들고 도망가서 공천한 것도 아니고, 공관위원장이 측근을 밀어 넣은 것도 아닌데, 정치 신인이 '민주적 원칙'에 따라 맨발로 뛰어 전국적 지명도를 가진 인물을 꺾었으면, '이변', '돌풍', '감동' 같은 단어를 써야죠.

이 스토리에 '축출', '중도층 이반', '친문패권' 같은 단어가 왜 들어가야 합니까? 언론사 종업원 여러분, 소설을 쓰더라도 '기본'은 배워야죠. 20200313

공평과 공정

공평과 공정, 또는 불공평과 불공정.

뜻이 다르기에 말이 다른 것인데도, 일상생활에서는 둘을 '사실 상 같은 뜻'으로 쓰는 경우가 많습니다. 이렇게 된 데에는 '공평'을 '어느 쪽에도 치우치지 않고 고름'으로, '공정'을 '공평하고 올바름'으로 정의한 국어사전 탓도 있는 듯합니다. 그런데 사실 엄밀히 따지면 둘 사이에는 큰 차이가 있습니다.

고대 그리스의 권투에는 '체급'이 없었습니다. 그 시대 사람들은 생래적生來的인 체격 차이가 경기력에 그대로 반영되는 게 당연하다고 여겼습니다. 사람이 귀족과 노예로 나뉘는 것도 신이 정한 '불평등'이기 때문에 인간이 어쩔 수 없는 것이라고 믿었죠. 전에 한자 '공公'은 지상에 구현된 하늘의 도리라는 의미라고 쓴 적이 있는데, 공평도 인간 사이의 평등과는 별 관계가 없는 개념이었습니다. 조선왕조 개창 직후 한양으로 천도할 때, 왕은 한양으로 이주하는 개경 주민들을 신분과 지위에 따라 구분하여 집 지을 땅을 '차등 있게' 나눠 줬습니다. 이 '차등'을 전제로 해서 같은 등급 내에서 균등하게 또는 평등하게 나눠 주는 게 '공평'이었죠. '공평'이 인간 사이의 '평등'과 비슷한 개념으로 옮겨 온 것은 근대 이후입니다. 권투에서 체급이 생긴 것도 19세기 말입니다.

공평이 평등에 가까운 개념으로 이동하면서, 그 기준을 정하는 건 대단히 어려워졌습니다. 현대의 사회적 갈등은 대부분 '공평'을 둘러싸고 벌어집니다. 뷔페식당에서 체격이 큰 사람에게나 작은 사람에게나 똑같은 액수의 돈을 받는 게 공평한가? 부자와 빈자에게 똑같은 액수의 세금을 걷는 것, 소득에 비례해서 세금을 걷는 것, 소득이 높을수록 세율도 올리는 것 중 어느 것이 공평한가? 똑같은 일을 하는데도 정규직과 비정규직 사이에 임금 차별이 있는 것은 공평한가? 경찰 채용 시험에서 여성과 남성에게 똑같은 기준을 적용해야 공평한가? 남성만 군대에 가는 것은 공평한가? 장애인 전용 주차 구역, 여성 전용 주차 구역 설정 등은 공평한 행정인가? 농어촌 거주자 특별전형, 사회적 배려 대상자 특별전형 등은 공평한 제도인가? 등등. 민주주의 시대의 '공'은 하늘의 뜻이 아니라 다수의 뜻이기 때문에, 사안별로 무엇이 공평인가에 대한 답은 '공론의 장'에서 만들 수밖에 없습니다. 원칙적으로 법과 제도는 이 '공론'에 따라 만들어진다고 봐야 할 겁니다.

이제 '생래적 불평등'을 완화하기 위해 '생래적 약점'을 가진 사람에게 일정한 혜택을 주거나 '생래적 장점'을 가진 사람에게 일정한 핸디캡을 부여하는 게 '공평'이라는 인식은 보편적이라고 할 수 있습니다. 하지만 그 혜택이나 핸디캡의 '정도'에 대해서는 앞으로도 완전한 합의가 불가능할 겁니다. '불공평'에 대한 분노와 불만도 완전히 사라질 수 없을 겁니다.

'공평'이 체급을 나누고 체급 내, 또는 체급 사이의 규칙을 정하는 것과 관련된 개념이라면, '공정'은 그 규칙을 지키는 것과 관련된 개념입니다. 헤비급 선수와 플라이급 선수를 똑같은 조건에서 맞붙게 해야 하는가, 헤비급 선수 한쪽 팔을 묶게 해야 하는가, 아니면 아예 같은 링에 서지 못하도록 막아야 하는가를 정하는 게 '공평'의 문제라면, 일단 링에 오른 선수들이 규칙을 지키도록 하는 건 '공정'의 문제입니다. 이 대결이 '공평'한지 아닌지는 세계권투위원회가 정하고, '공정'하게 진행되는지 아닌지는 심판이 판단합니다. 법원이나 공정거래위원회가 하는 일도 '공정성'과 관련한 문제를 해결하는 일입니다. 그래서 어느 한쪽이 규칙을 위반해도 눈감아 주는 '편파'가 불공정입니다.

조국 교수 딸 입시문제로 분노하는 젊은이들, 본인의 분노가 '불공평' 때문인지 '불공정' 때문인지 스스로 생각해볼 필요가 있습니다. 헤비급 선수가 플라이급 선수를 맞상대하는 건 불공평합니다. 그러나 그런 상황은 그가 만든 게 아닙니다. 그가 경기규칙을 지켰다면, 분노는 '불공평한 제도'를 만든 조직이나 기구를 향해야 합니다.

학부모 활용 인턴십 제도를 만들어 학부모 사이에 쌍방향이든 단방향이든 '선심 베풀기'를 권장하고, 세계선도인재전형을 만들어 외국 생활했던 학생에게 일방적으로 유리한 입시 기회를 제공한 건 이명박 정부와 지금의 자유한국당 정치세력입니다. 최저임금 인상에 반대하고, 법인세 인상에 반대하며, 복지 확대에 반대하여 현재의 사회적 불평등을 더 확대하려는 세력도 저들입니다.

저들이 만들어 운영했던 그때의 제도가 원천적으로 '불공평'했습니다. 그 '불공평'의 책임은 당시 일반 시민은 물론 권력에서 배제된 '상류층'에게도 물을 수 없는 겁니다. 만약 청문회 등을 통해 조국 교수가 이 '불공평한' 입시제도에서조차 '불공정'한 행위를 했다는 사실이 밝혀진다면, 그는 비난받아 마땅합니다. 그러나 '불공정'이 아니라 '불공평'이 문제라면, 지금 분노하는 젊은이들의 비난이 향해야 할 대상은, 그런 제도를 만들어 운영했던 정치세력입니다.

한 가지 더. 지금 그대들이 서 있는 그 자리는 '공평한 경쟁'의 결과인가요, '공정한 경쟁'의 결과인가요? 20190830

공평성의 잣대

재벌의 노역비는 일당 5억 원, 5천 원어치 빵 훔친 노인은 징역 1년. 국민의힘 국회의원 일가의 회사가 피감기관에서 1천억 원 수주한 것보다 민주당 국회의원이 딸네 식당에서 1년간 250만 원어치 밥 사 먹은 게 더 큰 죄.

과잉수사 1

홍정욱 전 한나라당 의원의 딸이 마약 밀반입 및 투약 혐의로 공항에서 긴급 체포됐으나, 법원은 구속영장을 기각했습니다.

검찰이 조국 장관 딸의 경우처럼 '절차대로' 수사하려면, 홍씨딸에게 마약 구입 자금을 대준 부모, 홍씨에게 마약 운반용 가방을 판매한 업체, 홍씨가 비행기에 탑승한 공항, 홍씨 딸이 출입했던 술집이나 클럽 전체, 홍씨 딸 또래 친척 및 친구 전원의 집과 학교 사물함 등을 압수수색한 뒤 구속영장을 재청구해야 마땅할 겁니다.

어떤 수사가 '과잉'인지 아닌지는, 다른 사건 수사 방식을 보면알 수 있습니다. 20190930

과잉수사 2

회사 경영을 혁신해야 한다면서 사원 수십 명으로 TFT 꾸려서는 5개월간 모든 일을 작파하고 매달려 고작 '이면지 활용 혁신 방안'이라는 보고서를 제출한 임원이 있다면, 그런 임원에게 사장이 할 말은 이것뿐입니다.

"회사 말아먹으려고 작정했냐? 꺼져!" 20200110

과테말라

과테말라에서 "걸어 다닐 수 있는 것도 인간의 기본권"이라는 사실을 뼈저리게 느꼈습니다. 오랜 내전의 여파로 인해 총기를 가진 사람이 많았고, 빈곤으로 인해 범죄로 내몰리는 사람도 많았습니다. 그 탓에 밤에는 물론, 낮에도 걸어 다니는 사람이 드물었습니다. 규모 있는 식당들은 문을 닫아 놓고 정문 경비가 신원을 확인한 다음에야 손님을 들여보냈습니다. 수도인 과테말라시티 교민 중에는 단지 걷기 위해서 치안이 유지되는 안티구아까지 가는 사람이 많답니다.

과테말라의 내전과 독재, 빈곤은 상당 부분 바나나에 대한 자본의 탐욕 때문이라고 해도 과언이 아닐 겁니다. 현지 교민 한 분은 오늘날의 과테말라를 한 마디로 '기업가의 나라'라고 정의했습니다. 기업가의 이익을 최우선에 두는 나라에서, 기업가가 아닌 사람들이 '걸어 다닐 권리'조차 누리지 못하는 건 어쩌면 당연한 현상일 겁니다. 어느 한 편의 '최대 이익'은 상대편의 '최대 손실'이라는 건, 역사의 철칙에 가깝습니다. '기업하기 좋은 나라'가 곧 '사람 살기 좋은 나라'는 아니라는 걸, 과테말라에서 새삼 되새겼습니다.

20190314

교활

"이명박 박근혜 때 성장률이 낮았던 건 세계 경제 사정이 나빴기 때문"이라던 경제 전문가들이, "지금 경제 사정이 어려운 건 오로지 소득 주도 성장 정책 때문"이라고 주장합니다.

한국 경제학에는 자유한국당 계열이 집권할 때만 '세계 경제 사정'을 고려하는 '특수법칙'이 있나 봅니다.

이런 '특수법칙'에 어울리는 이름은 '교활의 법칙'일 겁니다.

양심을 내버린 지식이, 교활입니다. 20190527

국민과의 대화

임금이 시골 사람들을 불러 농사 형편을 물어보고 공인貢人과 시인市人을 불러 폐막弊瘼을 물어본 다음 하교하기를, "시전 상인들에게 물어보았더니 왕족과 세도가에서 외상을 지고 갚지 않는 것이 수천 냥이라고 하는데, 일의 한심스러움이 이보다 심할 수 없다. 나의 백성들이 어떻게 감당하겠는가? 외상을 많이 지고 갚지 않는 자들은 모두 잡아다 처리하고, 시전을 관리하는 당상은 파직하여 앞으로 임용하지 말며, 담당 관리는 잡아다 심문하도록 하라"고 하였다. (영조 45년 2월)

홍기섭이 말하기를, "공시인들이 폐막에 대해 말하면서 임금의 은혜를 구하는 것이 너무 많으니, 그 버릇이 해괴합니다. 이러한 경우에는 마땅히 징벌해야 합니다." 하니, 임금이 명하기를 "그냥 두라" 하였다. (순조 27년 3월)

조선 후기 서울시민의 절반 정도가 공인貢人이거나 시인市人이었습니다. 영조는 궐 밖으로 행차할 때면 이들을 일정 장소에 불러 모아 어려운 일은 없는지 묻곤 했는데, 이를 '공시인순막貢市人詢瘼'이라고 했습니다. '공인과 시인에게 어려운 일에 대해 묻다'라는 뜻이죠. 공시인순막은 영조 대 이후 관례가 되었습니다.

왕조시대에도 왕이 백성들을 직접 만나 그들의 고충을 들었습니다. 백성들이 왕에게 직접 사적인 '민원'을 제기하는 일도 많았으나,

그래도 괜찮았습니다. 최고 통치자가 '삶의 현장'에서 나오는 목소리를 직접 듣는 건, 유서 깊은 한국 정치 문화라 할 수 있습니다.

〈국민과의 대화 — 국민이 묻는다〉는 일단 '질문하는 주체'를 국민으로 바꿔 '민주주의 시대 순막'의 의미를 상징적으로 드러냈다고 봅니다. 다소 두서가 없기는 했지만, 일용직 노동자, 소상인, 고등학생 등의 '사심'을 담은 질문도 이런 행사의 취지에 적합했다고 생각합니다. '삶의 목소리'는 본래 오늘은 이랬다가 내일은 저랬다가 하는 것이어서, 일관되기도 정제되기도 어렵습니다. 어수선해 보이는 장면들에 눈살을 찌푸리는 사람도 적지 않지만, 시청자들이 일견 중구난방 같은 질문들을 보면서 "서로 다른 오천만 가지 욕망의 최대공약수를 어떻게 구할 수 있을까?"라는 의문을 품을 수 있었다면, 그것만으로도 이 행사는 성공이라고 봅니다.

늘 그랬듯이, 이번에도 자유한국당은 '쇼'라며 비난하고 나섰습니다. 대통령은 '철저한 공인'으로서, 삶의 거의 모든 부면이 '공개'되는 사람입니다. 시민들이 그의 생각과 말과 행위 전체를 볼 수 있어야 하는 존재가 대통령입니다. 이명박과 박근혜의 문제는 '공개되지 않은 생각과 말과 행위'가 너무 많았다는 데에 있습니다.

'쇼'인가 아닌가가 중요한 게 아니라 '쇼'의 리얼리티와 수준이 중요합니다. 안목이 너저분하면, '삭발쇼' 같은 저질 쇼나 만들고 그런 쇼에 감동하게 됩니다. 감동에도 '수준'이 있습니다. 20191120

국민성

메르스 때는 박근혜 정권의 방역이 '국제적 골칫거리'라는 비난을 받았는데, 지금은 아베 정권의 방역이 '의심스럽다'는 평가를 받습니다.

이건 '국민성'이나 '민족성'의 문제가 아닙니다.

한 세기 전에도, 이완용과 이토 히로부미의 생각은 비슷했습니다. 20200315

국채보상운동 1

1907년, 남자는 술 담배를 끊고 여자는 패물을 처분해서 그 돈으로 나랏빚을 갚자는 국채보상운동이 대구에서 시작됐습니다. 일본이 채권을 빌미로 한국 정부의 예산 지출 전반을 통제하는 상황에서는 나라가 망하는 것을 막을 수 없다는 생각에서였죠. 그 시절에는 이런 운동을 하면 담배 농가와 술집이 망하고 금은값이 폭락할 것이라는 '반대론'은 없었습니다.

국채보상운동이 전국으로 확산하는 데에는 대한매일신보사가 중심적 역할을 했습니다. 국채보상지원금총합소가 대한매일신보사에 설치됐고, 개인과 단체의 의연금 납부 내역은 매일 대한매일신보에 실렸습니다. 통감부는 처음 이 운동이 금세 잠잠해질 거라 판단했으나, 그 열기가 식지 않자 먼저 토착왜구 단체 일진회로 하여금 운동 주도자들이 의연금을 횡령한다는 헛소문을 퍼뜨리게 했습니다. 일종의 '심리전'이었죠. 이어 국채보상기성회 간사 양기탁을 횡령죄로 체포했습니다. 모금이 중단된 뒤 양기탁은 무죄로 풀려났으나, 모은 돈은 통감부가 몰수했습니다. 어차피 일본에 갚으려고 했던 돈이니 그게 마땅하다는 논리였죠. 이렇게 해서 국채보상운동은 좌절했습니다. 그러나 이를 '실패한 운동'으로 단정할 수는 없습니다. 국채보상운동에 참여했던 사람들이 헛되이 돈만 날린 건 아닙니다. 그들은 돈을 내고 '나라를 위해 수많은 사람과 연대했던 기억'을 샀습니다. 이 운동을 통해 한국인들은 '평화적으로 연대하는 경험'을 쌓았습니다.

일제 불매운동이 곧 실패로 끝날 거라는 사람도 있고, 성공할 때까지 계속해야 한다는 사람도 있습니다. 그런데 성공과 실패를 판단하는 기준은 무엇이어야 할까요? 아베 정권이 경제 공격을 철회할 수도 있고 오랫동안 계속할 수도 있습니다. 어느 경우든, 이 운동의 궁극적 성패는 '일본의 불의 부당한 공격에 맞서 한국인들이 평화적으로 연대했던 기억'을 만들 수 있느냐의 여부에 달려 있다고 봅니다. 역사란 '집단 기억'들을 쌓아 나가는 과정이라고도 할 수 있습니다. 자랑스러운 역사란, '당당한 기억'이 많은 역사입니다.

20190730

국채보상운동 2

1907년 겨울부터 국채보상운동이 요원의 불길처럼 번져가자, 일제는 수납처였던 대한매일신보사 간부들이 의연금을 유용했다는 헛소문을 퍼뜨리고 '관련자'들을 체포했습니다. 한국인들의 '애국심'을 꺾어 버리고, 대한매일신보사 문을 닫게 만들려는 양수겸장의 수작이었죠. 시간이 지난 뒤 대한매일신보사 간부들은 무혐의로 풀려났으나, 운동의 열기는 식어 버린 다음이었습니다.

110년도 더 지난 일이지만, 이런 수법은 늘 효과가 있었습니다. 최근에도 검찰과 언론은 시민들의 검찰개혁 여망을 꺾기 위해 조국 일가의 전 생애를 탈탈 털어 온갖 혐의를 들추어내고 그것들을 기정사실인 양 유포했습니다. 이번엔 그 수법이 정의기억연대에 대해 되풀이되고 있습니다. 조중동 기자들이 정의연 활동가들을 닦달하는 방식은, 일제 경찰이 대한매일신보 간부들을 닦달하던 방식 그대로입니다. 어떻게든 흠을 찾아내 30년 역사 전체를 모욕하겠다는 '의지'만이 그들의 정신을 지배하는 듯합니다. 저들의 목적 역시 일본군 성노예 문제와 반민족 행위 문제에 대한 대중의 관심을 줄이고 정의연을 무력화하는 데에 있을 겁니다.

시민사회단체 활동가들이 보통의 생활인보다 더 도덕적이어야 한다는 것도, 개혁주의자의 삶이 보통의 생활인보다 더 도덕적이어야 한다는 것도, 다 맞는 말입니다. 그러나 그들을 부도덕하다고 욕하고 물어뜯는 자들의 의도와 도덕성을 먼저 따져 봐야 한다는 것도, 역사가 가르쳐 주는 교훈입니다.

욕하고 때리는 자들의 의도와 도덕성에 경각심을 갖지 못하면, 인간의 자격을 갖추지 못한 자가 사소한 문제로 트집 잡아 경비원을 때리고 욕해서 죽음에 이르게 만드는 '불의한 시대'는 결코 끝나지 않을 겁니다. 20200512

국회의원 공동묘지

미래통합당 의원 일부가 '국회의원 현충원 안장법'을 발의했습니다. '국회의원 공동묘지'를 따로 만들고 원하는 사람만 묻어 주는 게 나을 겁니다.

물론 이름도 새로 지어야겠죠.

욕심을 현양하는 공동묘지라는 뜻의 '현욕원'이나, 수치를 모르는 사람들의 공동묘지라는 뜻의 '무치원'으로. 20200709

군대

아들이 자대 배치받은 날, 부대장이 전화했습니다. 그는 "잘 데리고 있다가 건강하게 돌려보내겠다."고 했고, 저는 "잘 부탁드립니다."라는 말을 다섯 번 이상 했던 것 같습니다.

훗날 그 부대장이 자기 필요에 따라, 또는 기억 착오로, "사병 부모가 다섯 번 이상 청탁했다."고 주장해도, 거짓말이라고 하기는 어려울 겁니다.

"사병 아버지와 할머니가 청탁하기에 40분간 교육했다."는 주장도, 반쯤은 사실일 수 있습니다. 누가 갑이고 누가 을이었는지는 분명히 밝혔으니까.

자식 군대 보낸 부모와 조부모를 상대로 갑질하는 거, 참 나쁜 짓입니다. 20200909

권위

간첩을 조작했어도, 애먼 사람을 유서 대필범으로 몰았어도, 금융 사기범들을 못 본 척했어도, 검찰이 지금처럼 비난받지는 않았습니다. '검찰 탓'만은 아니었기 때문이죠.

하지만 검찰이 정권으로부터 확실히 독립하여 '위상'을 높이자마자, 그 권위는 오히려 땅에 떨어졌습니다. 검찰이 지독하게 편파적인 원인을 다른 데에서 찾을 수 없게 되었기 때문입니다.

"녹취록에 등장하는 검사장이 부인한 만큼, 검찰 차원에서 추가 조사할 계획 없다"는 대검의 태도는, 검찰의 권위를 드러내는 게 아니라 땅에 떨어뜨리는 겁니다. 박근혜와 수준이 같은 집단의 권위를 누가 인정하겠습니까?

권위의 기반은 신뢰입니다. 신뢰 없이 드러내는 위세는 오만방자이자 폭력일 뿐입니다. 검사들 스스로 검찰개혁을 요구하는 게, 예전의 권위를 되찾는 길입니다. 검찰의 권위가 땅에 떨어지면, 나라 전체가 위험해집니다. '존경해서 삼가는' 사람이 있는 반면, '더러워서 피하는' 사람도 있습니다. 권위는, 남에게 요구하는 게 아니라 스스로 갖추는 겁니다. 20200403

귀신

인간을 괴롭히거나 놀라게 하는 '귀신'이나 '괴물'은 전 세계에 수십만 종쯤 될 테지만, 대체로는 네 가지 범주로 나뉩니다.

첫째는 사람이 죽은 뒤에도 하늘로 올라가지 못한 '영혼'입니다. 형체가 없거나 흐릿하고 '이성'이 있습니다. 이것들이 '귀신'입니다.

둘째는 혼魂은 하늘로 올라갔는데, 백魄만 썩지 않고 버티는 겁니다. 형체는 뚜렷하나 이성은 없고 '본능'만 있습니다. 이것들을 강시僵尸 또는 좀비라고 합니다.

셋째는 사람 아닌 물건이 오래 살면서 천지의 기운을 흡수하여 사람 닮은 모습으로 변한 존재입니다. 한자 문화권에서는 이런 것들을 요괴妖怪, 요정妖精, 요마妖魔 등으로 부릅니다. 보통은 사람에게 해롭지 않거나 사람을 도와주는 것을 요정, 사람을 괴롭히는 것을 요괴와 요마로 나눕니다.

넷째는 본적지가 지상 세계가 아닌 존재들입니다. 하늘의 신이 보낸 천사와 지옥의 염라대왕이 보낸 저승사자, 기타 신과 대등한 능력을 가진 악마 등이 이에 해당합니다. 20190424

균형감각

검찰이 체험활동 증명서나 표창장까지 문제 삼으며 조국 장관 주변을 샅샅이 수사할 때, 검찰총장이 대통령의 인사권에 개입하기 위해 배후조종했다는 의견이 있었지만, 그 의견을 비중 있게 보도한 언론매체는 거의 없었습니다.

검찰이 '울산시장 선거 개입' 혐의를 걸어 청와대까지 압수수색할 때, 검찰총장이 청와대를 무력화하기 위해 배후조종했다는 의견이 있었지만, 그 의견을 비중 있게 보도한 언론매체도 거의 없었습니다.

채널A 기자가 검찰총장 최측근이 뒤를 봐준다며 유시민을 잡을 수 있게 해달라고 수감자의 대리인을 협박했을 때, 검찰총장이 선거에 개입하기 위해 배후조종했다는 의견이 있었지만, 그 의견을 비중 있게 보도한 언론매체도 거의 없었습니다.

그런데 법무부 장관이 '최측근 수사를 무마하려 든다는 오해를 받지 않게 하라'고 검찰총장에게 지시하자 미래통합당은 "청와대가 배후조종하는 윤석열 죽이기"라고 주장했고 거의 모든 언론매체가 이 주장을 대서특필했습니다.

친윤 성향의 기자 여러분, 누가 누구를 죽이려 하는지를 판별할 정도의 식견과 양식은 없더라도, '균형감각' 정도는 가져야 하는 것 아닌가요? 20200708

극단주의

상급노조인 민주노총이 법과 제도의 개혁을 위해 정치투쟁을 벌이는 건 당연합니다. 정치투쟁을 벌이다가 법을 위반할 수 있습니다. 조합원들이 법을 위반해 구속되면, 석방하라고 요구할 수도 있습니다.

하지만 정치투쟁의 구호와 행동방침도 자기들의 역량과 주변 상황에 따라 단계와 등급을 설정해야 합니다. 첫째는 구체적 요구를 내세우고 동조세력을 키우는 단계입니다. "제정하라", "개선하라", "석방하라" 등이 이 단계의 구호가 되겠죠. 이런 구호를 중심으로 조직이 결속되고 동조세력이 늘어났는데도 요구가 받아들여지지 않을 경우, 다음 단계로 이행합니다.

둘째는 "규탄한다", "사과하라", "퇴진하라" 등 국가 권력을 비난하면서 '정의 대 불의'의 프레임을 만드는 단계입니다. 이런 프레임을 만들려면, 상급노조의 요구가 조합원들뿐 아니라 사회 구성원 대다수의 이해를 대변한다는 점을 설득력 있게 드러내야 합니다. 그러지 못하면, 구호 자체가 대중의 외면을 받고 스스로 위축되거나 와해됩니다. 이런 구호에 대한 대중의 지지가 압도적일 때에만 세 번째 단계로 이행할 수 있습니다.

셋째가 바로 이번에 민주노총이 선포한 "타도하자"입니다. 대다수 사람이 상급노조의 주장에 동조할 때, 그리고 정권 타도 이후의 비전을 명료히 제시할 수 있을 때만 이런 구호를 내세울 수 있습니다. '타도하자'는 '혁명의 구호'입니다. 지난 촛불 시민혁명 때 처음부터 "박근혜 탄핵"이라는 구호가 나오지 않은 것도 이 때문입니다. 무슨 일이든 작용이 있으면 반작용이 있는 법입니다. '타도 투쟁'에 대한 반작용은 뭘까요? 상급노조 정치투쟁의 전략 전술에 대해서는 민주노총 지도부가 저보다 훨씬 더 잘 알 것이기 때문에, 이런 글을 쓰기가 민망하긴 합니다.

민주노총 조합원인지는 모르나 어떤 분이 제 글에 "문재인이 노무현처럼 되기를 울분에 찬 심정으로 기도하며 싸울 수밖에 없다."는 댓글을 달았습니다. 그렇게 기도하며 싸워서 이명박 박근혜 정권을 다시 만드는 게 과연 민주노총과 노동자 전체를 위해 좋은 일일까요? 아니면 민주노총만을 기반으로 새 정권을 창출할 수 있다고 보는 건가요?

그냥 넘어가려다가 군이 부연하는 건, 근래 우리 사회에 이런 근시안적이면서도 편협하고 극단적인 '타도 의지'가 일종의 문화 현상으로 자리 잡았다고 보기 때문입니다. 워마드 집회에서 느닷없이 '문재인 재기해' 구호가 튀어나오고, 자유한국당은 뜬금없이 '독재 타도'를 외칩니다. 우리공화당 지지자들이 외치는 구호를 들으면, 무슨 살인마 동호회 모임으로 착각할 정도입니다. SNS나 인터넷 댓글창에는 '죽이자'나 '죽여야'라는 단어가 쉴 새 없이 올라옵니다. '구체적 행동에 대한 구체적 비판'과 '존재 자체의 부정'을 분간하지 못하는 '몰沒이성적' 태도가 만연한 때문이겠죠.

사람들이 익명성에 기대어 제 성질대로, 또는 제 수준대로 말하는 건 어쩔 수 없습니다. 그러나 이미 사회의 공적 기구로 자리 잡은 민주노총이 공공연히 '정권 타도'를 외치는 건, 민주노총 자신을 위해서나 우리 사회를 위해서나 결코 긍정적인 현상이라고 보기 어렵습니다. 아무리 이렇게 써도, 민주노총의 '정권 타도' 선포에 대한 비판을 민주노총의 존재 자체를 부정하는 것으로 받아들이는 사람은 분명 적지 않을 겁니다. 외부의 비판이나 비난으로 와해되는 조직은 없습니다. 조직을 무너뜨리는 건, 언제나 내부의 '몰沒이성적 극단주의'였습니다. 20190628

근대문화재

SBS에서 손혜원 의원의 '투기 의혹'을 보도한 직후 그에 반박하는 글을 써서 페이스북에 올릴 때만 해도, 엄청난 비난을 각오했습니다. 어디에서든 역사 경관과 근대 문화유산 보존의 필요성을 강조할 때면, 종종 "일본 놈들이 지은 건물에 무슨 문화재 가치가 있느냐?"나 "우리 조상들이 흙과 나무로만 집을 지은 덕에 빨리 현대 도시를 만들 수 있었다"라는 등의 몰역사적이고 반문화적인 반응을 접했기 때문입니다. 그때마다 우리 사회가 여전히 개발지상주의와 황금만능주의에 포획되어 있음을 느꼈습니다.

그런데 이번 손혜원 의원의 목포 구시가지 건물 매입에 관한 왜곡 보도와 그에 대한 시민의 반응을 보면서, 제 생각을 바꿨습니다. 손의원의 행위를 '문화유산 보호 활동'으로 인식하여 그를 응원하는 시민이 생각보다 많았고, 손의원을 비난하는 사람들도 근대 문화유산의 경제적 가치를 인정하지 않고서는 자기주장을 펼 수 없었습니다. 이제 손의원을 응원하는 사람들과 비난하는 사람들 사이에 일정한 '공감대'가 형성됐습니다. 낡은 건물에도 미래가치가 있다는 것.

요즘 상황에서 이 정도의 '국민적 공감대'를 이룬 사안도 달리 찾기 어려울 겁니다. 이참에 '손혜원법'을 제정했으면 좋겠습니다. 첫째, 개별 건물만 문화재로 지정하는 '점點' 단위 문화재 정책을 보존가치가 있는 건물들이 산재한 구역 전체를 문화재 지구로 지정하는 '면面' 단위 정책으로 전환할 것. 둘째, 특정 시대의 생활상을 압축적으로 보여주는 역사 경관 보존지구를 문화재에 포함할 것. 셋째, 문화재 지구 내 건물 매입에 세제 혜택을 줄 것. 이 정도는 되어야 역사 경관을 간직한 지역이 재개발로 사라지거나 사람이 살지 못하는 '유령 도시'로 변하는 걸 막을 수 있을 겁니다.

손의원이 이번 일로 큰 고초를 겪고 있기는 하지만, 근대 건축 유산을 보는 기존 관점에 파열구를 냈다는 것만으로도 한국 현대 문화사에 큰 족적을 남겼다고 할 수 있습니다. 물론 지금 '자기 소유 건물 주변이 문화재로 지정되면 돈 번다'고 주장하던 사람들이 앞으로도 말을 바꾸지 않는다는 게 전제조건이지만. 20190122

근대화

1919년 대한민국 임시헌장은 '민주공화제'를 선포했으며, '남녀 빈부 귀천의 일체 평등'을 선언했고, '생명형과 신체형, 공창제 폐지'를 천명했습니다.

그러나 일본 군국주의는 자기네 왕을 '사람의 몸을 한 신神'으로 섬기라고 강요했고, 민족 남녀 빈부에 따른 차별을 제도화했으며, 여러 차례 '재판 없는 학살'을 자행했고, 전쟁터에까지 공창公娼을 설치해서 식민지 소녀들을 강제로 끌고 갔습니다.

무엇이 '근대화'인가요? 20190817

기개와 지조

읍참마속泣斬馬謖. 제갈량이 아끼던 휘하 장수 마속을 울면서 참한 이유는 물을 구하기 어려운 곳에 진을 쳤기 때문입니다. 물을 구하지 못하면 장기전을 펼 수 없을 뿐 아니라, 물이 부족하다는 사실만 알아도 사기는 땅에 떨어지기 마련입니다. 일단 병사들의 사기가 떨어지면, 싸움은 하나 마나입니다.

일본 관리들은 이번의 한일 간 경제전이 '장기전'이 될 거라고 거듭 말했습니다. 아예 노골적으로 "한국에 문재인 정권이 있는 한 규제를 계속할 수밖에 없다"고까지 말한 관리도 있습니다. 그들 스스로 이 싸움이 '경제전'이 아니라 '정치전'이라는 점을 분명히 한 거죠. 그래서 이 싸움의 최종 승패는 양국 내의 '정치적 여론'에 의해 갈릴 겁니다. 주가지수나 환율은 이 싸움의 승패를 결정하는 직접적 요인이 아니라 여론의 향방에 영향을 미치는 간접적 요인으로만 작용할 겁니다.

정치전에서는 여론이 물입니다. 이 싸움의 승패는 한일 양국 중 어느 나라 주가가 더 많이 떨어지느냐가 아니라 어느 나라 여론이 먼저 변하느냐에 달려 있습니다. 어느 나라 정부든, 여론의 지지가 무너지면 충분히 맞설 여력이 있어도 허둥지둥하다가 패배할 수밖에 없습니다.

냉정하게 보면, 급수원汲水源이 안정적이라는 점에서는 일본이 유리합니다. 일본은 참의원 선거가 끝났으나, 우리는 선거를 앞두고 있습니다. 한국에는 100년 넘게 세력을 유지해 온 강력한 토착왜구 집단이 있으나, 일본 내 양심적 시민세력은 무척 미약합니다. 이런 악조건에서 장기전을 수행할 수 있는 방도는 한 가지밖에 없습니다. 일본보다 더 안정적인 급수원을 확보하는 것. 그렇기에 일제 불매운동보다 토착왜구 집단의 여론전에 흔들리지 않는 게 훨씬 중요합니다.

조선시대 우리 조상들이 숭상한 가치는 기개氣槪와 지조志操였습니다. 어떤 어려움에도 굴하지 않는 것이 기개, 어떤 유혹에도 흔들리지 않는 것이 지조입니다. 일본 군국주의자들은 한국인들의 기개와 지조가 아주 위협적이라는 사실을 잘 알았습니다. 그래서 그들은 한국인 전부를 실리實利와 사익私益만을 추구하는 식민지 노예형 인간으로 바꾸려 들었습니다. 학교 교육에서 온순溫順과 착실着實을 미덕으로 삼은 것도 일본 군국주의자들의 이런 의도에 따른 것이었습니다. 불의에도 순종하는 것이 온순이고, 제 실속만 차리는 것이 착실입니다.

일본이 도발한 '장기전'을 수행하기 위해 우리에게 필요한 것은 다시 기개와 지조입니다. 어려움에 굴해서도 안 되고 유혹에 흔들려서도 안 됩니다. "온순하게 굽히고 실속을 차리자"는 주장이 일본 군국주의가 심어놓은 식민지 노예의식의 산물이라는 사실을 절대로 잊지 말아야 할 겁니다. 아직껏 식민지 노예의식에 젖어 사는 자들이 토착왜구입니다. 본격적인 '장기전'은 아직 시작도 안 했는데, 주가지수가 떨어졌다고 벌써부터 토착왜구들의 주장에 흔들리는 사람이 많습니다. 이번 싸움의 승패는, 이 땅에서 토착왜구 의식을 청산하여 '기개와 지조의 한국인' 像을 다시 만드느냐 못 만드느냐에 달려 있습니다. 20190807

기념

구매력 기준 한국의 1인당 GDP가 3·1운동 100주년 즈음해서 일본을 추월했습니다.

한때 영국 식민지였던 아일랜드는 자기 나라 1인당 GDP가 영국을 추월한 1996년에 넬슨 기념비를 폭파하고 그 자리에 높이 120m에 달하는 '더블린 스파이어 첨탑'을 세웠습니다.

하지만 한국에는 여전히 일본을 스승으로 숭배하는 인간이 많습니다. 이런 자들이 다수인 한, 한국인들은 스스로 이룬 '역사적 성취'마저 기념하지 못할 겁니다.

물론 박근혜 시절에 이런 일이 벌어졌다면 모든 언론매체가 대서특필했겠죠. 지금 언론들이 침묵하는 건, '선거에 영향을 끼칠까 염려해서'일 수도 있습니다. 20200304

기대와 실망

"기대만큼 실망 컸을 것… 국민께 사과드린다" (태영호)

유권자가 진짜 '기대'한 게 뭔지는 알아야 '실망'시키지 않을 방법도 알 수 있습니다. '핑계'와 '본심'이 다른 경우가 많다는 건 스스로 잘 알 텐데…….

국정원도 모르는 기밀 정보를 입수하여 안보를 튼튼히 하리라 '기대'해서 강남구민들이 태영호 씨를 뽑아 준 것 아닙니다.

"재개발 재건축 제한 철폐, 종부세 철폐, 부동산 거래 규제 완화"만 매일 외치면, 사과할 일도 없을 거고 재선도 될 겁니다. 20200504

기독교와 씨앗

기독교교회협의회가 "모든 언론은 전광훈의 발언을 무시해 달라"는 성명을 발표했습니다.

큰길에 똥 싸놓고선 사람들더러 무시해 달라고 요구하는 건, 정말 경우 없는 짓입니다.

전광훈에게 '목사'라는 직함을 준 건, 언론이 아닙니다. 더러운 것도 뿌린 자가 거둬야죠. 20190610

기득권

민주당이 재산 허위 신고와 부동산 과다 보유를 이유로 김홍걸 의원을 제명했습니다.

국민의힘에는 11억 원을 허위 신고한 조수진 의원과 일가 회사가 피감기관에서 3천 억원대를 수주한 박덕흠 의원이 있습니다.

잘못하고도 책임지지 않는 게 진짜 '기득권'입니다. 20200917

기득권 네트워크

10여 년 전, '사학법 개정'에 극구 반대한 세력은 한나라당과 족벌언론, 사학재단, 대형교회들이었습니다.

지금, 조국 일가를 공격하면서 '공수처'에 극구 반대하는 세력도 그때와 같습니다.

언론과 검찰이 '동양대 총장의 거짓말 혐의'를 다루지 않는 것만 봐도, '진짜 기득권 네트워크'가 어떻게 작동하는지 알 수 있습니다.

20191018

기득권 세력

2006년 한나라당이 촛불시위까지 벌이며 사학법 개정에 반대했던 건, 사학재단이 한국 사회의 기득권 세력 중 하나이기 때문입니다.

어느 사회에서나 기득권 세력끼리는 서로 공고히 결합합니다. 그들은 경제적, 법률적, 사회적, 문화적 자원 대부분을 독점하고 자기들끼리만 나눕니다. 가장 강력한 권력이 '기득권'입니다. 기득권 체제에 대한 도전이 있을 경우, 그들은 대개 가진 자원의 일부만 동원해서 조용히 짓밟습니다.

이번 조국 장관 반대도 실상은 공수처법 반대입니다. 다만 이 문제를 중심으로 우리 사회의 기득권 세력이 총결집했다는 점에서, 아주 특별한 사례라고 할 수 있습니다. 그만큼 공수처법이 기득권 동맹 체제에 균열을 낼 가능성이 크기 때문일 겁니다. 일방적으로 기득권 세력의 편에 섰던 검찰이 바뀌면, 기득권 체제는 기둥 하나를 잃는 거나 마찬가지입니다. 지금 우리는 검찰을 기득권 세력의 일원으로 놓아둘 거냐, 국민의 검찰로 개혁할 거냐의 기로에 서 있습니다.

2006년 이명박과 박근혜는 나란히 촛불을 들고 사학법 개정 반대시위에 참석했습니다. 저들이 당시 한국 기득권 세력의 대표였습니다. 그리고 지금, 이명박과 박근혜의 뒤를 잇겠다며 한국 기득권 세력에게 충성을 맹세하는 사람들의 퍼포먼스가 이어지고 있습니다. 저 퍼포먼스의 의미를 제대로 이해해야, 기득권 체제를 조금이라도 개혁할 수 있습니다. 기득권 체제를 개혁하는 건, 기득권 세력의 하수인 노릇하는 것보다 수십억 배 어렵습니다.

"가족들까지 고생시키면서 왜 그렇게 어려운 일을 하려고 하느냐?"는 기득권 세력이 세상을 길들여 온 마법의 언어입니다. 이런 말을 자기도 모르게 따라 하고 있는 건 아닌지, 생각해볼 일입니다.

20190917

기득권 테스트 1

페이스북에 '기득권 테스트'라는 게 돌아다니기에 봤습니다.

이에 따르면 '서울역 주변에서 노숙하는 50대 남성'도 기득권 세력이 되더군요.

이건 진짜 기득권 세력의 하수인이 만들었을 가능성이 큽니다.

'진짜 기득권 세력'은, 자기들 기준에서 하찮은 사람들끼리 하찮은 권리를 두고 싸우는 걸 아주 좋아합니다. 20190917

기득권 테스트 2

'서울역 주변에서 노숙하는 50대 남성'까지 기득권 세력으로 만드는 '기득권 테스트'는 캄보디아 폴 포트의 '반동분자 식별법'과 다르지 않습니다. 그래서 저 나름의 '기득권 테스트'를 만들어 봤습니다. 진짜 '기득권 세력'은 그렇게 많지 않습니다. 시민들이 판단만 잘하면, 기득권 지배체제를 개혁할 수 있습니다.

1. 별장이나 빌딩이 있다.
2. 골프장 회원권이 있다.
3. 집에 금고가 있다.
4. 가족 모임에 판검사 변호사 의사가 3명 이상 참석한다.
5. 억대 재산을 가진 미성년 가족이 있다.
6. 백화점 VVIP 전용 주차장을 이용한다.
7. 한 달 외식비로 200만 원 이상 쓴다.
8. 비행기 비즈니스석을 이용한다.
9. 중고생 자녀를 미국에 유학 보낸다.
10. 검찰과 족벌언론의 눈으로 세상을 본다.

20190919

기레기

'전국일제피해자단체장협의회'가 정의연 규탄 시위를 했다는데, '단체장 협의회'라는 이름과 참가 인원으로 보면 수십 개의 단체가 있는 게 분명합니다. 그런데 어떤 단체 대표들이 '협의회' 회원인지 알려주는 언론사가 한 군데도 없습니다. 진실 규명에 노심초사하시는 언론인 여러분, 취재해서 알려주실 성의는 없는가요?

이런 단체가 무슨 대단한 단체인 양 보도되면 '전국 기레기 단체장 협의회'라는 단체까지 만들어질까 봐, 노파심에서 드리는 말씀

입니다. 20200514

기미독립선언서

"금일 오인吾人의 차거此擧는 정의, 인도, 생존, 존영을 위한 민족적
요구니 오직 자유적 정신을 발휘할 것이요, 결코 배타적 감정으로
일주逸走하지 말라." (기미독립선언서 중 공약 삼장 첫째)

　이 대목을 '민중의 적극적 투쟁을 가로막으려는 기회주의와 타
협주의의 표현'이라고 해석하는 사람도 있습니다. 그러나 기미독립
선언서의 정신은 초지일관, '정의와 인도, 인류통성人類通性과 시대
양심'에 의지하는 것이었습니다. 눈에 보이는 전선은 민족과 민족
사이에 그어져 있었으나, 독립운동은 '민족 대 민족'의 전선이 아니
라 '불의 대 정의', '비양심 대 양심', '반인도주의 대 인도주의'의 전
선에서 펼쳐졌습니다. 기미독립선언서에서 독립 선언의 첫 번째 의
의로 "차로써 인류 평등의 대의를 극명하며"를 든 것은 이 때문입니
다. 독립운동가들이 압도적인 '힘'에 굴복하지 않았던 것도, '정의의
종국적 승리'를 믿었기 때문입니다.
　일본 정부의 '경제 협박'에 대응하여 '일제 불매운동'을 벌이자는
움직임이 시작되었답니다. 삼일운동 이후에도 "내 살림 내 것으로,
조선사람 조선 것"을 구호로 내건 '조선물산 장려운동'이 일어났으
니, 당연히 예상할 수 있는 일입니다. 하지만 이 운동이 일본인 일반
에 대한 혐오로까지 이어져선 안 될 겁니다. 지금의 분쟁이 현상적
으로는 '국가 대 국가' 사이에서 벌어지는 것 같지만, 실제로는 '타
민족에 대한 혐오감'을 정치 자원으로 동원하려는 일본의 비양심
적 정치세력과 그들에게 굴종하는 것이 습성이 된 한국 내 파렴치

한 정치세력을 한편으로 하고, 정의와 인도, 호혜 평등한 국제관계를 지향하는 한일 양국의 양심적 시민들을 다른 한편으로 하는 싸움입니다. 이 싸움 역시 불의 대 정의, 비양심 대 양심, 반인도주의 대 인도주의의 싸움입니다. 저들이 불의해도 우리는 정의로워야 하며, 저들이 무도해도 우리는 인도적이어야 합니다. 20190703

기밀

대학 졸업 무렵, 언론사 시험에 합격한 친구와 함께 있는 자리에서 한 선배가 이런 말을 했습니다. "너 앞으로 얘랑 친하게 지내지 마라. 친하게 지내더라도 절대로 비밀을 털어놓진 마라. 기자, 정보원, 경찰은 정보를 생명으로 여기는 직업이다. 아무리 우정이 중요해도 자기 생명보다 더하겠느냐? 친하다고 비밀을 털어놨다간 나중에 뒤통수 맞고 뼈저리게 후회하는 일 생긴다."

조금 지나서, 그 선배의 얘기가 '사회의 상식'이라는 걸 알았습니다. 한미 정상 간 통화 내용을 빼돌려 자유한국당 강효상 의원에게 넘겨준 외교부 관리가 "강효상이 정쟁 도구로 악용할 줄 몰랐다"고 했습니다. 기자 출신, 그것도 '조선일보' 기자 출신 국회의원이 '악용할 줄 몰랐다'는 건 '사회의 상식'에 한참 어긋납니다. 사회 초년생도 아니고 30년 넘게 공직생활을 한 사람에겐 전혀 어울리지 않는 변명입니다.

외교 기밀을 빼돌려 '조선일보 기자 출신 국회의원'에게 전달한 외교관의 말보다는 "제1야당이 관여한 행위인지 의심하지 않을 수 없다"고 본 이해찬 대표의 '의심'이 훨씬 더 합리적입니다. 만약 강효상 의원이 외교관의 남은 일생에 치명적일 수 있는 '기밀자료'를 빼돌려 달라고 부탁했다면, 그 대가로 제시한 건 뭘까요? 자기가 '사

비'로 부담하는 거였을까요? 그게 정말 궁금합니다. 20190528

기생

일제 말에 변절해서 친일 연설하고 다녔던 자들의 변명 중 가장 납득할 만한 건 "일본이 질 줄 몰랐다"입니다.

그들은 이길 것 같은 쪽에 '기생'했을 뿐입니다.

당시 일제가 변절자들까지 총동원한 건, 이기기 어렵다는 걸 알았기 때문입니다.

기생충을 없앤다고 숙주가 죽지는 않지만, 숙주가 죽으면 기생충도 죽습니다. 20200917

기생충 1

"몇 년 동안은 상당히 악몽 같은 기간이었다. 한국 예술가들이 블랙리스트 때문에 깊은 트라우마에 시달렸다." (봉준호)

자유한국당 사람들은 봉준호 감독에게 축하 인사를 건넬 자격이 없습니다.

그들이 먼저 해야 할 일은, 머리 숙여 사과하는 겁니다.

평소에 괴롭히다가 잘되면 축하한다고 손 내미는 건, 사람의 양심으론 못할 일입니다. 20190528

기생충 2

〈기생충〉을 '영화로 포장된 독극물'이라 단정하고 대한상의 등 경제 단체가 이 영화의 상영 금지를 요구하지 않은 게 '직무유기'라고 주장하는 글이 한국의 '보수 또는 우파' 언론매체에 실렸습니다.

이것만 봐도, 한국의 '보수 또는 우파'의 지적 문화적 '수준'이 인류 최하위에조차 한참 미달한다는 걸 알 수 있습니다. 20200211

기소독점

기소권을 독점한 검찰이 "법과 원칙대로 하겠다"고 하는 건, "내 맘대로 하겠다"와 같은 뜻입니다.

독점 기업이 제 맘대로 상품 가격을 정하는 일에는 분노하면서 검찰이 제 맘대로 기소하는 데 분노하지 않는 건, 참 이상한 일입니다.

독점 가격은 주머니에 관련된 문제지만, 독점 기소는 일생이 걸린 문제입니다. 20191018

기원

일본인 씨氏 중에 '와타나베'가 있습니다. 한자로 도변渡邊입니다. 백제의 변 씨가 일본으로 건너가 정착했기 때문에 '물 건너온 변 씨'라는 의미에서 '와타나베'가 되었다는 설이 있습니다. 물론 일본의 '와타나베' 씨들은 대체로 이 설을 수긍하지 않습니다. 와타나베 씨들의 조상이 '본래' 일본인이냐 한국인이냐를 따지는 건 이제 무의미합니다. 기억이 사라지면, 기원도 무의미해집니다. 20190326

기자

노태우 정부가 갓 창립된 전교조를 와해시키려 전방위적 압박을 가하던 1980년대 말의 일입니다. 교장이 전교조에 가입한 젊은 교사를 불러 말했습니다. "부모님은 자네가 전교조 가입한 거 아시나? 내일 당장 부모님 모시고 와."

인간은 가장 오랫동안 새끼를 보살피는 동물입니다. 그리고 이런 '보살핌'의 기간은 계속 늘어나고 있습니다. 입학 시험장과 군대 훈련소에 데려다주는 게 기본이 된 지는 이미 오래고, 요즘엔 입사 시험장까지 데려다주는 부모도 있답니다.

조국 교수가 딸을 입시장까지 데려다준 걸 '따라갔다'고 써서, 마치 '특권'을 이용해 입시에 영향을 미친 것처럼 묘사한 기사는 '없는 의혹 만들어 팔아먹기'의 전형적 사례라고 해도 좋을 겁니다. 당시에도 조국 교수가 유명하긴 했으나, 세상이 다 아는 '찍힌 사람'이었습니다. 저런 기사를 쓴 기자에게 묻고 싶습니다. "네 아빠 뭐 하시니? 이러라고 시키시더냐?" 20190829

기적

스펙도 없고 학점과 토익 점수도 별로인데, 과외활동만 열심히 했다는 아들이 대기업 5곳에 합격한 건 현 세태에서 '기적'이라 할 만합니다.

하지만 상식도 없고 인성도 별로인데, 의전만 열심히 챙긴 아버지가 대통령 권한대행을 거쳐 제1야당 대표가 된 게 더 큰 '기적'입니다.

두 '기적' 모두, 한국 사회가 만든 겁니다.

기준치

집 밖에 나와 자유롭게 걸을 수 있고, 국내 어디든 여행할 수 있고, 카페 창가에 앉아 커피 마실 수 있고, 음식점에서 식사하거나 집 안에서 배달시켜 먹을 수 있고, 일주일에 마스크 두 장이라도 싸게 살 수 있고, 마트에서 화장지 살 수 있는 삶.

우리가 '선진국'이라고 불러왔던 독일, 프랑스, 이탈리아 등에 사는 사람들이 지금 간절히 원하는 삶입니다. 특수한 상황이긴 하지만, 우리 역사상 저들에게 '부러움'의 대상이 된 것은 이번이 처음입니다. 그런데도 우리 시민들과 정부가 어렵게 지켜내고 있는 '삶'을 어떻게든 헐뜯으려는 자들이 너무 많습니다. '잘한다'와 '못한다'는, 본래 '기준치'가 있는 말입니다. 지금 우리 자신을 헐뜯는 자들은, '인간의 기준'에 미달한다고 보아야 할 겁니다. 20200318

기질

"일본은 치밀하게 준비해서 공격했는데 한국은 허둥지둥한다"는 사람 많습니다.

일본은 진주만을 공습할 때도 '치밀하게 준비'했습니다.

치밀하게 준비한다고 이성적인 것도 아니고, 성공하는 것도 아닙니다.

러시아가 불화수소를 한국에 공급하겠다고 제안했습니다.

이건 러시아가 '대일 전선'에 합류하겠다는 의미로서, 우리의 첫 번째 '외교적 승리'라고 해도 좋을 겁니다.

세계정세의 흐름을 보지 못하고 오직 '일본'만 쳐다보는 것도, 옛날 토착왜구로부터 물려받은 기질입니다. 20190712

김원봉

서울 을지로에는 나석주 의사 동상이 있습니다. 대학로에는 김상옥 의사 동상이 있습니다. 남산 애니메이션센터 옆에는 김익상 의사 의거 터 표석이 있습니다. 세 분 모두 의열단원이었습니다. 의열단 단장이 김원봉이었으니, '김원봉이 뼛속까지 공산주의자'라면 그의 동지였던 저들의 동상과 표석도 헐어버려야 할 겁니다. 해방 당시 김원봉은 '대한민국 임시정부 군무부장'이었습니다. 그가 '뼛속까지 공산주의자'였다면, 우리 헌법 전문에서 '대한민국 임시정부의 법통을 계승하고'라는 구절을 빼야 할 겁니다. 그는 '뼛속까지 공산주의자'였던 적이 없습니다. 그가 '뼛속까지 공산주의자'였다면, 의열단을 만들지도, 대한민국 임시정부 군무부장이 되지도 않았을 겁니다. 일제강점기 중국에서 한때 공산주의 운동에 관여한 적이 있었으나, 그는 늘 '민족'을 중심에 두었고, 중국공산당이 아니라 중국국민당과 밀접한 관계를 유지했습니다.

일제가 그토록 잡으려 했으나 잡지 못했던 김원봉이었지만, 귀국 후 한국인 경찰에게 체포되었습니다. 그를 심문한 자는 친일 고문 경찰로 악명이 높았던 노덕술이었습니다. 노덕술에게 따귀를 맞고 돌아온 김원봉은 꼬박 사흘을 울었답니다. 그가 남북협상에 남측 대표로 참석한 후 북한에 눌러앉은 건, 친일파들이 활개 치는 현실에 환멸을 느꼈기 때문일 겁니다. 김원봉이 1958년 숙청당한 이유도, '뼛속까지 공산주의자'가 아니라는 이유에서였습니다. 만약 북한 정권에 의해 숙청당한 김원봉이 '뼛속까지 공산주의자'라면, 지금 탈북해서 활발히 활동하고 있는 전직 북한 고위 관료들도 '뼛속까지 공산주의자'라고 불러야 할 겁니다.

해방 후 서울대학교 초대 이공학부장은 '조선의 아인쉬타인'이라 불리던 핵물리학자 도상록이었습니다. 1930년대부터 국제 저명 학술지에 여러 편의 논문을 실어 조선 최고의 과학자로 꼽혔고, 공산주의에는 관심도 없는 사람이었습니다. 그런데 어떤 자에게 공산주의자라는 모함을 받았습니다. 경찰서에 잡혀가 종일 모욕적인 심문을 받고 귀가한 그는, 그길로 짐을 꾸려 가족과 함께 월북했습니다. 수십 년의 세월이 지난 후, 조선일보는 그를 '북한 핵 개발의 아버지'로 지목했습니다. 그때 그를 모함, 모욕한 친일파 토왜들이, 결과적으로 북한 핵 개발을 도운 셈입니다.

1947년 제주도에 간 서북청년단은 애먼 젊은이들을 '공산주의자'로 몰아 학살했습니다. 집에 있다가는 공산주의자로 몰려 죽을 판이라, 어쩔 수 없이 한라산으로 올라가 공산주의 무장대에 합세한 사람이 많았습니다. 그러자 서북청년단은 그 가족들까지 학살했습니다. 제주의 희생자 유가족들도, 한국전쟁기에 학살당한 양민의 유가족들도, 오랫동안 '빨갱이 가족'이라는 누명을 쓰고 억울함 속에서 살았습니다.

해방 이후 많은 사람이 '본의 아니게' 공산주의자들과 한편이 되었습니다. 그들을 '공산주의자'에게 밀어붙인 자들은 다름 아닌 친일파, 토왜들이었습니다. 자기들의 토왜 짓을 은폐하기 위해, 또는 당장의 '사익'을 위해, 애먼 사람에게 공산주의자라는 낙인을 찍어 그들로 하여금 죽거나 북한에 가는 것 말고는 달리 선택할 길이 없게 만들었던 거죠.

'김원봉은 뼛속까지 공산주의자'라는 말을 저승의 김원봉 본인이 듣는다면, 어떤 반응을 보일까요? "대한민국에서는 아직도 노덕술의 후예인 친일파 토왜들이 활개를 치는구나"라고 생각하지 않을까요? 김원봉에게 서훈을 할 것이냐 말 것이냐에 대해서는 논의할 지점이 있을 겁니다. 하지만 그를 '뼛속까지 공산주의자'라고 부르는 건, 친일 경찰과 서북청년단의 정신을 계승한 사람이나 할 수 있는 짓입니다. 3·1운동 100주년인데, 노덕술이 김원봉의 따귀를 때리는 게 옛날 일 같지 않습니다. 20190327

꼰대

'꼰대'의 어원이 뭔지는 모르나 이 말을 처음 들은 건 중학생 때였습니다. 그 시절 꼰대는 아버지 또는 담임선생님이라는 뜻이었습니다. 좀 '노는' 애들이나 이런 말을 썼죠. 개중에는 꼰대 뒤에 '새끼'를 붙이는 녀석들도 있었습니다. 그래서 꼰대의 짝은 '양아치'였고, 꼰대새끼의 짝은 '쌩양아치'였습니다.

꼰대가 아니면서 꼰대처럼 구는 행위, 즉 직장 상사나 선배 등이 사생활에 관해 훈계하는 것을 '꼰대짓'이라고 했습니다. 세월이 흐르면서 말뜻도 바뀌어 꼰대는 '꼰대짓하는 사람'이라는 뜻이 됐습니다. 게다가 꼰대짓도 '나이가 많거나 직급이 높다고 남의 사생활에 간섭하는 행위'를 넘어 명령, 지시, 심지어 설명에 이르기까지 타인의 행동을 요구하는 모든 종류의 언행을 포괄하게 됐습니다. 요즘엔 '물어보지 않는데 가르쳐주는 것'도 '꼰대짓'이 됐습니다. 그렇다 보니 직장 상사가 부하직원에게 업무에 관해 설명하는 것, 교수가 학생에게 개념을 가르치는 것도 '꼰대짓'으로 취급됩니다.

간섭으로 여겨지는 행위들을 불편하게 느끼는 건 인지상정입니다. 나이나 직급이 '정당성' 판별의 기준이 되는 문화도 청산해야 합니다. 하지만 아무리 평등이 중요해도 옳음과 그름, 경험과 무경험,

유식과 무식, 지시와 이행이 평등할 수는 없습니다.

정의당이 대변인 논평을 통해 검찰총장의 지시 불이행을 비판한 추미애 장관더러 '전형적인 꼰대 스타일'이라고 했습니다. 상급자의 지시를 이행하지 않는 사람이나 옳고 그름을 따지지 못하는 사람에게 어울리는 비판의 언어는 무엇일까요? '꼰대 스타일'보다훨씬 더 심각한 게, 해야 할 일이 뭔지 모르는 '무지몽매 스타일'이나 지시와 설명까지도 꼰대짓이라고 부르는 '양아치 스타일'입니다.

20200629

꿈

"땅바닥에 떨어져서 죽을 줄 알았던 물고기 두 마리를 혹시나 싶어서 어항에 넣었더니 살아서 유유히 헤엄쳤다"

검찰이 정경심 씨의 '꿈' 메모를 문제의 사모펀드가 블라인드 펀드가 아니라는 증거로 제출했답니다.

검사님들, 이런 주장을 하려면 정경심 씨 꿈에 나타난 물고기 두마리의 시력 검사표도 첨부했어야죠.

꿈조차 '범죄의 증거'로 삼는 검찰은, 이제껏 인류의 상상력 범위밖에 있었습니다.

지금의 검찰과 그들을 두둔하는 정치세력이 만들려는 나라는, 꿈조차 꿀 수 없는 나라입니다. 20200213

나라의 토대

작년 겨울 신천지 교도 수백 명이 중국 우한에서 모임을 가졌다는 외신 보도가 나왔습니다.

어제 중국 난징 공항에서 어린이를 포함한 한국인 40여 명이 격리됐습니다. 이 와중에 중국에 가는 '한국인'도 많습니다.

바이러스는 '중국인'으로 '특정된 사람'이 아니라 '한국인'을 포함해 중국을 경유한 '사람 일반'을 통해 전파됐습니다.

이탈리아는 일찌감치 중국인 입국을 금지했지만, 유럽에서 가장 많은 확진자 수를 보이고 있습니다.

'애초에 중국인 입국을 금지하지 않은 게 문제'라는 사람들, 당신들 말대로라면 작년 겨울 이후 중국에서 돌아오는 '한국인'들의 입국도 막았어야 합니다. 물론 '코로나19 발견 이후 국경을 완전히 봉쇄하고 한국인의 귀국까지 막았어야 한다'고 주장할 수도 있습니다. 하지만 이건 '비인간적 상상'으로만 가능한 일입니다.

한국에서 '한국인'에게 감염된 사람이 천 명이 넘은 지금도 '중국인 입국 금지' 운운하는 사람들이 드러내는 것은, 인간의 이성을 상실한 '반인간적 차별의식'뿐입니다.

"애초에 중국인 입국을 막았어야 한다"는 주장이 맞다면, 중국 방문했던 한국인 입국도 막았어야 합니다.

실제로도 바이러스는 주로 중국과 싱가포르 등지를 방문했던 한국인들을 통해 퍼졌습니다.

하지만 감염됐을지 모른다는 이유로 자국민 입국을 막는 나라는 나라라고 할 수 없습니다.

저런 주장이야말로, '나라의 토대'를 허무는 겁니다. 20200226

나베

나베가 일본 '음식' 이름이라는 글이 보이기에 토를 답니다.

나베[鍋]는 '음식' 이름이 아니라 '조리도구' 이름입니다.

조선 후기 우리나라에 처음 들어왔을 때는 '왜쟁개비'라고 불러 그 출처를 명시했는데, 토착화하면서 타바코가 담배로 바뀐 것과 같은 경로로 '냄비'가 되었습니다. 이제는 냄비가 나베에서 유래한 말인지 모르는 사람이 더 많습니다. 이처럼 외부에서 들어와 '토착화'한 것들은 이름조차 고유한 것들과 잘 구분되지 않기에, 그 기원을 살펴봐야 합니다.

정리하자면, '나베'는 일본 이름, '왜쟁개비'는 이것이 토착화하기 전에 한국인이 부르던 이름, '냄비'는 토착화한 이후 한국어 단어가 된 이름입니다. 물론 이름이야 어떻든, 본질은 같습니다. 20190326

나베곤죠

"한국인 특유의 '냄비근성' 때문에 일제 불매운동은 오래가지 않을 것"이라고 예상하는 일본인과 한국인이 많습니다.

'냄비'는 일본어 '나베'가 변한 말입니다. 일본을 거쳐 들어온 타바코가 담바고를 거쳐 담배가 된 것처럼, 나베도 남비를 거쳐 냄비가 됐습니다.

'근성根性'도 본래 한국에서 흔히 쓰이던 단어는 아니었습니다. 일제강점기 '곤죠'라는 일본어 발음으로 널리 사용되기 시작했죠.

한국인의 기질 또는 성격을 '냄비근성'이라는 단어로 묘사하기 시작한 건 1980년대 중반 이후입니다. 일제강점기에는 오히려 일본인의 성격을 '나베'에, 한국인의 성격을 가마솥이나 뚝배기에 비유하는 게 보통이었습니다.

'냄비근성'도 '혐한단어'의 일종입니다. 어느 나라에나 냄비처럼 쉽게 흥분했다가 쉽게 가라앉는 사람도 있고, 뚝배기처럼 서서히 뜨거워졌다가 서서히 식는 사람도 있습니다. '냄비근성'이라는 말, 가급적 쓰지 않는 게 나을 것 같습니다. 굳이 성찰의 목적으로 쓰려면, 어원을 밝히는 의미에서 '나베곤죠'로 바꿔 쓰는 게 어떨까요? '한국인의 나베곤죠'라고 하면, 극복하려는 마음이 생길 수 있겠죠.

20190716

나쁜 언론

동양대 PC의 접속 IP가 정경심 교수 집에서 표창장을 위조한 증거라며 대서특필했던 언론매체들이 해당 IP가 U+공유기의 것으로 밝혀진 사실은 보도하지 않습니다. (침묵)

채널A는 대한민국 군대에 결정권을 가진 회의체로 존재하지도 않는 '병장회의'에서 추장관 아들 휴가 연장을 불허했다고 보도했습니다. (날조)

조선일보는 박원순 시장 생일날 비서가 박시장 어깨에 손을 얹은 사진을 두고 어깨 스친 것을 '되감아 붙인' 악마의 편집이라고 보도했습니다. (왜곡)

이런 짓들이, 나쁜 언론이 세상을 어지럽히는 방법입니다.

20200921

나팔수

공소장 변경 불허 처분을 받은 담당 검사 옆에 붙어 서서 "왜 그런 엉터리 공소장을 썼냐? 엉터리 공소장을 만든 것과 표창장 위조 중 어느 쪽이 더 큰 죄라고 생각하느냐?"며 '심경'이나 '소감'을 물은 기자가 단 한 사람도 없습니다. 검찰의 입 노릇은 잘하면서, 왜 검찰에게 묻지는 못하는 걸까요? 남의 입 노릇이나 하는 사람은 '나팔수'라고 하지 '기자'라고 하지 않습니다. 20191210

낙태죄

차병원에서 갓난아기를 떨어뜨려 죽게 한 뒤 은폐한 사고가 발생했습니다.

당시 담당 의료인들은 이 갓난아기를 '물건' 취급했다고밖에 볼 수 없습니다.

태아는 문화권과 시대에 따라 사람이 되기도 하고 못 되기도 했습니다.

우리나라 아기들은 엄마 뱃속에서부터 나이를 먹지만, 유럽과 미국 아기들은 태어난 뒤에야 나이를 먹기 시작합니다.

사실 태아가 '사람'인가를 둘러싼 논쟁이 벌어진 지는 이제 겨우 150년 남짓 됐을 뿐입니다.

종교와 과학 담론이 뒤섞인 논쟁에서 '정답'을 찾는 건 불가능합니다.

다만 태아가 '사람'이라면, '낙태죄'의 형량은 당연히 살인죄에 준해야 할 겁니다.

낙태죄를 살인죄로 처벌해야 할까요? 아니라면, 그 이유는 뭔가요? 20190416

난동

기자간담회 도중 젊은 야당 정치인에게 SNS로 "뭘 물어볼까요?"라고 질문하는 기자.

이것만으로도, 지난 한 달 동안 계속된 '언론 난동 사태'의 본질을 알 수 있을 겁니다.

'궁금증'조차 남의 것을 빌리는 사람들이 떼로 움직이는 걸, '난동'이라고 합니다. 20190903

남편 관리

모 '시민단체'가 "남편의 무지한 행위를 방관"했다는 이유로 강경화 장관을 고발했군요.

'배우자 관리 제대로 못한 죄'인 셈인데, 이런 식이면 고발을 면할 기혼자는 한 명도 없을 것 같네요.

기자분들, 이런 기사를 강경화 장관 공격용으로 쓰면 어쩌자는 겁니까?

저런 단체 조롱하는 용도로 써야죠. 20201007

내신

하급자가 상급자에게, 또는 하급 기관이 상급 기관에 보고하는 것을 상신上申 또는 품신稟申이라고 합니다. 이 중 특별히 외부에 공개해선 안 되는 것을 내신內申이라고 합니다. '내밀한 정보를 전달함'이라는 뜻이죠. 하급 학교에서 상급 학교에 학생에 관한 정보를 전달하는 것도 내신입니다.

조선총독부는 1937년 중일전쟁 이후 '사상 통제'를 목적으로 입학 전형에 내신을 포함시켰습니다. 이에 따라 부모 친척 중에 '불령선인'은 없는지, 평소 무의식적으로 반일 의식을 드러내지는 않았는지, 자기 주변에 사람을 끌어모으는 능력이 있는지 등의 중요한 '개인정보'가 내신서에 담겨 상급 학교에 전달됐습니다. 내신제도가 시행됨으로써 학교는 감옥에 한 걸음 더 가까이 다가갔습니다. 독립운동 경력이 있는 사람들은 그것만으로 자식에게 죄인이 돼 버렸습니다. 일본군과 경찰은 교사가 작성한 내신서를 '교육 외 목적'으로 이용하는 걸 당연하게 여겼습니다.

자유한국당 주광덕 의원이 조국 후보 딸의 학생 생활기록부를 불법으로 빼돌려 '교육 외 목적'으로 공개했습니다. 식민지 경찰도 이 정도로 무도하지는 않았습니다. 자기 집단의 이익을 위해서는 남의 인권은 얼마든지 짓밟아도 된다고 생각하는 저런 의식이, '왜구 의식'이자 '토착왜구 의식'입니다. 문제는 자유한국당 국회의원만 이러는 게 아니라는 점입니다. 장관 후보자도 아닌 개인의 인권을 서슴없이 짓밟는 한국 언론 대다수가, '토착왜구 의식'에 사로잡혀 있다고 봐도 무방할 겁니다.

대한민국 기자 여러분, 당신들이 조국 후보를 검증한다는 명목으로 그 딸에게 무슨 짓을 하고 있는지, 스스로 생각해보기 바랍니다. 대한민국 언론 역사상 이 정도로 악랄하게 장관 후보 딸의 신상정보를 턴 적이 있는지도, 스스로 생각해보기 바랍니다. 당신들이 함부로 공개한 개인의 신상정보가 '의심할 바 없는 진실'인지도, 스스로 생각해보기 바랍니다. 당신들 문제로 당신들 자식을 건드릴 때 어떤 기분이 들지도, 스스로 생각해보기 바랍니다. 20190904

냄새

요즘 언론사들에겐 목포 낡은 주택 매입이 부동산 투기인지 아닌지는 '부차적'인 문제가 됐습니다.

요즘 기자들, 상급자가 "손혜원 냄새나는 건 뭐든 물어 와"라고 시키면, 어디든 들쑤셔서 물어 옵니다. 그게 '미담'인지 '추문 거리'인지 분간도 못하고.

저들은 손의원을 천하의 '나쁜 사람'으로 만들려다 자기들이 '냄새 맡고 무는 동물'이 됐다는 걸 알기는 할까요? 20190122

너절리즘

"왜곡, 과장하지 않으면 클릭수가 안 늘어난다. 클릭수를 늘리는 게 회사에 충성하는 기자의 본분이다."라는 생각이 든다면, 일단 휴직계를 내고 자가격리하는 게 좋습니다.

이런 행위는, 바이러스에 감염된 상태에서 마스크도 안 쓰고 음식 만들어 나눠 주는 것과 같습니다.

지금 한국인들의 정신을 가장 심각하게 위협하는 건, '너절리즘 바이러스'입니다. 20200514

노인

"살 사람만 치료, 80세 이상은 어렵다" 이탈리아 충격 증언 (중앙일보)

'노인을 위한 나라는 없다'지만, 노인들에겐 이탈리아보다 우리나라가 훨씬 좋은 나라임에 분명합니다.

노인들 대다수가 이 사실을 모른다는 점은, 우리나라가 이탈리아보다 못한 점일 겁니다. 20200313

논란거리

"MBC, 채널A와 검찰 유착 의혹 제기"
"MBC와 채널A의 공방"
"채널A, MBC 보도에 맞대응"
"진중권, MBC뉴스도 세팅된 느낌"…

횡설수설하는 최성해 총장의 주장은 '진실'로 취급하던 언론들이, 명백한 증거인 녹음 파일은 '의혹', '공방', '논란', '세팅'의 문제로 다룹니다.

저들은 일방적 주장을 '진실'로 만들고 '진실'을 '논란거리'로 만들어 시민들의 이성을 마비시키려 하고 있습니다.

지금 '세팅'된 느낌을 가져야 하는 건, MBC뉴스가 아니라 절대다수 언론의 뉴스입니다. 20200401

논리

"대구시민들은 정부 여당을 확실히 심판했다. 그러니 대구시민에게 주는 긴급 재난 구호자금은 전액 중앙정부 예산으로 충당해야 한다."

중고등학생 때 남 흠씬 두들겨 패고 "집에 가서 돈 가져와"라고 해본 사람이라야, 이 논리를 이해할 수 있을 겁니다. 20200419

뉴라이트

기차 승강장에서 바삐 지나던 사람이 시각장애인을 밀칩니다. 시각장애인은 철길로 떨어져 다리를 다칩니다. 기차가 곧 도착한다는 방송이 나오는 와중에 한 사람이 철길로 뛰어들어 시각장애인을 부축해서 함께 올라오려 합니다. 그런데 시각장애인이 다리를 다친 터라 올라오지 못합니다. 다른 사람이 승강장에서 손을 내밀어 그들의 손을 잡습니다. 또 다른 사람은 손 내민 사람의 허리를 잡아줍니다. 어떤 사람은 그들에게 힘내라고 응원하고 어떤 사람은 역무실에 전화 걸어 기차를 정지시키라고 합니다. 그런데 또 어떤 사람들은 못 본 척하고 제 갈 길 갑니다. 개중에는 "장님이 뭐 하러 철길 가까이에 섰다가 떨어지나? 저 인간 때문에 기차가 제시간에 못

떠나잖아."라며 시각장애인을 비난하는 사람도 있습니다. 기차 승강장에 있던 사람들 가운데 '표준형 인간'은 누구일까요?

오래전부터 건국절을 제정하자고 주장해 온 뉴라이트에게 표준적 인간은 '자기 이익만을 위해 합리적으로 판단하고 행동하는' 인간입니다. 그들은 이런 '사익 지상주의자'들이 시장을 확대시키고 경제를 성장시키며 역사를 발전시킨다고 봅니다. 그들에게 '정의를 위한 투쟁'이나 '약자에 대한 연대' 등은 사회를 혼란시키고 시장 질서를 교란함으로써 역사 발전을 지체시키는 부정적 요소입니다.

"독립운동은 건국에 실제로 기여한 바 없다."는 주장은 "대한민국을 건국하고 발전시킨 주역은 일제강점기에도, 미군정기에도, 정부 수립 후에도, 묵묵히 자기 이익을 실현하기 위해 행동한 사익 지상주의자들이다"라는 인식에 기반합니다. 그들의 인식체계 안에는 정의와 불의에 대한 도덕적 윤리적 판단이 배제되어 있습니다. 그들은 도덕적 윤리적 차원의 문제조차 시장 논리로 해석하려 듭니다. 그렇기에 '종군 위안부는 돈 벌기 위해 자발적으로 지원한 창녀'라고 생각하는 거죠.

철길로 떨어진 시각장애인을 구하기 위해 모두가 생명의 위협을 무릅쓰고 뛰어드는 세상은 과거에도 없었고 앞으로도 없을 겁니다. 그러나 지금까지는, 철길로 뛰어드는 사람을 '의인'으로 칭송하고 그들에게 감사하며, 그들을 본받아야 한다고 생각하는 사람이 압도적 다수였습니다. 아무리 세상살이가 힘겹고 더러워도, 그런 사람들이 있기에 살 만하다고들 생각했습니다. 투옥과 고문을 각오하고 독립선언을 한 사람들 덕에, 총칼 앞에서도 굴하지 않고 '독립선언'이 온 민족의 결연한 의지에 따른 것임을 내외에 선포한 사람들 덕에, 대한민국이 건립되었다고 선언한 것이 현행 헌법정신입니다.

뉴라이트의 '건국절' 제정 주장은, 대한민국 건립의 진정한 주역을 자기 사익을 포기하고 독립운동에 헌신한 '의인'들에서 자기 사익만을 추구한 사람들로 바꾸자는 겁니다. 이렇게 되면, 정의감이나 연대의식 등은 무의미해지고, '사익 지상주의자'들은 비윤리적이고 부도덕하다는 비난에서 해방될 뿐 아니라, '표준'을 넘어 '모범'으로 승격됩니다. 정의, 도덕, 윤리 등과 관련한 판단이 배제된 '주어진 조건'에서 최선을 다해 사익을 추구하는 인간들로 가득 찬 사회는, '주어진 조건'에서 최대의 혜택을 누리는 사람들에게 가장 좋은 사회입니다. "민중의 99%는 개돼지로 보고 먹고 살게만 해주면 된다. 신분제를 공고히 하는 방향으로 나가야 한다."는 어떤 공무원의 발언은, 이런 생각을 직관적으로 표현한 것에 불과합니다. 그러니 '건국절' 제정은 '역사 세탁'에 그치지 않습니다. 이건, '불의에 저항할 줄 모르는 사람들로 가득 찬 사회', '현재의 기득권자들이 영구히 특권을 누리는 사회'를 건설하고야 말겠다는 '미래에 대한 도전'이기도 합니다. 20190723

단독

[단독] 이낙연 후보 아들, 4년간 총 11차례 차량 속도위반.

월간조선 [단독]인데, 눈앞에 영상이 펼쳐지게 만드는 마법의 제목입니다. 역시 명불허전입니다.

"이낙연 흠잡을 거 없나 뒤 좀 파봐."

"파봤는데, 이렇게 흠이 없는 사람 처음 봅니다. 다른 건 없고 아들이 속도위반한 게 좀 있던데요."

"그거라도 취재해. 지금 큰 거 작은 거 가리게 생겼어?"

이걸 기사라고 쓰는 사람이나, 대단한 거 찾았다고 [단독] 타이틀 붙여 실어 주는 사람이나……. 20200403

단식

'5시간 30분 단식' 비난 쏟아지자, 나경원 "정부가 권력 동원해 우파 조롱"

5시간 30분 간격으로 밥 먹는 걸 '단식'이라고 우기는 건요, '권력을 동원해서 조롱할 일'이 아니라 '국어사전'이 조롱할 일입니다.
20190127

단호와 모호

"北함정 격파했어야" "사과로 끝내선 안 돼"… 단호해진 정의당.

가라고 한 사람도 없는데 '조문 안 가겠다'고 했을 때, 정의당은 이미 '단호함'을 충분히 보여줬습니다.

'사람의 죽음'에 대한 태도가 '양극단'을 오가는 건, '단호함'이 아니라 '모호함'입니다.

지금의 정의당과 국민의힘을 구분하는 것도, '모호'한 문제일 겁니다.

지금의 정의당은, 사건을 '합리적'으로 해결한다는 게 어떤 것인지, 남북 간 군사적 대치가 계속되는 상황에서 '정치'가 해야 할 일이 무엇인지, 전혀 모르는 것 같습니다. 20200929

당사자주의

문상 또는 조문.
1) 상주가 고인의 정당한 계승자임을 승인하는 행위로서 수천 년간 계속된 인류 보편의 의례.
2) 고인의 죽음을 애도하고 유족을 위로하는 공동체적 미풍양속.
3) 유족과 관계를 유지, 강화하기 위한 의식적 행위, 또는 보험

성격의 상호부조.

같은 행위라도 학술적 차원과 사회 규범적 차원, 개인적 차원에 따라 각각 해석이 다를 수 있습니다. 자기 행위의 동기가 가부장제의 유습이나 사회규범과는 무관하다고 생각한다 해서, 그 행위의 역사적, 사회적 의미가 달라지지는 않습니다.

아시아태평양전쟁기 일본군의 군 위안소 운영.

1) 남성 위주로 편제된 국가 권력이 전시라는 특수상황에서 자행한 제도적 성폭력.

2) 일본 군국주의 국가 권력이 식민지 여성들을 강제 또는 사기로 연행하여 자행한 집단 성폭행.

3) 왜구와 토착왜구의 쓰레기 '학설'은 생략.

같은 사안이지만 여성 문제를 중심으로 보느냐 민족문제를 중심으로 보느냐에 따라 강조점이 상당히 달라집니다. 물론 피해 당사자로서는 "모든 여자가 당한 것도, 모든 조선인 여자가 당한 것도 아니다. 끔찍한 학대와 능욕을 겪은 것은 나 개인이니, 내 한이 풀려야 문제가 해결된다"고 생각할 수 있습니다. 그러나 이런 '당사자 중심주의'는 자칫 문제의 역사적, 사회적 맥락을 소거해 버릴 수도 있습니다. 이런 경우 '문제 해결'은 간단해질 수 있지만, 사회 전체가 '문제의식'을 공유하는 데에는 어려움이 생깁니다.

당사자 개인의 경험과 기억 안에만 갇혀 있어서는 안 되는 문제들이 많습니다. 특히 반인륜적 문제들은 오히려 당사자 개인에게서 꺼내어 사회 전체에 던져 놓고 객관화, 사회화해야 합니다. 그래서 연대가 필요하고 기억과 경험의 사회화가 필요합니다. 그 결과로 당사자의 해석과 사회적 또는 학술적 해석이 달라지기도 합니다.

행위자나 피해자의 의도, 동기, 기억에만 '배타적 특권'을 부여하면, 거의 모든 일이 '개인의 문제'가 됩니다. 현대 한국인들이 한글로만 문자 생활을 하는 것도 '어리석은 백성'이나 쓰라고 한글을 만든 세종대왕의 뜻에 위배됩니다. 어떤 사람이 세종대왕 기념사업이나 백범 선생 기념사업을 보고 '죽은 사람 팔아 사리사욕을 챙기려 드는 일'이라고 비난해도 반박하기 어렵습니다.

며칠 동안 뉴스와 SNS를 끊었는데, 오랜만에 접했다가 '피해자 할머니가 원하는 대로 하는 것이 위안부 문제의 올바른 해결법'이라고 주장하는 글을 봤습니다. 일본군 위안부 문제는 이미 피해자 개개인의 문제가 아니라 인류 전체의 양심과 윤리에 관한 문제입니다. 피해자 개인의 해석과 인류 차원의 해석이 다를 수 있습니다. 피해자 개인이 원하는 '해결방식'과 별도로 인류가 찾아야 하는 '해결방법'도 있습니다.

'남의 문제'를 '우리의 문제'로 인식할 수 있기에 '인간'입니다. 모든 문제를 '개인의 영역' 안에 가둬 두면, '우리'가 설 곳은 없습니다. 전시 일본군의 위안소 운영은 직접 피해자만의 문제가 아닙니다. 정의연도 당사자이고, '우리' 모두도 당사자입니다. 20200602

대군주보

"사대주의 청산 뜻 뜻 국새國璽 대군주보大君主寶가 돌아왔다."

어제 미국 거주 동포가 기증한 대군주보에 대해 거의 모든 언론사가 '청나라에 대한 사대주의를 청산하고 자주 외교를 펼치겠다는 의지로 제작된 것'이라는 설명을 달았는데, 저로서는 동의하기 어렵습니다.

이와 관련해 조선왕조실록 1882년 5월 23일 자에는 "교린交隣 시 국서에 찍기 위해서"라고 분명히 기록되어 있습니다. 조미수호통상 조약이 체결된 지 50일 정도 지난 시점입니다. 새로 새긴 도장은 일 차적으로 이 조약문 비준에 쓰기 위한 것으로서, 청에 대한 '사대주 의' 청산과는 무관했습니다. 이후에도 1894년까지 청에 보내는 국 서에는 계속 '조선국왕지인'을 사용했습니다.

조선 정부는 미국과 협의하는 과정에서 오히려 조선이 '청의 속 방이되 자주국'이라는 태도를 고수했습니다. 당시 '자주'와 '독립'은 개념상 분명한 차이가 있었습니다. 자본주의 세계체제에 새로 편입 되는 시점에서 조선 국가와 군주의 위상을 어떻게 표현할 것인가에 관한 고민을 '사대주의 청산 의지'로 단순화하는 건 사실에 부합하 지 않습니다. 이런 기사는 당대 조선사람들의 고민을 이해할 수 있 도록 도움을 주기보다는, 오히려 '오해'를 유도합니다.

참고로 황제의 도장을 새璽, 왕의 도장을 보寶, 제후의 도장을 장 章, 그 밖의 도장을 인印이라 하는 게 원칙이었습니다. '국새國璽'나 '어새御璽'라는 글자가 새겨진 도장은 1897년 대한제국 선포 이후에 야 만들어집니다. 20200220

대북 전단

운전하다가 운전석 쪽 유리창 틈에 중고차 매매 광고 전단이 꽂혀 있는 걸 발견할 때가 있습니다. 정차 중에 유리창을 내리고 뽑아버 리자니 전단이 빨려 들어갈 것 같아, 짜증을 참으며 목적지까지 간 적이 한두 번이 아닙니다. 길에서 나눠주는 전단이야 안 받을 수도 있고 받아서 훑어보거나 바로 쓰레기통에 버릴 수 있지만, 이런 식 으로 꽂아 넣는 전단은 사람을 짜증나게 만듭니다. 아무리 '광고의 자유'가 무한정 허용되는 사회라지만, 소비자가 원치 않는 정보를 신경 거슬리는 방식으로 전달하는 건 횡포라는 생각입니다.

'표현의 자유'도 다른 자유들과 마찬가지로 상호성과 대칭성의 원칙 위에서 행사해야 합니다. 줄 자유와 안 받을 자유, 볼 자유와 안 볼 자유는 상호 공존하면서 긴장 관계를 유지합니다. 예컨대 아무리 '종교의 자유'가 제한될 수 없는 것이며 '선교의 자유'가 그 불가분리의 구성요소라 해도, 아파트단지에서 확성기 틀어놓고 '예수 천국 불신 지옥'을 외쳐서는 안 됩니다. 다른 '종교의 자유'와 대립할 뿐 아니라, 타인이 누려야 할 '소음으로부터의 자유'를 침해하는 것이기 때문입니다.

모든 정부 부처가 대통령을 칭송하고 언론매체들까지 "형광등 100개의 아우라" 운운하는 상황에서 그에 대립하는 메시지를 만들어 전파하는 것은 시민이 마땅히 누려야 할 '표현의 자유'입니다. 사악한 의도로 거짓 뉴스를 만들어 유포하는 거대 언론사 외벽에 레이저빔으로 '폐간하라'는 문구를 투사하는 것도 시민이 마땅히 누려야 할 '표현의 자유'입니다. '표현의 자유'가 문제되는 건, 주로 한쪽 또는 다수의 의사가 과도하게 표현될 때입니다.

만약 우리가 북한 방송이나 북한에서 발행되는 매체들을 제약 없이 접하는 조건에서라면, 또는 북한에서 대남 전단을 만들어 살포하는 상황에서라면, 김정은의 처 이설주를 성적으로 모욕하는 전단을 만들어 북에 보내는 것도 '표현의 자유'에 해당한다고 할 수 있을 겁니다. 하지만 지금 탈북민 단체의 대북 전단 살포는 그런 조건과 상황에서 이루어지는 게 아닙니다.

게다가 남북은 '군사협약'을 맺어 각각 상대를 비방하는 전단 살포나 방송을 금지했습니다. 대북 전단 살포는 '표현의 자유'를 넘어서는 '군사 문제'입니다. 군사 문제에서 특정 개인이나 집단이 군 지휘부의 승인 없이 독자적으로 군사 행동을 할 수 있게 허용하는 사회는 없습니다.

거대 언론사는 물론 현직 판사까지도 대북 전단 살포가 '표현의 자유'라고 주장합니다. 그렇게 주장하는 법조인이나 언론인 집 주변에 본인과 그 가족을 성적으로 모욕, 조롱하는 전단이 살포된다면 그들은 어떻게 반응할까요? '표현의 자유'라며 그냥 보고 넘어갈까요? 아니면 범인을 찾아내 처벌하라고 길길이 뛸까요? 개인 간에든 집단 간에든, 일방적으로 행사할 수 있는 '표현의 자유'는 없습니다. 자신의 표현에 대해 응당한 책임을 지는 것이 '표현의 자유'입니다. 그런 책임을 질 능력도 의지도 없는 집단의 대북 전단 살포는, 일방적인 '분쟁 유발 행위'일 뿐입니다. 20200628

대북정책

지난겨울 김정은이 '백마' 탄 모습을 공개했을 때, '심상치 않다'고 느꼈습니다. 통치자가 갑작스레 신화와 전설을 동원하는 건, 그의 권위가 흔들린다는 증표이기 때문입니다. 그동안 남한 언론들은 '정부가 일방적으로 북한에 끌려다닌다'고 주장했지만, 북한 권력집단은 판문점 남북 정상회담 이후 자기들이 '일방적으로 끌려다녔다'고 느꼈을 겁니다. 핵실험과 대륙간 탄도 미사일 발사 실험을 중단했고, 문 대통령에게 능라도 경기장에서 연설할 기회를 주었으며, 트럼프 미국 대통령과 판문점에서 악수하는 장면까지 연출했지만, 북한이 얻은 건 전혀 없습니다. 북한 정치세력 내부에서, 특히 군부에서 "남측이 요구하는 대로 끌려다녔지만 우리가 얻은 건 뭐냐?"라는 불만이 나오리란 건 충분히 예상할 수 있는 일입니다.

어떤 통치자에게나 군부의 불만을 사는 건 매우 위험한 일입니다. 북한처럼 공공연히 '선군정치先軍政治'를 표방하는 곳에서는 그 위험성이 더 큽니다. 신무기 개발은 군부의 핵심 이권입니다. 북한 같은 체제에서 군의 이익 실현 욕구를 장기간 억압하기는 어려울 겁니다. 김여정이 "향후 대남 관계는 군에게 맡기겠다"고 한 것도, 더 이상 군을 통제하기 어렵다는 비명일 가능성이 크다고 봅니다. 대북 전단 살포는 울고 싶을 때 뺨 찌르는 정도의 행위였겠죠.

오늘 북한 측이 개성의 남북공동연락사무소를 폭파했습니다. 어쩌면 조만간 북한군이 개성공단 남쪽으로 전진 배치될지도 모릅니다. 그러면 한국 언론들은 '대북정책 총체적 파탄' 운운하며 강경책으로 전환하라고 선동할 게 불 보듯 뻔합니다. 하지만 지금 북한이 보이는 '이상 반응'은 지난 몇 년간 북한에 결코 유리하게 전개되지 않은 남북관계의 결과일 수 있습니다. 상황을 안정적으로 관리하려면 가급적 '변수'를 줄여야 합니다. 지금 북한에서 일어나는 '모종의 변화'에 즉각적인 대응을 주문하는 건 상황 관리에 전혀 도움이 되지 않을 겁니다. 지금 시민들이 할 일은, 남쪽에서까지 '변수'를 만들려는 선동에 현혹되지 않는 거라고 봅니다.

훌륭한 남북관계 전문가가 많은데, 문외한 주제에 이런 글을 쓰자니 매우 민망합니다. 하지만 언론매체들이 '문 정부가 북한에 일방적으로 끌려다닌다'는 생각을 퍼뜨리고 남북관계를 파탄 내려 발분하는 상황에서는, 그들과 다르게 생각할 거리 하나 정도 추가하는 것도 의미가 있다고 보았습니다. 20200616

대일민국

"김정은 대변인"이 사실일 가능성이 있어서 모든 언론이 '김정은 대변인 논란'이라는 기사를 낸 건 아닙니다. 논란에 '사회적 함의'가 있다고 봤기 때문이겠죠.

나경원 씨가 "대일민국"이라고 썼을 리 없겠지만, 이 논란에도 '사회적 함의'가 있습니다. 그런데 유력 언론이 모두 침묵하고 있습니다. 이 불공평의 이유가, 정말 궁금합니다. 20190816

대통령 형사고발

"대통령은 내란 또는 외환의 죄를 범한 경우를 제외하고는 재직 중 형사상의 소추를 받지 아니한다." (헌법 84조)

며칠 전 곽상도 자유한국당 의원이 문 대통령을 직권남용죄로 고소했는데, 이번엔 자유한국당이 군형법 위반죄로 문 대통령을 고발한답니다. 인간의 지능으로 납득할 수 없는 짓으로 '지지층'을 끌어모으려면 인간 세상이 아니라 동물원에서 해야 할 겁니다. 국민을 '인간'으로 생각하지 않기에, 저런 행태를 보이는 거겠죠..

'민중은 개돼지'라는 생각을 말로 표현하는 것보다 행동으로 표현하는 게 훨씬 더 나쁩니다. 개돼지 취급받으면서도 분노하지 않는 건, 인간성을 저버리는 일입니다. 20190624

대학

대략 1990년대까지, 대다수 대학생은 자기 집에서 가장 가방끈이 긴 사람이었습니다.

그들은 심지어 자기 부모들을 가르치려 들었습니다.

하지만 이제 젊은 세대의 평균 학력이 윗세대보다 높은 시대는 저물고 있습니다.

이른바 '20대의 보수화'와 관련해서는, 이런 변화도 고려해야 할 겁니다.

요즘엔 자식이 부모에게 '사회적 자본'뿐 아니라 '가치관'까지 물려받는 경우가 많습니다.

대학이 '천하를 다스리는 학문'에서 '간판'으로 바뀐 지도 오래입니다.

절대다수의 대학 졸업자들에게 '전공'은 인생에서 큰 의미를 갖지 못합니다.

그런데도 대학은 여전히 청소년들의 삶을 피폐하게 만들고 있습니다.

출생아 수가 매년 가파르게 떨어지는 상황에서, 많은 대학이 조만간 몰락의 길을 걸을 겁니다.

이래저래 대학 개혁이 절실한 상황입니다.

대학 개혁에 대한 고민 없이 입시제도만 개편하는 건, 지나치게 근시안적인 대처일 겁니다. 20191202

도덕성

박정희 아들이 중학교 입학할 때, 중학교 완전 평준화가 이루어졌습니다. 그가 고등학교 입학할 때, 고등학교 입시가 없어졌습니다. 전두환 딸이 대학에 입학할 때, 본고사가 폐지됐습니다. 최순실 딸이 대학에 입학할 때, 그가 지원한 학교에 없던 전형이 새로 생겼습니다. 이런 게 권력의 입시 농단 방법입니다.

얼마 전 40대 비혼 전문직 여성이 포함된 자리에서 겪은 일입니다. 묻지도 않았는데, 그는 자기가 결혼 안 한 이유에 대해 얘기하더군요. "친구들 보면 결혼 못 하겠어요. 아이 하나 유치원 보내는 데 수백만 원씩 든대요. 남편 수입이 상당한데도 다들 지지리 궁상인

걸 보면, 그렇게는 못 살겠더라고요." 그 자리에 있던 사람들이 이구동성으로 "아니, 무슨 유치원 비용이 그렇게 비싸요? 꼭 그런 데 보내야 하나?"라고 타박했지만, 그는 그렇게 못 키울 바에야 애를 낳아서 뭐 하냐는 반응이었습니다.

며칠 전 강남에서 입시 컨설팅하는 지인의 말을 소개한 적이 있는데, 그는 대학 때 학생운동했던 사람입니다. 취업이 안 돼 강남 학원가 강사로 갔다가 전업한 케이스죠. 그에 따르면 아이가 초등학생일 때부터 어떤 입시 전략을 택하는 게 유리한지 묻는 부모도 많답니다. 고등학생들에게는 어떤 전형을 노리는 게 유리한지, 어떤 스펙에 집중해야 하는지 알려주고, 때로는 스펙 쌓기에 필요한 '연줄'도 맺어준답니다. 그러려면 수많은 전형 각각의 특성과 '맹점'을 알아야 하고, '편법'도 알려줘야 한답니다. 그를 포함한 입시 컨설턴트들이야말로, 현재의 '입시 야바위'에 상당한 책임이 있는 사람들이죠. 하지만 그는 "자기가 일자리를 잃어도 좋으니 입시제도는 꼭 바꿔야 한다"고 공언합니다. 그래서 그를 나무라기 어렵습니다.

'입시 농단'이 불가능한 사람들은 주어진 입시 환경에 적응하는 수밖에 없습니다. 자녀 교육에 얼마나 투자할 것인가는 사람마다 기준이 다르겠지만, 현재와 같은 '입시 야바위' 판에서는 누구나 부족을 느낍니다. 자식에게 가급적 최대한의 뒷받침을 해 주려는 건 모든 부모의 한결같은 마음일 겁니다. 문제는 이 '최대한의 뒷받침'이 어디까지 허용되는가에 대한 사회적 합의입니다. 어디까지가 도덕적인 방법이고, 어디부터가 부도덕한 방법일까요? 지금 많은 사람이 조국 장관 후보에게 분노하고 있는 지점도 바로 그의 '돈과 연줄이 부당하거나 부도덕하게 작동했을 가능성'입니다. 그런데 그 기준은 무엇일까요? 입시 컨설턴트를 통하면 정당하고, 학교가 맺어준 연줄을 통하면 부당한 건가요? 아니면 그 반대인가요? 돈이나 다른 특혜가 오고 갔으면 부도덕하고, 그런 게 없었으면 도덕적인 건가요? 아니면 그 반대인가요?

지금 조국 씨 딸 대학입시와 관련해 유례없는 '의혹'들이 제기되고 있지만, 확인된 사실은 세 가지일 겁니다. (1) 한영외고가 만들어 운영한 학부모 활용 인턴십 프로그램에 참여했다. (2) 2주간의 인턴 활동으로 의학 논문 제1 저자가 되었다. (3) 고려대학교에 '세계선도인재전형'으로 합격했다. 의혹들은 이들 사실을 둘러싸고 제기되어 있습니다. (1)과 관련해서는 학교에서 조국 씨 딸에게 이 프로그램을 알선한 배경, (2)와 관련해서는 책임교수가 제1 저자로 기재해 준 이유, (3)과 관련해서는 논문 제1 저자라는 사실이 합격에 영향을 미쳤는지의 여부가 중요하겠죠.

(1)의 경우 당시 한영외고에서 만들어 운영한 학부모 활용 인턴십 프로그램의 종류와 참여도를 전수조사하면 조국 씨 딸이 특혜를 누렸는지 아닌지 알 수 있을 겁니다. 다른 학생들의 기회를 빼앗은 것인지, 아니면 여러 기회 중 하나를 택한 것인지.

(2)와 관련해서는 고등학생을 논문 제1 저자로 기재한 교수에게 반대급부가 있었는지 여부가 중요할 겁니다. 교수가 아무런 반대급부 없이 기재했다면 '선심'이라고 볼 수 있을 텐데, 그 '선심'이 자기 자녀가 다니는 학교에 베푼 것이었는지, 조국 씨 개인을 보고 베푼 것이었는지에 따라 조국 씨의 책임 범위는 달라집니다. 하지만 교수의 순전한 선심이었다고 해도 사람들이 납득하기는 어려울 겁니다. '미래에 연줄 맺을 가능성'을 보고 선심을 베푸는 경우도 있기 때문입니다. 이런 게 전에 말한 '계층별 연줄문화'의 문제입니다. 명절 때 대기업 회장에게 선물 받는 사람들이 있습니다. 선물 받고 문자로 감사 인사 보냈다가 들통 난 언론인들도 있지만 그러지 않은 사람도 많을 겁니다. 그들은 어떻게 봐야 할까요? 계층이 존재하는 한, 이런 '계층별 차이'는 대개 '도덕률의 차이'로 인식되기 마련입니다.

(3)과 관련해서는 당시 고려대 수시 전형 합격자 전체, 적어도 '세

계선도인재전형' 합격자 전체를 재조사하는 수밖에 없을 겁니다. 그래야 이것이 당시 이명박 정부와 교육 당국의 정책 문제인지, 조국 교수 개인의 도덕성 문제인지를 판단할 수 있을 겁니다.

유치원 때부터 고등학교 졸업 때까지 수억 원의 '투자'를 받은 학생과 그렇지 못한 학생 사이에는 차이가 생길 수밖에 없습니다. 이 차이가 그대로 반영되는 입시제도와 전형 방식은 정당하고 도덕적인가요? 고액 입시 컨설팅과 족집게 과외, 맞춤형 자소서 대필, 스펙 부풀리기 등이 광범위하게 벌어진다는 사실은 모두가 압니다. 지금 한국의 이른바 명문대에서 이런 일들로부터 자유로운 학생은 얼마나 될까요? 서민들은 이런 현실을 떠올릴 때마다 혐오감, 부러움, 자책감, 좌절감, 분노 등이 뒤섞인 복잡한 감정 상태에 빠지기 마련입니다. 그런데 이들 중 가장 중심이 되는 감정은 무엇이고, 중심이 되어야 마땅한 감정은 또 무엇일까요? 그런 점에서 이번 조국 씨 딸 입시 관련 논란은, 개인의 도덕성 문제를 넘어 우리 사회의 평균적 도덕성이 어느 선에 수렴해야 할지의 문제를 제기했다고 봅니다.

김영란법 시행 이전, 특정 계층 사람들은 서민 기준에서 '뇌물수수'를 '미풍양속'이라고 불렀습니다. 이 법 시행 전에 자기 뜻과 상관없이 대기업 회장에게 고가의 명절 선물을 받은 사람이 있다면, 그것만으로 '부도덕하다'는 낙인을 찍어야 할까요? 그런 사람들도 '서민들로서는 범접할 수 없는 특혜'를 누린 셈입니다. 지금 조국 후보를 이리떼처럼 물어뜯는 언론사 간부들 중에 그런 사람 적지 않을 겁니다. 조국 후보 딸과 비슷한 루트로 자식 대학 보낸 사람도 많을 거고요.

김영란법 시행 이후, '선물'의 도덕성을 판단하는 기준이 달라졌습니다. 이번 논란도 '계층별 연줄'의 도덕성 기준을 새로 정하는 계기가 되어야 할 겁니다. 조국 후보 개인의 도덕성 문제를 제대로 판단하기 위해서라도, 우리 사회 전체의 '원천적 부도덕성' 문제는 반드시 짚어야 합니다. 그에 관한 의혹 중 '사실'로 확인된 것이 없음에도, 심지어 의혹 제기 자체가 부당했다는 반론이 속속 나오고 있음에도, 그를 둘러싼 논란이 끊이지 않는 건 우리 사회의 도덕성 기준이 불명확하기 때문일 겁니다.

다만 김영란법 시행 전의 일을 김영란법으로 재단할 수는 없습니다. 조국 후보 스스로 밝힌 대로, '서민의 눈높이'에 따르자면 그에게서 '도덕적 하자'를 볼 수도 있을 겁니다. 하지만 '서민의 눈높이'에서 보면, 그가 속한 계층의 생활문화 전체가 부도덕할 수 있습니다. "돈 없어 진학 포기하는 애들이 얼마나 많은데 고액 과외가 웬말이냐"나 "서민 가정 자식들은 엄두도 못 내는 스펙을 쌓게 했다", 또는 "밥 굶는 사람도 있는데 한 끼 식사에 그렇게 많은 돈을 쓰냐?"는 등의 '도덕적 비난'에서 자유로울 수 있는 부유층이 있을까요? 그의 능동적 행위와 관계없이 그의 자녀가 모종의 혜택을 받은 게 사실이라면, 재산 얼마 이상인 자나 사회적으로 특별한 대우를 받을 가능성이 큰 자는 공직을 맡을 수 없게 하는 법이라도 제정해야 하는 걸까요? 부자나 사회적 지위가 높은 자를 대하는 우리 사회의 표준적 태도는 무엇일까요? 가난한 자는 외면하면서 오히려 부자에게 선심을 베푸는 게 우리 사회의 자화상 아닌가요? 역대 법무부 장관과 비교해서, 특히 전전임 법무부 장관과 비교해서도 그가 부도덕한 걸까요? 그가 '조국'이기 때문에, 민주 정부의 핵심 인사이기 때문에, 그가 속한 계층의 다른 사람들보다 훨씬 혹독한 비난을 받는 건 아닐까요?

저는 "내 밥줄이 끊겨도 입시제도는 바뀌어야 한다"는 신념을 가진 입시 컨설턴트를 욕할 수 없습니다. 같은 직업을 갖고서 자기 밥그릇만 생각하는 사람보다는 그가 훨씬 낫다고 보니까요. 같은 이유로 저는 자유한국당과 족벌언론들이 조국 씨더러 '부도덕'하다고 비난하는 걸 도저히 납득할 수 없습니다. 계층별 연줄사회의 원천적 부도덕성을 가장 적극적으로 이용해 온 게 바로 그들이니까요. 청와대 국민청원 게시판에 "조국 대신 나경원을 법무부 장관으로 임명하라"는 글이 올라왔다고 합니다. 장난이겠지만, 그 심정 충분히 이해합니다. 20190826

도덕적 파탄

예전에는 담임교사들의 '가정 방문'이라는 게 있었습니다. 담임교사가 학년 초에 학생의 가정 형편을 직접 보고 교육하라는 좋은 취지에서 시작됐지만, 취지대로 운영되는 일은 본래 드문 법입니다.

가난한 집에서는 아이 담임교사의 가정방문일이 연중 가장 근심스러운 날이었습니다. 뭘 대접해야 할지 며칠씩 고민하다가 먹을지 안 먹을지 모르는 음식상을 차리고 귀빈을 맞았습니다.

물론 담임교사는 '순수하게' 교육에 관한 얘기만 할 뿐 어떤 청탁도, 압력으로 비칠 수 있는 어떤 말도 하지 않습니다. 그런 기색을 보인다면 교사가 아니라 도둑놈이겠죠. 하지만 부모는 담임교사가 자리에서 일어날 때 '봉투'를 찔러 주는 게 '예의'이자 '관행'이었습니다.

국민의힘에서 탈당 선언한 박덕흠 의원이 '이해충돌 없었다'며 결백을 주장했습니다. 국회의원과 피감기관의 관계는 담임교사와 학부모의 관계와 다르지 않습니다.

진짜 불공평한 특권을 누리는 자들은, 민원실에 전화로 '청탁'하는 건 물론이고, 어떤 일도 직접 부탁하지 않습니다. '알아서 눈치껏' 챙기게 만드는 것이 특권의 생리입니다.

박덕흠 의원은 국민의힘에서 탈당했지만, 이 일은 그 개인의 책임이 아닙니다. 건설업자를 국토위에 배정하여 피감기관들로 하여금 '알아서 눈치껏 기게' 만든 것은 국민의힘입니다. 이 정도면 '도덕 불감증'을 넘어 '도덕적 파탄'에 이르렀다고 보아야 할 겁니다.
20200923

도둑질

2004년 한나라당 소속 이명박 서울시장은 제 맘대로 서울시를 하나님께 봉헌했습니다.

2019년 자유한국당 소속 조은희 서초구청장은 제 맘대로 서초구 노로를 교회에 바치겠답니다.

제 돈으로 사서 바친다면야 누가 뭐라고 하겠습니다.

제 것이 아닌 걸 제 것처럼 쓰는 것도 '도둑질'입니다.

성경에 "도둑질을 자랑하라"는 문구는 없습니다.

한국의 '자유한국당 개신교인'들이 믿는 신은, '도둑놈의 하나님'인가 봅니다. 20190628

도플갱어

"동생이 아무런 사이가 아니라고 밝혔으면, 그걸로 다 정리된 것 아니냐"(박근혜)

"녹취록에 등장하는 검사장이 부인한 만큼, 검찰 차원에서 추가 조사할 계획 없다"(대검찰청)

멘탈 도플갱어. 20200403

독서

평생 역사책이라곤 교과서밖에 안 읽은 사람이 〈반일 종족주의〉 4분의 1쯤 읽고선 "왜 역사학계는 이런 걸 비판하는 책을 못 내느냐?"고 하면, 뭐라고 대답해야 할까요?

좋은 책은 많습니다. 사람들이 읽지 않을 뿐. 20190811

독재타도

팔뚝에 '차카게 살자'라고 문신 새긴 조폭 똘마니를 보면, '멋지다'거나 '세련됐다'는 느낌이 아니라 '멍청하다'나 '뻔뻔하다'라는 느낌을 받는 게 보통입니다.

독재정권의 직계들이 '독재타도'를 외치는 걸 봐도 마찬가집니다.

자유한국당이 '독재타도'라는 구호로 표현한 건, 깡패가 '차카게 살자' 문신으로 표현한 것과 같습니다. 20190430

독직瀆職

보통 '직업'을 한 단어로 묶어 쓰지만 본래 '직職'과 '업業' 사이에는 큰 차이가 있었습니다. 직은 하늘이 사람에게 맡긴 일입니다. 그래서 천직天職입니다. 반면 업은 먹고 살기 위해 하는 일입니다. 그래서 생업生業입니다.

옛날 사람들은 하늘의 완벽한 질서와 조화를 지상에 구현하는 게 정치라고 믿었습니다. 지고지선至高至善하고 공평무사한 하늘의 뜻을 받드는 일이 '직'이었습니다. 그래서 '공직'과 '관직'이 있을 뿐, 사직이나 민직은 없습니다. 공公에 대립하는 글자가 사私고, 관官에 대립하는 글자가 민民입니다.

직은 소유하는 게 아니라 받드는 겁니다. 그래서 '봉직奉職'이라고 합니다. 직이라는 글자에 귀[이耳]와 소리[음音]라는 글자가 들어간 것도, '하늘의 소리 = 민심'에 늘 귀를 기울이라는 의미일 겁니다.

하늘이 맡긴 직책을 모독하는 짓을 '독직瀆職'이라고 합니다. 검사나 판사가 예전 선배였던 변호사를 위해 유죄를 무죄로 만들어주거나 무거운 죄를 가벼운 죄로 바꿔주는 짓이 관행이 된 지 오래입니다. 자기가 미래에 더러운 부를 축적하기 위해 현재의 뇌물을 권장하는 거죠. 이런 걸 '전관예우'라고들 하는데, 예禮는 이렇게 더러운 짓에 써서는 안 되는 글자입니다. 이런 짓은 '법을 뒤틀어 자기 직을 모독하다'라는 뜻의 왕법독직枉法瀆職이나, '자기 직책을 모독하며 법을 희롱하다'라는 뜻의 '독직농법瀆職弄法'이라 해야 마땅할 겁니다.

공평무사하게 정의를 바로 세우는 게 법관의 직책입니다. 그러나 이 나라에는 자기가 맡은 직책을 '소유물'로 생각하고 그걸 이용해 큰돈을 벌려는 탐욕에 가득 찬 법관이 너무 많습니다. 그들은 법관의 독직 범죄를 막으려는 개혁에 반발하여 없는 죄를 날조하고 작은 죄를 큰 죄로 만드는 '왕법'과 '농법' 행위를 서슴지 않습니다. 작금의 검찰은 '독직이란 무엇인가'를 몸소 보여주고 있습니다.

이런 자들이 자기 직책을 모독하여 '천벌'을 받지 않도록 도와주는 법과 제도가 없어서는 안 됩니다. 조선시대에도 관직을 받든 자들이 천벌 받을 탐욕에 빠지지 않도록 도와주는 사헌부라는 관청이 있었습니다. '직을 맡은 자들이 탐욕을 부리면 천하가 재앙을 입는다'는 사실은 왕조시대 사람들도 알았습니다. 판사, 검사, 고위 공직자들의 '독직' 행위를 감찰, 처벌하는 기관이 없으면, 온 국민이 큰 해를 입습니다.

'독직'은, 천벌 받을 대죄입니다. 공수처를 만들어야, 자기가 '하늘의 신'인 줄 알고 세상을 농락하는 오만한 자들에게 '인간다움'을 가르칠 수 있습니다. 20191114

돌팔이

자유한국당 원내대표 나경원 씨가 '병명을 알아야 처방할 수 있다'며 '경제청문회'를 하자고 요구했습니다.

멀쩡한 사람을 속여 거액의 진료비를 사취한 의사와 동네 친구가 시키는 대로 진단한 의사가 있던 병원에는 안 가는 게 상식입니다.

저런 병원에서 진단받으면, 큰일 납니다. 20190617

동양 평화

청일전쟁, 러일전쟁, 시베리아 간섭 전쟁, 만주사변, 중일전쟁, 태평양전쟁.

19세기 말부터 50년간 수많은 침략 전쟁을 자행한 나라의 수상이, 그 시절의 '영광'을 되찾겠다고 '전쟁 가능한 개헌'을 추진하면서 '세계 평화'를 말합니다.

109년 전 일제가 한국을 강점하면서 내세운 명분도, '동양 평화'였습니다.

110년쯤 전에도 일본 군국주의자들과 토왜土倭들은 한국이 '동양 평화의 화근'이라고 주장했지만, 실제로 '세계 평화의 화근'이 된 것은 일본 군국주의였습니다.

이미 한 번 겪은 일이고, 110년 전의 대한제국과 지금의 대한민국은 전혀 다른 나라입니다. 일본 군국주의자와 '토왜'의 정신적 후예들만이 '과거의 망령'에 사로잡혀 있습니다. 힘들더라도, 이번에는 반드시 저들을 물리쳐야 합니다. 물리칠 수 있습니다. 20190705

동일화

역사학의 금기 중 하나는 '연구대상 인물과 자신을 동일시하는 것'입니다. 하지만 이 금기를 지키는 게 그리 쉽지는 않습니다. '그 사람'이 남긴 자료를 주로 보다 보면, 자기도 모르는 새 '그 사람'의 편이 되기 쉽습니다. 저도 그런 경우를 적지 않게 봤습니다.

기자들이 가난한 사람 앞에 녹음기 마이크를 들이대는 경우는, 주로 그가 범죄를 저질렀거나 불행한 일을 당했을 때입니다. 그들은 이미 성공했거나 '책임 있는' 자리에 오른 사람들을 훨씬 자주 만나고 주로 그들과 얘기를 나눕니다. 그러다 보니 병원 출입하는 기자는 의사처럼 되고, 경제단체 출입하는 기자는 경제단체 홍보실 직원처럼 되며, 검찰 출입하는 기자는 검사처럼 됩니다. 사람인 이상, 이 '일방적인 영향력' 앞에서 자유롭기는 어렵습니다.

검찰 출입 기자들이 검찰의 대변인처럼 구는 건, 이해할 수 있습니다. 그러나 그게 잘못이라는 것조차 모르는 건, 도저히 이해할 수 없습니다. 20191009

동포애

안중근 의사는 이토 히로부미를 처단하기 전, 러시아 땅에서 당대의 '토착왜구'인 일진회원들에게 맞아 죽을 뻔했습니다. 그런 일을 겪고서도 "저런 놈들이 있는데 내가 왜 민족을 위해 목숨을 바쳐야 하나"라고 생각하지 않았습니다.

일제강점기 해외동포들이 모두 독립운동을 지원했던 건 아닙니다. 그들 중에는 일본군 밀정 노릇하는 '토착왜구'도, 독립운동가를 적대시하는 아편 장수나 범죄자도, 독립운동에 무관심한 사업가도 많았습니다. 그런 상황에서도 독립운동가들은 '동포애'를 버리지 않았습니다. 그들이 극도로 어려운 조건에서도 독립운동을 계속한 건, '동포애' 때문이었습니다. 그들이 처단한 '동포'는 '동포애'를 저버리고 일본에 붙어 밀정 노릇한 토착왜구뿐이었습니다.

해외에서 입국하는 확진자 수가 늘어나니, "유학생은 몰라도 제 나라 싫다고 외국 나가 산 사람들을 왜 들어오게 하나?"나 "나라에 세금도 안 내는 사람들을 위해 왜 국민 세금을 써야 하나?"라는 사람이 적지 않습니다. 우리가 지금 옛날 독립운동가들처럼 살 이유는 없지만, 그래도 그들의 정신을 잊어서는 안 될 겁니다. 한국인의 해외 이주가 시작된 이래 이제껏 해외동포에게 모국이 '안전하고 믿을 만한 나라'로 인식된 적이 있었던가요? 그런 나라를 만드는 게 조상들과 우리가 품었던 소원 아니었던가요?

내일이 안중근 의사 순국 110주년입니다. 지금의 대한민국 헌법 전문에는 독립운동가들의 정신이 담겨 있습니다. "정의 인도와 동포애로써 민족의 단결을 공고히 하고……" 우리 세금을 조금 더 쓰더라도 인도와 동포애로써 해외동포들을 돕는 게, 독립운동가들의 뜻을 계승하고 헌법정신을 지키는 일일 겁니다. 20200325

드론

드론이 출현한 뒤로, 방송 화면을 보는 재미가 늘었습니다.

높은 산에 올라가지 않고도 '하늘에서 내려다본 화면'을 만들 수 있다는 건, 카메라 기자들뿐 아니라 시청자들에게도 축복일 겁니다.

드론이 없었다면, 이번 촛불집회의 전모도 제대로 알기 어려웠을 겁니다. 20191008

들쥐떼

그는 1995년 전 재산인 집 두 채를 팔아 시민단체에 기부한 이후, 집을 가진 적이 없습니다.

그는 부천서 성고문 사건을 세상에 알렸고, '성희롱'이라는 개념을 정착시켰으며, 일본군 위안부 강제동원 문제를 세계에 알리는 데에도 큰 공헌을 했습니다. 그가 주도하여 만든 참여연대, 아름다운재단, 희망제작소 등은 우리 사회 시민운동의 구심점 역할을 했습니다. 그렇게 바쁜 중에도 〈국가보안법 연구〉를 비롯해 수십 권의 책을 썼습니다.

변호사로, 저자로, 강연자로, 때로는 사외이사로, 그리고 시장으로 활동하면서 돈을 벌었으나 가족을 챙기지 않고 시민단체들에 기부했습니다.

65세인 그의 재산이라고는 수억 원에 달하는 부채뿐입니다. 곧 시장공관을 떠나야 하는 그의 유족들에게는 거처할 곳도 없습니다.

박원순이 살아온 일생을 흉내조차 못 낼 자들이 그의 일생 전체를 능멸하는 걸 보자니, 어떤 나라 속담이 떠오릅니다.

"상처 입은 사자가 죽으면 들쥐떼가 달려들어 그 상처를 물어뜯

는다." 20200710

등록문화재

1999년 서울 을지로에 있던 국도극장이 헐렸습니다. 국도극장은 일제강점기인 1936년 황금정黃金町(현재의 을지로)에 르네상스 양식으로 지어진 황금좌黃金座를 1948년에 개칭한 극장이었습니다. 건축사적으로 아주 가치가 높은 건물이어서 많은 사람—특히 건축학자, 역사학자, 문화재 전문가—들이 철거에 반대했으나 건물을 매입한 사람은 철거 반대 여론이 확산할까 봐 서둘러 허물어버렸습니다. 이 사건을 계기로 일제강점기에 지어진 '근대 건축물'을 보존하기 위한 각계의 노력이 본격화하여 2001년 '등록문화재 제도'가 만들어졌습니다. 당시에도 일제강점기 일본인들의 흔적을 다 지워야 한다는 사람이 많았으나, 식민지 폭정을 함께 겪은 집단 기억이 현대 한국인의 '정체성' 일부를 구성하는 이상, 그 '기억의 요소들'을 보존할 필요가 있다는 주장이 전문가들 사이에 폭넓은 동의를 얻었습니다.

등록문화재 제도가 시행된다는 소문이 돌자마자, 종로구 계동에 있던 옛 '건국준비위원회 청사'가 헐렸습니다. 본래 일제강점기 마포 거부 임용상이 지은 저택이었는데, 해방 직후에는 건국준비위원회 청사로 사용됐습니다. 이 건물이 헐리기 몇 해 전, 고 송남헌 선생의 안내로 안에 들어가 본 적이 있습니다. 여운형 선생의 집무실이 어느 방이었으며, 회의실은 어디였는지 등에 관해 들은 기억이 생생한데, 게다가 아주 튼튼하게 잘 지은 건물이어서 무너질 기미도 전혀 없었는데, 갑자기 사라진 걸 보니 마음 한구석이 무너져 내리는 것 같았습니다. 건국준비위원회 청사조차 보존하지 못하면서 광복 몇 주년 운운하는 게 참담했습니다. 만약 임시정부 청사가 서울에 있었다면, 진즉에 사라졌을 겁니다. 한 나라에서 역사가 어느 정도의 비중을 차지하는지 아는 방법은 아주 간단합니다. 개발 이익을 얻기 위해 역사적 건물을 함부로 파괴하는 나라에서, 역사는 아주 하찮은 비중만을 점할 뿐입니다.

등록문화재 제도가 시행된 이후, 일제강점기에 지어진 많은 건물이 '문화재'로 등록됐지만, 대개는 국공유 건물이었습니다. 절대다수의 개인 건물주는 '사유재산권'이 침해될까 봐 문화재 등록을 거부했습니다. 아무리 문화재 가치가 높은 건물이라도, 소유자의 동의 없이는 등록문화재로 정할 수 없었습니다. 일단 등록된 건물이라도 소유주가 원하면 해제할 수밖에 없었고요. 이런 제도적 맹점을 악용하는 악덕 건물주도 있었습니다. 재개발 지구 내에 오래된 건물을 소유한 사람이 자기 건물을 등록문화재로 신청해서 지정되면, 재개발 사업 전체가 중단됩니다. 소유자는 조합 측과 협상해서 건물값을 '아주 비싸게' 받기로 약속한 다음에 등록해제를 요구합니다. 등록문화재 제도가 '알박기' 용도로 변질되는 거죠. 이런 사례도 있었으나, 일단 자기 소유 건물이 등록문화재가 되면 재산권 행사에 제약을 받기 때문에 건물주들은 등록을 회피하는 게 일반적입니다.

손혜원 의원이 목포의 오래된 골목과 필지를 보존하기 위해 애쓰는 건 진즉에 알았습니다. 재작년에 손의원과 함께 페이스북 라이브로 목포의 역사 얘기도 했죠. 이번에 문제가 된 건물에 대해서도 그때 직접 얘기를 들었습니다. "목포의 역사를 지우려는 대규모 재개발 사업이 추진 중인데, 그걸 막고 싶다. 마침 폐가로 방치된 건물 하나가 있는데, 누가 사서 헐어버리면 골목 전체를 지킬 수 없게 된다. 그래서 내 조카더러 시집갈 때 주려고 했던 돈 미리 줄 테니 사서 들어가 살라고 했다." 등등. 만약 그에게 투기 의도가 있었다면, 잘 알지도 못하는 사람에게 이 사실을 자랑하듯 얘기하진 않았을 겁니다.

　여론의 집중포화를 맞는 일에는 입 다물고 있는 게 현명한 선택이란 걸 너무나 잘 압니다. 하지만 연고도 없는 지역의 역사 경관을 살려 보겠다고 제 돈 들여 애쓰는 사람조차 변호하지 못하면 이 나라의 역사 경관이 건설업자들과 투기꾼들에 의해 소멸해버리고 말 거라는 위기의식을 느낍니다. 자기 소유지와 건물이 '등록문화재'로 지정되는 것이 이익인지 손해인지는, 건물주들이 잘 압니다. 문화재 지정 공고가 나기 전에 구역 내 소유 건물을 팔아치우거나 헐어버리는 건, 투기꾼은 물론 보통 건물주의 '상식'입니다. 투기꾼들은 자기 소유 건물이 '문화재'로 지정되는 걸 아주 싫어합니다. 그들은 문화재 가치가 있는 동산만 사지, 부동산은 안 삽니다. 그래서 도시재생사업 지구 내 문화재 가치가 있는 건물은 공공이 사들여 민간에 임대하는 경우가 많습니다.

　게다가 등록문화재 내부와 외관의 4분의 1은 현상변경 신고 없이 임의로 개조할 수 있습니다. 용도에도 특별한 제한이 없습니다. 건물을 리모델링해서 사람이 '사용'할 수 있도록 하는 건 문화재청이 권장하는 바이기도 합니다. 사람이 이용해야 건물이 유지되기 때문입니다. 그러나 SBS는 손의원이 해당 건물에 '문화재 가치'가 있다는 걸 알고 자기 조카 명의로 사들였으며, 건물을 함부로 개조하여 오히려 건물의 가치를 훼손했다는 식으로 보도했습니다. 등록문화재 제도와 그에 대한 건물주들의 대응을 잘 모르는 사람이 보면, 깜빡 속을 만한 내용입니다.

　SBS 취재진이 등록문화재 제도와 도시재생사업, 부동산 투기 사이의 관계에 대해 몰랐다면 너무 불성실하게 취재한 셈이고, 알고도 이랬다면 그 진짜 이유가 궁금할 수밖에 없습니다.

PS 1. 저는 오래된 필지를 뭉개고 건물들을 헐어내는 것보다는 그걸 보존하는 게 경제적으로도 더 나은 선택이 될 수 있어야, 도시의 역사가 보존된다고 봅니다. 물론 토건업자들은 이렇게 생각하는 사람들을 아주 싫어합니다.

PS 2. 옛 건국준비위원회 청사 건물의 소유주는 모 재벌가 사람이었습니다. 그래서인지 그가 이 기념비적 건물을 헐었을 때, 이 행위를 비난한 '언론'은 단 한 곳도 없었습니다. 귀중한 역사 유산을 헐어버리는 행위에는 침묵하고 보존하려는 행위를 비난하는 언론이 다수인 한, 한국은 '역사와 단절된 땅'이 될 겁니다.

20190116

디지털 교도소

'경을 칠'이라는 옛날 욕이 있습니다. '오라질(우라질)'보다는 무겁고 '육시랄'보다는 가벼운 욕이었는데, '경黥'은 얼굴에 새기는 문신을 말합니다. 중범죄자의 얼굴에 경을 쳐서 누구나 알아볼 수 있게 하는 형벌을 묵형墨刑 또는 자자형刺字刑이라고 했습니다. 참고로 '오라질'은 '오랏줄에 묶일'이라는 뜻이고, '육시랄'은 '육시형戮屍刑을 당할'이라는 뜻입니다. 육시형은 몸을 여러 토막으로 자르는 형벌입니다.

영조 16년(1740), 왕이 형조에 보관된 경黥 치는 기구를 찾아 모두 불사르게 하고 말했습니다. "한번 손상된 것이 종신토록 없어지지 않으니, 어찌 슬프지 않겠는가? 다시 이런 도구를 쓰는 자는 중벌에 처하겠다."

고조선의 팔조법금도 죄목에 따라 형벌의 종류와 형량을 정했습니다. 피해자가 '사적으로 보복하는 행위' = 사형私刑을 금하고, 재판과 형벌권을 독점하는 것은 언제나 국가의 기본 책무였습니다. 또 죄와 벌을 등가等價로 취급했기 때문에 일단 형벌을 받으면, 그 죄에 대한 책임은 면제됐습니다. 형벌의 의미가 '보복'보다는 '교화'에 가까워진 근대 국가에서 '죗값을 치른 자에게 다시 청구하지 않는다'는 원칙은 더 공고해졌습니다.

자기들 마음대로 형벌의 적절성을 판단하고, 그 판단에 따라 일부 범죄자는 물론 유죄가 확정되지 않은 사람의 신상정보와 휴대전화 번호까지 공개해 온 '디지털 교도소'라는 사이트가 있습니다. 이 사이트 운영자들은 자기들 마음대로 국가의 형벌에 '디지털 자자형刺字刑'이라는 사형私刑을 추가했습니다. 더구나 국가가 죄인으로 확정하지 않은 사람들에게까지도 사형私刑을 가했습니다. 기소도 되지 않은 상태에서 이 사이트에 이름이 올라간 대학생은 죽은 채 발견되기도 했습니다.

그런데 방송통신심의위원회에서 위원 3인이 '공익 목적이 인정된다'며 사이트 폐쇄에 반대했답니다. 함부로 '종신토록 없어지지 않을' 디지털 자자형刺字刑을 가하고 국가의 형벌에 사형私刑=린치를 추가하는 집단과 '공익'이 어떻게 어울릴 수 있을까요?

한상혁 방송통신위원장은 디지털 교도소를 두고 "문명사회에서 있을 수 없는 일"이라고 했습니다. 그런데도 방송통신심의위원 3인은 '문명사회에서 있을 수 없는 일'을 저질렀습니다. '어떤 명분으로도 사형私刑은 허용되지 않는다'는 '국가의 기본원칙'을 무시하는 게 '공익적'이라고 여긴다면, '문명사회에 살 자격'이 없습니다. 그런데 그런 사람이 계속 늘어나는 듯합니다.

PS. 사형私刑에 한자를 한 번만 쓰면 되지, 왜 매번 썼느냐고 하실 분이 계실 것 같아. 이유를 밝힙니다. 문맥을 이해하지 못하거나 오독하는 인간이 너무 많습니다. '디지털 교도소가 신상 공개한 걸 사형死刑이라고 했다'고 주장할 사람들이 있을 것 같아, 오해하지 말라고 붙였습니다. 사형私刑과 사형死刑을 구별해 쓴다고 별 효과가 있을 것 같지는 않지만. 20200915

랜드

SBS가 '공정성'을 입증할 확실한 방법이 있습니다. 목포에서 300평 땅 산 국회의원 뒷조사하듯이, 국회의원 임기 중 서울과 분당 등지에 땅을 산 국회의원들의 부동산 소유 현황과 가액, 취득 목적 등을 철저히 전수조사해서 1인당 1시간 정도씩 시간을 할애해 손혜원 의원 사례와 비교해서 보도하면 됩니다.

그리고 자유한국당 의원님들, 목포 구시가지 땅 300평이 '랜드'면, 서울과 분당 등지에 시가 기준 '월드' 가진 사람이 그 당에 꽤 있을 겁니다. 20190118

마녀사냥 1

중세 유럽 사람들은 마녀로 지목된 사람의 온몸을 송곳으로 마구 찔렀습니다. 그가 참지 못해 마녀라고 자백하면 불태워 죽였고, 끝내 자백하지 않으면 죽을 때까지 찔렀습니다.

루쉰은 죄 없이 관청에 끌려가 죽도록 맞고서도 무죄로 풀려나기만 하면 관리에게 감사하는 당대 중국인의 모습을 보고 나라의 미래가 암울하다고 탄식했습니다.

푸코는 중세인들이 의심받는 것 자체를 죄로 여겼고, 그래서 고문을 '혐의에 대한 징벌' 정도로 취급했다고 보았습니다. "아니 땐 굴뚝에 연기 나랴?"라는 믿음이 중세인의 '고질병'이었다는 거죠. 이 질병을 치료한 인간이 '근대인'입니다. 고문이 사라지고 무죄 추정의 원칙이 제대로 작동하는 곳이라야 '근대 사회'입니다.

검찰이 무려 11가지 죄목을 들어 정경심 씨 구속영장을 청구했습니다. 그동안 검찰은 언론과 공모하여 상식으로 납득할 수 없는 '혐의사실'들을 수없이 유포하여 대중을 '마녀사냥터'로 끌어들였습니다. 그들의 행태에 비추어 보면, 구속영장 청구는 예상했던 수

순입니다. 문제는 여전히 구속을 '유죄의 증거'로 받아들이는 '중세인'이 많다는 겁니다.

마녀사냥으로 이득을 보는 자들에게 마녀로 지목되었다고 마녀는 아닙니다. 중세적 마녀 사냥꾼의 습성을 버리지 못한 검찰과 언론을 '근대적 검찰과 언론'으로 바꾸는 것이, 이 시대의 과제입니다. 근대화는, 아직도 미완입니다. 20191021

마녀사냥 2

"애먼 사람한테 죄 뒤집어씌우는 마녀사냥은 사회를 병들게 하고 해당자를 죽이는 인격 살인이다. 그래서 못 봐주겠다… 조사해서 사실무근이면 지구를 떠나라." (2019.4.15. 차명진)

2008년 7월, 차명진 씨는 대통령 기록물 '원본'을 국가기록원에 보내고 회고록 쓰기 위해 '사본'을 봉하에 가져간 노무현 전 대통령에게 '기록물 도둑놈'이라는 죄를 뒤집어씌웠습니다. 노무현 전 대통령에 대한 '인격 살인'은 이때 본격화했고 끝내 그분의 서거로 이어졌습니다. 참고로 그때 글을 첨부합니다.

'애먼 사람한테 죄 뒤집어씌우는 마녀사냥'을 자행한 자들은 지구를 떠나라는 차명진 씨 소원이, 꼭 이루어지길 바랍니다.

노무현 전 대통령님!
뒤늦게나마 가져가신 서류를 돌려주기로 결심하신 것은 참 잘하셨습니다.
그러나 너무 궁색하게 토를 다신 것이 아닌가 싶습니다.
노무현 전 대통령님!

한 국가를 운영했던 큰 지도자께서 재직 때 기록이 뭐가 그리 아쉽습니까?

재임 시절 기록 중에 혹시나 부담스러운 내용이 있는가요. 아니면 그 기록이 쫓기듯 퇴임한 노 전 대통령님의 정치적 재기를 위한 발판이 된단 말입니까?

그래서 법을 위반해가며 슬쩍하셨나요?

전직 대통령 예우, 해드려야지요. 그렇다고 국가기록을 슬쩍하신 범법행위까지 없던 것으로 치부할 수는 없지요.

장물을 돌려 달라고 하는 행위를 정치게임으로 몰아붙이는 것도 참 궁색합니다.

경제위기 맞습니다.

이 위기의 씨앗이 언제 품어졌나 따져봅시다.

노 전 대통령께서는 세계 경제가 호황일 때 오늘의 위기상황을 제대로 준비하셨나요?

그렇지 않으셨다는 것 본인께서 더욱 잘 아실 겁니다.

늦었지만 지금이라도 국가기록물이나 가져가지 마시고 경제위기 극복에 힘을 보태주실 것을 간곡히 부탁드립니다.

무더위에 항상 건강에 유념하시기를 바랍니다.

2008. 7. 16.

한나라당 대변인 차명진

20190416

마마귀신

1882년 임오군란이 일어나자 무당들이 작당하여 지석영이 설립한 우두국을 불태워 버렸습니다. 우두법 때문에 자기들의 '기득권'이

손상될 것을 알았기 때문이죠. 1885년 외아문이 각도 관찰사에게 우두법을 시행하라고 지시한 뒤에는 마을에 우두 접종원이 나타나면 엄마들이 아이를 업고 산으로 도망가곤 했습니다. 역시 무당들이 '기득권'을 지키기 위해 우두법에 관한 헛소문을 퍼뜨렸기 때문입니다. 무당들은 아이에게 우두를 놓으면 마마귀신이 진노하여 오히려 더 큰 재앙을 내릴 것이라고 협박했습니다. 당시 무당들의 협박에 넘어가 우두 접종을 기피했다가 두창으로 아이를 잃은 엄마가 몇인지는 헤아릴 수 없을 정도입니다. 그때 산으로 도망갔다가 나중에 아이를 잃은 엄마들은 무당의 말을 믿은 걸 땅을 치고 후회했을 겁니다.

그동안 우리나라 검찰은 '법귀法鬼'를 섬기는 무당과 그리 다를 바 없었습니다. 무고한 사람 살인범으로 만든 일들이야 '실수'였다 치더라도, 애먼 사람 간첩으로 조작한 것이 헤아릴 수 없을 정도였고, '유서 대필'이라는 상상할 수 없는 누명까지 씌워 무고한 사람을 기소하기도 했습니다. 그렇다고 검찰이 늘 '추상秋霜' 같았던 것도 아닙니다. 재벌들의 범죄에 대해서는 한없이 관대해서 어지간하면 불기소 처리하곤 했습니다. 옛날 무당이 귀신의 '유일 대행자'를 자임했던 것처럼, 대한민국 검찰은 자기들이 법의 '유일 대행자'인 양 행동했습니다.

지금 검찰이 조국 장관 일가 수사에 투입한 인력은 간첩 수십 명을 만들고도 남을 정도입니다. 검찰이 고작 '인턴증명서' 따위의 진위 여부를 가린답시고 그의 자녀가 진학하지도 않은 대학들까지 압수수색하는 건, 조국 장관의 혐의가 무거워서가 아니라 그의 검찰개혁 의지가 무서워서일 겁니다.

옛날 무당들은 "우두법을 시행하면 마마 귀신이 진노하여 아이들을 죽일 것"이라고 주장했지만, 실제로 아이들을 죽게 만든 건 기를 쓰고 우두법에 반대한 무당들이었습니다. 지금 검찰이 하는 일은, 자기 권위가 무너질까 두려워 우두국을 불태우고 우두법에 대한 헛소문을 퍼뜨렸던 옛날 무당들의 행태와 다를 바 없습니다. 게다가 마마귀신을 섬긴 옛날 무당은 아무나 두창 환자로 만들 수 없었지만, '법귀'를 섬기는 요즘 검찰은 아무나 죄인으로 몰아 기소할 수 있습니다.

검찰이 아무나 어떤 혐의로든 기소할 수 있게 놔두는 건, 민주주의의 문제 이전에 '생존'의 문제입니다. 20190923

막장드라마

학교 시험 문제를 사고팔다 들키면, 그 시험지로 공부한 학생도 자퇴합니다.

물론 드라마 속 얘기입니다.

재판 결과를 사고팔다 들켜도, 거래 주범의 잔당이 계속 판결합니다.

언론 기사를 사고팔다 들켜도, 거래 주범이 계속 기사를 씁니다.

대한민국 최상층부에서 〈스카이캐슬〉은, 차라리 모범입니다.

현실이 드라마보다 훨씬 더 막장입니다. 20190204

만보산사건

1931년 7월, 조선일보 장춘 특파원 김이삼이 '중국 만보산에서 조선인과 중국인 사이에 물길 문제로 분쟁이 일어나 조선인 한 명이 중국 관헌이 쏜 총에 맞아 죽었다'는 거짓 기사를 송고했습니다. 조선일보는 이 기사를 '호외'로 보도했고, 이 거짓말을 사실로 믿고 중국인들에게 혐오감을 품은 조선인들은 보이는 대로 중국인을 폭행, 학살하고 그들의 상점을 약탈했습니다. 조선판 '관동대학살'이 벌어진 거죠. 이 사건 두 달 뒤 일본군은 중국을 침략했고, 조선인 상당수가 이를 지지했습니다. 일제가 중국인에 대한 혐오감을 자극한 것은, 바로 조선인을 침략 전쟁에 동원하기 위해서였습니다. 일제의 흉악한 의도에 속아 넘어간 사람들이 저지른 '반反화교 폭동'의 대가는 중국에 살던 우리 독립운동가와 동포들이 치러야 했습니다.

이번 신종 코로나 바이러스 확산에 대해서도 조선일보를 비롯한 수구 언론들은 1931년의 조선일보와 똑같이 '중국인에 대한 혐오감'을 조장하는 행태를 보이고 있습니다. 혐오감을 자극해 지지를 얻으려는 자유한국당의 행태도 당시 조선총독부의 행태와 거의 똑같습니다. 80년이 지나도 달라진 게 없기에 '수구세력'입니다.

다른 것은, 그리고 반드시 달라야 하는 것은, 시민들의 태도입니다. 물론 그때의 일부 몰지각한 조선인들과 똑같이 '혐오감'을 표현하고 실천하려는 자들도 있습니다. 그러나 과거와 유사한 상황에서 과거와 유사한 '반인륜 범죄'를 꿈꾸는 자들은 '역사의 쓰레기'일 뿐입니다. 역사의 쓰레기도, 어쩔 수 없이 우리 시민들이 치워야 합니다. 20200130

망각

한명숙 전 총리에게 유죄 판결을 내렸던 판사 이름을 기억하는 사람이 얼마나 될까요?

인혁당 사법 살인의 공범이었던 판사들 이름은?

강기훈을 유서 대필범으로 확정한 판사 이름은?

그밖에 수많은 정치적 사건에서 부당한 판결을 내린 판사들 이름은?

'반복'의 짝은 '망각'입니다. 20190131

망신외교

110년 전, 매국 단체 일진회는 〈합방성명서〉를 공표하면서 이렇게 주장했습니다. "안중근의 폭거로 인해 일본 조야에 문제의 근본적 해결을 촉구하는 여론이 높아졌다. 일본과 전쟁을 하게 되면 큰일이니, 그 전에 나라를 갖다 바쳐야 한다."

어제 자유한국당 정진석 의원은 "일본이 보복하면 가만히 있을 수 없다"고 한 강경화 외교부 장관에게 "일본과 전쟁하겠다는 거냐?"고 호통쳤습니다. 한국 사법부의 노동자 강제동원 배상 판결에 대해 일본이 '부당한 보복'을 해도 가만히 있으라는 요구였습니다. 110년 전 매국 단체 일진회의 주장과 별로 다를 바 없습니다.

오늘 나경원 자유한국당 원내대표는 G20 기간 중 한-일 정상회담이 무산된 것을 '망신 외교'라고 주장했습니다. 아베 수상 만나려고 강제동원 피해자의 권리를 묵살하고 국민의 자존심을 꺾었다면, 그게 바로 '망신 외교'입니다. 과거 나경원 씨가 '외교적으로는 잘한 일'이라고 칭찬했던 '한일 위안부 합의'가 '망신 외교'의 전형입니다.

외국 정상과의 관계보다 자국민의 권리와 자존심을 더 중요시하는 게 주권국가의 '당당한 외교'입니다. 외국 정상과 만나기 위해 자국민의 자존심과 권리를 묵살하는 게 '망신 외교'입니다.

물론 일본 수상이 한국 대통령보다 훨씬 '높은 분'이라고 생각한다면, 정상회담 무산을 '망신'이라고 주장할 수도 있습니다. 그러나 이런 주장이야말로 나라를 망신시키고 국민을 모욕하는 짓입니다.

하물며 지금 한일관계는 110년 전과는 판이합니다. 일본의 여론이 악화하는 게 두려워 나라를 통째로 갖다 바치자고 주장했던 매국 단체 일진회에게는 자기들이 '백성을 위하는 마음'을 가졌다고 포장할 거리가 아주 조금은 있었습니다. 지금 우리 국민의 권익보다 일본 수상과 집권당의 생각을 더 중요하게 여기는 건, 옛날의 일진회도 감히 넘볼 수 없는 경지입니다.

110년 전 우리 조상들이 '토왜'라는 말을 만들어 썼던 건, 일진회원들을 공연히 모함하기 위해서가 아니었습니다. 일진회원들이 일본의 눈치만 살피면서 제 나라 백성의 권익을 짓밟았기 때문입니다. 20190626

망월폐견望月吠犬

민주당이 총선 직전 경향신문에 실린 "민주당만 빼고"라는 칼럼 필자를 선거법 위반으로 고발했을 때, 거의 모든 언론사가 '언론탄압'이라며 민주당을 맹비난했고 민주당은 곧 고발을 취하했습니다.

국민의힘이 보궐선거를 석 달이나 앞둔 때 TBS의 "#1합시다" 캠페인을 이유로 진행자들을 고발하고 심지어 국민의힘 시장 후보들이 'TBS 해체'나 '뉴스공장 폐지'를 공약으로 내걸었는데도, 거의 모든 언론사는 국민의힘을 비난하기는커녕 '선거법 위반 의혹'이 있는 것처럼 보도합니다.

망월폐견望月吠犬이라는 말이 있습니다. 개가 달을 보고 짖는 건, 달에 문제가 있기 때문이 아니라 개의 버릇이 나쁘기 때문입니다.
20210117

맞장토론

장기 둘 때, 장군으로 장군을 부르는 게 '맞장'입니다.

졸이나 차, 포로 장군을 부르는 건 '맞장'이라고 하지 않습니다.

'맞장토론'이라는 말이 자주 보이기에……. 20190415

매국노 1

일본이 선제 도발한 지금 "일제 불매운동하면 우리 기업과 상인도 해를 입으니 하지 말라"고 하는 건, 적군이 성 밑에 왔는데 "싸우면 우리 편 사상자도 생기니 항복하자"라는 것과 같습니다.

"우리 편 피해도 생기니 항복하자"는, 역사상 모든 매국노의 한결같은 주장이었습니다. 20190718

매국노 2

모 언론사 기자가 요즘 극우 유튜버들이 '일본인들이 개인청구권을 행사하면 한국은 망한다'는 주장을 퍼뜨리고 있다며 전화로 제 의견을 물었습니다. 결론부터 말하자면, 일본이든 한국이든 저런 자들은 '진실'을 말하는 법이 없습니다.

우선 일본인들이 한국에 두고 간 개인 재산을 몰수한 주체는 미국입니다. 미국은 승전국의 권리로 한국 내 모든 일본인 재산을 '적산敵産'으로 분류해 몰수하여 한국인들에게 불하했습니다. 일본인들이 한국에 두고 간 재산에 대한 권리를 주장하려면 당시 미군의 행위를 '불법'으로 규정해야 하는데, 이는 전범 재판과 샌프란시스코 조약 체제 전체를 부정한다는 의미입니다.

둘째, 1965년 한일협정에서 일본인이 한국에 두고 간 재산 문제는 한국인들이 일본으로부터 받아야 할 임금, 예금, 채권 문제 등과 함께 종결됐습니다. 이번 한국 대법원의 판결은 '일본 민간기업의 불법행위에 대한 개인청구권이 남아 있다'는 사실만 인정한 겁니다. 일본인들이 한국 민간인에 대해 개인청구권을 주장하려면, 먼저 '한국의 독립은 불법'임을 입증해야 합니다.

한국의 극우 유튜버들이 '일본 민간인의 개인청구권도 남아 있다'고 주장하는 건, '한국의 독립은 불법'이라고 주장하는 것과 같습니다. 정파적 이익에 눈이 멀어 자국의 독립을 '불법'으로 규정하는 논리까지 만들어 유포하는 자들에겐 '매국노'보다 적절한 이름이 없습니다. 저런 자들의 주장에 현혹되면, 자기도 모르게 매국노 일당이 될 수 있습니다. 20190819

면죄부 1

권성동 의원 사건 담당 판사는 "청탁받은 대로 시행한 사람은 유죄이나 청탁한 사람은 무죄"라는 해괴한 판결을 내렸습니다.

손혜원 의원 사건 담당 검사는 이미 일반에 공개된 자료가 '보안 자료'라며 손의원을 기소했습니다.

버닝썬 사건 담당 경찰은 '태산명동 서일필' 격으로 흐지부지 수사를 마무리했습니다.

'불합리한' 수사, 기소, 판결이 정권의 의도 때문인지 국가기관 내부의 적폐 때문인지는 깊이 생각해보지 않아도 판단할 수 있을 겁니다.

민주노총이 위원장 구속에 항의해서 '정권 타도' 투쟁을 벌이겠다고 선포했습니다. 청와대 뜻대로 구속 여부가 결정되는 정권을 원하나 봅니다. 그런 정권은 과거에 많았습니다. 모두 노동운동을 가혹하게 탄압한 독재정권이었죠.

민주노총이 촛불 시민혁명에 일익을 담당했어도, 훈장이 면죄부가 될 수는 없습니다. 노동자들이 '면죄부'를 요구하면, 자본가들은 '면죄부'를 대량 구매하는 게 자본주의 사회의 생리입니다. 20190625

면죄부 2

"페스트는 신이 인간에게 내린 시련이니 굳은 신앙심으로만 극복할 수 있다"면서 '면죄부'를 팔아 사익을 취하던 성직자들이 있었습니다.

어디에선 '옛날얘기'인데, 어디에선 '지금 얘기'인 경우도 있습니다. 20200315

모략

검찰이 채널A 기자를 앞세워 강의료 60만 원밖에 안 받은 유시민을 어떻게든 신라젠과 엮으려 한 사실이 드러났습니다.

60만 원이라고 가볍게 보면 안 됩니다.

저들은 장학금도 '뇌물'로 기소했고, '뇌물'이라고 보도했습니다. 지금 진행 중인 일이 '모략'임을 안다면, 과거의 일도 '모략'이었음을 알아야 합니다. 20200401

모함작전

"문재인 정부가 계속되는 한 수출규제를 이어갈 수밖에 없다."고 한 일본 정부 관리는, "이순신을 모함해서 쫓겨나게 만들겠다."는 식의 '작전계획'을 실토한 셈입니다.

저 '작전계획'에 동조하는 자들이 토왜라는 사실만 알아도, 저들의 계획을 분쇄할 수 있습니다. 20190719

몰상식

1965년 〈7인의 여女 포로〉라는 영화가 제작됐습니다. 심의 과정에서 위원들은 이 영화에 '반공법' 위반 혐의가 있다며 이만희 감독을 고발했고, 구속 기소된 감독은 유죄 판결을 받았습니다.

당시 심의위원, 검찰, 법원이 '반공법' 위반으로 판단한 이유는, (1) 북괴군 장교 역에 미남 배우를 캐스팅했다. (2) 북괴군 장교에게도 인간적인 면모가 있는 것처럼 묘사했다. (3) 극 중 북괴군 장교의 복장이 깔끔하다. 등이었습니다. 북괴군 장교에 대한 환상을 심어줌으로써 국민의 반공 태세를 위태롭게 했다는 게 유죄의 이유였습니다.

지금 돌이켜 보면 세계 영화사에 기록될 블랙코미디지만, 당시에는 이 코미디에 출연한 정치인, 경찰, 검사, 법관, 언론인, 학자 등 모두가 진지했습니다.

1965년에 20세 이상이던 사람은 이제 74세 이상이 됐습니다. 저들이 젊었을 때 '상식'은 그 시절에도 세계인에게 조롱받는 '몰상식'이었고, 지금은 국내에서도 조롱받아 마땅한 '몰상식'이 됐습니다. 몰상식은 무식과 시대착오로 구성됩니다. 무식하지 않은데 몰상식한 건, 자기가 어느 시대에 사는지 모르기 때문입니다. '시대착오'는 나이가 아주 많은 사람에게 흔한 증상입니다.

그런데 한국에서는 나이가 아주 많지도 않으면서 시대착오 증상을 보이는 사람이 많습니다. 세계 기준에서 도저히 좌파라고 부를 수 없는 정권을 '좌파정권'이라 부르고, 군사 쿠데타 선동에 해당하는 발언을 서슴없이 하며, 세계 어느 나라도 용인하지 않는 외교 기밀 유출을 '공익활동'이라고 주장할 정도로 몰상식한 사람들도 있습니다.

글로벌시대입니다. 국민소득이 높아질수록, 한국 대중문화의 위상이 높아질수록, 한국인 일부의 시대착오와 몰상식은 더 큰 부끄러움이 될 겁니다. 몰상식의 특성 중 하나는, 부끄러움조차 모르는 겁니다. 그렇기에 부끄러움을 아는 상식인들이, 몰상식을 척결하기 위한 노력을 멈춰서는 안 됩니다. 20190530

몸뻬

몸뻬는 태평양전쟁 중 일본 군국주의가 강요한 '전시戰時 여성 국민복'이었습니다.

'전시에는 몸뻬를 입는 게 국민다운 태도'라는 생각은 6·25전쟁 직후까지 이어졌습니다.

'군사문화 청산'과 '일본 군국주의 잔재 청산'은, 같은 뜻입니다.

20190730

무례 1

1902년 대한제국은 고종 즉위 40년 기념식을 국제행사로 치르기로 결정하고, 열강에 축하 특사 파견을 '요청'했습니다.

일왕 즉위식에 한국 대통령이나 총리의 참석을 요청하려면, 일본이 먼저 '초청' 특사를 보내야 하는 겁니다. 무례하기는…….

"일왕 즉위식에 참석하려면 먼저 비공개 특사를 보내라"고 하는 건, "결혼식에 참석하려면 직접 와서 청첩장 받아가라"고 하는 것과 마찬가지입니다.

주권국가에 대해서도 저토록 오만무례한 자들이 우리나라를 식민지로 지배하던 시절에는 어땠을지, 사람이라면 능히 짐작할 수 있습니다.

일제가 한국인들을 '차별 없이' 대했다고 주장하는 주장하는 뉴라이트가 사람답지 못한 이유입니다. 20190723

무례 2

권위적인 상대 앞에서는 다소곳하다가도 소탈한 상대 앞에서는 무례해지는 사람 많습니다.

이런 사람들이 독재에 굴종하고 민주주의를 능멸합니다.

'무례'는 독재의 속성입니다. 민주주의의 전제는 '쌍방 예의'입니다. 20190509

무소불위

군사독재 시절의 검찰은 보안사나 중앙정보부, 안기부가 시키는 대로 공소장 쓰던 하수인 노릇을 했습니다. 그 시절 '무소불위'는 정보기관 앞에 붙던 글자였습니다. 민주정권이 정보기관의 정치 개입을 막아 놓으니, 검찰이 '무소불위'의 기관이 돼 버린 거죠.

'일진'을 정학시킨다고 학교가 평화로워지지는 않습니다. 이진이 일진 노릇하는 것도 막아야 합니다. 검찰의 정치 개입을 막는 게, 지금의 과제입니다. 20191009

무식 1

"금번 병마 사건은 신천지가 급성장됨을 마귀가 보고 이를 저지하고자 일으킨 마귀의 짓"(신천지 교주)

인간의 생명을 위협하는 세균과 바이러스의 가장 강력한 동맹군은 언제나 인간의 '무식'입니다.

'종교의 자유'와 '무식할 자유'는 구분해야 합니다. 20200221

무식 2

전시에 필수품의 생산과 유통을 통제하는 건, 자본주의 사회주의 따질 것 없이 모든 국가의 기본 책무입니다.

전쟁 상황에서 할당제든 배급제든 중요 물품을 통제하지 못하는 국가는 이미 망한 국가입니다.

온 나라가 코로나와 전쟁을 벌이는 중에, 정부의 마스크 공급 통제를 '사회주의'라고 비난할 정도로 무식한 자가 많습니다.

심지어 유력 언론사 논설위원이라는 자까지 '무식'을 선동합니다. '질병과 전쟁'하는 중에도 효율적으로 작동하는 국가에 저런 무식이 횡행한다는 건, 정말 부끄러운 일입니다. 20200309

묵시적 협박

큰빗이끼벌레는 맑은 물을 싫어하고 모기는 살충제를 싫어합니다. 현직검사가 검찰개혁 싫어하는 거야 충분히 이해하지만, 장관 후보를 '명시적'으로 협박하면서 '묵시적' 협박 운운하는 건 이해하기 어렵네요. 20190904

문맹

오래전, 서울 전차 부설 경위에 관해 강연한 적이 있습니다. 그 자리에서 일본인들이 사실을 어떻게 왜곡했으며 그 의도는 무엇이었는지에 대해 이렇게 설명했습니다. "일본인들은 〈경성전기주식회사 20년 연혁사〉라는 책에 '고종이 전차를 부설한 것은 명성황후 능행陵幸 비용을 절약할 수 있다는 콜브란의 감언이설에 속았기 때문인데, 막상 전차 운행이 개시된 뒤에는 전차가 상여를 닮아 불길하다는 이유로 한 번도 타지 않았다'고 기록했습니다. 고종을 혼주昏主로 묘사하기 위해서였죠."

강연이 끝난 후 노인 한 분이 일어나 질문했습니다. 내용은 장황했지만 요지인즉, "고종을 혼주昏主라고 했는데, 한국 역사학자가 어떻게 일본놈과 똑같은 주장을 할 수 있느냐?"는 거였습니다. 저는 "일본인들이 고종을 혼주昏主로 묘사했다고 말씀드린 거다."라고 답했지만, 그는 막무가내로 사과를 요구했습니다. 몇 차례 설득하려 했지만, 도무지 말이 통하지 않았습니다. 몇 분이 그 노인에게 그만하라고 한 뒤에야, 그는 혼자 중얼거리며 그 자리를 떠났습니다.

앞서 '자유시장경제'의 원칙에 조금이라도 위배되는 것처럼 보이면 '빨갱이짓'으로 매도하던 자들이 정작 스스로 그 '빨갱이짓'을 하는 모순을 지적했더니, 저더러 '극우'라고 하는 자들이 꽤 많습니다. 글씨는 읽을 줄 아나 글은 읽을 줄 모르는 사람이 너무 많습니다. 단어의 뜻은 겨우 이해하나 문맥은 전혀 이해하지 못하는 사람도 너무 많습니다. 글씨는 쓸 줄 아나 글은 쓸 줄 모르는 사람은 대체로 자기 문제를 인정합니다. 그러나 글씨만 읽을 줄 알고 글은 읽을 줄 모르는 사람은 절대로 자기 문제를 인정하지 않더군요. 참 답답하고 한심한 현상입니다. 20190607

문외아

이름이 '맹순'인 지인이 있습니다. 처음엔 맏딸이라 그렇게 지었거니 생각했는데, 나중에 그가 자기 이름의 내력에 대해 말해주었습니다.

할아버지가 지어 준 이름은 '명순'이었는데, 할머니가 출생신고하러 간 읍사무소에서 문제가 생겼습니다. 글씨 쓰기가 서투른 할머니를 보고 '친절한' 직원이 대신 써 주겠다고 했답니다. "할머니, 손녀 이름이 뭐라고요?" "맹순이" "아~, 맹순이." 읍사무소 직원은 경상도 말을 제대로 알아듣지 못하는 '타지인'이었습니다. 이로 인해 명순이는 초등학교에 입학한 다음에야 자기 공식 이름이 '맹순'이라는 사실을 알았습니다.

할아버지가 출생신고를 했다면서 신고자란에 왜 '부'가 기재되었느냐고 난리 치는 자유한국당 의원들과 그들에게 부화뇌동하는 '문외아'들이 있습니다. 출생아 이름도 바뀌는 게 출생신고서입니다. 누가 이런 자들의 이름을 지어줬는지는 모르지만, 이렇게 한심한 어른으로 자라길 바라지는 않았을 겁니다.

※ 저는 '문외아'를 '문밖에 내놓은 아이'라는 뜻으로 썼지만, '무뇌아'로 읽어도 상관없습니다. 20190910

문화의 힘

공식적인 '브라질 이민사'는 1963년 정부 알선에 의한 농업 이민으로 시작되었다고 하지만, 1920년대 '일본인' 자격으로 브라질에 이민한 한국인이 8명 있었고, 한국전쟁 포로 중 제3국행을 택해 인도로 갔다가 브라질로 옮긴 한국인도 50명 정도 있었습니다. 상파울루에서 열린 3·10운동 100주년 기념행사 때 그중 한 분이 독립운동가 아들로 주빈석에 앉았습니다. 북한군이었다가 전쟁포로가 되었고, 남북한 모두를 거부하고 제3국에 정착한 뒤 말년에 대한민국 독립유공자 아들이 된 그분의 '정체성'은 무엇일까요? 북한 정권이나 한국전쟁 관련성만으로 독립유공자 서훈 문제를 재단하기에는 우리 현대사의 굴곡이 너무 심합니다.

과테말라에 한인이 이주하기 시작한 것도 1960년대 초인데, 1970년대 말 한국에서 섬유 봉제업이 사양화하면서부터 급증했습니다. 한국보다 싼 임금, 미국에 가까운 입지 등을 고려한 투자 이민이었죠. 그래서 현지 한인사회는 봉제업자들을 중심으로 구성되어 있습니다. 이 점에서는 브라질도 마찬가지입니다.

최근 양국 모두에서 한인이 줄어드는 추세가 두드러진답니다. 밀려 들어오는 중국 자본을 당해 낼 수가 없기 때문이라더군요. 영사관의 공식 집계는 아니지만, 현지 교민회 쪽 얘기로는 브라질의 경우 재작년 6만이던 한인 인구가 작년 5만으로, 과테말라의 경우 최대 1만 5천에 달했던 한인 인구가 5천으로까지 줄었답니다. 한국 대기업에서 섬유류를 수입하다가 얼마 전 거래처를 중국 기업으로 바꿨다는 분은 '동포 사업가들의 곤경은 한국 경제의 위기로 이어질 것'이라고까지 말했습니다.

상파울루의 코리안타운이라고 할 수 있는 곳이 봉헤치로입니다. 인근에 중국 상품을 주로 취급하는 야시장이 생겨 타격이 크다고 하더군요. 브라질 고객을 끌어들일 방안에 대해 고민하기에, BTS 브라질 공연을 활용해 보면 어떠냐고 영사에게 제안했습니다. BTS도 밥은 먹어야 할 테니, 봉헤치로 한인 식당으로 초대해 보라고. 영사가 교섭해 보겠다고 했는데, 브라질 한인들에게 선물을 줄지 말지는 방시혁 대표가 결정할 일이겠죠.

요즘 BTS가 정치, 경제, 문화 각 방면에 미치는 엄청난 힘을 보면서, 엔터테인먼트 산업에 대해 다시 생각하게 됐습니다. 그들의 한 걸음 한 걸음이 한국의 이미지뿐 아니라 재외동포들의 생활에도, 나아가 한국 경제 전반에도 적지 않은 영향을 미치고 있습니다. 그래서 백범 선생의 선견지명에 새삼 놀랍니다. "나는 우리나라가 세계에서 가장 아름다운 나라가 되기를 원한다. 오직 한없이 가지고 싶은 것은 높은 문화의 힘이다." 20190417

미끼

검찰이 '논두렁 시계'라는 허위 정보를 흘리자마자 온 언론이 먼저 물려고 달려든 게 그리 오래된 일이 아닙니다. 이번에도 검찰이 이런저런 정보를 흘리자마자 온 언론이 먼저 물겠다고 달려들고 있습니다. 요즘 검찰이 '언론인'을 보는 심정은, 낚시꾼이 저수지 안의 붕어를 보는 심정일 겁니다. 누군가 의도를 갖고 흘리는 정보가 미끼인지 아닌지 판단하려고 노력은 하기에 인간입니다. 20190909

미네소타프로젝트

한국전쟁 휴전 이후 미국은 한반도가 미-소 체제 경쟁의 전시장이 되리라고 보았습니다. 물론 소련도 마찬가지였습니다. 남북 양쪽에서 '피해복구 총력전'이 벌어졌습니다. 의료분야의 경우 남한에는 미국 외에 스칸디나비아 삼국이 집중 지원했습니다. 전쟁 중 스웨덴은 부산에 부산에 야전병원을 지어줬고, 노르웨이는 전선을 따라 이동하는 이동 외과 부대MASH를, 덴마크는 병원선을 각각 파견했습니다. 스칸디나비아 삼국의 의료지원은 휴전 후에도 계속되어 1958년 을지로에 '국립중앙의료원'을 지어줬습니다. 한국 최초의 뷔페식당 '스칸디나비아클럽'이 국립중앙의료원 옆에 있었던 이유죠. 그 무렵 서독도 한국에 병원을 지어주겠다고 제안했으나, '전범국의 이미지 세탁 시도'라고 판단한 미국이 반대했습니다. 북한에서는 체코슬로바키아가 스칸디나비아 3국의 역할을 맡아 역시 병원을 지어줬습니다.

휴전 이태 뒤인 1955년, 미국은 한국 의료 부흥을 위해 미네소타 프로젝트를 마련했습니다. 미국 정부가 미네소타대학에 자금을 주고, 대학은 그 돈으로 서울의대의 젊은 교수들과 수련의들을 초청하여 장단기 연수를 시키는 프로그램이었습니다. 그런데 연수를 떠났던 의사들 일부가 귀국하지 않고 미국에 눌러앉았습니다.

1960년대 초, 진행 상황을 점검하러 온 미네소타대학 총장이 당시 한국 측 담당자였던 서울의대 교수를 만나 말했습니다. "의사 한 명 키우는 데 얼마나 많은 돈이 드는지 아십니까? 미국 정부가 한국 의료를 지원하기 위해 큰돈을 들였는데, 그 돈으로 미국에 온 한국인 의사들이 귀국하지 않고 눌러앉으니 도대체 어떻게 가르친 겁니까?" 그들의 무책임하고 이기주의적인 태도를 질타한 거죠. 할 말이 없었던 한국 측 담당자는 이렇게 변명했습니다. "전쟁 중 미국 의사들이 한국인 환자들을 많이 치료했으니, 이제 미국인을 치료해서 보답하려고 그러는 겁니다."

현재의 한국 의료는 국제적 지원과 국가적 지원이 집중된 결과입니다. 지금도 우리 공동체는 의료분야에 국가 예산 외에도 막대한 비용을 지출합니다. 그런데도 젊은 의사와 의학도들은 "나라에서 책값 한 번 보태 준 적 있냐?"는 둥, "미국에 가서 의사 하겠다"는 둥, 별별 불평을 늘어놓습니다. 공공 의대를 설립하고 공공병원을 늘리면, 의료 관련 비용 총액은 더 늘어날 수밖에 없습니다. 그런데도 고령화에 따른 '의료수요 급증 위기'를 외면하고 자기 이익만 주장하는 젊은 의사와 의학도가 많습니다. 자기 직업에 어떤 역사가 스며 있으며 부끄러운 대목이 어떤 것인지 안다면, 이러지는 못할 겁니다. 20200909

미안

'한국인이어서 미안합니다'라는 칼럼을 써서 수많은 한국인을 이유 없이 부끄럽게 만들었던 중앙일보 기자, 중앙일보가 엉터리 기사를 여러 차례 실었지만 '중앙일보 기자여서 미안합니다'라는 글은 안 쓸 겁니다.

'이익의 사유화와 손실의 공공화 논리'에 익숙한 사람들은 부끄러움도 '공공화'할 뿐, 자기 부끄러움은 모릅니다. 20200320

민식이법

제6대 대통령 선거를 한 해 앞둔 1966년 4월. 그때까지 이렇다 할 '개발의 성과'를 보여주지 못했던 박정희는 당시 부산시장이던 공병 장교 출신 김현옥을 서울시장으로 발탁합니다. 그러곤 그에게 한일 국교 정상화 이후 일본으로부터 청구권 자금 대신 받은 건설 중장비 350여 대를 몰아줍니다. 토건 사업을 서둘러 속히 눈에 띄는 성과를 만들라는 거였죠.

당시는 자동차가 사람보다 먼저라야 '선진국'이라는 왜곡된 신념이 팽배한 시기였습니다. 김현옥은 시장에 취임하자마자 서울 곳곳에 육교를 건설하고 지하도를 팠습니다. 자동차 운행에 불편이 없도록 사람은 땅속이나 육교로 다니라는 거였죠. 이 때문에 서울은 장애인이 통행하기 어려운 도시가 됐습니다. 한국전쟁 중 장애인이 된 사람들은 대접받기는커녕 집 안에 갇혀 있어야 했습니다.

'장애인 통행권'을 보장하기 위해 서울에서 보도 육교들을 철거하기 시작한 건 1990년대 이후입니다. 그때도 "공연히 육교를 없애고 횡단보도를 많이 만들어 차량 속도가 줄어들고 사고 위험이 커진다"며 반대하는 사람이 많았지만, 지금은 육교가 있었는지도 모르는 사람이 많습니다. 이제 서울에는 육교가 몇 개 안 남아 '문화재 가치'를 지닐 정도가 됐습니다.

1990년대 초까지는 버스 내 흡연이 용인됐습니다. 버스 내 금연 정책이 시행된 건 1970년대 중반부터지만, 1990년대 말에도 흡연 문제로 차내에서 다투는 일이 심심치 않게 일어나곤 했습니다. 그러나 이제 버스 안에서 담배 피우는 사람은 사실상 '멸종' 상태입니다.

초등학교 주변에 '스쿨존'이 처음 생긴 건 1994년입니다. 얼마 전에는 '어르신 보호구역'도 생겼습니다. 하지만 예전 '버스 내 금연'처럼 유명무실한 정도입니다.

새로운 문화가 새로운 법과 제도를 만들기도 하고, 반대로 법과 제도가 새로운 문화를 만들기도 합니다. 육교를 철거하고 횡단보도를 새로 그릴 때도, 운전자들은 불만을 늘어놓았습니다. 버스 내 흡연자에게 벌금을 물리겠다고 했을 때도, 흡연자들은 불만을 늘어놓았습니다. 하지만 이제는 그런 적이 있었는지조차 모르는 사람이 많습니다.

이른바 '민식이법'을 두고 논란이 거세지만, '스쿨존에서는 각별히 주의하는' 운전 문화가 자리 잡으면, 그런 논란이 있었는지조차 잊게 될 겁니다. 어른이 아이들을 돌봐야지, 아이들더러 어른을 배려하라고 할 수는 없습니다. 20191213

민심이반

미래통합당이 문 대통령에게 '감사'를 표현한 적이 있다는 이유만으로 이미 공천했던 사람을 '축출'하고 공관위원장까지 교체했는데도, '수도권 중도층 민심이반 자초'라는 기사가 안 보입니다.

'민주적 절차'에 분개하고 '파시스트적 폭거'에 무감각한 자들은, '수도권 중도층'이 아니라 '한국 언론'입니다. 20200314

민원

게시판에 붙이는 글은 '게시문', 안내판에 붙이는 글은 '안내문'입니다. 민원실에 거는 전화는 '민원'이지 '청탁'이 될 수 없습니다.
20200917

민정당

자유한국당이 그동안 민주화운동을 모독하고 전두환 일당을 두둔해 온 사람들을 5·18민주화운동 진상규명위원으로 추천했습니다. 사람들이 잊었을까 봐 자기들이 '전두환 잔당'이라는 사실을 알려 주는 참 친절한 정당입니다.

이름만 여러 번 바꿨을 뿐, '민정당'은 여전합니다. 20190115

민족

베네딕트 앤더슨의 '민족은 상상의 공동체'라는 명제를 끌어들여 시민들의 일제 불매운동을 '철 지난 민족주의'라며 비웃는 글들이 종종 보입니다. 그런 글들의 요지는 이렇습니다. "한 번도 만난 적 없고 만날 일도 없는 사람과는 그저 같은 민족이라는 이유로 한편을 먹고 가끔이라도 만나는 사람을 다른 민족이라는 이유로 배척하는 건, 얼마나 한심한 일인가? 민족은 그저 상상의 공동체일 뿐이고, 민족의식은 범죄적 의식이거나 적어도 시대착오적 의식이다."

그런데 앤더슨이 말한 '상상의 공동체'는 허구의 공동체나 가상의 공동체라는 뜻이 아닙니다. 그보다는 '현실에서 직접 관계 맺을 수 있는 인간 집단의 범위를 넘어선 공동체'라고 하는 게 옳을 겁니다. 예컨대 신을 본 사람은 한 명도 없습니다. 그런 점에서 신은 '상상의 존재'라고 할 수 있습니다. 그렇다고 특정한 신을 중심으로 모인 '신앙공동체'나 '종교공동체'를 허구의 공동체라고 할 수는 없습니다. 이 공동체는 실존하며, 강력한 구심력과 배타성을 지닙니다. 민족공동체도 이와 유사합니다.

물론 이미 해체된 친족 공동체나 해체 과정에 있는 가족 공동체에서 보듯, 민족공동체도 언젠가는 해체되거나 무의미해질지 모릅니다. 그러나 민족을 경계로 하는 차별과 배제, 멸시가 현실에 존재하는 한, 민족공동체와 그에 대한 귀속 의식도 소멸하지 않을 겁니다. 현재까지 인류가 합의한 결론은 "신은 없다."가 아니라 "종교를 이유로 차별해선 안 된다."입니다.

일제강점기 한국인들의 '반일 민족주의'는 일본인들의 '혐한 민족주의'에 대한 안티테제였습니다. 둘의 출현이 거의 동시적이었기에, 둘의 소멸도 거의 동시적일 수밖에 없습니다. 유럽에서 '민족주의'가 범죄화한 건, 먼저 '민족을 경계로 한 차별'이 범죄화했기 때문입니다. 게다가 '민족의식'이 완전히 사라진 것도 아닙니다.

일본인들의 '혐한 민족주의'는 없는 것인 양 치부하면서 한국인들의 '반일 민족주의'만 비난하는 건, 차별하는 자의 종교적 신념에 대해서는 입을 다물고 차별받는 사람에게 "세상에 신이 어딨냐? 네 종교를 버려라."라고 하거나 "차별받기 싫으면 개종하면 돼."라고 말하는 것과 같습니다. 이건 결코 '쿨'한 게 아닙니다. 지적 오만이 자행하는 폭력일 뿐입니다.

PS 1. '민족은 상상의 공동체'라는 명제를 피상적으로 이해하는 사람들은, 남북한 관계와 한일관계를 '동일한' 것으로 봅니다. 그래서 일본에 대해 이야기하면 곧바로 "그럼 북한은?"이라고 반응하니다. '민족'을 실체 없는 허구로 취급하다 보니, 북한 주민도 '쿨'하게 아예 남으로 대하는 거죠. 이것도 분단으로 인해 고통받아 온 우리 '민족'에 대한 폭력입니다.

PS 2. 이런 태도가 꼭 앤더슨 때문만은 아닙니다. 일제강점기에도 "오족협화伍族協和로 모두가 제국 신민臣民으로 통합돼야 할 이때 언제까지 조선 민족으로 남아 있을 거냐?"는 사람이 많았습니다.

PS 3. 물론 한국인의 민족주의가 동남아시아나 아프리카 등지를 향할 땐 단호히 비난해야 합니다. 하지만 일본에 대해서는 아직 아닙니다. 20190722

민주주의 1

3·1운동으로 '대한민국'을 건립한 이후, 독립운동가들은 해방된 나라가 민주주의 제도를 채택해야 한다는 데에 이견이 없었습니다. 그러나 일본 제국주의자들은 '민주주의'는 나쁜 제도이며 '만세일계萬世一系의 천황이 통치하는 체제'가 가장 우수한 체제라고 주장했고, 그렇게 가르쳤습니다.

일본이 가르치는 대로 배우는 것이 '황국신민의 도리'라고 믿었던 반민족행위자들은, 해방 이후에도 그 믿음을 버리지 않았습니다. 일제강점기 반민족행위자들은 기회주의자인 동시에 '반反민주주의자'였습니다. 천황제 군국주의에 충성했던 그들에게는, 민주주의를 짓밟고 독재에 충성하는 것이 너무나 자연스러운 일이었습니다. 독립운동의 정신은 민주주의와 굳게 결합해 있었던 반면, 반민족행위자의 정신은 독재와 굳게 결합해 있었습니다. 이게 우리나라에서 토착왜구와 독재의 후예가 둘이 아니라 하나인 이유입니다. 20190520

민주주의 2

제가 미혼일 때, 결혼한 선배가 이런 얘기를 해줬습니다. "100점짜리 배우자를 찾지 마라. 나 자신에게도 100점을 못 주는데 세상에 100점짜리 남이 어디 있겠나? 51점만 넘으면 나머지는 살면서 올리면 된다. 서로가 상대에게 자기 점수를 70~80점까지만 올려도 성공하는 거다." 꽤 세월이 흐른 뒤 영화 〈넘버 3〉에도 비슷한 대사가 나왔습니다. "난 너를 51%만 믿어."

결혼 직후 치약 짜는 문제로 다투기 시작해서 계속 서로 '다른 점'만 보다가 결국엔 서로가 서로에게 0점짜리가 되어 가정을 파탄내는 부부 가끔 봤습니다. 결혼생활뿐 아니라 사회-정치 생활에서도 마찬가지입니다. 자기와 의견이 조금만 달라도 배척하고 욕하다가 회복할 수 없을 정도로 관계를 악화시키는 경우 많습니다.

사상, 이념, 취향, 기호가 자기와 100% 똑같은 사람은 자기밖에 없습니다. 나와 100% 의견이 일치하지 않으면 모두 적이라는 생각은 결국 자기를 고립시킵니다. 이렇게 생각하는 사람은 가정을 이룰 수도 없고 이루더라도 금방 파탄 냅니다. 그런데도 이런 태도가 '자기의 순수성'을 지키는 길이라고 믿는 사람이 너무 많습니다. 이런 태도를 부추겨 서로에게 51점 이상을 주었던 커플들의 신뢰 관계를 무너뜨리는 건, 49점 이하짜리들이 오랫동안 써 온 고전적 수법입니다.

Democracy의 본뜻은 '다수 지배'입니다. 다수 사이에는 언제나 '이질성'이 자리 잡게 마련입니다. 자기 생각과 조금만 달라도 배척하고 욕하는 태도는, 51%짜리 다수 집단을 1%짜리 소수 집단 51개로 만들어 버립니다.

요즘 인터넷 뉴스 댓글을 보면 아주 가관입니다. 이슈가 되는 모든 사안마다 '치약을 중간부터 짜는 상대랑은 함께 살 수 없어'와 비숫한 내용의 댓글들이 무수히 달립니다. 어떤 사람의 말에서 자기 생각과 다른 점을 발견하면 '죽일 놈' 대하듯 하며 욕지거리를 늘어놓는 게 인터넷과 SNS의 일상 문화가 돼 버렸습니다.

서로에게 51점이던 점수를 80점까지 올려놓는 커플도 있고, 서로에게 80점이던 점수를 0점으로 깎아 가정을 파탄 내는 커플도 있습니다. '용납할 수 없는 것'의 범위를 너무 넓게 잡는 것도, 자기 인생을 파탄 내는 방법 중 하나입니다. 20190522

민주주의 3

해방은 이 땅에 역사상 처음으로 '임금 없는 시대'를 열었습니다.

일제는 '천황이 다스리는 체제'가 최선이며, 민주주의는 '귀신과 축생의 제도'라고 가르쳤습니다.

그렇게 배운 사람들이 당황했습니다.

친일 귀족 몇몇이 일본에 있던 영친왕을 데려와 황제 자리에 앉히자고 주장했습니다.

친일 귀족과 그 후에 대다수가 열렬히 지지하고 성원했습니다.

황제가 있어야 귀족으로 남을 수 있었으니까요.

귀족들이 민주주의를 싫어하는 건 너무나 당연합니다.

검사들이 검찰개혁을 싫어하는 것도 너무나 당연합니다.

검사들 대다수가 윤석열 총장을 지지, 성원한답니다.

해방 후 민주주의 시대가 열릴까 봐 영친왕이 황제 되길 고대하던 친일 귀족들을 보는 듯합니다. 20201023

밀정

'밀정'의 정의를 내려 달라는 분이 있는데, 글자 뜻 그대로입니다. "몰래 정탐하는 자." 비슷한 말로 간첩, 간자, 세작, 프락치, 제5열, 비밀정보원 등이 있습니다. 그런데 일제강점기든 독재정권 시절이든 밀정의 전모를 밝히기는 불가능합니다.

일례로 조선총독부가 1913년에 공포한 '객주취체규칙'에 따르면 객주들은 자기 집에 숙박한 손님의 인적 사항, 자기 집에 오기 전에 묵은 곳, 행선지 등을 기록해 두었다가 그가 떠나면 한 시간 안에 관할 경찰주재소에 신고해야 했습니다. 당시의 객주, 오늘날의 숙박업소 주인들은 공공연한 밀정이었던 셈이죠. 투숙객을 감시할 필요에 따라 만들어진 게 얼마 전까지 있었던 '숙박계'입니다.

일제가 독립운동 진영에 침투시킨 '특급 밀정'들의 경우 이름이 남아 있기도 하지만, 밀정의 절대다수는 이름조차 알 수 없습니다. 시장, 극장 등에서 행상하는 캐러멜 장수, 엿장수, 요릿집 기생, 학교 학생, 교회 신자 중에도 일제 경찰의 밀정 노릇을 한 자들이 많았던 것으로 추정됩니다. 정보情報라는 단어 자체가 '정세보고' 또는 '정황보고'에서 나온 건데, 일제 경찰이나 헌병 자료에서 정황을 보고하는 주체는 보통 생략됐습니다.

게다가 일제는 밀정을 '역공작'에 이용하기도 했습니다. "누구누구는 밀정이다"라는 헛소문을 퍼뜨려 멀쩡한 독립운동가들을 오도 가도 못 하게 만드는 수법이었죠. 그래서 독립운동가들에게 밀정에 대한 두려움은 일상적이었습니다. 이 두려움 때문에 일어난 대표적 사건이 이른바 '민생단 사건'이었습니다.

밀정의 1차 용도는 정보 수집이었지만, 2차 용도는 '서로서로 의심하는 문화'를 만드는 것이었습니다. 일제는 한국 사회 곳곳에 밀정을 풀어놓고는 한국인들에게 '의심 많은 민족'이라는 낙인까지 찍었습니다. 이 '밀정 문화'는 군사독재 시절까지 계속됐습니다. 저도 대학 다닐 때 직접 '밀정'을 겪은 바 있습니다.

지금도 경찰 등은 '비공식 정보원'을 이용하겠지만, 이런 정도의 밀정은 어느 나라에나 있습니다. 이제 평범한 사람들에게 밀정은 무시해도 좋을 정도가 됐다고 봅니다. 주옥순처럼 공개 장소에서 "Kill Moon"이라는 팻말을 들어도 무사한 시대에, 밀정을 이용할 이유는 없을 겁니다.

지금의 문제는 협박이나 매수에 의해 권력기관의 밀정이 되는 자들이 아니라, 다른 의도로 국가기밀을 '비밀리에 정탐'하고 사회에 의심과 불신을 확산하려는 자들입니다. 안중근의 동지였던 우덕순이 일제의 밀정이었다는 자료가 공개된 사실보다도, 고위 외교관이 외교 기밀을 빼돌리는 '밀정' 노릇을 하고 현직 국회의원이 그걸 정략적으로 이용한 사실이 더 심각한 문제입니다. 일본을 편들기 위해 '가짜뉴스'를 만들어 퍼뜨리는 행위 역시, '밀정질'이라고 봐야 할 겁니다. 20190816

바보

"이 정도 했으면 나라가 거의 무너질 만도 한데, 왜 안 그럴까?"
(아베)

"이 정도 했으면 정권이 거의 무너질 만도 한데, 왜 안 그럴까?"
(한국 검찰)

역사가 진보한다는 것만 몰라도, 바보가 됩니다.
바보짓에 동조하는 것도, 바보짓입니다. 20191220

바보 바이러스

유럽에 갔다가 귀국하는 한국인 중에 확진자가 늘어나는데도, 아직도 주야장천 '중국인 입국 금지'만을 주문처럼 외는 사람이 많습니다.

메르스 때 "낙타와 접촉을 피하라"고 주문했던 '박근혜의 정신'

이 '잠복기가 긴 바이러스'였던 게 분명합니다.

'바보 바이러스 감염증' 치료제는, '상식'뿐입니다. 0200320

바보 취급

석 달여 동안 검사 20여 명과 수사관 50여 명이 70여 군데를 압수 수색해 가며 공소장을 만들었습니다.

그런데 조국 씨 일가가 조국 씨의 지위를 이용해 부당하게 번 돈이 얼마라는 건가요?

"단골 미용실 원장과 페이스북 친구의 명의를 빌려 790여 차례에 걸쳐 선물 주식 투자. 금융 거래 총액은 1700만 원"

검찰 공소장 일부입니다.

회당 평균 2만여 원의 입출금으로 차명 투자를 했다는 말을 들으면, 검사 집 개도 웃을 겁니다.

대한민국 검사 집단의 최대 문제는, 검사 아닌 사람들을 바보 취급한다는 겁니다. 20191112

바이러스 1

바이러스에 감염되었을까 걱정하는 사람들에게 쉴 곳을 마련해 주자는데, 자기 동네에는 절대로 안 된다고 극렬하게 반대하는 사람들.

사람에게는, 바이러스보다 언제나 사람이 더 무섭습니다.

신종 코로나바이러스에 감염될 경우 치사율은 2% 정도랍니다.

하지만 정치적 목적으로 거짓 정보를 퍼뜨리고 지역 이기주의를 선동하는 자들의 '정신'에 감염될 경우, '인간성 치사율'은 100%입니다.

측은지심이 없으면, 인간이 아닙니다. 20200130

바이러스 2

'하나님의 것은 하나님에게, 가이사의 것은 가이사에게'

설마 바이러스가 '하나님의 것'이라고 생각하는 건 아니겠죠?

자가격리 대상자이면서도 열심히 예배에 참석하는 건, '신앙심'이 깊어서가 아니라 '중세의 야만'에 사로잡혀 있기 때문입니다.

바이러스에게는 '신앙심'을 알아볼 눈이 없습니다. 20200226

바카총

스마트폰 카메라가 워낙 좋아져서 요즘엔 사라졌지만, 10여 년 전까지만 해도 일본에는 '바카총카메라'라는 게 있었습니다. 바카는 바카야로(バカヤロウ)의 준말이고, 총(チョン)은 조센징을 비하하는 말입니다. '바보나 조센징도 쓸 수 있는 카메라'라는 뜻이죠. 이런 말을 대다수 일본인이 아무런 문제의식 없이 썼습니다.

"패전 후에 일본인들의 혐한의식은 사라졌다. 지금은 오히려 한국인들의 '반일 종족의식'이 문제다"라고 주장하는 사람이 많습니다. 과연 그럴까요? 패전 후 한국 땅에 살던 100만 일본인들은 식민지 피지배 민족을 비하하던 의식을 그대로 가지고 돌아갔습니다. 가방 하나씩만 싸 들고 귀국한 탓에 본국에서도 극심한 고초를 겪었지만, 그럴수록 '조선 땅에 두고 온 재산'을 조센징에게 빼앗겼다고 생각하며 조센징에 대한 적개심과 멸시의식을 키웠습니다. 한국 땅에 살아본 적 없는 일본인들도 그들의 생각을 공유했습니다. 재일 한국인들의 처지가 귀환 일본인보다 더 어려웠던 점도, 이런 생각을 부추겼습니다. 물론 일본에서도 이런 의식을 청산하려는 움직임이 있었습니다. 그러나 아베 정권은 계속 혐한의식을 강화하는 쪽으로 움직였습니다.

지금도 "한국인들의 민족성으로 보아 불매운동은 오래가지 않을 것"이라거나 "일본의 수출규제로 경제가 어려워지면 한국 정권이 무너질 것"이라고 예상하는 일본인이 많습니다. 이런 예상의 밑바탕에는 여전히 한국인은 바보라는 '혐한의식'이 깔려 있습니다. 일본인들의 혐한의식은 이미 사라진 것이 아니라 앞으로 '사라지게 해야 하는 것'입니다.

일본인들의 예상과 정반대의 결과를 보여주는 것은, 그들의 의식 안에 남아 있는 '군국주의 잔재'를 청산할 수 있게 도와주는 일입니다. 일제 불매운동을 '반일 종족주의'라고 조롱하는 일부 한국인의 '혐한의식'도 척결해야 합니다. 자진해서 종노릇하는 비루한 한국인들이 있는 한, 저들의 혐한의식은 줄어들지 않습니다. 일본인들의 혐한의식과 한국인 일부의 노예의식이 사라져야, 비로소 진정한 한일 우호 관계를 이룰 수 있습니다. '진정한 우호 관계'의 전제는 '평등한 관계'입니다. 20190724

박원순

저녁 내내 마음이 떨리고 손이 떨려 아무것도 못 했습니다.

제가 박원순 시장을 처음 만난 게 1989년이니, 벌써 30년이 넘었습니다.

87년 6월항쟁 이후 시민운동 단체들이 우후죽순 격으로 생기는 상황에서, 역사학계에도 시민사회에 기여할 수 있는 실천적 역사 연구를 고민하는 사람들이 있었습니다. 그런 사람들 일부가 역사문제연구소를 만들었는데, 저도 석사학위를 받자마자 선배 손에 끌려가 참여했습니다.

역사문제연구소는 그 무렵의 다른 학술단체들과는 달리 창립 직후부터 번듯한 2층 건물을 '소유'했고, 연구 자료도 상당량을 확보한 상태였습니다. 그 건물과 도서를 기증한 사람은 역사학자도 아닌 박원순 변호사였습니다.

자기 집을 팔아 연구소 건물을 사 줬고, 자기가 모은 책들을 기증했습니다. 그랬으면서도 연구소의 대표 같은 자리는 맡지 않았습니다. 서울대 사회과학대학에 다니다가 제적된 뒤 단국대 사학과에 다시 입학했지만, 역사학계와는 별 관계가 없었던 사람입니다. 그런 사람이, 더 나은 사회를 만들기 위해서는 시민의 역사의식을 높여야 한다는 말에 동조하여 선뜻 전 재산을 내놓았습니다. 그 사실을 알았을 때, 저는 박 변호사도 대단하지만 그 부인이 정말 대단하다고 생각했습니다. 부인과 동지적 관계가 아니었다면 그럴 수 없었을 겁니다.

처음 봤을 때는 워낙 품이 넓고 스케일이 커서 나이가 꽤 많은 줄 알았습니다. 그때 나이 고작 30대 중반. 그 나이에 전 재산을 사회에 내놓을 수 있는 사람이 그 말고 과연 누가 있을까요? 아마 앞으로도 그 같은 사람이 다시 나오기는 어려울 겁니다.

역사문제연구소가 자리를 잡은 뒤 그는 참여연대, 아름다운재단, 희망제작소를 잇달아 만들었고, '시민운동의 대부'라는 별명을 얻었습니다. 그 자신은 '소셜 디자이너'를 자처했죠. 혹시 시간이 있는 분들은 임대식 씨가 쓴 〈박원순이 걷는 길〉(2015, 한길사.)을 한번 읽어보시기 바랍니다.

제가 아는 박원순은, 시민운동을 할 때나 시장 일을 할 때나 언제나 행동거지가 정결한 사람이었습니다. 그는 술도 잘 마시지 않았고, 유머 감각도 꽝이었습니다. 허튼 행동이나 허튼소리 하는 걸 한 번도 본 적이 없습니다. 그래서 지금의 이 상황을 도무지 믿을 수 없습니다. 그저 가슴이 찢어지는 듯합니다. 명복을 빌고 싶지 않습니다. 아직 할 일이 많은데, 그가 꾼 꿈이 얼마나 아름다운지 아는데, 그의 죽음을 어떻게 사실로 받아들일 수 있겠습니까? 그는 우리 곁에 계속 살아있어야 합니다. 육신이 안 보이더라도. 20200710

반려견

그토록 편파적으로 물어뜯는데도, 대통령과 여당 지지율은 떨어지지 않고 오히려 국민의힘 지지율이 떨어져서, 언론사들이 꽤나 답답한 모양입니다.

요즘 사람들 예전처럼 어리숙하지 않습니다.

개가 경찰만 보고 짖어대면, '도둑놈의 반려견'인 줄 압니다.

20201012

반민특위 1

반민특위가 맡았던 일은, 반민족행위자 조사와 처벌을 넘어 옳고 그름의 기준을 다시 세우는 것이었습니다. 옳고 그름을 판별할 수 없는 가치관 혼돈의 사회가 사익私益만을 기준으로 사분오열되는 건 필연적 현상입니다. 반민특위 때문에 국민이 분열한 게 아니라, 반민특위 활동이 좌절했기 때문에 국민이 '이상한 방식으로' 분열한 겁니다.

당시 반민특위 위원장 김상덕은 "동포의 손톱에 대침을 박고 뼈를 뭉개고 고춧가루 물을 들이붓던 놈들을 어떻게 용서할 수 있단 말인가?"라고 말했습니다. 처벌해야 마땅한 일을 처벌하지 않고 처벌해선 안 되는 일을 처벌해 온 역사를 당연하게 여기는 사람들은, '이상한 관점'을 가질 수밖에 없습니다. '이상한 관점'을 가진 사람이 많은 나라는, '이상하게' 분열하기 마련입니다.

'반민특위 터' 표석은 애초 민족문제연구소에서 '사제私製'로 만들어 세웠습니다. 을지로 국민은행 본점 옆 골목, 잘 보이지도 않는 곳에 있다가 최근 이 건물이 호텔과 오피스텔로 리모델링되면서 식민지역사박물관으로 옮겨졌습니다. 들리는 바로는, 건물주가 "일본인이 자주 올 텐데, 그 앞에 반민특위 표석이 있으면 어떻게 하느냐?"며 표석 설치를 거부했답니다. 이게 지금의 대한민국 현실입니다. 20190321

반민특위 2

"친일파 청산 주장하면 빨갱이"

70년 전 반민특위 활동에 위협을 느낀 민족반역자들이 했던 얘기입니다.

70년 전 민족반역자들과 똑같은 주장을 하면 할수록, 그때의 민족반역자들과 똑같은 무리로 취급받는다는 걸 왜 모를까요?
20190725

반복

"일본으로 건너가 천황폐하께 사과하든지 대한문에 나가 하세가와 장군에게 항복하든지 선택해라." (1907년 송병준이 고종 앞에서 칼을 빼 들고.)

"반일 감정을 계속 국내 정치에 이용하고 국론분열의 반사이익 을 꾀한다면 제1야당으로서는 가만히 있을 수가 없다." (2019 제1야 당 대표가 기자회견 석상에서)

20190715

반일 종족주의

"1980년 5월 광주에서 폭동이 일어났다. 계엄군은 최대한의 자제력 을 발휘했으나 폭도들이 무장 공격을 감행하자 어쩔 수 없이 대응 했다. 사망자가 발생했지만 모두 군의 발포 때문이라고 단정할 수는 없으며, 사망자 수도 실제보다 과장되었다. 군이 발포 명령을 내렸 다는 문서 증거는 없다. 피해자를 자처하는 사람 일부가 군이 가혹 하게 진압했다고 주장하지만, 문서 기록과 당시 계엄군이었던 사람 들의 증언을 종합해 보건대, 과잉 진압은 사실이라고 할 수 없다. 피 해자를 자처한 사람들의 기억이 왜곡됐다고 보아야 한다.

혼란을 수습하고 질서를 회복한 전두환 정부는 '정의사회 구현' 을 핵심 국정과제로 삼아 부랑자들을 삼청교육대에 입소시켜 교육 했다. 삼청교육대에서 교육받은 사람들은 자발적으로 규율에 복종 하는 현대인으로 성숙할 수 있었다. 삼청교육대의 규율은 사회 전 체로 확산하여 한국인들을 현대인으로 재탄생시키는 데에 큰 역할 을 했다.

학생운동에 연루된 대학생들을 강제징집했다는 소문이 돌았으나, 징병제하에서 강제징집은 애초에 언어도단이다. 많은 학생이 학생운동에 오염된 대학에서 일시적으로라도 벗어나기 위해 자발적으로 입대했다. 전두환 정권은 오히려 학생운동으로 투옥된 대학생들에게 군 복무를 면제해 주는 은전을 베풀었다.

전두환 정권에 반대하는 재야인사와 학생들을 광범위하게 고문했다는 증언도 있었으나, 고문 사실이 확인된 사례는 극소수에 불과하다. 고문당했다는 주장은 거의 모두 법정에서 허위로 밝혀졌다. 최고위층에서 고문을 직접 지시했다는 증거 자료는 전혀 없다. 극소수 경찰의 일탈 행위가 있었지만, 그것으로 고문이 많았다고 단정할 수는 없다. 전두환 정권 때에는 시국 사건으로 사형을 당한 사람의 수가 박정희 정권 때에 비해 훨씬 적었다. 이것은 전두환 정권이 인권을 중시했다는 방증이다.

전두환 정권이 기업들을 압박하여 천문학적 규모의 부정축재를 했다는 소문도 돌았지만, 당시에 작성된 원자료를 분석한 결과 이 역시 헛소문이었음이 분명하다. 전두환 정권은 오히려 박정희 정권 말기 마이너스 성장률을 기록했던 한국 경제를 회생시켜 연평균 10% 내외의 고도성장을 이룩했다. 이는 각종 통계자료로 분명히 입증된다. 이 사실은 전두환 정권이 한국 역사상 가장 청렴하고 효율적인 정권이었음을 의미한다. 전두환 정권이 없었더라면 한국은 선진국 대열에 진입하기는커녕 경제 파탄을 극복하지 못하고 북한에 흡수되었을 것이다.

이상의 사실은 모두 전두환 정권이 작성한 공식적인 문서자료와 전두환 정권기 중요 직책에 있었던 사람들의 증언을 통해 '객관적으로' 입증할 수 있다. 이와 배치되는 증언들이 있기는 하지만 거의 모두가 문서자료로 교차 검증되지 않으며, 피해자를 자처하는 자들이 사실을 과장하는 경향이 있기 때문에 신뢰할 수 없다.

위로부터 급속한 현대화를 추진하는 과정에서 일부 부작용이 있기는 했으나, 전체적으로 보아 전두환 시대는 정치의 효율성이 증대하고 경제가 급성장했으며 개인의 인권이 신장된 시대였다. 전두환 정권 덕분에 한국인들은 비로소 선진국 국민으로서의 소양을 기를 수 있었다. 전두환 시대는 한국 역사에서 축복의 시대로 기억되어야 마땅하다."

〈반일 종족주의〉 저자들의 연구 방법론에 따라 '전두환 시대 약사略史'를 적어 봤습니다. 당시 전두환의 일당이었던 자들도 감히 저 글이 '진실'이라고 생각하지는 않을 겁니다. 마찬가지로 일제강점기 악질 부역자들이 살아 돌아와 〈반일 종족주의〉를 읽는다면, 양심 없는 그들조차 비웃을 겁니다.

식민 권력과 독재 권력이 만든 문서 기록 중에는 피해자들에 대한 '2차 가해의 기록'이 많습니다. 경찰이 민주화운동 혐의자를 체포하여 혹독한 고문 끝에 허위자백을 받아내면, 검찰은 그 허위자백을 기초로 다른 자료들을 수집해 '논리적으로 완벽에 가까운' 공소장을 씁니다. 피고의 법정 발언은 오히려 '허위 진술'로 평가되고 법관은 검사의 공소장을 토대로 판결을 내립니다. 전두환 시대를 함께 겪은 사람들은 그 시대에 얼마나 엉터리 수사와 엉터리 판결이 많았는지 대개 압니다. 그러니 어떤 학자가 경찰의 수사 보고서, 검찰의 공소장, 법관의 판결문을 기본 자료로 삼아 연구를 진행한 뒤, "경찰, 검찰, 법원의 기록을 객관적이고 실증적으로 분석한 결과 피고의 법정 진술과 사후 진술은 허위임이 분명하다"라고 주장한다면, 그 얼굴에 침을 뱉고 싶을 겁니다. 이런 주장이야말로 실증을 핑계 삼아 진실에 폭력을 행사하는 짓입니다. 지금 공안검사 출신자들이 과거의 '피고'들에게 행하는 2차 폭력도, 〈반일 종족주의〉 저자들이 일제강점기 역사에 행하는 2차 폭력도, 바로 이런 '객관성'에 기초합니다.

제 페이스북 친구 중에도 〈반일 종족주의〉를 '방대한 실증자료를 토대로 한 이성적이고 객관적인 연구 성과'라고 평가하며, '위안부는 돈을 벌기 위해 자발적으로 창업한 소규모 자영업자'라는 주장에 동조하는 사람들이 있습니다. 13-14세 어린 소녀들의 목소리가 당시의 관제 공식 문서에 담겼을 것이라고 믿는 어리석음, 무엇보다도 13-14세 소녀들이 자발적으로 위안부가 되었을 것이라고 믿는 그 끔찍한 '합리적 상상력'에 소름이 끼칩니다. 두뇌에 쓰레기를 담고 심장에 배설물을 채운 자들을 일일이 찾아가며 차단하기 귀찮으니, 썩 꺼지기 바랍니다. 20190817

방곡령

1876년 개항 이후 쌀 수출이 본격화하자, 각지에서 쌀 부족 현상이 나타났습니다. 이에 조선 정부는 각 지방관에게 기근이 예상될 경우 쌀을 관할 구역 밖으로 반출하지 못하도록 막는 명령, 즉 '방곡령'을 선포할 권한을 부여했습니다. 방곡령 관련 조항은 1883년에 체결된 조일통상장정에 들어갔습니다.

1880년대 말, 조선과 일본 사이의 외교 마찰은 주로 이 방곡령을 둘러싸고 일어났습니다. 방곡령으로 쌀을 반출하지 못하게 된 일본 상인들이 본국 정부에 호소하고, 일본 정부는 조선 정부에 압력을 가해서 철회하게 만드는 게 외교 마찰의 일반적인 패턴이었습니다. 그런데 1889-1890년은 극심한 흉년이라 민심 악화를 우려한 일부 지역 지방관들이 중앙정부의 지시까지 묵살하며 방곡령을 내렸습니다. 그러자 일본은 충분한 예고 기한 없이 방곡령을 내림으로써 일본 상인들이 손해를 보았다는 등 온갖 구실을 대어 조선 정부에 거액의 손해배상을 요구했습니다. 조선 정부는 몇 차례 이를 거부하다가 결국 굴복하고 말았습니다. 국력이 약했고, 정부가 '무능'했기 때문이죠.

일본 아베 정권이 한국 대법원판결에 한국 정부가 개입하지 않았다는 이유로 '경제 협박'을 자행하고 있습니다. 조선의 법을 무시해 놓고선 조선 정부에 손해배상을 요구했던 130년 전 일본의 파렴치한 행태가 반복되는 양상입니다. 아베가 아무리 시대착오적이라고 해도, 130년 전의 조선과 지금의 한국이 다르다는 걸 모르진 않겠죠. 저들이 감히 저러는 데에는 두 가지 이유가 있을 겁니다.

첫째, 일본 전범 기업에 유리한 판결을 만들어 냈던 박근혜-양승태의 사법 농단 때문일 겁니다. 저들은 박근혜-양승태의 재판 거래를 보고 한국 정부를 협박하면 재판 결과를 바꿀 수 있다고 생각했을 겁니다. 한국을 박근혜 때와 같은 '독재적 정치 후진국'으로 간주하는 거죠. 그렇지 않고서야 한국 법원 판결에 '경제 협박'으로 대처하진 않았을 겁니다. 박근혜-양승태의 사법 농단은, 나라를 욕되게 한 죄로도 처벌받아야 마땅합니다.

둘째, 한국 내에 일본 정부와 우익세력에 조종당하거나 그들의 목소리를 충실히 대변하는 집단이 있기 때문일 겁니다. '경제 협박'은 무역전쟁인 동시에 여론전쟁입니다. 상대국의 여론을 분열시키지 못하면 승리를 장담할 수 없는 전쟁입니다. 한국 내 여론을 분열시킬 자신이 없었다면, 저렇게 무모한 공격을 하진 못했을 겁니다. 아베는 분명 한 세기 전과 마찬가지로 한국 내 '친일 매국노=토착왜구'들이 자기를 지지할 거라고 판단했을 겁니다.

그의 기대에 걸맞게, 자유한국당 대변인은 "일본의 무역 보복 조치는 문재인 정부가 자초한 일"이라는 성명을 냈습니다. 한국의 족벌언론들 역시 한국 정부에 책임을 돌립니다. 조선 말기와 대한제국 시기에도 친일파 매국노들은 일본의 파렴치한 침략행위를 비난하지 않고, "우리 정부가 잘못한 탓"이라고 주장했습니다. 그런 자들의 주장이 지금도 똑같이 반복되고 있습니다. 이런 자들이 정권을 장악했을 때의 정부가 한심한 '무능 정부'였고, 그들의 외교가 굴욕적 '무능 외교'였습니다.

단재 신채호 선생이 지금의 이 꼴을 본다면, 분명 이렇게 적을 겁니다. "일본이 자기의 죄상을 부인하며 우리의 민주적 삼권분립을 능멸하는 이때, 일본의 편을 들어 우리 정부를 비난하는 매국 역적이 있나니, 일본에 굴복하자는 자나 일본에 기생하려는 자나 다 우리의 적임을 선언하노라."라고.

PS 1. 한국 언론들이 일본의 파렴치한 행위를 '무역 보복'이라고 쓰는 건 정말 어이없는 짓입니다. 먼저 한국의 민주주의를 무시하고 한국민을 모욕한 것은 일본입니다. '보복'할 권리는 우리에게 있는 것이지, 저들에게 있는 게 아닙니다.

PS 2. 일제강점기에 '매국 역적'을 응징하려면 목숨을 걸어야 했습니다. 그러나 지금은 투표 날 투표장에만 가면 됩니다. 모두 선열들의 희생 덕분입니다. 20190702

방역

앞으로 사태가 어떻게 전개될지는 모르나, 이제껏 '정신 나간 일부 집단'을 제외한 절대다수 국민과 의료인, 정부가 합심 협력하여 코로나바이러스에 맞서 왔습니다. 방역은 정부 홀로 하는 게 아닙니다. '개인위생'에서 '치료'와 '방역 행정'에 이르기까지, 방역의 범위는 무척 넓습니다.

그런데도 '우리가 방역을 잘못하고 있다.'고 비난하는 자가 많습니다. 이건 정부만이 아니라 고통을 견디면서 이웃을 배려하는 절대다수 국민까지 모욕하는 짓입니다. 전 세계가 우리나라 방역을 칭찬하는 것은, 정부의 대책만이 아니라 의료진의 헌신과 절대다수 시민의 자제력과 배려심에도 감동했기 때문입니다.

　지금 우리의 방역을 비난, 비하하는 자들도 공동체에는 바이러스만큼 위험합니다. 다행히 이 바이러스 같은 것들은 눈에 보입니다. 이참에 잘 기억해 두었다가, 철저히 박멸해야 할 겁니다. 20200317

방역과 인권

한국 정부가 방역 대책을 완화하자, 일본 국민 일부가 아베 정권을 비난하기 시작했답니다. 물론 "인권을 침해하는 한국 방식보다는 일본 방식이 낫다."고 주장하는 혐한론자도 여전히 많습니다. 가장 기본적인 인권이 '생명을 위협받지 않을 권리'라는 점을 애써 외면하는 자들이죠. '혐한론' 자체가 본래 '반인권적' 논리입니다.

　작년 여름 일본이 우리나라에 수출규제를 감행했을 때, 일본 숭배의식을 노골적으로 표출하던 사람이 아주 많았습니다. 지금도 〈반일 종족주의〉의 '혐한론'을 맹신하는 사람이 많습니다. 하지만 일본 정부의 코로나 방역은 인권 존중이나 민주주의와는 거리가 멉니다. 오히려 아베 정권은 생명을 경시하는 '반인권의식'과 국민의 안전보다 국가의 위신을 중시하는 '국가주의'에 기울어 있습니다. 일본 국민 다수도 이에 무기력하게 순응하는 것처럼 보입니다. 한국의 방역이 일본보다 훨씬 나은 것은, 한국인들이 '반인권의식'과 '국가주의'의 힘을 줄이는 데에 성공했기 때문입니다. 한 국가의 '방역 역량'은 정부 기구의 효율성뿐 아니라 국민 일반의 '가치관'과도 관련됩니다. 20200504

배금주의

"징용=로망, 위안소=설렘"

사랑, 자존심, 정의감 같은 것들은 아무짝에도 쓸모없고 오직 '돈'이 전부라고 믿는 자들이 자기가 인간의 '표준'인 줄 알 경우, 이런 책을 냅니다.

인간의 감성을 갖지 못하고 물질만 숭배하다가 스스로 물질이 된 자들이, 과거와 현재의 토착왜구입니다.

저들의 이념은, '반反인간 배금주의'입니다. 20190723

배신자

줄다리기 시합 중인데, 자기편 앞사람이 자기보다 힘을 덜 쓰는 것 같다는 이유로, 또는 평소 싫어하던 사람이 자기 뒤에 있다는 이유로, 또는 지휘자의 구령이 자기 마음에 들지 않는다는 이유로, 줄을 놓아버리고 대열에서 빠지는 사람이 있다면, 그가 바로 '배신자'입니다.

이른바 '촛불혁명'은 어느 한 계층이나 특정한 이념으로 뭉친 사람들만의 운동이 아니었습니다. 광장에는 자영업자도 있었고 노동자도 있었으며, 전문직 종사자도 있었고 비정규직 알바도 있었습니다. 제집 가진 사람도 있었고, 월세 사는 사람도 있었으며, 노인도 있었고 학생도 있었습니다. 서로 이해관계가 다른 수많은 사람이 한편이 되었던 것은, 박근혜 일당이 대표해 온 '적폐세력'과 '적폐 문화'를 청산하여 나라다운 나라를 만들려는 지향이 같았기 때문입니다.

'촛불혁명'으로 문재인 정권이 탄생한 것은 맞지만, 문재인 정권이 '촛불정신'을 계승해서 할 수 있는 일은 촛불시민 각자가 바라던

바의 '최대공약수'를 넘어설 수 없습니다. 그때의 촛불시민 중에는 최저임금 인상에 반대하는 사람도, 최저임금 인상률이 미흡하다는 사람도 있습니다. 부동산 규제에 반대하는 사람도, 규제를 강화해야 한다는 사람도 있습니다. 소득주도 성장에 찬성하는 사람도, 반대하는 사람도 있습니다. 서로 대립하는 지향들의 '최대공약수'를 찾는 건 무척 어려운 일입니다.

게다가 박근혜를 중심으로 뭉쳤던 '적폐세력'은 별로 약해지지 않았습니다. 촛불혁명으로 바뀐 건 행정부 권력일 뿐, 의회 권력도 여타 사회 권력도 그때 그대로입니다. 우리 사회 곳곳에 쌓인 '적폐'는 정부의 힘만으로 청산할 수 없습니다. 만일 그럴 수 있고 그래야 한다고 믿는 사람이 있다면, 그는 인류 역사의 진보 과정이나 민주주의 사회의 운영원리에 대해 무식한 '소아병 환자'라고 할 수밖에 없습니다. 의회 권력과 사회 권력을 바꾸는 일은 정부의 몫이 아니라 여전히 시민의 몫입니다.

1789년 바스티유 습격 이후 몇 개월의 역사만이 '프랑스 혁명사'의 전부인 줄 아는 사람은 역사에 무식한 사람입니다. 프랑스혁명은 그 후에도 100년 가까이 계속됐습니다. '촛불혁명'도 이미 끝난 일이 아니라 아직 진행 중인 일입니다. '적폐세력'과의 줄다리기는 앞으로도 오랫동안 계속될 겁니다. 게다가 지금 적폐세력은 자기들의 오랜 동반자였던 검찰과 언론을 앞세워 의회 권력을 확대하고 나아가 촛불 시민의 '유일한 보루'인 행정부 권력마저 다시 빼앗으려 하고 있습니다. 일단 확보한 보루를 지켜야, 다른 보루를 점령할 수 있습니다. 적폐세력과 싸워 이긴 뒤에야, 또 다른 싸움을 시작할 수 있습니다. 그런데도 재벌 개혁이 미흡하다는 둥, 노동자를 충분히 배려하지 않는다는 둥 하며 정권이 촛불을 배신했다고 단정하고 스스로 줄을 놓아버린 뒤, 자기편 다른 사람들에게도 줄을 놓으라고 선동하는 자들이 있습니다. 이들이야말로 자기가 촛불의 유일

대표라고 믿는 '자기 중심주의자'이자 '촛불정신'과 '촛불의 과제'를 배신한 '배신자'들입니다.

줄다리기는 유리하게 전개되다가도, 자기편 사람 몇 명만 손을 놓아버리면 순식간에 끌려가 지고 마는 경기입니다. 이 경기에서 이기려면, '배신자'들의 헛소리에 귀를 기울이지 말아야 합니다. '역사의 배신자'들은 언제나 있었습니다. 배신자들의 주관적 생각이야 어떻든, 그들의 객관적 역할은 언제나 적폐 기득권 세력의 힘을 키워주는 것이었습니다. 그러니 '배신자'를 '배신자'답게 취급해야 합니다. 그게 역사에서 교훈을 얻는 방법입니다. 20200216

배지

배지badge는 16세기에 출현한 단어로 본래 '남의 종이나 추종자들이 충성을 표시하기 위해 옷에 부착하는 물건'이라는 뜻이었답니다.

그런 점에서 보자면 북한의 '김일성 배지'가 애초 용도에 가장 충실한 물건이라고 할 수 있을 겁니다.

그러나 한국 국회의원 중에는 '금칠한 배지'가 '특권의 상징'인 줄 아는 사람이 무척 많습니다.

곧 총선입니다.

'주인을 속이거나 때리는 종'을 응징하지 않으면, '주종관계'가 뒤바뀌기 마련입니다. 20191119

배후

1931년 7월, 조선일보는 "만주에 있는 조선인이 중국 관헌에게 피살

당했다."는 거짓말을 '호외'로 보도했습니다. 이 허위보도를 그대로 믿은 한국인들이 폭동을 일으켜 수많은 화교華僑가 죽거나 다쳤습니다. 조선판 '관동대학살'이 벌어진 거죠. 일제 경찰은 이 폭동을 수수방관했습니다. 한국인들의 반反중국 감정을 고취하여 대륙 침략에 이용하기 위해서였죠. 두 달 뒤, 일본군은 만주사변을 일으켰고, 많은 한국인이 환호했습니다. 만주에 있던 독립운동가들이 심한 고초를 겪으리라는 건 생각도 못하고.

1945년 12월. 동아일보는 '모스크바 3상 회의에서 소련이 한국에 대한 5개년 신탁통치를 제안했다'고 보도했습니다. 이 허위보도를 그대로 믿은 한국인들은 찬반 양편으로 갈려 서로 격렬히 싸웠습니다. 그 탓에 친일파 청산 같은 중요한 문제는 그대로 덮었고, 시간이 갈수록 격화한 대립은 분단으로까지 이어졌습니다.

조선일보 장춘 특파원 김이삼이 일본 관동군의 지시를 받고 허위 기사를 썼다는 건 이미 밝혀진 사실입니다. 신탁통치 관련 허위 기사를 썼던 동아일보 기자가 누구의 사주를 받았는지는 아직 밝혀지지 않았습니다.

2019년 9월. 한국의 모든 언론은 "조국 장관 후보 딸에게 표창장 준 적 없다."는 최성해 씨의 일방적 주장을 그대로 받아 적어 '표창장 위조'가 기정사실인 것으로 보도했습니다. 이로 인해 지난 한 달간, 한국 사회는 다시 극심한 분열을 겪었습니다. 어제 MBC 〈PD수첩〉은 '조국 장관 딸 표창장 위조 혐의'를 만들기 위해 자유한국당 최교일 의원과 동양대 최성해 총장이 모의했을 가능성이 크다는 의혹을 제기했습니다. 그동안 언론의 태도를 보면, 머리가 나빠 남의 기사 베껴 쓴 기자들 외에 이 '모의'를 '사회화'하기 위해 적극 가담한 언론사나 기자들이 있을 것이라는 '합리적 의심'이 듭니다.

'정경심 교수의 딸 표창장 위조 혐의'를 수사하고 보도했던 만큼, '최교일 최성해 공모에 의한 장관 일가 모함 및 언론의 동조 혐의'도 수사하고 보도해야 할 겁니다. 개인이 표창장을 위조했는지 여부보다. 언론 보도의 배후에 정치적 음모가 있었는지 여부를 밝히는 게 억만 배는 중요합니다. 20191002

백서

백서. 본래는 정부의 공식 보고서라는 뜻입니다. 어떤 부서의 연간 행정 보고서일 수도 있고, 어떤 정책의 입안, 시행, 결과를 총정리한 보고서일 수도 있습니다. 그런 점에서 원칙상 '조국백서'라는 제목은 합당치 않습니다. 책 제목이 『검찰개혁과 촛불시민』인 것도 이 때문입니다.

애초에 '조국백서'라는 별칭을 붙인 것은 조국 법무부 장관 임명과 관련한 검찰, 언론, 시민들의 동향 전반을 가급적 객관적으로 기록해서 후일을 위한 참고자료로 남기자는 취지에서였습니다. 제가 엄청난 불이익을 겪을 걸 알면서도 이 책의 총설 집필을 수락한 건 이 취지에 동의했기 때문입니다.

본래 흑서라는 건 없습니다. 만약 '공식 보고서'인 백서에 반대되는 의미로 썼다면 '비공식 보고서'나 '헛소문 모음집' 정도의 의미가 맞겠죠. 그런데 일반 대중뿐 아니라 일부 '언론인'이라는 자들까지도 '조국백서'는 '조국을 미화하는 책', '조국흑서'는 '조국을 비방하는 책' 정도로 잘못 이해하고 있습니다.

엊그제 모 언론사 기자라는 작자가 "조국백서를 읽어 봤더니 조국에게 부도덕하다고 비난받을 만한 점도 있었다고 썼더라. 그런데도 조국을 두둔하는 필자들이 한심하다"는 취지의 주장을 폈다는 기사를 봤습니다. 제 페이스북 친구 중에도 이런 주장에 동조하는 사람이 꽤 있는 걸 보곤, 우리 사회의 지적 수준이 암담하다고 느꼈습니다.

당시에도 지금도, 문제는 친조국이냐 반조국이냐가 아닙니다. 당시 조국 장관 후보에게는 사과할 만한 지점이 있었고, 스스로 공개 사과했습니다. 제가 이해한 문제의 핵심은, 당사자의 사과로 마무리될 문제를 군이 법으로 처벌하겠다며 과도한 혐의를 씌우고 과잉 수사를 자행한 검찰의 불공정성과 그에 일방적으로 동조하면서 허위보도까지 남발한 언론의 편향성에 있었습니다.

작은 흠결을 중대 범죄로 바꾸고 중대 범죄를 사소한 흠결로 분식할 수 있는 '부도덕한 힘'을 방치하는 한, 공평과 공정은 요원할 뿐입니다. '살인적 보복 운전'과 '끼어들기'를 두고 어느 쪽이 옳은지 논쟁하는 바보들은 없습니다. 이런 간단한 이치조차 모르는 '지식인'이 너무 많은 듯합니다. 20200906

법률 계산기

숫자와 계산부호 패드를 순서대로 누르기만 하면 바로 답을 보여주는 전자계산기.

편리하긴 하지만, 이 편리함은 스스로 계산하고 생각하는 습관을 버리게 만듭니다.

그래도 전자계산기는 믿을 만합니다.

하지만 검찰이라는 '법률 계산기', 믿을 만한가요? 20191030

법비 法匪

법 조문을 악용해 사욕을 채우거나, 법 집행을 빙자해 사감을 품고 피의자를 모욕하는 자들은 언제나 있습니다.

이런 자들은 법관이 아니라 법을 흉기로 삼아 도둑질을 일삼는 '법비法匪'라고 불러야 합니다.

'법비'들을 먼저 청산해야, 진정한 법치의 시대를 열 수 있습니다.

검찰개혁은, 법비 청산의 첫걸음입니다. 20191007

법치 1

옛날에도 '법치'가 원칙이었습니다. 옛날 법치와 현대 법치가 다른 점은, 자기가 만든 법을 안 지켜도 되는 '전제군주'가 있었다는 점입니다.

'국회선진화법'은 자유한국당이 주도해서 만든 법입니다. 그 법을 안 지키고도 당당한 걸 보면, 자유한국당 의원들은 자기가 '전제군주'라고 생각하는 게 분명합니다.

힘없는 서민들은 언제나 '법'으로 처벌받았습니다. '법치주의'의 전통은, 시건방진 '전제군주들'을 법대로 처벌해야 만들어집니다.

자기가 만든 법을 어기는 자들을 처벌하는 게, 법치주의 전통을 세우는 일입니다. 20190428

법치 2

검찰이 '감찰 무마죄'라는 희한한 죄목으로 조국 전 민정수석에 대한 구속영장을 청구했습니다.

검찰 방식대로라면, 과거 불기소나 기소유예 처분한 '사실'이 있는 검사는 죄다 구속해서 법원의 판단을 구해야 할 겁니다.

법치란, '법으로' 다스리는 것이지 '법이' 다스리는 게 아닙니다.

20191223

법치국가

참여정부 때 노무현 전 대통령을 아주 싫어하는 정신과 의사가 있었습니다. 누가 그에게 물었습니다. "노무현 저거 미친 거 아냐? 정신과 의사로서 어떻게 생각해?" 그가 대답했습니다. "접수만 시켜주면 바로 입원시킬 수 있는데, 접수를 안 해요." 물론 농담이었습니다. 그러나 '진심'이 담긴 농담이었죠. 제가 아는 그는 자기의 이익과 정치적 소신을 위해서라면 전문가적 양심은 얼마든지 버릴 수 있는 사람이었습니다. 어느 시대, 어느 나라에나 이런 사람은 무척 많습니다.

조국 교수 딸의 논문 제1 저자 문제가 불거진 직후부터, 언론들은 '기득권 강남 좌파의 위선이 드러난 사건'이라고 썼습니다. 지금도 몇몇 '진보적' 언론들은 열심히 이런 주장을 반복하고 있습니다. 하지만 지금 이 사건의 본질은 '기득권 강남 본진이 본색을 드러낸 사건'입니다. 역사상 부유층과 서민층 사이의 '불공평'을 완전히 해소한 사회는 없었습니다. 이런 걸 완전히 없애겠다고 등장한 사회주의 국가들에서 얼마나 공공연하게 '불공평'한 일들이 자행되는지는 굳이 언급할 필요도 없을 겁니다.

문제는 이런 불공평을 가급적 줄여나가려는 지향과 유지하거나 확대하려는 지향 중 어느 쪽을 택하느냐에 있습니다. 지금껏 검찰과 법원이 '강남 부자'답게 자식들 가르치고 재산 불린 행위에 대해 칼을 뽑은 적은 없습니다. 만약 강남 부자 아무나 찍어서 이번 경우처럼 혐의를 뒤집어씌우면, 구치소를 몇 개 더 지어야 할 겁니다. 조국 씨 일가가 풍비박산된 건, 그가 '강남 부자'라서가 아니라 '강남 부자'들의 기득권을 유지, 확대하는 길과 다른 방향을 바라봤기 때문입니다.

사람들은 흔히 '기득권 세력'이라는 말을 쓰면서도, 그 '기득권 세력'의 중심에 어떤 사람들이 있는지는 별로 생각하지 않는 듯합니다. '법치국가'라는 말 자체가, 법 기술자들과 기득권의 상관관계를 가장 잘 보여준다고 할 수 있습니다. '법치'가 정당성을 인정받으려면 법 적용이 공평해야 합니다. 그러나 지금의 '법치'는 유시민 이사장을 고발한 사건은 득달같이 수사하면서 나경원 의원에 대한 고발에는 미동도 하지 않는 사람들이 담당하고 있습니다. 우리 사회의 토대를 허무는 진짜 심각한 '불공평'은 여기에 있습니다. 이제 우리 앞에는 '법치국가'에서 '공평'과 '공정'을 실현할 수 있는 방도가 무엇인지, 해답을 찾아야 하는 과제가 놓여 있습니다. 법 기술자들이 집단 이기심에 따라 좌지우지하는 나라도 '법치국가'라고 할 수는 있을 겁니다. 하지만 그런 나라는 결코 '민주국가'가 아닙니다.

20191024

변호사 부인

대학생이 받은 표창장이 진짜인지 가짜인지 밝히겠다며 검찰은 수십 군데를 압수수색한 뒤 기소했고, 법원은 30번 넘게 재판을 이어가고 있습니다.

검사 출신 변호사 부인이 받았다는 에르메스 가방이 진짜인지 가짜인지는, 두어 군데 정도만 압수수색하고 한두 번만 재판해도 밝힐 수 있을 겁니다. 20201022

보

정부가 사대강 보 일부를 철거한다고 하자, "멀쩡한 보를 왜 부수냐?"며 반대하는 사람이 많습니다.

그런 사람들 손목에 스테인리스 수갑을 하나씩 채워주면 좋을 것 같습니다.

피 안 통해 못 살겠다고 하면, "멀쩡한 수갑 왜 풀어 달라고 하냐? 녹슬어 삭을 때까지 계속 차지."라고 대답해 주게. 20190225

보천교

동학 접주인 아버지를 따라 동학농민혁명에 가담했던 차경석은 강증산의 제자가 되었다가 강증산이 죽자 그의 아내이자 자기 이종사촌 누이인 고판례를 추대하여 선도교를 만듭니다. 신도가 늘어나자 그는 고판례를 축출하고 교권을 장악한 뒤 1921년 교명을 보화로, 다시 보천普天으로 바꿨습니다. 차경석은 자기가 동방연맹의 맹주가 되고 조선은 세계통일의 종주국이 될 것이라고 예언했으며, 보천교 신도가 600만 명에 달한다고 호언장담했습니다. 교단의 간부급만 56만 명 가까이 되었으니 그럴 만도 했죠. 세간에는 차경석이 곧 천자天子로 등극한다는 소문이 돌았고, 많은 사람이 그를 차천자車天子라고 불렀습니다. 1924년 차경석은 백두산 소나무를 가져다 전북 정읍에 당시로서는 초호화 교당을 지었는데, 이 건물은 당시 '아방궁'이라고 불렸습니다. 이 건물을 뜯어 옮긴 것이 현재의 서울 조계사 본당입니다.

보천교가 급속히 세력을 확대할 수 있었던 주요 이유는, 곧 천지개벽이 되면 조선이 세계의 중심이 되고 차경석이 동방의 천자가 된다는 예언이 식민지 노예 상태에 있던 조선인들의 마음을 흔들었던 데에 있습니다. 하지만 차경석은 '천자'라는 이름이 무색하게 일제에 굴복하는 태도를 보였고, 신도들은 '동방의 천자'가 조선총독부 관리 따위에게 쩔쩔매는 모습을 보면서 의심을 품기 시작했습니다. 결국 보천교 내부에서 혁신 운동이 일어나 여러 종교로 갈라졌습니다.

"신천지 간부들이 한나라-새누리당 가입을 강요받았다"는 신천지 핵심 간부 출신자의 증언이 나왔습니다. 명색이 인류의 미래를 좌우한다는 교주가 세속 정치인에게 '줄을 대려' 하는 꼴을 보고도 의심하지 않는 사람이 많았다는 건, 참 슬프고 한심한 일입니다. 지금보다 무식한 사람이 훨씬 많았던 90년 전에도, 세속권력에 줄을 대는 교주는 신도의 믿음을 잃었습니다. 신천지 교주는 자기가 새누리당 이름을 지어줬다고 자랑했다는데, 그와 신도들은 세속권력에 줄을 댄 게 아니라 세속권력을 장악했다고 믿는 걸까요? 20200227

봉준호

봉준호 생가터 복원, 봉준호 영화박물관 건립, 봉준호 카페 거리 조성, 봉준호 동상 건립……

자유한국당 원내대책회의에서 나온 발언들이랍니다.

자기들 정권이 봉준호를 포함한 문화 예술인들을 블랙리스트에 올려 괴롭힌 일에 대해 머리 숙여 사죄하는 게 먼저입니다.

아베가 김구 동상 세우겠다는 것과 다른 점이 뭔지. 20200211

부동산 문화재

서울 충정로에 '충정각'이라는 갤러리 겸 이탈리안 레스토랑이 있습니다. 1902년께 한성전기회사의 미국인 기사가 지은 집으로, 서울에서 가장 오래된 서양식 주택 건물입니다. 스파게티값이 그리 비싸지는 않으니, 들어가 보시면 건물이 얼마나 아름다운지 직접 볼 수 있을 겁니다. 그 주변이 재개발 지구로 지정되어 곧 헐릴 위기에 처해서, 저도 어떻게든 살리려고 노심초사했습니다.

3년쯤 전, 재벌가 사모님이자 문화재보호에 각별한 노력을 기울이는 분을 만났습니다. 공식 회의 석상에서 두어 차례밖에 만난 적이 없는 분이었지만, 염치 불고하고 사정했습니다.

"충정로에 이런 건물이 있는데, 그 단체에서 구입하면 어떨까요? 회사 홍보관으로 써도 좋고, 단체 사무실로 써도 의미가 있을 텐데."

"그런 건물이면 서울시에서 매입해야죠."

"그러면 서울시가 재개발을 방해한다고 난리가 날 거라서요. 민간에서 사는 게 유일한 방법이에요."

"실무자를 보낼 테니 의논해 보시죠."

물론 실무자는 오지 않았습니다. 문화재 건물에 '투기'나 '투자' 가치가 있다면, 재벌들이나 전문 투기꾼들이 다 사들였을 겁니다.

SBS 기자들에게 좋은 '투자 대상' 건물 하나 소개합니다. 부동산 투기하려면 목포 같은 작은 도시보다는 대도시 서울에서 하는 게 훨씬 낫죠. 게다가 서울 중심부에 있는 건물입니다. 충정각 건물 사서 문화재 지정 신청하면, 100% 지정되리라는 거 보증합니다. 단, 문화재로 지정되면 건물값이 오른다는 건 보증할 수 없습니다.

20190116

부동산 문화재 투기 1

SBS 기자가 전화로 이것저것 물어서 대답은 해줬는데, SBS의 이번 보도 태도를 신뢰할 수 없기 때문에 제 이야기를 토대로 '이런 의견도 있다'는 기사를 작성하는 건 무방하지만, 제 이름이나 변조된 목소리가 나가는 건 절대로 허용하지 않겠다고 했습니다. 그래도 어떻게 왜곡돼서 나갈지 모르기 때문에, 미리 질문과 답변의 요점만 간추려서 적겠습니다.

1) SBS 기자들의 취재가 불성실했다고 보는 이유가 뭔가?

손혜원 의원의 친척, 지인들이 산 집과 집값에만 집착했을 뿐, 그들이 어떤 배경과 맥락에서 해당 건물을 구입했는지에 대해서는 전혀 관심을 기울이지 않았다. 각 지자체의 도시재생사업이 어떻게 진행되고 있으며, 도시재생사업 지구 내 낡은 건물들을 어떻게 처리하고 있는지를 함께 조사했다면, '투기 의혹'이라는 제목을 붙일 수 없었을 것이다.

지자체가 낡은 건물을 매입해서 리모델링한 후 주민 커뮤니티 센터나 카페로 활용하는 것은 도시재생사업에서 흔히 사용하는 방법이다. 그런 사업을 하면 당연히 해당 지역의 집값도 오르지만, 재개발 '호재'와는 비교조차 할 수 없는 수준이다. 손의원이 목포 구시가지에서 폐가를 매입하고 리모델링해서 카페와 게스트하우스로 바꾼 것은 바로 '지자체의 도시재생 방법'을 개인이 시행한 것이다. 지자체가 하면 '공익사업'이고 개인이 하면 '투기'인가? 각 도시의 도시재생사업에서 지자체가 어떤 일을 하고 있는지 전혀 몰랐기 때문에 이런 보도를 한 것 아닌가? 당신네 보도는 도시재생사업 자체의 정당성마저 공격하는 거다.

2) 자기 이름으로 하지 않고 차명으로 구입한 건 뭔가 숨기려고 했기 때문 아닌가?

정치인에게는 SNS가 공적인 의사소통 수단이다. 자기 조카에게 목포에 집 사서 살라고 했다는 얘기를 페이스북에 올린 게 언제인데, 그것조차 보지 않고 기사를 썼다는 건가? 조카가 자금을 지원받고 증여세까지 낸 뒤 구입한 건물이고, 그 사실을 이미 주변에 다 밝혔는데, 세상에 그런 차명 매입 방법도 있는가? 손의원에게 조카들만 있을 뿐 자녀가 없다는 사실은 취재 안 했는가? 또 누구처럼 자기가 살지도 않을 집을 자기와 가족 이름으로 사서 소유만 하고 있다면 투기 의혹을 품을 만하지만, 구입자들은 목포에 살면서 해당 건물을 리모델링해서 사용하고 있다. 본인이 이미 사실을 공개했고 구입자가 해당 건물을 실제로 사용하고 있는데, 이걸 차명 투기라고 보는 건 납득되지 않는다.

3) 그 동네를 문화재로 지정하는 데 압력을 행사했을 가능성은 크지 않나?

다른 뉴스는 체크 안 하나? 박지원 의원이 그건 자기 '공'이라고 이미 얘기했다. 애초에 도시재생사업 지구였던 곳을 문화재 지구로 바꾸자고 국토부 장관과 문체부 장관을 설득한 게 자기라고. 그리고 문화재로 지정되는 건 그린벨트로 지정되는 것보다 재산권 행사에 더 제약 조건이 많다. 자기 건물이 있는 동네를 그린벨트로 지정해 달라고 요구하는 부동산 투기꾼이 세상에 어디 있나? 이미 지정된 곳에 건물을 산 뒤 해제해 달라고 요구하는 경우는 많지만, 그 반대의 경우를 본 적이 있나? 나도 문화재 위원 등으로 문화재 행정에 오래 관여한 사람이지만, '부동산 문화재 투기'라는 말은 처음 듣는다. 개인적으로는 정말 그런 투기가 생겼으면 좋겠다. 그러면 도시의 역사가 무참하게 사라지는 일을 막을 수 있을 거다. 20190117

부동산 문화재 투기 2

부산시가 '매축지 마을'을 역사자원으로 보존하기 위해 문화재로 등록하는 방안을 검토 중이랍니다. 마을 전체가 문화재로 등록되면 떼돈 번다고 생각하는 분들, 빨리 가서 집 사세요. 기자님들은 두 채씩 사세요. 20190124

부모찬스 1

음주 운전에 운전자 바꿔치기까지 하고도 집행유예 선고받은 젊은 이가 있습니다.

초강력 마약인 LSD를 비롯해 여러 종류의 마약을 가지고 입국하다 적발됐는데도 집행유예 선고받은 젊은이도 있습니다.

한국 언론은 이 일들에 대해 '부모찬스'라는 말을 쓰지 않았고, "부모가 서민이었어도 집행유예 받았겠냐?"고 묻지도 않았습니다.

하지만 최근 전역한 사병에게 물어만 봐도 알 수 있는 일을 두고는 '부모찬스'라는 말을 쓰고, "부모가 서민이었어도 휴가 연장이 됐겠냐?"고 묻습니다.

'불공평'과 '불공정'의 화신이 누구인지, 스스로 돌아보라고 하기에도 지칩니다. 20200915

부모찬스 2

정의당이 '부모찬스 대신 사회찬스'를 선거 구호로 내세우고 동영상을 만들었습니다.

구호의 내용도 타이밍도 영 잘못됐습니다. 가족제도가 유지되는 한, '부모찬스'가 전혀 없는 사회를 만들 수는 없습니다. 지구상에 그런 사회가 실제로 있어야 '설득력'을 가질 수 있습니다. 게다가 지금 '부모찬스' 하면 떠오르는 사람은 조국 교수 자녀입니다. '부모찬스'라는 프레임에 조국 교수 자녀를 가둔 자들이 누구인가요? '부모찬스'를 한껏 누렸던 수많은 젊은이 중 조국 교수 자녀들처럼 처참한 지경에 빠진 사람이 또 누가 있던가요? 정의당이 만든 동영상에서 춤추는 젊은이들이 지금의 조국 교수 딸보다 불행한가요?

우리 사회의 수많은 양심, 민주, 진보 인사들이 검찰과 언론의 불공평과 편파성을 먼저 해결해야 한다고 생각합니다. 그런데 정의당은 '부모찬스 없는 사회'라는 막연한 전망을 전면에 내세우고 검찰개혁과 언론개혁에 대한 대중의 열망을 뒤로 돌리고 있습니다. 작고한 노회찬 의원 사진을 선거운동에 활용하면서 '노회찬 후원회장'을 공격하는 구호를 정면에 내세운 이율배반성, 안철수 씨 표현을 빌리자면 "정말 실망입니다." 20200403

부적절

채널A "부적절한 취재행위 확인"… 검언유착 의혹 공식 사과.

목사가 여신도를 성폭행하면 '부적절한 목회 행위'인가요?

정신과 의사가 환자를 그루밍 성폭행하면 '부적절한 진료행위'인가요?

기자가 검사와 친분 관계를 악용하여 한 사람의 인격을 말살하고 정권을 흔들려 한 극악 범죄를 '부적절한 취재행위'라고 주장하는 건, 사과가 아니라 사기입니다. 20200523

북일관계

아베와 일본 우파가 '배상'이라는 단어에 알레르기 반응을 보이는 이유 중 하나는, 북미 관계가 진전되면 '북일 수교' 문제가 목전에 닥칠 것이기 때문입니다. 일본에 최선의 방식은 식민지배의 불법성과 배상 문제를 거론하지 않은 '한일협정'의 예를 적용하는 겁니다. 그러나 북한이 이런 굴욕적 조건에 순순히 응할 리 없습니다. 일본이 북일 수교 협상에서 주도권을 쥐려면, 한국 정부가 일본 편을 들어줘야 합니다.

일본으로서는 '박정희가 맺은 협정이 최선이었으며, 북한이 그보다 나은 조건으로 일본과 협정을 체결하게 놔둬선 안 된다'고 주장하는 한국 정치세력이 가장 좋은 파트너입니다. 아마도 북일 수교 협상이 시작되면, 자유한국당 등 박정희를 추앙하는 정치세력은 일본 정부를 편들어 북한을 압박할 겁니다. 그들은 "일본이 북한에 거액을 퍼 주면 한국에 대한 위협이 더 커진다."고 주장할 테고, 거기에 동조하는 사람도 적지 않을 겁니다.

그러나 북한이 '한일협정'보다 나은 조건으로 일본과 협정을 체결하면, 우리에게도 1965년 '한일협정' 때 잘못 끼운 첫 단추를 바로잡을 기회가 생깁니다. 북한이 일본과 협상하면서 '사죄와 배상' 요구를 관철하면, 우리도 '사죄와 배상' 내용이 빠진 한일협정을 개정하자고 요구할 수 있습니다. 북일 수교 협상에서 일본을 응원하는 것이야말로, '국익'을 해치는 한심한 짓입니다.

낮에 YTN 출연 이후 별도의 인터뷰에서 기자가 이번 사태의 '출구전략'에 대해 물었습니다. 저는 "일본이 시작한 일이니 출구도 일본이 찾아야 한다."는 전제하에, "북미 관계의 진전이 일본에 출구를 열어 줄 수도 있다."고 답했습니다. 북미 간 상호 연락사무소 설치까지만 합의가 되어도, 일본으로서는 북한과 수교를 서두를 수밖에 없습니다. 북한과 빨리 수교하지 않으면, 일본 자본은 북한에서 투자 기회를 잡지 못할 겁니다. 북일 협상 과정에서 '다급한 일본 대 여유로운 북한' 구도를 만드는 것은, 한일 간 과거사 문제를 일거에 해결할 수 있는 최선의 방책입니다.

물론 이건 일본에는 최악의 가능성입니다. 아베는 어떻게든 문재인 대통령의 중재로 김정은과 만나는 상황은 모면하고 싶을 겁니다. 일본 우파가 문재인 정권을 빨리 무너뜨려야 한다고 주장하는 데에는 이런 상황 인식도 작용하고 있을 겁니다. 한국에 '친일 반북 정권'이 들어서느냐 아니냐는, 그들에게 엄청난 '돈'이 달린 문제입니다. 아직은 가정이지만, 향후의 북일 협상 과정에서 일본 편을 드는 건 '자해 행위'라는 사실, 미리 명신해 둘 필요가 있습니다.
20190720

불공정 1

자기 최측근 수사를 막기 위해 장관 지휘를 무시하고 검사장 회의까지 소집하는 윤석열 검찰이 조국을 감찰무마죄로 기소하는 것.

송파구 재건축 아파트로 막대한 이익을 얻은 곽상도가 아파트 팔아 2억여 원의 시세차익을 보았다고 대통령 아들을 비난하는 것.

이게 우리 사회가 먼저 해결해야 할 불공평과 불공정의 핵심입니다. 20200706

불공정 2

아들이 술 취한 상태에서 수억 원짜리 외제차를 몰다 사고를 내고 운전자를 바꿔 치려다 걸려서 유죄 판결을 받았는데도, 그 아버지는 부산시장 후보로 거론됩니다.

딸이 초강력 마약인 LSD를 밀수하다가 발각되어 유죄 판결을 받았는데도, 그 아버지는 서울시장 후보로 거론됩니다.

장모가 서류를 위조하고 주가조작을 했다는 혐의가 있는데도, 그 사위는 '장모가 내 도덕성과 무슨 상관이냐'며 큰소리쳤고, 차기 대권 후보로 거론됩니다.

남편이 은퇴 후 평생 소망하던 30년 된 낡은 요트를 사겠다고 '합법적으로' 미국에 갔는데도, 그 부인은 장관 자리에서 물러나라는 압력을 받습니다.

아들이 규정과 절차에 따라 '합법적으로' 휴가 연장을 했는데도, 그 어머니는 장관 자리에서 물러나라는 압력을 받았습니다.

부인이 자기 5촌 조카가 권유한 사모펀드에 '합법적으로' 가입했다가 사기를 당했는데도, 남편은 장관 자리에서 물러났고 여태 재판에 시달리고 있습니다.

한국의 언론인 여러분, '불공정'의 정의가 도대체 뭔가요? 진짜 '불공정'한 건, 바로 당신들 아닌가요? 20201006

불공평

1991년, 검찰은 분신자살한 전민련 사회부장 김기설 씨의 유서를 대필했다는 혐의로 전민련 총무국장 강기훈 씨를 구속 기소했습니다. 대다수 언론은 검찰의 발표만 일방적으로 보도하면서 '자살까지 부추기는 좌경 세력'이라고 주장했습니다. 언론이 공개한 증거라고는 두 사람의 필적을 비교한 사진밖에 없었고, 대충 보기에도 그리 닮은 글씨체가 아니었지만, 많은 사람이 검찰의 발표와 언론의 보도를 그대로 믿었습니다. 거의 모든 언론이 '벌거벗은 임금님'이 '세상 최고의 옷을 입었다'고 보도하는데, 그걸 안 믿기도 어려웠겠죠.

강기훈 씨는 억울하게 죄인으로 몰린 지 23년 만인 2015년에야 대법원에서 무죄 확정판결을 받았습니다. 이른바 '강기훈 유서 대필 사건' 재심 결정은 2009년에 났으나, 검찰은 끝까지 자기들이 억울한 사람을 모함했다는 사실을 인정하지 않았습니다. 지난 6월에야 문무일 당시 검찰총장이 사과했죠. 언론들 역시 자기들이 한 짓에 대해 사과한 바 없습니다.

강기훈 씨와 그 가족의 일생을 파탄시킨 흉악 범죄의 주범은 검찰이고, 공동정범은 언론입니다. 당시 검찰의 주장민을 일방적으로 보도했던 언론들은 이번에도 같은 행위를 반복하고 있습니다. 당시 언론들이 '두 사람의 글씨체가 별로 닮지 않았다'거나 '검찰 주장이 의심스럽다'고만 보도했더라도, 사람들이 강기훈 씨를 죄인으로 단정하지는 않았을 겁니다. 검찰과 언론의 거짓말은 다른 어떤 거짓말보다도 세상에 미치는 해악이 큽니다.

지금 '강기훈 유서 대필 조작사건'을 담당했던 검사 중 한 명은 자유한국당 국회의원이고, 피해자인 강기훈 씨는 암 환자입니다. '세상이 불공평하다'라는 말은 이런 경우에 써야 합니다. 20190918

불법적 특권

한 달가량 계속된 '조국 논란'으로 확실히 드러난 건, 조국 후보의 '불법행위'가 아니라 기자, 검사, 국회의원들의 명백한 '불법행위'와 관련 '의혹들'입니다. 한 사람을 잡기 위해 얼마나 많은 불법적 특권이 동원됐는지, 기억해야 할 겁니다. 20190906

불쏘시개

검찰이 개혁을 저지하기 위해 조국 장관 일가를 상대로 벌인 집요하고 잔인한 공격은, 역설적으로 검찰개혁이 왜 중요한지를 많은 사람에게 일깨워줬습니다.

조국 장관 스스로 '불쏘시개 역할은 여기까지'라고 말했습니다. 불쏘시개 역할은 불을 붙이는 데 있습니다. 불쏘시개가 다 탔다고 기뻐하거나 슬퍼하는 건 어리석은 짓입니다. 그가 스스로를 태워 붙인 '검찰개혁의 불'을 꺼뜨리지 않는 건, 시민의 몫입니다.

'검찰개혁의 불'이 잘 타도록 하려면, 일단 국회라는 아궁이에 새 바람을 불어 넣어야 할 겁니다. 20191014

블루오션

거의 모든 여론조사에서 문 대통령 긍정 평가와 민주당 지지율 사이에는 10-15%의 격차가 있습니다.

"문 대통령은 지지하나 민주당은 지지하지 않는" 사람이 전체 유권자의 10-15%라는 뜻이죠.

정치에도 '블루오션'이 있습니다.

자식 하나는 집을 지키고 다른 자식은 집 밖에서 새 일을 찾는 게 가문이 흥하는 방식이었고, 자식들끼리 상속권을 두고 싸우는 게 가문이 망하는 방식이었습니다. 20200328

비난

1.

한국 남성과 일본 여성이 결혼해 서로의 정체성을 존중하며 사는 건, 결코 비난받을 일이 아닙니다.

어머니가 자녀 양육을 주도해 그 자녀의 정체성이 일본인에 가까워졌다 해도, 한일 어느 나라 사람이건 비난할 일이 아닙니다.

2.

부잣집 아들이 진보 개혁주의자가 되는 건 비난받을 일이 아닙니다.

부잣집 딸이 부잣집 딸답게 사는 건, 아주 일반적인 일입니다.

둘이 결혼해 서로의 가치관을 존중하며 사는 것도, 비난받을 일이 아닙니다.

어머니가 자녀 양육을 주도해 그 자식의 가치관이 어머니와 가까워졌다고 해도, 남이 비난할 일이 아닙니다.

3.

그러나 위의 두 사례 중 하나만을 선택해 비난하는 건, 비난받아 마땅한 행동입니다.

더구나 남편이자 아버지인 한 사람이 온 가족 구성원의 정체성과 가치관을 지배해야 한다고 주장하는 건, 페미니스트를 자처하는 사람이 해서는 안 되는 일입니다. 20200209

비례대표

"민주당이 비례대표 후보를 내지 않으면, 현명한 유권자들이 전략투표로 미래통합당의 과반 의석을 저지할 것이다."

현재의 선거 구도를 두고 정의당 관계자들을 비롯해 일각에서 제안하는 방안입니다. 사실 과거에도 많은 유권자가 이런 방식의 '전략투표'를 했습니다. 그런데 이런 전략투표가 가능했던 데에는 정의당의 '진보성'과 더불어 '대중성'도 한몫했습니다. 대의제 민주주의는 '대중성'과 괴리될 수 없습니다. 물론 '대중성'이 개별 정치인의 '인기'만을 의미하지는 않습니다. 오히려 '대중에 대한 설득력'이 주된 요소겠죠.

정의당이 '전략투표'를 유도하려면, 비례대표 선정에서부터 '대중성'을 고려했어야 합니다. 사실 '선명성'과 '대중성'은 서로 배치되는 측면이 있습니다. 지향성이 너무 선명하면, 다수의 공감과 동의를 얻기 어려운 법이니까요.

각 당의 비례대표 명단 전체를 꼼꼼히 들여다볼 만큼 성실한 유권자는 매우 적습니다. 그래서 비례대표 최상위 순번 후보는 각 정당의 지향을 보여주는 '얼굴마담' 역할을 합니다. 정의당이 우리 정치의 소중한 자산이고 진보정치의 영역이 지금보다 훨씬 더 넓어져야 한다고 생각하지만, 이번 비례대표 선정에 대해서는 쓴소리를 하지 않을 수 없습니다.

썼는지 안 썼는지 확실치도 않은 조국 전 장관 일가의 '아빠찬스'에 대해서는 이걸 '데스노트'에 올렸어야 한다고 주장한 사람이 정의당 비례대표 2번입니다. 반면 롤 게임에서 '남친찬스'를 썼다고 인정한 사람은 비례대표 1번입니다. 비례대표 1번의 '부당해고' 주장에 대해서는 '거짓말' 논란도 있습니다. 2번이 1번을 공격하는 격입니다. '참신성'은 인정한다고 해도, 도덕성과 공정성의 '기준'이 이렇게 흔들려서야 어떻게 '대중의 지지'를 요구할 수 있을까요? 대중이 저들의 '전문성'을 신뢰할 수 있을까요?

애초 '전략투표'에 대한 생각이 있었다면, 비례 공천도 '전략적'이었어야 합니다. 지금 정의당 비례대표 1, 2번을 대중이 민주주의의 상징—진보의 상징만이 아니라—으로도 인정할 수 있을까요? 그들의 삶이 사람들에게 주는 감동은 무엇인가요? '대중성'을 방기하고 '전략투표'를 기대해서는 안 됩니다. "해로운 것보단 맛없는 게 나으니까 그냥 먹어라"라는 정신으로 장사를 하는 음식점은, 반드시 망합니다.

시간은 얼마 없지만, '진보정치도 대중성을 외면해선 안 된다'는 점을 깊이 생각했으면 합니다. 20200311

비밀 연락망

강남갑 당선자 태구민이 '김정은의 상태'에 관해 얘기하면 한국 언론들이 대서특필합니다.

태구민이 미국 CIA나 한국 국정원도 모르는 북한 정보를 안다면, 비밀 연락망을 가진 게 분명합니다.

한국 언론은 태구민의 '말'을 받아쓸 게 아니라, 그의 '배후'나 그 말의 '공신력'을 의심해야 합니다. 20200428

비신사적 행위

레슬링 선수들끼리 주먹질 안 하기로 합의했어도, 심판이 주먹질해도 된다고 했으면 이미 룰이 바뀐 겁니다.

주먹질하는 선수와 못하는 선수를 같은 링에 올려놓고 경기를 구경하는 게, '비신사적' 행위입니다.

이런 경우 심판이 나쁜 놈이고, 불공평한 경기를 강행하라는 관중이 '비신사적'인 겁니다. 20200310

비열卑劣

일본의 조선일보에 해당하는 '산케이'가 "한국인들의 일제 불매운동은 비열한 행위"라고 보도했습니다.

일본인들이 한인 동포 여학생 교복을 찢었을 때도, 한국인 관광객들에게 '와사비 테러'를 가했을 때도, 거리에서 "한국인 죽여라"를 외쳤을 때도, 온갖 종류의 '혐한 서적'을 만들어 팔아도, 한국인들은 똑같이 대응하지 않았습니다.

자기 주변에 있는 소수자, 약자들을 혐오하고 괴롭히는 게 '비열한 행위'입니다. 유사 이래 일본인들이 한국인들에게 가한 '비열한 행위'는 헤아릴 수 없을 정도입니다. 왜구들이 비무장 한국 농민들을 죽이고 약탈한 '비열한 행위', 한국 농민들의 귀와 코를 베어 가 무덤을 만든 '비열한 행위', 의병과 독립군을 잡는다며 민간인을 학살한 '비열한 행위', 관동대지진 때 죄 없는 한국인들을 대량학살한 '비열한 행위', 어린 소녀들을 성노예로 끌고 간 '비열한 행위'······.

한국인들의 의식 안에 일본이 '비열함'의 상징처럼 자리 잡은 게 지난 수십 년의 역사 때문만은 아니며, 최근 한두 해 사이의 문제 때문만은 더더욱 아닙니다. 일본인들은 한국인에게 '비열하다'는 말을 쓸 자격이 없습니다.

한국의 삼권분립 체제를 무시하고 기습적으로 경제 도발을 감행한 게 '비열한 행위'이며, 명분 없는 짓을 저지르곤 한국이 북한에 전략물자를 밀수출했다고 거짓 평계를 대는 게 '비열한 행위'입니다. 일본 정부를 규탄하기 위해 한국인들이 자발적으로 벌이는 일제 불매운동은, '비열함'에 대한 격조 높은 응징입니다. 산케이 기사 제목은 이렇게 바꿔야 합니다.

"한국인들의 일제 불매운동은 비열한 행위에 대한 고상한 응징"

20190712

비판

회사의 '방침'에 어긋나는 기사를 썼다는 이유로 '소신파' 기자를 중징계한 신문사가, 당의 '방침'에 반기를 든 '소신파' 의원이 자진 탈당했다는 이유로 그 당을 비판하는 건, 너무 심하지 않은가요?

자기와 '비교比較'한 다음에 하는 거라서 '비판批判'입니다.

20201021

비하

[단독] 이승만·박정희 비하, DJ·盧 칭송… 공공기관의 고3 퀴즈(중앙일보 단독)

중앙일보 기자가 박정희 비하라고 주장한 문제는 "1961년 쿠데타를 주도하여 권력을 장악한 뒤, 1979년 사망할 때까지 18년 동안 장기집권을 이어갔던 인물은?"입니다.

중앙일보 기자가 이승만 비하라고 주장한 문제는 "첫 헌법에 따르면 대통령의 임기는 4년, 두 번까지만 할 수 있었다. 그런데 1950년대 내내 한 사람이 대통령 자리에 있었다. 헌법을 바꾸어가면서 12년 동안 권력을 독점했던 이는?"입니다.

여보세요. 저건 '사실'이지 '비하'가 아닙니다.

"한 달 후 대한민국"처럼 문재인이 대통령 되면 나라 망한다고 근거 없이 저주하거나, "한국인이어서 미안합니다"처럼 한국인 전체를 모욕하는 글 정도는 돼야 '비하'죠. 모두 중앙일보에 실린 글이군요. 20201006

빨갱이 1

해방 이후 친일파, 민족반역자, 부일附日 모리배, 토착왜구로 지목돼서 처벌받거나 학살당한 사람은 단 한 명도 없습니다. 그러나 '빨갱이'로 지목되어 처벌받거나 학살당한 사람은 수십만 명이 넘습니다. 친박근혜 집회에 내걸렸던 현수막 글귀처럼 '빨갱이는 죽여도 돼'는 한국 현대의 '상식'이었습니다. 이런 역사 경험에서 '토착왜구'로 지목돼 봤자 위협을 느낄 이유는 전혀 없습니다. 그러나 남을 '빨갱이'로 지목하는 것은, '살해 의지'를 표현하는 것과 같습니다.

문제는 '빨갱이는 죽여도 돼'라고 믿는 사람들이 정작 '빨갱이'가 무슨 뜻인지 제대로 모른다는 데에 있습니다. 어제 작고한 고 김홍일 의원도 '빨갱이 새끼'라는 욕을 들으며 참혹한 고문을 받았습니다. 고 김홍일 의원을 고문했던 자들은 자기 선배들이 하던 수법을 그대로 썼을 뿐입니다. 아버지를 빨갱이로 몰기 위해 자식을 고문하고, 남편을 빨갱이로 몰기 위해 아내를 고문하는 건 '그들' 사이에선 아주 '상식적인' 수법이었습니다. '그들'은 자기 일당의 불의하고 부당한 권력 행사에 방해가 되는 사람들을 죽이거나 가두기 위해서는 '빨갱이' 낙인을 찍는 게 가장 편한 방법이라는 걸 잘 알았고, 빨갱이 낙인을 찍는 데에는 고문이 가장 효과적인 수단이라는 것도 잘 알았습니다. 그러나 정작 '빨갱이'가 뭔지는 잘 몰랐습니다. 누군가를 빨갱이로 몰기만 하면 죽일 수도 있는 상황에서, 빨갱이 사냥으로 사익을 채우려는 사악한 욕망이 분출하는 건 당연한 일입니다. 얼마나 많은 사람이 빨갱이 사냥으로 사익을 챙겼고, 얼마나 많은 사람이 모함과 조작에 의해 희생당했는지는 짐작만 할 수 있을 뿐입니다.

지금 김대중 전 대통령에게, 노무현 전 대통령에게, 문재인 현 대통령에게 '빨갱이'라고 욕을 하는 자들 역시 과거의 빨갱이 사냥꾼들과 똑같은 지적 심리적 상태에 머물러 있습니다. "빨갱이는 죽여도 돼"라고 말하는 자들에게 "빨갱이가 뭔지 아느냐?"고 물으면, 십중팔구 대답하는 내용이 똑같습니다. "빨갱이가 빨갱이지, 무슨 설명이 필요해? 너도 빨갱이 아냐?"

빨갱이가 '빨치산'에서 유래했다는 근거 없는 낭설이 정설처럼 떠돌아다닙니다. 빨갱이는 노랭이처럼 빨간색에서 생긴 말이고, 빨치산은 파르티잔의 '한국식' 발음입니다. 빨갱이는 본래 '폭력혁명을 추구하는 공산주의자'라는 뜻입니다. "빨갱이는 죽여도 돼"라는 신념을 갖더라도, 자기가 누구를 죽이려 하는지는 알아야죠. 빨갱이가 누군지도 모르면서 죽여야 한다는 자들의 정신이, 묻지마 살인마의 정신과 다른 점이 뭘까요?

'빨갱이 사냥의 시대'는 투철한 이념의 시대가 아니었습니다. 무식이 생사람 잡던 시대였습니다. 무식은 순수와 진실의 편이 되기보다는, 사악한 사기꾼들의 편이 되기 쉽습니다. 20190422

빨갱이 2

빨갱이 = 폭력혁명으로 자본주의 체제를 타도하고 공산당 일당 독재체제를 수립하려는 자.

토착왜구 = 일본 군국주의 부활 책동에 동조하여 자국의 주권과 자국민의 존엄을 능멸하면서 사익을 도모하는 자.

이 나라엔 빨갱이도 토착왜구도 아닌 사람이 훨씬 많습니다. 토착왜구들이 빨갱이들과 싸우겠다는데, 상대를 찾을 수나 있을지 모르겠네요. 20190723

빵셔틀

일본이 한국을 화이트리스트에서 제외해 놓고 군사 정보는 계속 달라고 하는 건, 한국을 '빵셔틀' 취급하는 짓입니다. 제 자식이 빵셔틀 취급받으면 참지 못할 사람들이, 나라는 빵셔틀 노릇 계속해야 한다고 주장합니다. 나라가 빵셔틀이면, 국민 전체가 빵셔틀인 겁니다. 20190823

삐라

삐라는 영단어 bill을 일본식으로 발음한 겁니다. 우리나라에서 삐라라는 말이 사용되기 시작한 것은 3·1운동 직후부터였습니다. 한국전쟁 중 미군이 살포한 삐라만 25억 장이었는데, 한반도 전역을 스무 겹으로 덮을 수 있는 분량이었습니다. 미군은 삐라 살포, 즉 심리전을 위해 정신분석학과 심리학 전문가들을 대거 동원했고, 삐라 살포 전문 무기까지 만들었습니다.

삐라 살포는 심리전 전투행위입니다. 정부나 군 지휘부의 지시 또는 허가 없이 단독으로 심리전 전투를 수행하는 '단체'는 별도의

'교전단체'라고 보아야 합니다. 한 나라 안에서 별도의 '교전단체'가 활동하도록 놓아두는 정상 국가는 없습니다. 그런 '교전단체'는 영토 밖으로 쫓아내는 게 옳습니다. 20200612

사고四苦

부처는 생로병사의 사고四苦에서 벗어나려 고행에 나섰지만, 현대인은 '사고'를 덜기 위해 병원을 찾습니다.

현대인은 '병원에서 태어나서 병원에서 죽는 사람'입니다.

천국이든 지옥이든, 병원을 거쳐야 갈 수 있습니다.

병원이 '산업시설'보다는 '종교시설'에 가까워야 하는 이유입니다. 20190528

사과

천안함 사건 이후 북한은 사과하기는커녕 "남측 정부 관계자가 돈 봉투를 들고 찾아와 '귀측에서 보기에는 사과가 아니고 우리 측에서 보기에는 사과로 해석할 수 있는 말 한마디만 해달라'고 사정했다"고 주장했습니다.

북한의 사과가 미흡해서 수용할 수 없다고요? 20200925

사기꾼

며칠 전 "돈 안 주고 줬다고 했겠나"라는 사설을 냈던 조선일보가 이번엔 똑같은 사건을 두고 "사기꾼 말을 어떻게 믿나"라는 사설을 냈습니다.

능숙한 사기꾼은, 99%의 사실에 1%의 허위를 섞습니다.

저급한 사기꾼은, 어제 한 말과 오늘 하는 말이 다릅니다.

20201022

사람과 야수

"검찰이 자기들 기득권을 지키려고 난리 치는 건 알겠는데, 저런 검찰을 단속하지 못하는 것도 무능해 보인다"는 사람이 꽤 많습니다. 사람의 '능력'은, 탐욕에 사로잡혀 야수가 된 존재의 '능력'과 다릅니다.

야수가 사람을 문다고, 사람이 야수를 물 수는 없는 법입니다.

20191223

사람다움

1950년 여름, 낙동강 전선에 투입된 병사들은 하루에도 수천 명씩 부상당했습니다. 당시 한국에는 총과 대포에 다친 사람을 치료한 경험을 가진 의료진과 병원이 거의 없었습니다. 중상자들은 1949년에 급설된 부산 제5 육군병원으로 후송되었는데, 바로 수술실에 들어갈 수 있는 사람은 아무도 없었습니다. 부상자들은 병원 앞마당을 넘어 인근 들판에 이르기까지 일부는 멍석 위에, 일부는 맨땅에 눕혀졌습니다. 긴급 모집된 간호장교와 자원봉사자로 구성된 보조 인력들에게는 긴급 수술 대상자를 찾는 임무가 부여됐습니다. 그들은 누워있는 부상병의 다리를 힘껏 밟아 반응이 있으면 수술실 가까운 곳으로 옮기고, 반응이 없으면 그대로 두라는 지시를 받았습니다.

수술실에서는 말 그대로 '생지옥'이 연출됐습니다. 마취제도 없었고 마취 의사도 없었기 때문에 환자가 맨정신인 상태에서 팔다리를 자르는 것이 수술이었습니다. 전쟁 중 미군 군의관들은 한국 군의관들에게 '절단의 천재'라는 별명을 붙였는데, 안 잘라도 되는 팔다리를 마구 자르는 데 능하다는 이유에서였습니다. 팔다리를 잘리게 된 환자 중 조금 상태가 나은 사람들은 몸부림을 치며 악을 썼지만, 수술 후에는 어쩔 수 없이 잠잠해졌습니다.

지금 대구 경북 일대의 병원들은 코로나19 환자로 인해 '전시상태'를 방불한다고 합니다. 전시상태는 '인간성의 밑바닥'이 드러나는 상태이기도 합니다. 개인 차원에서는 체면, 염치, 이타심, 측은지심 등 '인간다움'을 구성했던 모든 것을 내버리고 '동물적 생존본능'만 남겨야 하기 때문입니다. 그런 상태에서도 '고귀한 인간성'을 발산하는 사람들은 언제나 있었습니다. 지금도 남들 다 꺼리는 환자들을 돌보기 위해 대구 경북으로 자원해 달려간 의료인들이 있습니다. 병실이 태부족한 상태에서 자가격리 원칙을 철저히 지키며 차례를 기다리는 확진자도 있습니다.

하지만 방호복 입고 고생하는 간호사들을 자기 노예 취급하면서 '저질 인간성'을 유감없이 드러내는 환자들도 적지 않답니다. 오죽하면 간호사가 "소리 지르고 욕하지 말아 달라"고 사정하겠습니까? 남에게 병을 옮길 수 있다는 생각은 아예 하지 않고, 자기 권리만 주장하는 확진자들도 적지 않습니다. 경북에서 확진자가 가장 많은 경산에서는 자기 지역에 '치료센터' 들어오는 걸 막아야 한다고 난리 치는 사람이 많습니다. 이웃에 대한 최소한의 측은지심도 없는 사람들입니다.

'인간성의 밑바닥'도 사람마다 다릅니다. 사람이라면, '생존본능'에도 사람다운 점이 있어야 할 겁니다. 병실에서 간호사를 노예 취급하며 욕하고 소리 지르는 환자라면, 아직 기운이 펄펄하다고 보아야 할 겁니다. 그런 사람들을 '생활치료센터'로 옮기고, 그가 차지한 병상을 중증 환자에게 '강제 양보'시키는 방안도 고려할 필요가 있을 듯합니다. 어떤 상황에서도, 먼저 존중해야 할 것은 '사람다움'입니다. 어려울 때일수록 '사람다움'을 지켜야 피해를 줄일 수 있다는 게, 역사가 주는 가장 큰 교훈입니다. 20200304

사람대접

아마도 지금 검찰은 "이 정도로 들쑤셨는데도 대통령과 여당 지지율이 떨어지지 않는 건 국민이 멍청하기 때문"이라고 생각할 겁니다.

'사람'을 상대로, 똑같은 수법을 써서 똑같은 결과를 기대하는 거야말로, 멍청하기 때문입니다.

사람을 사람대접하지 않는 게 버릇이 되면, 모든 면에서 '인간의 자격'을 잃습니다. 20191213

사람의 자격

"성행위의 직접 증거가 없으면 성매매 혐의로 기소할 수 없다."

"공소장 위조는 형사처벌 대상 아니다."

"주가가 최고점일 때 팔지 않고 계속 가지고 있으면 미실현 이익 은닉죄에 해당한다."

이런 사람들에게 법과 정의에 대한 판단을 맡기고 사는 건, 뇌를 쥐에게 맡기고 사는 것보다 훨씬 더 위험합니다.

대한민국 검찰은, 무소불위의 권력에 취해 이미 사람의 자격을 잃었습니다. 20191023

사살 기념비

우리 군이, 우리 관할 지역에서, 월북이 의심된다는 이유로—북 관할 구역으로 넘어가지는 않았으니까— 우리 국민을 사살했습니다. 우리 국민이 죽었는데, 그걸 기념하는 '기념비'까지 세웠답니다.

2013년 박근혜 때 일입니다.

기자 여러분, 늦었지만 우리 국민의 생명을 '기념비' 감으로 취급한 경위에 대해서도 비분강개한 기사 좀 써주시죠. 20200930

사상검증

"천안함 폭침이 북한 소행이라고 믿습니까?" (2011.10. 나경원이 박원순에게)

천안함 침몰 사건과 관련해서는 '1번'이라고 적힌 어뢰 파편이 유일한 증거물이었고, 정부의 발표 내용에도 서로 모순되는 점이 있어 여러 의혹이 제기되었지만, 당시 이명박 정부와 한나라당은 '의혹 제기' 자체를 사상이 불순한 증거로 취급했습니다. '천안함'은 그

후 지금까지 10년이 지나도록 '사상검증'의 잣대가 됐습니다. 대통령 선거 때도, 통일부 장관 인사청문회 때도, 최근의 국정원장 인사청문회 때도, 한나라, 새누리, 미래통합당 사람들은 "천안함 폭침이 북한 소행이라고 믿습니까?"라는 질문을 빼놓지 않았습니다. 그리고 10년이 지난 이제, 천안함 사건의 진상에 대해 왈가왈부하는 것 자체가 '시대착오'처럼 됐습니다. 그렇다고 천안함과 관련한 의문점들이 말끔히 해소된 것은 아닙니다. 판단의 영역에 있던 것이 믿음의 영역으로 이동했을 뿐이죠. 하지만 '판단을 위한 의문' 자체를 죄악시하는 것은, '근대 이성'에 반하는 행위입니다.

"박원순과 피해자 중 누구 곁에 설 것인지 명확한 입장 밝혀라."
(2020.7. 정의당 대변인이 문 대통령에게)

박원순 사건 역시 변호인 김재련의 주장만 있을 뿐, 텔레그램 대화방 초대화면 말고는 이렇다 할 증거는 없습니다. 물론 물적 증거를 제시하기 어려운 사안이긴 합니다. 하지만 서울시 비서실 직원들을 대상으로 한 이후 수사에서는 김재련의 주장과 모순되는 정황들이 드러났습니다. 이를 두고 "서울시 간부들이 아직도 박원순의 그늘 아래 있기 때문"이라고 주장하는 사람들이 있으나, 박원순 일생의 행적과 대선을 앞두고 그가 얼마나 '조심'하고 있었는지를 고려하면, 이런 주장을 선뜻 받아들이기 어렵습니다. 고소인이 '성희롱'이라고 느낄 만한 점이 있었다고 해서 박원순이 '성추행'했다고 단정할 일도 아닙니다. 그런데도 박원순 사건은 벌써 민주당 사람들이 반드시 입장을 밝혀야 하는 '사상검증'의 잣대가 됐습니다. 앞으로도 오랫동안 '박원순의 일생'은 수시로 짓밟힐 겁니다.

게다가 의혹을 해소해야 할 언론매체들조차도, 의문 자체를 불온시하는 '반이성적 태도'를 보이고 있습니다. '무죄 추정의 원칙'이 '유죄 가능성'을 배제하는 것이 아니듯, '피해자중심주의'가 '가해사실'을 확정하는 것도 아닙니다. 그런데 심지어 언론사들이, '의문점'들을 제시했다는 이유로 기자를 징계하고 논설 고문을 해임했습니다.

의문 자체를 불온시하는 것은 진보적이지도 민주적이지도 않습니다. 저는 지난 총선 직후 정의당이 '일하는 사람의 정당'이라는 '구舊 진보'에서 여성, 청년, 기후 환경, 동물권 등을 중심으로 하는 '신新 진보'로 방향을 틀었다고 썼지만, 이제 그 판단을 철회합니다. 진상을 확인하기 전에 '사상검증'부터 하는 진보는 없습니다. 2020년 정의당 대변인의 말은 2011년 나경원의 말과 그리 다르지 않습니다. 정의당 원로 인사의 입에서 "정의당보다 미래통합당이 더 진보정당 같았다"(한겨레 2020.9.2.)라는 말이 나오는 건, 이상한 일이 아닙니다. 20200907

사이비

평소에는 자기들끼리 '형제님 자매님' 하며 서로 끌어안던 사람들이, 아프니까 '1인 1실'을 고집합니다.

사이비 종교집단의 본질은 언제나 극단적인 이기심 덩어리에 신앙심이라는 '얇은 껍질'을 덮은 것이었습니다.

'인류애'를 가르치지 않으면, 이름이 뭐든 다 사이비입니다.

20200306

사이코패스

자유한국당 김현아 의원이 '남의 고통에 공감하지 못하는 게 사이코패스면 자기 고통을 느끼지 못하는 건 한센병'이라며 대통령을 한센병 환자에 빗댔습니다.

누구도 남의 육체적 고통을 똑같이 느낄 수는 없습니다. 문제는 심리적 고통입니다.

옛날부터 한센병 환자와 그 가족은 감당하기 어려운 고통을 느끼며 살았습니다.

그 고통을 상상하지 못하는 게 바로 '사이코패스'입니다.

의학용어 '사이코패스'를 일상생활 용어로 바꾸면, '양심 없는 인간'입니다. 20190516

사익 지상주의 1

글로벌시대이자 다극시대에, '친일파'라는 말이 욕으로 쓰이는 게 바람직한 현상은 아닙니다. 사실 '친일'은 부차적인 문제입니다. 일제강점기 '친일파'들은 일본에 진심으로 충성하지 않았습니다. 자기 민족과 나라도 배반하는 자들이 남의 나라에 충성할 리 없죠. 그들은 '친자기파', '사익 지상주의자', '극도의 이기주의자'였을 뿐입니다.

'본왜'—진짜 일본인을 토왜와 구분해 이렇게 부르기도 했습니다—와 '토왜'의 차이점은, '본왜'는 언제나 '친일'이지만 '토왜'는 상황에 따라 태도를 바꾸는 기회주의자라는 점입니다.

일본군의 밀정 노릇 하면서 동족의 재산을 빼앗고 부녀자를 겁탈한 일진회원이나, '동족의 손톱에 대못을 박고 뼈를 뭉개며 코에 고춧가루 물을 들이부었던'(반민특위 위원장 김상덕의 표현) 조선인 일제 경찰들은 일본을 위해서가 아니라 오직 '자기만'을 위해서 그런 짓을 한 겁니다. 그들은 일본의 힘이 셌기 때문에 친일파, 토왜가 됐을 뿐입니다.

지금 한국인 대다수가 친일파, 토왜에 대해 갖는 감정은, 저들의 지독한 '사익 지상주의'로 인해 공동체의 분열, 파괴를 겪은 데에서 온 트라우마라고 할 수 있습니다. 이 트라우마도 근원적 요소를 청산해야 치유될 수 있습니다. '사익'이 모든 것을 앞서는 곳에는 정의도 인도도 없습니다.

'사익 지상주의'의 열렬한 전도사로서 가진 자의 편에서만 세상을 보는 '뉴라이트' 의식을 청산하는 게, 이 시대의 '친일청산'일 겁니다. 간단히 말하면, '갑질'하는 자가 현대의 '토착왜구'입니다.

20190325

사익 지상주의 2

이완용이나 일진회원 같은 토착왜구들이 무슨 희대의 '악마'는 아닙니다.

그들은 나라의 위기보다 자기 일족과 일당의 이익이 더 중요하다고 생각한 보통의 '사익 지상주의자'였을 뿐입니다.

어쩌면 요즘 토착왜구는 110년 전보다 더 많을지도 모릅니다.

20190405

사익 지상주의 3

"일단 급한 불부터 끄고 나중에 얘기하자."

일상생활에서도 자주 쓰는 말입니다.

불 끄는 게 무엇보다 급한 일이라는 건, 따로 배우지 않아도 압니다.

배워야 아는 게 식識, 배우지 않아도 아는 게 지知입니다.

그래서 배우지 못해 모르는 '무식'은 죄가 아니지만, 배우지 않아도 알 수 있는 걸 모르는 '무지'는 죄입니다. 흉악범더러 '무식'하다고 하지 않고 '무지막지'하다고 하는 것도 이 때문입니다.

나경원 자유한국당 원내대표가 국가 비상사태 대응을 지휘해야 할 안보실장에게 자기들 질문 다 받고 난 다음에 가라고 했답니다. 의원들은 도중에 저녁까지 먹었답니다.

뭐가 중하고 급한지 모르는 무지는, 박근혜 개인만의 문제가 아닙니다.

나라의 비상사태보다 자기 개인이나 집단의 관심사를 더 중시하는 게 '사익 지상주의'입니다. '사익 지상주의'는, 언제나 '반(反) 공공의 무지'를 낳습니다.

우리 사회의 급한 불은, 저 끔찍한 '사익 지상주의'와 그 정치적 대변자들입니다. 20190405

사케

한자 주酒를 우리말로는 술, 일본어로는 사케라고 합니다.

백화수복이라는 상호가 붙은 한국산 '술'을 군이 '사케'라고 부르는 자들이 있습니다.

그들이 바로 한국의 모든 것을 '일본화'하려는 '반한 종족주의자'들입니다. 20190805

사탄

"한국인 2천만 명이 북한 주민 한 놈씩만 안고 죽으면 된다."

인류가 상상했던 어떤 사탄도, 4천만 명을 죽이자는 말을 들으면 서 '아멘'을 외친 '신앙인'들보다 악랄하고 잔인하진 못했습니다.

아마도 지금의 한국은, 지구상에서 가장 많은 사탄이 서식하는 땅일 겁니다. 20190523

사탄의 자식

과거 "임진왜란 때 스페인 선교사가 일본군을 따라 조선에 왔는데, 이순신 때문에 조선 선교에 실패했다. 이순신은 기독교 선교를 방 해한 사탄의 자식이다"라고 주장하던 기독교인들이 있었습니다.

자기 신앙을 중심에 두고 세상을 보면, 종교적 이유로 이순신을 욕할 수도 있고, 종교적 이유로 왜적 편을 들 수도 있을 겁니다.

하지만 지금 한국 기독교 대형교회 목사들이 아베에게 사죄해 야 한다고 주장하며 한국 정부를 공격하는 건 '종교적 이유'에서가 아닙니다. 야스쿠니 신사에 참배한 아베와 일본 우파 정치인들은 '일본 신도' 신자이지 기독교 신자도 아닙니다. 한국의 대형교회 목 사들은 '정치적 목적'으로 종교를 악용하고 있습니다. 그들은 예수 그리스도를 국가 위에 놓는 것이 아니라, 자기 발밑에 깔아뭉개고 있습니다. 이런 자들이야말로, 진짜 '사탄의 자식'들입니다.

PS 1. 근래 SNS나 카톡 등에 가짜뉴스를 퍼뜨리거나 민주 시민 들을 서로 반목하게 하려고 획책하는 자들이 '종교인 과세' 문제에 어떤 태도를 보였는지 상기할 필요가 있습니다. 과거 '십일단'을 운영한 자도 목사였습니다.

PS 2. 본문에 '일부' 두 글자가 빠졌습니다. 그런데 요즘 세태로 보면, '일부'라기엔 너무 많은 것 같습니다. 피자 한 쪽은 '일부'지만, 네 쪽쯤 되면 '반 판'이라고 합니다. 20190806

사회의 깡통

전에 "요즘 언론은 사회의 목탁이 아니라 사회의 쪽박"이라고 했는데, 쪽박 들던 각설이는 '장타령'이라도 불렀습니다.

'의혹'을 해소하기는커녕 부추기는 글만 써놓고 '클릭 수'나 늘리려는 건, 깡통 두들겨 구걸하는 짓과 다를 바 없습니다.

'사회의 쪽박'을 '사회의 깡통'으로 정정합니다. 20190829

사회주의

여러 언론사가 "민주당의 공약은 전부 사회주의 정책이며, 이번 총선은 체제를 선택하는 선거"라고 한 어떤 목사의 말을 그대로 받아 적어 보도했습니다.

'사회주의'가 무슨 뜻인지도 모르는 사람이 '하나님의 뜻'을 어떻게 알겠습니까?

저런 사람에게 설교 듣는 신도들이나, 저런 무식한 말을 그대로 보도하는 언론매체나. 20200211

삭발 1

머리카락은 나고 자라고 탈색되고 빠지기 때문에 생로병사의 사고
四苦를 압축적으로 표현하는 신체 부위입니다. 불교 승려가 삭발하
는 건 세속의 모든 욕망을 끊어 '사고'에서 벗어나겠다는 결의를 표
현하기 위해서입니다. 군국주의 시대 일본 군인이나 야쿠자들이 싸
움에 임하기 전에 '삭발'한 것도 불교의 영향으로 추정됩니다. 그들
의 '삭발'은 모든 사사로운 관계를 끊고 오직 '천황'이나 '조직'에만
충성하겠다는 결의의 표현이었습니다.

일제강점 이전 우리나라에선 불교 승려 아닌 사람들이 '삭발'로
결의를 다지는 풍습은 없었습니다. 안중근은 이토를 죽이러 떠나
기 전에 자기 손가락을 잘라 결의를 다졌습니다. 최익현은 "내 머리
는 자를지언정, 내 머리카락은 자를 수 없다"고까지 했습니다. '삭발
결의'는 일본 군국주의가 우리 문화에 심어놓은 식민지 잔재라고
할 수 있습니다.

해방 후 우리나라에서도 많은 사람이 '삭발'로 자기 결의를 표시
하곤 했습니다. 하지만 요즘엔 '삭발'을 일종의 패션 요소로 선택하
는 사람도 많습니다. 이제 '삭발 결의'라는 식민지 잔재를 청산할 때
도 되었습니다. 설령 이 식민지 잔재를 그대로 끌어안고 가더라도,
일본 야쿠자 집단에 유독 '삭발'하는 자가 많은 이유 정도는 알아야
할 겁니다. 야쿠자가 삭발한다고, 그 '결의'를 좋게 봐줄 수는 없습
니다. 20190503

삭발 2

'삭발 결의'를 식민지 잔재라고 하는 건 과거 불의에 항거하여 삭발

했던 분들에 대한 모욕이니 사과하고 글을 내리라는 사람이 더러 있기에 부연합니다.

일부 역사학자들은 '만세'를 외치며 두 팔을 번쩍 드는 것 역시 '일본식'이자 '식민지 잔재'라고 합니다. 저도 그럴 가능성이 상당히 크다고 봅니다. 일제강점기에는 온갖 행사 때마다 일본인과 한국인들이 자의로든 타의로든 두 팔을 번쩍 들며 '덴노헤이카 반자이(=천황폐하 만세)'를 외쳤습니다. 그렇다고 해서 3·1운동 때 '만세'를 부르며 두 팔을 번쩍 들었던 선조들의 행위가 평가절하되지는 않습니다.

다만 '대한독립'을 위해 만세를 부른 사람이 있었던 반면, 일본 천황의 만수무강을 위해 만세를 부른 사람도 많았다는 사실은 기억할 필요가 있습니다. 일제강점기에 '만세'를 불렀다고 다 독립운동한 사람이 아니듯, '삭발'한 사람이 다 '불의에 항거'하는 사람은 아닙니다. 모든 '삭발'을 '불의에 항거'하는 약자의 행위로 보는 게 더 문제일 겁니다. 20190503

삼일절

1898년 대한제국은 고종 생일인 만수성절과 이성계의 건국일인 계천기원절을 '국경일'로 지정했습니다. 그 이전까지 '특별한 날'은 하늘이 스스로 표현한 날이거나 '신의 날'이었습니다. 설날이나 추석은 몇 주년인지 따질 수 없는 '초역사적'인 날입니다. 크리스마스나 석가탄신일은 주년을 헤아릴 수 있으나 주인공들은 '사람의 영역'을 초월한 존재입니다. '국경일' 지정은, 인간의 시대, 역사의 시대, 국가의 시대가 도래했음을 알리는 신호였습니다.

국경일은 '현존 국가의 탄생'과 관련된 '인간의 행위'를 기념하는 날입니다. 대한민국 임시정부는 삼일절과 개천절을 국경일로 지정했습니다. 개천절은 '인간의 행위'를 기념한다고 보기 어려운 점이 있지만, 삼일절은 이름도 남기지 않은 수많은 사람이 자기 피를 '시간'에 새긴 날입니다. 그런 점에서 삼일절은 '인간의 날'이자 '역사의 날'이며 '민족의 날'입니다. 삼일절 100주년이 얼마 남지 않았습니다. 그날, 민족사에 통일을 향한 새 이정표가 세워지길 바랍니다.

20190121

상식 1

문 대통령 딸이 아버지의 출마를 반대했었다는 건 주지의 사실입니다. 그가 '대통령 딸'이라는 위치를 부담스러워 했으리라는 건 '상식'으로 짐작할 수 있는 일입니다. 그의 해외 이주에 의심이 생기더라도, 먼저 상식으로 판단하고 다른 의혹 거리가 생겼을 때 추적하는 게 정상적인 태도입니다.

자유한국당 곽상도 의원이 문 대통령 딸의 해외 이주를 '비리와 관련된 의혹 거리'라고 제 맘대로 판단하고, 어린 대통령 외손자의 신상정보까지 공개했습니다. 강기훈 유서 대필 조작사건에 관여했던 '인권유린 검사'의 본색을 그대로 드러낸 행태입니다.

우리 사회의 '상식'이 의심해야 할 건, 대통령 딸의 해외 이주가 아니라 저런 사람이 어떻게 아직 국회의원인가 하는 점입니다. '상식'의 기준을 바로 세우지 못하면, '모든 인간의 기본권'이 유린됩니다. 20190130

상식 2

부인이 기소되면 조국 장관도 물러나는 게 상식적 태도라는 사람이 많습니다.

지금까지 검찰이 그 많은 인원을 동원해서 밝혀낸 건, "검찰이 이성을 잃었다"는 사실뿐입니다.

상식은, '이성이 살아있는 곳'에서만 통하는 겁니다. 20190924

상식과 염치

1.

남들 다투는 걸 구경하다가 "청와대에 투서投書하겠다."는 소리를 들은 게 수십 번쯤 될 겁니다. 물론 처음부터 다짜고짜 그러지는 않습니다. 다투던 상대가 경찰이나 검찰에 아는 사람 있다고 하면, 그때 가서야 꺼내는 '비장의 무기'였죠.

옛날에도 투서하는 사람은 많았습니다. 투서는 법 집행이 불공평하다고 느낄 때, 또는 법을 집행하는 자들이 범죄자들과 결탁했다고 생각될 때, 그 윗선에 직접 제보하는 수단이었습니다. 불법 포획한 고래 고기를 업자에게 되돌려 주는 검사, 검찰에게 불리한 증언을 했다고 별건 수사로 감옥에 보내는 검사, 이런 검사가 한둘이 아니기 때문에 사람들이 검찰을 건너뛰어 청와대에 직접 제보하고 투서하는 겁니다. 투서는 사법기관에 대한 불신의 표현입니다.

직접 제보나 투서를 받은 청와대가 이것들을 묵살하는 게 옳은 일일까요? 투서는 시민이 민원을 직접 전달하는 수단인 동시에, 청와대가 국가기관들에 의해 차단될 가능성이 있는 민간 정보를 입수하는 경로이기도 합니다. 제보 내용을 검토해서 진위와 경중을 판단하고, 가볍지 않은 사안일 경우 관련 기관에 추가 조사를 지시하거나 잘못 처리한 기관장을 문책하는 건 청와대가 당연히 해야 할 업무입니다.

제보 내용이 가볍지 않다고 판단해 추가 조사를 지시한 걸 불법 '하명 수사'라고 한다면, 도대체 청와대가 할 일은 무엇입니까? 검찰총장의 수사 지휘권도 사실은 국민이 대통령을 통해 위임한 권한입니다. 국민이 수사해 달라고 부탁했고, 청와대가 그 부탁이 타당하다고 판단해 수사기관에 통보했는데, 검찰이 이걸 '불법'으로 모는 건 옛날로 치면 '대역죄'를 저지르는 셈입니다. 지금 소위 '하명 수사' 문제를 수사하는 검찰이야말로, 누구의 청탁을 받고 이런 짓을 하는지, 철저히 수사받아야 마땅할 겁니다.

2.

사원이 거래처에서 부당하게 접대받은 사실을 알았을 때, 회사는 그를 징계할 수도, 사표를 받을 수도, 검찰에 고발할 수도 있습니다. 그에 대한 처리 방침을 결정하는 건 회사의 '재량'입니다. 행위의 경중을 판단하는 것도 회사의 재량입니다. "해고하면서 전과자까지 만드는 건 인정상 너무 심하다."라고 판단할 수도, "저런 놈은 꼭 콩밥 먹여야 해."라고 생각할 수도 있습니다. 사실 많은 경우 고발은 '이중처벌'이 되곤 합니다. 우리 사회 곳곳에서 벌어지는 수많은 '비리'를 전부 검찰에 고발한다면, 지금의 검찰로서는 도저히 감당할 수 없을 겁니다.

비리나 범죄를 인지하고도 바로 고발하지 않는 건 어느 사회에서나 당연한 관행입니다. '불고지죄'는 국가보안법에나 있는 독소 조항입니다. 국가보안법상의 '불고지죄' 조항도 국회가 태만해서 아직 처리하지 못하고 있을 뿐, 이미 폐지하기로 여야가 합의한 상태입니다. 청와대 민정수석실이 지자체 부시장의 비리를 인지하고도 사표를 받는 선에서 마무리하기로 한 건, 당연한 '재량권' 행사라고 보는 게 타당할 겁니다.

사실 조직 내부의 범죄자를 고발하지 않고 사표 받는 선에서 마무리하는 건 검찰의 '특기'라고 보아도 무방할 겁니다. 지금 검찰이 '감찰 무마'라고 주장하는 일은, 검찰 내부에서는 수백 건도 넘게 일어났을 겁니다. 이런 게 수사대상이고 책임자를 처벌해야 할 일이라면, '수사 방해'나 '수사 무마' 죄로 처벌받아야 할 검사는 수백 명에 달할 겁니다.

3.

정경심 교수 공판에서 검찰의 '공소장 변경'이 불허됐습니다. 하지만 공을 차 놓고 골대를 옮기는 반칙을 범한 검찰은 미안한 기색조차 없습니다. 이런 파렴치야말로, 검찰 집단의 평균적 인성이 어느 수준으로 타락했는지를 보여주는 증거입니다. 그동안 검찰의 주장을 일방적으로 받아 쓰면서 조국 일가 죽이기에 앞장섰던 언론도, 전혀 자성의 기미를 보이지 않습니다. 이 역시 언론인 집단의 평균적 인성이 어느 수준으로 타락했는지를 보여주는 증거입니다.

4.

당연함에 반하는 것이 '부당'이고, 상식에 반하는 것이 '몰상식'입니다. 지금 검찰은 '당연히 했어야 할 일'과 '상식선에서 처리한 일'들을 '처벌 대상'으로 삼고 있습니다. 언론은 검찰의 이 '부당'과 '몰상식'을 공격하기는커녕, 오히려 검찰 편에 서서 '당연'과 '상식'을 공격하고 있습니다. 부당한 일을 당연하게 여기고, 몰상식을 체질화한 정치집단이 여기에 편승하고 있습니다. 몰상식과 파렴치는 본래 둘이 아니라 하나입니다. 우리 사회의 핵심 문제는 예나 지금이나 '이념 대립'이 아니라 '상식 대 몰상식의 대립'입니다. 검찰과 언론이 파렴치한 시대에는 시민이 '상식과 염치의 보루'여야 할 겁니다.
20191210

생트집

하다 하다 현직 법무부 장관이 야당 의원이던 시절, 그의 중학생 아들이 아프리카로 의료 봉사 간 것까지 '엄마찬스'라며 생트집을 잡습니다. 다음엔 '고등학교 입학할 때 봉사 활동 증명서 냈다'는 기사를 낼까요?

여당 의원이던 나경원 씨가 2년간 주유비로만 5천 8백만 원 쓴 거나, 박덕흠 씨 일가 기업이 피감기관에서 3천억 원 넘게 수주한 건 '무슨 찬스'를 쓴 걸까요?

조국, 추미애 자녀의 중학교 때 '봉사 활동'까지 문제 삼는 이유는, '법무부 장관 자녀'라는 것 하나뿐입니다. 부모가 법무부 장관인 게 자녀의 '죄'일 수 없습니다. 진짜 '죄'는, 검찰개혁을 막기 위해 법무부 장관 자녀까지 괴롭히는 짓입니다. 20200921

샤이보수

언론 기사에서 '샤이보수'라는 단어가 자주 보입니다. 사석에서 자기가 '샤이보수'라고 말하는 사람도 있습니다. '샤이'가 '속마음을 드러내지 않는'이라는 뜻인 줄 아는 거죠.

언론 기사는 모두가 알 수 있게 쉬운 글로 써야 합니다. 원뜻 그대로 '쪽팔린 줄은 아는 보수'로 바꿔야 할 겁니다. 그래야 선량한 독자들을 '쪽팔림'에서 구제할 수 있습니다.

쪽팔린 줄 알면서 쪽팔린 짓 하는 게, 모르고 하는 것보다 더 쪽팔리는 겁니다. 20200317

선거

세종대를 '문화융성기', 영조 정조대를 '문화중흥기'라고 합니다.

정치와 문화는 동전의 양면입니다.

이명박 박근혜 때가 지금보다 좋았다고 하는 건, 연산군 때가 세종 때보다 좋았다고 하는 것과 같습니다.

선거는, 자기 문화 수준을 결정하는 일이기도 합니다. 20200211

선무당

선무당이 칼춤 출 때는, 제풀에 지쳐 쓰러질 때까지 놔두는 것도 좋은 방법입니다. 억지로 말리면, 보는 사람들이 정말 '신통한 무당'이라고 생각할 수 있습니다.

지난 몇 달간, 검찰은 마구잡이로 '칼춤'을 추면서 그 의도까지 스스로 폭로했습니다. 지금까지도 검찰의 진짜 속셈을 모른다면, 보는 사람의 정신이 몸 밖으로 나갔기 때문이겠죠. 자기 정신이 몸 밖으로 나간 상태를 '미쳤다'고 합니다.

청와대 대변인이 검찰 수사관 자살을 둘러싼 의혹에 대해 관련 문건을 공개하여 족벌언론들의 악의적인 거짓 주장을 반박했습니다. 증거가 명백한데도, 저들은 거짓말로 사람들을 현혹하고 그 앞에서 칼춤 추는 선무당 짓을 계속하고 있습니다. 하지만 이 '칼춤'에 현혹되는 사람은 계속 줄어들 겁니다. 미친 사람이 아무리 많아 보여도, 제정신 가진 사람이 훨씬 더 많은 법입니다.

옛날에는 선무당과 야바위꾼들이 사람들을 홀려 돈과 정신을 빼앗아 가는 게 흔한 일이었지만, 이제 그런 짓에 현혹되는 사람은 아주 적습니다. 시민들이 정신만 놓지 않으면, 선무당과 야바위꾼들이 주도하는 '야만의 시대'를 끝낼 수 있을 겁니다. 20191204

선의善意

근대 교육 개시 이래 처음으로 개학이 연기됐습니다.

개신교보다 역사가 긴 불교와 천주교도 각각 역사상 처음으로 법회와 미사를 중단했습니다.

'예배의 가치를 모르는 자들이 악의적으로 교회를 공격'(한교총)한다고요?

전례 없는 공동체의 위기조차 외면하는 자들을 질타하는 건, 공동체 구성원들의 '선의'입니다. 20200316

선진국

글자를 배우고 나서 '선진국'보다 자주 본 단어는 그리 많지 않습니다. 방송에서도 신문에서도, 늘 '선진국'을 우리가 도달해야 할 '이상향'이라는 뜻으로 썼습니다. 역대 정권과 언론, 지식인들은 일인독재도, 인권 탄압도, 저임금 장시간 노동도, 모두 '선진국'으로 가기 위한 '시련'으로 취급했습니다. 현세에서 혹독한 시련을 겪어야 천국에 갈 수 있다는 '종교 담론'이 '정치 담론'으로 탈바꿈해서 사람들의 의식을 지배하고 행동을 제약했습니다.

우리 현실을 선진국과 비교하고 우리의 미래를 선진국으로 설정하는 담론의 홍수 속에서, 한국인들은 '선진국'에 대한 공통의 이미지를 형성했습니다. 집집마다 자동차 한두 대씩은 가진 나라, 시민들의 인권이 폭넓게 보장되는 나라, 일주일에 40시간 정도만 일해도 인간답게 살 수 있는 나라, 실직해도 굶어 죽을 염려 없는 나라, 국가가 부자에게 세금 많이 걷어 가난한 사람 도와주는 나라, 1년에 한 달 정도 휴가와 여행을 즐길 수 있는 나라……

한국의 구매력지수 기준 1인당 GDP가 일본을 추월했습니다. 한국의 언론 신뢰도는 세계 최하위이지만 언론자유지수는 아시아 최상위입니다. 한국 군사력이 세계 6위로 평가되었습니다. 한국 영화가 아시아 최초로 아카데미 작품상을 받았습니다. 한국 정부의 방역 행정 수준은 전 세계의 모범이 되었습니다. 지금 전 세계에서 "한국은 선진국 되려면 아직 멀었다"고 주장하는 자들은, 한국 내 일부 정치세력과 언론, 그리고 대다수 일본인 정도입니다. 물론 사람마다 마음에 차지 않는 점들이 있을 겁니다. 그래도 각 분야에서 세계 10위권에 드는 나라가 '선진국'이 아니라면, 도대체 어떤 나라가 선진국일까요?

지난 수십 년간, 우리 국민 모두 선진국이라는 '이상향'을 향해 고통을 참으며 살아왔는데, 아직도 자칭 '보수정당'과 수구 족벌언론, 지식인 일부는 국민에게 '후진국의 삶'을 강요하고 있습니다. 최저임금이 너무 많으니 깎아야 한다고 주장하고, 노동시간이 너무 짧으니 늘려야 한다고 주장하고, 대기업과 부자 세금은 깎고 가난한 사람 세금 늘리자고 주장하고, 복지 확대 때문에 나라 망한다고 주장하는 자가 너무 많습니다. 저들이야말로, 한국을 '후진국'으로 후퇴시키고 한국인들을 '후진국민' 상태에 묶어 두려는 '후진세력'입니다.

다 큰 어른에게 '중학생의 삶'을 강요하면서 "내 말 들어야 키 큰다"고 하는 자는, '정신 나간 자'입니다. 정신 나간 자의 말을 듣는 것도 '정신 나간 짓'입니다. 지금 우리의 문제는 경제력이나 군사력이 아니라, 국민을 영원히 '후진국민' 상태에 묶어두려는 '후진세력'입니다. 20200322

성인지감수성

작년 모 공공기관에 근무하는 지인에게 강연 요청을 받았습니다. 그러마고 답했더니 다음 날 실무자가 필요한 서류에 대해 안내하는 메일을 보냈습니다. 이력서와 통장사본 외에 〈성범죄 경력 조회 동의서〉에 사인해 보내라는 내용이었습니다. 순간 모욕감과 불쾌감이 치밀었습니다. "사람을 어떻게 보고? 성범죄 경력자로 의심하면서 강연 부탁은 왜 해?" 등의 생각이 스쳐 지나갔습니다.

다음 날 답 메일을 보냈습니다. "저를 성범죄 경력자로 의심하는 기관에서는 강의할 수 없습니다." 그러자 곧바로 실무자가 전화를 했습니다. 그는 "이미 홍보가 다 됐는데, 이제 와서 취소하면 어떡하느냐?"고 질책했습니다. 저는 물었습니다. "내가 아동이나 청소년 관련 기관에 취업하려는 거라면 이해할 수 있다. 하지만 다중을 상대로 한 차례 강연하는 것뿐인데, 거기에 〈성범죄 경력 조회 동의서〉가 왜 필요하냐? 그냥 〈범죄 경력 조회 동의서〉라도 납득할 수 있다. 사기범죄 경력은 왜 조회 안 하느냐? 다중을 상대로 하는 강연에서는 그게 더 문제 아니냐? 이게 과거 중앙정보부와 안기부에서 했던 〈신원조회〉와 다른 게 뭐냐? 차라리 당사자에게 통보하지 않고 알아서 조사하던 독재정권 시절 방식이 덜 모욕적이다." 등등. 하지만 여성 실무자는 "규정이라 어쩔 수 없다."는 말만 되풀이했습니다. 그는 제가 느낀 모욕감에 공감하기는커녕, 이해하려는 의지조차 보여주지 않았습니다. "성범죄 전력이 없으면 그만이지 그까 짓 거 써 주는 게 뭐가 어렵다고……"라는 생각이 그의 말투를 통해 그대로 전달됐습니다. 끝까지 거부했다간 '성범죄 전력이 있어 강연을 포기했다.'는 소문이 날까 두려워 결국 써 주고 말았습니다. 하지만 '헛소문'이 두려워 원치 않는 일을 했다는 굴욕감이 추가됐 습니다. 이 뒤로도 이런 일은 되풀이됐습니다. 이에 대한 항의가 많 았기 때문인지 최근에는 〈성범죄 및 아동 상대 범죄 경력 조회 동의 서〉로 바뀌었더군요. 물론 남녀 모두 써야 하는 〈동의서〉지만, 이 문 서에 대해 남자와 여자가 느끼는 '감수성'은 다릅니다. 물론 여자들 이 모욕감을 느끼는 상황은 더 많을 겁니다. 이런 상황에 모욕감을 느끼지 않는 남자들도 아마 있을 거고요.

역시 꽤 오래전, 아내와 함께 길을 걷다가 공중화장실 앞에서 바 지 지퍼를 올리지 않은 채 나오는 늙수그레한 남자를 봤습니다. 처 가 "저 사람 변태 아냐?"라고 말했습니다. 저는 "칠칠치 못해서 그 래. 나도 저럴 때 있어."라고 말했다가 등짝을 한 대 얻어맞았습니 다. "조심해. 변태로 오해받아." 30년을 함께 살았지만, 이런 문제에 서는 처와 저 사이에 '감수성'이 일치하지 않습니다. 저는 '실수'라 고 보는 것을 처는 '고의'라고 판단합니다. 저는 '본인의 망신'이라고 생각하는 것을 처는 '타인에 대한 가해'라고 인식합니다. 이 경우 제 처는 '성적 불쾌감'이라는 피해를 보았다고 할 수 있겠으나, 그렇 다고 그 남자를 '가해자'로 단정할 수는 없습니다. '피해를 보았다 고 느낀' 사람이 있다는 것과, '가해자'를 확정하는 것은 다른 문제 입니다.

요즘 '성인지감수성'이라는 말이 흔히 쓰이는데, 용어가 어려운 것도 문제지만 사용되는 방식에 더 큰 문제가 있다고 봅니다. 사실 '성인지감수성'은 그냥 '이성에 대한 배려심' 또는 '역지사지'라고 해 도 될 말입니다. 그런데 지금 이 말은 '감수성의 획일화'를 강요하는 용도로 사용됩니다. 나란히 앉아 같은 영화를 보면서도 한 사람은 손수건을 짜는데, 옆 사람은 덤덤히 앉아 있기도 합니다. 한 사람은 무섭다고 비명을 지르는데 옆 사람은 웃기도 합니다. 다른 사람과 눈만 마주쳐도 자기를 째려봤다고 흥분하는 사람이 있는가 하면, 만원 지하철에서 부딪힌 걸 성추행으로 느끼는 사람도 있습니다.

사람들은 같은 자극에도 다르게 반응하며, 다르게 느낍니다. 어떤 사람은 '소탈함'의 상징으로 느끼는 걸, 다른 사람은 '추잡함'의 상징으로 느낍니다. 사람은 심지어 같은 물건에 대해서도 다른 느낌을 받습니다. 아이돌 스타가 입은 속옷과 늙은이가 입은 속옷은 느낌상 다른 물건입니다. '감수성'은 획일화할 수 없고 해서도 안 됩니다. 감수성의 차이가, 같은 자극에도 다르게 반응하는 '인간다움'의 본령 중 하나이기 때문입니다. 설사 가족 사이라 해도 '감수성의 일치'를 바랄 수는 없습니다.

서로 다른 존재들이 공존하기 위해서는, 더 배려하고 더 이해하려는 태도가 필요합니다. 인류는 이제껏 '올바른 신앙심', '올바른 애국심', '올바른 사상', '올바른 태도'라는 미명 하에 수많은 사람을 죽음으로 내몰았습니다. 하지만 자신의 올바름을 과신하여 타인의 죽음까지 조롱하는 태도야말로, '올바름'과는 거리가 멀었습니다.

물론 '감수성의 차이'를 무한정 용인할 수는 없습니다. 그랬다간 우리 사회를 지탱하는 '매너'와 '의례'의 기반이 송두리째 무너질 테니까요. 그래서 사회적, 법률적, 의학적 기준이 필요합니다. 하지만 요즘처럼 성 관련 담론이 급팽창하고 세대 차이까지 겹쳐지는 상황에서 그 기준은 계속 바뀔 수밖에 없습니다. 그래서 수시로 '의학적으로 병적인지 아닌지', 또는 김재련 씨가 말한 대로 '법률적으로 죄가 되는지 아닌지'를 점검할 필요는 있습니다. 그렇지만 어떤 행위가 일단 병적이거나 범죄적 행위로 규정된다고 해서 그 기준이 항구적인 것도 아닙니다.

앞으로도 '감수성' 차이로 인한 오해와 갈등, 법적 다툼은 계속 늘어날 겁니다. 용인되는 것과 용인되지 않는 것들에 관해 새로운 기준이 만들어지고 정착했다가 다시 바뀌는 과정이 반복되겠죠. 하지만 이 과정이 '인도주의'에 위배되지 않게 하려면 '감수성은 결코 획일화할 수 없다'와 '범죄 여부의 기준도 민주적으로 만들어야 한다'는 등의 원칙은 세워야 할 겁니다. 몇 사람의 느낌, 혹은 '느낌에 대한 기억'이 단일 기준이 되는 사회는 결코 '인간의 사회'가 아닙니다. 20200828

성희롱

1993년, '서울대 우조교 사건'이라고 불리는 일이 일어났습니다. 지금이라면 '서울대 교수 성희롱 사건'이라고 이름 붙였겠지만, 당시에는 '성희롱'이라는 개념조차 없었습니다. 강간, 강간미수, 준강간, 강제추행만 범죄로 인정되던 때였죠. 당시 가해자의 동료 교수 일부는 "피고소인이 평소 남녀 가리지 않고 옆에 앉은 사람 허벅지를 주무르는 습관이 있었다"며 '성범죄'가 아니라고 두둔하기도 했습니다. 하지만 당시 피해자의 변호를 맡은 박원순 변호사는 '성희롱'이라는 개념을 도입하여 6년 만에 승소했습니다. 변론서는 당시 박원순 변호사와 함께 일했던 이종걸 변호사가 쓴 걸로 아는데, 그는 박변호사가 "역사에 남을 변론서가 될 테니 정말 잘 써야 한다"고 해서 정말 고심하면서 썼다고 얘기해 줬습니다. 이 사건 이후 '성희롱'이 법적 개념으로 정착했고, 공공과 민간을 막론하고 모든 기관에서 '성희롱 예방 교육'이 시행되었습니다.

작년, 서울북부지방법원 자리에 서울생활사박물관이 문을 열었습니다. 개관 준비 과정에서 유물 수집과 전시 기획을 도와줬는데,

막상 개관한 뒤에 보니 중요한 전시 주제라고 생각했던 항목이 빠져 있었습니다. 서울 변두리였던 지역 특성상 '종점 동네' 사람들 얘기가 필수적이라고 생각했는데, 버스 차장(안내양) 관련 전시물이 안 보이는 겁니다. 담당자에게 물었더니 젠더자문관이 "버스 안내양 관련 전시는 여성에 대한 왜곡된 인식을 심어줄 수 있다"고 해서 뺐다는 겁니다. 여러 가지 생각이 들었습니다. 실재했던 역사를 지우는 게 '왜곡되지 않은 인식'을 심어주는 방법인가? 젠더자문관이 아무것도 지적하지 않는 것은 직무유기로 비칠 수 있다고 생각해서 가볍게 한 말을 담당자가 너무 민감하게 받아들인 건 아닌가? 공무원으로서는 일단 지적 사항이 있으면 조치할 수밖에 없으니 어쩔 수 없었겠다고 생각하면서도, 일종의 '검열' 같아서 기분이 씁쓸했습니다. 하지만 박 시장도 이런 방식이 '검열'로 비칠 수 있다는 걸 모르지 않았을 겁니다. 그런데도 '젠더자문관'이라는 직책을 만들어 서울시의 모든 간행물과 전시물을 젠더 감수성 측면에서 재점검하는 걸 보고는 그가 얼마나 세심하게 여성의 마음을 헤아리려 하는지 알 수 있었습니다.

제가 알기로, 1986년 부천서 성고문 사건 변론을 맡은 이래 박원순보다 더 여성 인권의 신장에 기여한 변호사는 거의 없었습니다. 박원순보다 더 여성의 안전과 권익을 위해 노력한 지자체장도 없었습니다. 그가 왜 이런 선택을 했는지 판단하기에는, 아직 모르는 일들이 많습니다. 그런데도 그가 해온 모든 일을 '위선'으로 단정하고 비난부터 퍼붓는 사람이 너무 많습니다. 그가 평생 가면을 쓰고 여성을 대해 온 '위선자'일까요? 그가 이 땅의 여성들에게 남긴 모든 것을 다 내다 버려야 하는 걸까요? 20200710

세균과 바이러스

"정세균이라는 이름 때문에 전염병이 창궐한다." (모 대형교회 목사)

우리나라에만 전염병이 도는 게 아니라는 사실은 둘째 치고, 세균과 바이러스조차 분간 못하는 무식이 참 한심합니다.

세균과 바이러스가 다르다는 건 초등학교 때 배웁니다. 저런 사람의 설교를 들으며 '아멘' 하는 사람들의 공통 문제는, 신앙심이 아니라 몰상식에 있습니다.

초등학교 때 배운 걸 잊지만 않아도, 세상을 망치는 무식에서 벗어날 수 있습니다. 20200217

세월호

"세월호 한 척 갖고 이긴 문 대통령, 이순신보다 낫다." (자유한국당 정미경)

비유는 천박하지만, 본심은 밝혔네요.

세월호 한 척 때문에 졌다고 주장하는 건, 자기들이 '왜구보다 못한' 집단이라고 생각하기 때문입니다. 201907150

소

영화 〈워낭소리〉에서 공동 주연을 맡았던 소는 30년 넘게 살았습니다.

농촌에서 경운기가 소의 일을 대신한 뒤, 소의 평균수명은 5년 미만으로 줄었습니다.

노동자를 가축 취급하는 기업인이 많습니다. 기계가 인간의 일 대부분을 대신하게 되면, 인간의 생명은 어떤 취급을 받게 될까요? 20190116

소설

"추미애 입장문은 가족 신파 소설" (국민의힘 배현진)

"소설 쓰시네"라는 말에 공식 사과를 요구했던 '소설가협회'는 뭐 하나 모르겠습니다.

입장문에 '허구'가 전혀 없기 때문에 '소설'이 맞는다고 생각해서 가만히 있는 건가요? 20200914

손혜원식 투기

'바퀴벌레가 정력에 좋다'는 걸 입증하면, 한국에서 바퀴벌레가 멸종할 거라는 말이 있습니다.

이참에 언론들이 '손혜원식 부동산 투기'를 적극 권장하면 정말 좋겠습니다.

오래된 도시들의 골칫거리인 구시가지의 슬럼화 문제를 단박에 해결할 수 있을 겁니다. 20190117

송병준

송병준은 본래 민영환 집 겸인(=식객)이었습니다. 민영환이 턱짓으로 부리면 네, 네 하고 대령하던 자가 일본에 빌붙어 권력을 얻었고, 민영환이 순국한 뒤에는 그 집 재산까지 착복했습니다. 무일푼이 던 그는 일본을 등에 업고 한국인 재산을 수탈한 지 10년도 안 되어 '조선인 10대 부호' 반열에 올랐습니다.

저 시절의 토착왜구에 비하면 요즘 토착왜구들은 참 '가성비' 떨 어지는 짓들을 하고 있습니다. 토착왜구 짓이 '투기'가 되기에는, 시 대가 너무 많이 변했습니다. 20190806

수사 지휘

추미애 장관의 '지휘'를 요약하면, "총장 최측근이 관련된 사안이 니, 쓸데없는 오해 받지 않게 수사하라."일 겁니다.

이렇게 간단명료한 '지휘'조차 이해하지 못하고 '쓸데없는 오해' 를 자초하는 게 검찰의 '위상'을 지키는 거라고 믿는 검사장들이 있 다는 건, 검찰에나 나라에나 정말 불행한 일입니다. 20200706

순국

1895년 단발령이 공포되고 을미사변이 일어나자, 유인석은 변란 의 시대에 의를 아는 유생은 모름지기 거의소청擧義掃淸 (의로써 봉 기하여 불의한 집단을 척결한다), 자정치명自靖致命(스스로 목숨을 끊 어 욕을 당하지 않는다), 거지수구去地守舊(거처를 옮겨 옛 도를 지키며 산다)의 세 가지 중 하나를 선택해야 한다고 했습니다. 이를 '처변 삼사處變三事'라 합니다. 이후 이는 도의를 중시하는 유생들의 행 동 지침이 됐습니다.

1905년 을사늑약이 체결된 뒤 이 지침에 따라 전국에서 의병이 봉기했고, 상당수 유생이 자결했으며, 망명하는 사람도 있었습니다. 그런데 '자정치명'과 관련해서는 웃지 못할 일도 있었다고 합니다. 모처에 가문으로나 학문으로나 유명한 유학자가 있었는데(사자의 명예와 관련된 일이라 실명은 쓰지 않습니다), 그 제자들은 목숨이 아까워 의병을 일으킬 생각도, 재산이 아까워 망명할 생각도 없었습니다. 그들은 제 땅에서 계속 편히 살면서도 명예를 지킬 방법은 자기들 스승이 자결하는 것밖에 없다고 생각했습니다. 그런데 아무리 봐도 스승은 자결할 생각이 없는 것 같았습니다. 이러다 스승이 "의병을 일으키자"고 나서기라도 하면 큰일이라고 생각한 그들은, 스승 집 마당에 돗자리를 깔고 모여 앉아 "스승님, 제발 목숨만은 끊지 마십시오"라고 큰소리로 울부짖는 시늉을 했습니다. 이 소문은 곧 인근 지역으로 퍼져 나갔습니다. 스승은 자기더러 죽으라고 '쇼'를 하는 제자들이 괘씸했지만, 이미 소문이 퍼진 상황에서 죽지 않았다간 가문에 먹칠하게 될까 봐 어쩔 수 없이 '자결'했습니다. 아마 제자를 잘못 가르쳤다고 자책하며 죽었겠죠.

황교안 대표가 단식을 시작한 지 이제 겨우 엿새째인데, '황교안 당대표 순국 대비 국민장의위원회'가 발족했답니다. 저 위원회를 만든 사람들은 황교안 대표 지지자를 자처한다는데, 황교안 대표 눈에 저들이 어떻게 보일까요? 자기 죽기를 기다리는 사람들 곁에 둘러싸여 있는 심정을 생각하면, 황 대표도 참 안 됐습니다. 저런 인성人性을 가진 사람들의 지지를 받는다는 건, 부끄러워해야 마땅한 일입니다. 지금이라도 자기 지지자들의 '인성人性'이 어떤 수준인지 깨닫는다면, 앞으로의 인생에 큰 도움이 될 겁니다. 20191125

스페인 독감

'근래 혹독한 독감이 전국에 만연하여 거의 모든 사람이 고생하고 있다. 다른 병이 있는 사람, 노약자, 조섭을 잘못한 사람에게는 더 위험하고 때로 사망에 이른다. 우리나라뿐 아니라 서양 아프리카 동인도 말레이반도 등 전 세계에 유행하여 어떤 나라에선 매일 수백 명 혹은 천 명까지 죽는다.'

삼일운동이 일어나기 넉 달 전인 1918년 11월, 가톨릭 교단에서 발간하던 잡지 〈경향〉 기사 중 일부입니다. 우리에게 '인플루엔자'라는 단어가 알려진 것도 이 기사를 통해서였습니다. 1918년 초여름 프랑스에 주둔하던 미군 병영에서 처음 환자가 발생한 이 독감은 유럽에서 철수하는 군인들을 따라 전 세계로 확산했습니다. 전 인류의 3분의 1 정도가 감염됐고, 치사율이 10%에 달한 지역도 있었습니다. 사망자는 2,500만 명에서 5,000만 명 사이로 추산되며, 중세 유럽의 페스트 사망자보다 많아 지금껏 인류 최악의 재앙으로 불립니다. 당시 한국에서도 총인구의 3분의 1인 700만 명 이상이 감염되고 15만 명 가까이 사망했을 것으로 추산됩니다.

오랫동안 이 독감은 '스페인 독감'이라고 불렸는데, 사실 발병과 확산에서 스페인이 관여한 바는 거의 없습니다. 1차 대전에 참전하지 않은 스페인에서는 전시 검열이 없어 독감 관련 기사가 스페인 신문들에 주로 실렸기 때문이라는 허탈한 후문이 전합니다. 이제는 '스페인 독감'이라는 말을 쓰지 않는 것이 '상식'이 되었습니다. WHO 등의 국제기구에서도 질병에 지역명이나 국가명을 넣지 않습니다. 세균과 바이러스에게는 '국적'이 없기 때문입니다. 물론 과거에는 바이러스에게 국적을 부여하기도 했습니다. 한탄강에서 이름을 딴 한탄바이러스, 서울에서 이름을 딴 서울바이러스 등도 있습니다. 그런데 이런 이름을 붙인 사람은 이 바이러스들을 처음 발견한 '한국인' 의사였습니다.

'우한 폐렴 바이러스'라는 말 대신 '신종 코로나 바이러스'라는 말을 쓰는 걸 두고, '우리 정부가 중국 눈치를 보기 때문'이라고 주장하는 사람이 매우 많습니다. 바이러스에게도 굳이 국적이나 시민권을 부여하려는 건, 바이러스가 자기와 동급이라고 생각하기 때문일 겁니다. 예전에는 바이러스를 '비루스'라고도 했습니다. 저런 사람들을 '비루스와 동급인 비루한 인간'이라고 불러도 무방할 듯합니다. 20200129

시간 끌기

검찰이 조국 씨 일가에 대한 집요하고도 반인권적인 수사로 확실히 입증한 건, 검찰개혁에 대한 자기들의 강력한 '반대 의지'뿐입니다.

검찰의 목적이 '시간 끌기'와 '법원에 떠넘기기'라는 건 의심할 여지가 거의 없습니다.

'시간은 자기편'이라고 생각하는 검찰을 개혁하려면, 시민들이 저들보다 더 집요하고 질겨야 합니다. 20191111

식민사관 1

역사학은 연대기에서 출발한 학문이기에 대체로 귀납적 방법론을 씁니다. 그러나 일단 어떤 이론을 만들거나 이론화하려는 욕망이 생기면 먼저 가설을 세우고 실증을 통해 이론을 확립, 보강하는 연역적 방법론을 쓰기도 합니다. 저는 역사학(인문학)과 경제학(사회과학)의 주된 차이점이 여기에 있다고 봅니다. 물론 예외는 언제나 있습니다.

일제강점기 일본인 역사학자들이 정립한 이른바 '식민사학'은 동조동근론同祖同根論, 정체성론, 반도적 성격론(타율성론) 등으로 구성되었습니다. 조선민족은 본래 일본민족의 한 갈래라고 보는 게 동조동근론, 조선은 자립적으로 근대화할 수 없는 정체된 사회라는 게 정체성론, 조선인은 반도적 특수성 때문에 사대주의를 체질화했다는 게 반도적 성격론입니다. 본래 이 이론들은 '실증적 연구'의 토대 위에서 구축된 게 아니라 먼저 그들의 '혐한의식'에 따라 가설로 만들어졌고, 실증은 그 정당성을 주장하기 위한 행위였습니다. 그들의 실증 방식은 과거 '유능한' 공안검사가 애먼 사람을 '좌익 용공 사범'으로 몰기 위해 증거 자료를 수집하고 분석하여 기소하는 방식과 기본적으로 같았습니다. 그 공소장이 어떤 상황에서 어떤 의도로 만들어졌는지를 고려하지 않고 내용만 읽다 보면 '논리적으로 완벽'한지 아닌지만 따지게 됩니다. '논리적으로 허점이 없거나 적은' 공소장 때문에 수많은 사람이 희생된 나라에서, '논리적 완결성'이나 '문서 기록의 유무'만으로 진실 여부를 판단하는 풍조가 널리 퍼진 것도 참 답답한 일입니다.

화제의 〈반일 종족주의〉는 읽지도 않았고 읽을 생각도 없지만, 저자들이 가설을 세운 동기와 그 가설을 입증하기 위해 진행한 실증은 일제강점기 식민사학자들의 그것이나 독재정권 시절 유능한 공안검사의 그것과 별로 다르지 않다고 봅니다. 핵심 가설은 '정체성론'이고, 보충 가설은 '탈민족주의론'입니다. 이 책에 대해서는 이미 많은 분이 비판했기 때문에 저는 한 가지 '가설'에 대한 얘기만 추가할까 합니다.

현재의 '식민지 근대화론자'들이 일제강점기 '식민사학자'들보다 더한 점은 일본의 조선 침략(병합) 목적에 대한 가설입니다. 그들은 일본이 조선을 식민지로 경영하기 위해서가 아니라 홋카이도나 오키나와처럼 '일본의 일부'로 삼기 위해서 병합했다고 봅니다. 그래서 그들은 일본 자본의 조선 투자는 '사실상의 본토 투자'로서 유럽 제국주의의 식민지 투자와 달랐으며, 그 덕분에 한국은 식민지였다가 독립한 다른 국가들보다 훨씬 빨리 경제 성장을 이룰 수 있었다고 주장합니다. 그래서 그들은 일본이 조선인을 차별하지 않았으며, 징용노동자나 종군 위안부를 동원하는 방식에서도 민족 차별이 없었다고 주장합니다. 그들의 주장에 따르면 창씨개명 강요나 우리말 사용 금지도 '조선의 일본화', '조선인의 일본인화'라는 '대국적 목적'을 실현하기 위한 세부 정책이 됩니다. 그러면서도 그들은 일본이 조선을 '특수 행정구역'으로 남겨둔 사실은 외면합니다.

그들의 논리에 따르면 한국인 대다수가 '민족 말살의 시대'로 기억하는 일제강점 말기는 '조선의 일본화가 (거의) 완성된 시대'가 됩니다. 한국인 절대 다수에게 혹독한 언어적, 문화적, 정신적 폭력이 가해지던 시대가 '차별 철폐의 시대'가 됩니다. 당시 일제 권력은 전시 상황에서 '국책상國策上' '내선일체'를 위해 조선인을 차별하지 말라는 기록들을 많이 남겼습니다. 그러나 이 기록 자체가 일본인들 사이에서 조선인 차별이 얼마나 일상적이고 광범위했는지를 알려주는 방증입니다. 또 강제동원에서 '차별이 없었다'는 그들의 주장은, 실증적으로도 근거가 없습니다. 그리고 지금 오키나와와 홋카이도의 원주민의 상황을 보면, 그들의 '내선일체 황국신민화'가 궁극적으로 성공했더라도 그 결과가 어땠을지는 충분히 짐작할 수 있습니다.

일제가 조선인을 '일본인화'하기 위해 쓴 수법이 언어 말살, 이름 말살, 역사 말살이었습니다. 하지만 전 세계 식민지 중 유일하게 '고유 문자'를 가진 민족, 이름에 개인과 가문의 역사적 정체성을 담아 온 민족, 무엇보다도 다른 식민지 민족들과는 달리 '역사기록이 없어서 문제가 아니라 역사기록이 너무 풍부해서 문제인' 민족에게 이런 정책이야말로 가장 차별적이고 폭력적인 행위였습니다.

역사란, 특히 근대 이후의 역사란 '공동체적 삶에 대한 집단 기억'입니다. 한국인 대다수가 '끔찍하고 폭력적인 민족 말살의 시대'로 기억하는 시대를 '일본인과 조선인이 진정으로 하나가 되어 가던 차별 없는 시대'로 기억하는 건, 그들이 한국, 한국인, 한민족을 의미 없는 '허상虛像'으로 보기 때문입니다. 제목에 '종족주의'라는 말을 쓴 것도, '혐한 민족주의'의 안티테제인 '반일 민족주의'를 혐오하기 때문입니다.

이른바 '상류층'이나 지식인 사회에서도 '민족 담론에 얽매이지 않는 세계인'으로 사는 것이 현명하고 세련된 태도라는 생각이 널리 퍼져 있습니다. 돈을 중심으로 세상을 보면, 이럴 수도 있습니다. 그들은 사익 실현에 장애가 된다면 언제든지 '한국인'이라는 정체성을 버릴 준비가 된 사람들입니다. 그러나 〈훈민정음 해례본〉이 가격을 매길 수 없는 보물인 것처럼, 한국인들이 쌓아 온 역사적, 문화적, 정신적 자산도 가격을 매길 수 없습니다. 지금 한국인들의 일제 불매운동을 떠받치고 있는 것은, 실증적 근거 없이 만들어진 '반일 종족주의'가 아니라 자국의 역사와 문화에 대한 자존감입니다. 이것이 이 운동이 인류사적 정당성을 갖는 이유입니다.

PS. 세종의 '한글' 창제를 비방한 기독교 목사가 있습니다. 한글이 불필요한 문자이거나 일본어 가나보다 열등한 문자라는 주장은 일제강점기에 일반적이었고, 심지어 1950년대에도 공공연히 표출됐습니다. 한글조차 '열등한 문자'로 생각하는 자들이 일본민족이 되지 못한 걸 아쉬워하는 건 너무나 당연합니다. 하지만 한글이 열등한 문자라기보다는 저런 자들이 문화적으로 '열등한 인간'이라고 해야 옳을 겁니다. 20190812

식민사관 2

"일본 어용학자들이 조선 역사를 개조한 것은 일본의 식민지화 정책, 조일朝日 동화정책을 합리화하고 그들의 착취를 완수하며 조선 민족을 노예화하려는 것이니 왈, 조선 역사의 장구성은 부당하다. 왈, 고구려는 조선 역사의 범주에 들지 않는다. 왈, 삼국은 일본에 노예 당하였다. 왈, 조선민족은 타율적으로 움직였다. 왈, 조선민족은 열등족이라. 왈, 일선日鮮은 동조同祖이라 등등 무수 잡다한 골계滑稽와 소위 걸작傑作을 연출시켰으니 이것으로써 그들은 조선민족이 당연히 일본과 동화 일체가 되어야 하고 또 마땅히 일본 제국주의의 식민지 민족이라는 지위를 감수하여야 옳을 것이라고 주장하게 되어 소위 내선일체 일본 식민지화를 이론적으로 정당화하려 하였던 것이다. (…) 그러나 문제는 일제 때에 있는 것이 아니고 오히려 오늘날에 있는 것이다. 이 불유쾌한 사생아가 후안무치하게도 횡행하는 것이다. (1947. 김광훈)

일본 군국주의가 이 땅의 토착왜구들과 함께 출산한 '불유쾌한 사생아'가 '후안무치하게도 횡행'하는 현실은 지금도 별로 달라지지 않았습니다. 저런 생각이 70년 넘게 장수하는 것은, 여전히 '문제'가 오늘날에 있기 때문입니다. 20190812

식민주의 정신

"문 정부 코로나 대응은 국민 현혹 선거 선전"이라는 일본 요미우리 신문의 주장을 믿는 건, '일본의 정신'을 구매하는 것과 같습니다.

사지 않습니다, 가지 않습니다에 '믿지 않습니다'도 추가해야 할 겁니다.

물론 요미우리와 똑같은 주장을 펴는 한국인들도 믿지 말아야 합니다. 그들 안에도 '일본의 식민주의 정신'이 있기 때문입니다.

20200322

식민지 엘리트

일제강점기 일본인들은 자기 집에서 부리는 '조선인' 여성 가사 노동자를 '오모니'나 '요보'라고 불렀습니다. 일본식으로 성이나 이름 뒤에 '상さん'을 붙이기 싫어서였죠. 그래서 한국어에서 가장 신성하고 따뜻한 단어가 일본인의 입에서 나오면 '비하'의 뜻이 됐습니다. 그들이 집 밖에서 접하는 조선인도 대개 인력거꾼, 지게꾼 등 가난한 사람들이었습니다. 같은 직장, 같은 직급이라도 조선인은 일본인보다 훨씬 적은 임금을 받았습니다. 일본인들은 조선인이 못났기에 식민지 백성이 됐고, 못났기에 험한 일을 하며, 못났기에 가난하다고 생각했습니다. 일본인들의 조선인 혐오는 일상적이고 전면적이었습니다.

그러나 조선인은 그러는 일본인에게 '반감'을 드러낼 수 없었습니다. 일본인들에게 '혐한'은 자연스러운 문화였지만, 조선인들에게 '반일'은 고문당하고 감옥에 갈 일이었습니다. '혐한'과 '반일'의 극단적 비대칭성은 일제강점기 식민지 문화의 특징이었습니다.

부일 모리배라고 '혐한'에서 벗어나지는 못했습니다. 그러나 그들은 일본인과 어울리기 위해 '혐한' 문화를 공유했습니다. 이자들은 일본인에게 "나카무라상 댁 오모니는 말을 잘 듣습니까?" 같은 말을 스스럼없이 내뱉었습니다. 이자들은 자기들이 '일본인에 가까운 특별한 조선인'이라고 믿음으로써, 일본인들과 함께 다른 조선인들을 조롱할 수 있었습니다. 저런 자들에게 '토왜'라는 이름이 붙은 것도, 스스로 일본인 행세하며 '혐한'에 동조했기 때문입니다. 한국인을 비하하는 '혐한문화'는 부일 모리배를 중심으로 한국인 대중 일부의 의식에도 깊이 자리 잡았습니다.

'혐한'은 근대 일본인들의 의식일 뿐 아니라 한국인 일부의 의식이기도 했습니다. 그리고 지금도 이 '혐한의식'에서 벗어나지 못한 '한국인'이 많습니다.

현대의 한국 엘리트 일부가 '민중은 개돼지'라는 생각을 공유하는 것도, 혐한문화의 잔재일 겁니다. 그들은 프랑스 민중이나 영국 민중, 일본 민중을 개돼지라고 생각하지 않습니다. 그들 의식 안의 '개돼지'는 오직 한국 민중입니다. 그들은 자기가 '보통의 한국인'보다는 '선진국 시민'에 가깝다고 생각합니다. 그들은 여전히 한국인은 일본인보다 평균적으로 못났으며, 자기는 보통의 한국인과는 다르다고 믿습니다. 지금도 그들은 '혐한'에 대해 '반감'을 드러내는 한국인들을 조롱하고 경멸하며 불온시합니다. 해방된 지 70년이 넘었지만, 저들은 여전히 '식민지 엘리트'입니다.

한국 족벌언론들이 일본인들의 '혐한'에 동조하면서 한국인들의 '일제 불매운동'만 비난하는 건, 일제강점기 '토왜 엘리트 문화'를 그대로 계승했기 때문입니다. 자기 발목에 감긴 쇠사슬이 얼마나 반짝거리는지 자랑하는 노예야말로, '혐오'의 대상이 되어 마땅합니다. 20190715

신격화

전 세계가 공황상태인데, "코로나 유행도 문제인 탓, 주가 폭락도 문재인 탓"이라고 주문을 외는 자가 많습니다.

저들은 문재인을 '신격화'하는 게 자기 자신이란 사실조차 모릅니다.

청동기시대 주술사도, 저런 자들보단 나았습니다. 20200319

신기

기자 여러분 최강욱 씨에게 "인턴증명서 허위 발급했냐?"라고 물을 게 아니라, 검찰에게 "대한민국 역사상 인턴증명서 허위 발급으로 기소한 전례가 있냐?"라고 물어야 하는 것 아닌가요?

뉴스거리가 돼야 하는 건, '인턴증명서 허위 발급 의혹'이 아니라, '전례 없는 검찰의 인턴증명서 트집 의혹'입니다.

신기한 일이 뭔지조차 모르니, "신기하네"라는 말을 듣는 겁니다. 20200421

신병처리

병柄은 '어떤 물건의 손잡이 또는 자루'라는 뜻입니다. '마대자루'의 자루가 '병'이죠. '신병身柄'은 사람 몸에 붙은 손잡이 또는 자루라는 뜻입니다. 손으로 잡아 이리저리 끌고 다닐 수 있는 사람의 신체 부위는 귀나 팔뚝쯤 될 겁니다.

사람을 물건 취급하는 이 '반인권 단어' 역시 일제강점기 일본인들이 유포시킨 겁니다. 검사님과 기자님들, '신병처리'라는 말만 사용하지 않아도 당신들의 인권의식이 조금은 나아질지 모릅니다. 20191016

신상 공개

신상身上은 '몸에 관한 것' 또는 '신분에 관한 것'이란 뜻입니다. 외모, 직업, 가문, 교우 등에 관한 정보가 '신상정보'입니다.

검찰 포토라인이 없어져 신상 공개가 불가능하다는 주장이 널리 퍼지는 걸 보면, 우리나라 '실질 문맹률' 정도를 짐작할 수 있습니다. 아이들 멍청한 사기꾼으로 만들지 않으려면, 단어 교육부터 제대로 시켜야 할 겁니다. 20200324

신천지

특별한 이유를 밝히지 않고 신천지에 우호적 태도를 보이는 일부 정치인과는 별도로, 신천지에 대한 마녀사냥이 진행 중이라고 우려하는 사람이 더러 있습니다.

일단 마녀사냥은 두 가지 조건을 충족해야 합니다. 첫째, 특정 집단에 대한 혐오가 대중적이다. 둘째, 마녀가 아닌데도 마녀로 몰려 박해받는 사람들이 있다. 지금은 첫 번째는 충족하나 두 번째는 '아직 아닌' 국면입니다. 물론 이런 상황이 계속되면 '마녀사냥'으로 비화할 수도 있습니다. 그렇게 되는 걸 막기 위해 신천지에 대한 혐오를 당장 중단해야 한다는 사람들이 있으나, 제 생각은 다릅니다.

전에도 썼지만 '본래적 의미의 혐오감'은 개체 및 집단의 건강과 안녕을 지키기 위해 형성된 인간의 본능적 감각입니다. 뜨거운 것을 피하고 날카로운 것을 조심하며 더러운 것을 멀리하는 건 인간 '본능'에 속하는 태도입니다. 이런 태도는 교육과 계몽으로 억제할 수 없고, 억제할 필요도 없습니다.

지금 짚어야 할 건, 신천지에 대한 대중적 혐오가 고조되는 현상이 과연 오해와 편견에 따른 것인가의 문제입니다. '종교의 자유'가 보장되는 사회에서 자기 종교를 속이고 접근하여 포교하는 건 '사기'라고 봐야 합니다. 이른바 '정통 교단'에 의해 이단이나 사이비로 규정된 종교가 여럿 있지만, 그들 모두가 자기 진짜 종교를 숨기고 사기꾼 같은 방식으로 포교하지는 않습니다. 게다가 최근 코로나 감염증이 유행하는 상황에서 '일부' 신천지 교도가 보여준 반反인 간적 태도는 대중의 비난을 받아 마땅합니다. 자기들의 개인적, 집단적 이해관계를 공동체 전체의 안녕보다 앞세우는 종교집단과 그 신도들이 자기 일신과 가족 및 사회 전체에 심대한 해악을 끼친 사례는 일일이 열거할 수 없을 정도로 많습니다.

이런 종교집단들이 내부로부터 파열하면서 사회에 큰 해를 끼치는 때는 주로 '교주'가 사망할 때였습니다. 교주가 사망하면 늘 내분이 일어났고, 그때 가장 큰 해를 당한 사람들이 '죄 없는' 신도들이었습니다. 장담하건대, 신천지 교주도 결코 영생하지 못합니다. 그 이후의 피해를 줄이기 위해서라도 신도들에 대한 경고를 멈추어서는 안 됩니다.

물론 신천지 교도라고 해서 해고하거나 폭행하는 등의 '물리적 박해'를 가하는 일이 생겨서는 절대로 안 됩니다. 하지만 '공론의 비판'은 필요합니다. 당장 '신천지에 대한 혐오를 멈추어라'라고 외치는 건 올바른 태도가 아닙니다. 오히려 신도들에게 '경고의 신호'를 계속 보내는 것이, 인류애와 지성을 배신하지 않는 태도라고 봅니다. 20200227

심리전

10여 년 전, 산케이 기자 두 사람이 제 책 〈서울은 깊다〉에 관해 취재하겠다며 찾아왔습니다. 그들은 "1904년 경운궁 화재는 일본군 소행이었을 가능성이 크다"는 내용에 대해 이것저것 묻더니, 독일에서 새로 발견된 문서라며 복사물을 하나 내밀었습니다. 거기에는 '경운궁 화재는 고종이 미국 공사관으로 피신하기 위해 벌인 자작극'이라는 내용이 적혀 있었습니다. "이걸 보고도 그렇게 주장할 수 있느냐?"는 듯 의기양양한 그들에게 제가 답했습니다. "이건 당시 서울 외교가에 떠돌던 헛소문을 기록한 문서일 가능성이 크다. 일본 말고 누가 그런 헛소문을 퍼뜨렸겠느냐?"

6년 전, 독일에서 1890년대 주조선 독일공사관 문서를 발견한 한 한국학자가 "명성황후는 일본인에게 시해되지 않았다."며 을미사변 연구를 새로 해야 한다고 주장했습니다. 이 주장은 여러 신문에 크게 보도되었고, 한 신문이 제 의견을 물었습니다. 저는 "현장에 있지도 않았던 독일 외교관의 기록만 진실하다고 믿고 국내에서 생산된 수많은 기록과 증언은 무시하는 것도 일종의 자기 비하다. 이 문서는 일본이 자기 범죄를 은폐하기 위해 서울주재 외교관들을 상대로 헛소문을 퍼뜨린 증거로 보는 것이 합당하다."고 답했습니다.

요 며칠 일본의 경제 도발에 대해 '일본발' 비공식 정보들이 카톡으로 유포되고 있습니다. 대개 "일본이 무시무시한 후속 공격을 준비하고 있으니, 한국인은 마음 단단히 먹어야 한다. 잘못하면 나라가 망할 수 있다. 그렇게 되기 전에 한국 정부는 빨리 해결(항복)해야 한다."는 내용입니다.

전면전이든 외교전이든 경제전이든, 전쟁에는 '심리전'이 동반합니다. 게다가 일본에는 한국인을 상대로 심리전을 펼쳤던 풍부한 경험이 있습니다. 앞으로 상황이 어떻게 전개될지는 모르나, 심리전에서 무너지면 걷잡을 수 없게 됩니다. 출처가 불분명한 '일본발' 정보에 대해서는 판단을 유보하고, 그걸 퍼뜨리지도 말아야 할 겁니

다. '일본발' 정보로 한국 여론을 흔드는 건, 옛날에도 '토착왜구'의 임무였습니다. 20190714

심의

서울시 문화재 위원으로 있을 때, 문화재 지정 심의를 앞두고 이해 관계인에게 전화를 받은 적이 몇 차례 있습니다. 그때마다 제 대답은 똑같았습니다. "어차피 심의 날 와서 설명하실 것 아닙니까? 그 건에 대해서는 잘 알고 있으니 굳이 사전 설명하실 필요 없습니다." 남의 사정을 속속들이 알 수 없는 이상 모든 문화재 위원이 저처럼 대응했다고 단언하기는 어려우나, 심의 석상에서 이해관계인의 민원에 흔들리는 위원을 본 적은 없습니다. 담당 공무원들이 지정 여부에 대해 가타부타하는 것도 철저히 금지됩니다.

요 며칠 "손혜원 의원이 압력을 넣어서 가치 없는 것들이 문화재로 지정되었다." 따위의 기사들이 많이 보입니다. 그런 기사 쓴 기자들에게 고합니다. 당신들이 정말 그렇게 믿는다면, 문화재 가치 없는 것들을 문화재로 지정한 문화재 위원들을 조사하십시오. 누구 압력이나 청탁을 받고 기사 가치 없는 것들을 기사로 만드는 한심한 짓은, 아무나 할 수 있는 게 아닙니다.

진짜 투기꾼들의 투기 행위는 외면하고 문화유산 보호 활동을 '투기'로 몰아가는 건, '투기꾼의 시선'으로 세상을 보기 때문입니다. '시선의 표준'을 만드는 직업이 언론인이라는 거, 스스로들 명심했으면 좋겠습니다. 20190122

쓸개

"이른 새벽 통근차 고동 소리에 고무공장 큰아기 벤또밥 싼다. 하루 종일 쭈그리고 신발 붙일 제, 얼굴 예쁜 색시라야 감 잘 준다네. 감독 앞에 해죽해죽 아양이 밑천. 고무공장 큰아기 세루치마는 감독 나리 사다 준 선물이라네." 일제강점기 세간에서 유행했던 '근대 민요' 〈고무공장 큰아기〉의 가사입니다.

일제강점기 고무신 공장에서는 기술자들이 고무신 '감'과 접착제에 농간을 부려 여자 직공들을 괴롭히곤 했습니다. 직공이 불량품을 만들면 벌금을 물리는 게 당시 관행이었는데, 하루에 불량품이 한두 켤레만 나와도 일당보다 많은 벌금을 내야 했습니다. 악질 기술자들은 이 관행을 이용해 여자 직공들과 '부적절한 관계'를 맺곤 했습니다.

악질 기술자들은 먼저 '얼굴 예쁜 색시'에게 나쁜 감을 주어 자주 불량품을 내게 만들었다가, '부적절한 관계'를 맺은 뒤에는 '좋은 감'을 주는 수작을 부리곤 했습니다. '얼굴 예쁜 색시라야 감 잘 준다네'라는 가사는 앞의 한 단계가 생략된 셈입니다.

아베가 수출규제로 한국을 압박하는 게 저 시절의 고무신 공장 악질 기술자가 하던 짓과 똑같습니다. 한국인들을 '부품과 소재'로 협박하고 겁탈하려는 거죠. 지금의 한국인 중에도 악질 기술자가 시키는 대로 고분고분 따르고 '세루치마'라도 한 벌 얻어 입는 게 최고라고 믿는 쓸개 빠진 것들이 많습니다. 저 '쓸개 빠진 것들'을 척결하지 못하면, 일본 우파는 언제까지고 한국인 전체를 노리개 취급할 겁니다. 토착왜구 척결은, 한국인 전체의 자존에 관련된 문제입니다. 20190806

씨氏

"학술회의가 끝난 뒤 회식 자리에서 일본인 학자들과 통역을 사이에 두고 대화하는데, 내가 '천황이라는 사람'이라고 했더니 통역이 당황해서 어쩔 줄 모르는 거야. 잠시 머뭇거리더니 '덴노헤이카'로 바꿔 버리더라고. 일본인 학자들은 내가 '천황폐하'라고 했다고 생각했을지도 모르지. 나중에 통역이 그러더라고. 일본 사람들 앞에서 천황에게 무례한 언사를 쓰면 큰일 난다고." 작고하신 역사학계 원로 한 분이 오래전에 해 주신 말씀입니다.

KBS에 출연한 산케이 기자가 '문재인 씨'라고 발언한 일에 대해 KBS 측이 "일본에서는 씨가 격식을 갖춘 존칭어로 사용된다."고 해명했습니다. 그러나 그 산케이 기자는 한국에서 '씨'가 어떻게 사용되는지 모를 리 없는 사람입니다. 만약 KBS 일본 특파원이 NHK에 출연해서 '나루히토 씨'라고 한다면 어떤 일이 일어날까요?

저는 산케이 기자가 다분히 의도적으로 '씨'라는 말을 썼다고 봅니다. 현장에서 사회자가 바로 그의 무례를 지적하기는 어려웠더라도, 그를 위해 변명해 줄 이유는 없을 겁니다. 한국문화를 잘 아는 일본인의 의도적 무례無禮나 비례非禮조차 덮어주려고 애쓰는 것도, 우리 안에 남아 있는 '혐한嫌韓의식'입니다. "로마에 가면 로마법을 따르라."는 말이 괜히 생긴 게 아닙니다. 일본 정부가 한국 정부에 무례한 이유도, 일본 편에서 생각하는 한국인이 많다는 걸 잘 알기 때문입니다. 20191029

아가사창我歌查唱

"무덤에 있어야 할 운동권 철학이 국정 좌우"(황교안)

　근거 없는 비난이라도 자기를 돌아보면서 해야 합니다.

　황교안 씨가 돌려받을 말은,

　"감옥에 있어야 할 박근혜 철학이 국정 시비"

입니다. 20190129

아니면 말고

연합뉴스가 "'김정은 건재'에도 태영호·지성호 '아니면 말고'식 언행
계속"이라는 타이틀을 뽑았습니다.

　"정경심 교수 PC에서 총장 직인 파일 나왔다."고 한 기자,

　"한국인이어서 미안합니다."라고 한 기자,

　"중국 눈치 보느라 세계의 호구 된 한국"이라고 한 기자,

　"문 정부, 일본에 마스크 지원 추진"이라고 한 기자…

이들 중 자기 잘못을 인정하고 사과한 사람은 단 한 명도 없습니다.

저들의 '아니면 말고'식 언행보다 언론의 '아니면 말고'식 언행이 훨씬 심각한 문제입니다. 20200502

아베의 일본

일단 올림픽을 유치한 이상, 일본이 그 준비에 막대한 돈을 쏟아붓는 건 이상한 일이 아닙니다. 문제는 일본이 올림픽을 '후쿠시마의 상처 씻기'에 이용하면서 오히려 그에 정말로 필요한 일들은 방기하는 데에 있습니다. 방사능 오염수를 해양에 방류하여 인류의 생존 조건을 해치면서 '올림픽으로 인류평화에 기여'한다는 이율배반적 주장을 펴는 게 지금의 일본입니다. 인류와 일본을 위한 일들의 선후 순서를 판단할 능력을 잃었다고 볼 수밖에 없습니다.

재난 대처에는 세계 최고 수준이라고 자부하던 일본이 크루즈선 코로나 방역에서는 도저히 이해하기 어려운 행태를 보였습니다. 일본 정부가 초기에 적극적인 선상 검역과 감염자 육상 격리조치를 취했다면, 이 정도로 많은 감염자가 나오지는 않았을 겁니다. 일본 정부는 "크루즈선은 일본이 아니다"라고 선을 그었지만, 그로 인해 선내 감염자들은 '국가의 부재와 인도주의의 부재'를 뼈저리게 느꼈을 겁니다. '부재의 기억'은, 크루즈선과 관련해서도 쓸 수 있는 말입니다.

아베류의 극우주의를 뒷받침하는 경제 이데올로기가 신자유주의입니다. 그 특징 중 하나가 '이익의 사유화와 손실의 사회화'라는 점만 지적하겠습니다. 우리나라에서도 이명박 때 전형적으로 드러났던 '민영화 이데올로기'였죠. 이런 이데올로기를 가진 정치집단은 공공의 재원을 소수의 참여자들끼리만 나눌 수 있게 하는 '토건사업'을 좋아하고, 모든 사람에게 공평하게 혜택이 돌아가는—그런 점에서 세금을 적게 내는 가난한 사람들이 상대적으로 더 많은 혜택을 받는— 복지나 방역 등에는 상대적으로 무관심합니다. 당연히 이들에게는 '생명 존중 의식'도 부족합니다.

어떤 정책과 행정이든, 정치가나 행정가의 관심에 따라 결이 달라집니다. 아베의 일본이 올림픽 관련 토건 사업에는 '유능함'을 보이면서도 후쿠시마 방사능 오염수 관리나 방역에 무능한 것은, 아베를 중심으로 하는 정치집단의 '사고방식' 때문입니다. 그리고 아베와 같은 정치집단의 '사고방식'은 일본인만이 아니라 전 세계의 '극우 신자유주의자'들이 공유하는 겁니다. 일본 밖에서도, 물론 한국에서도, 아베와 같은 행태를 보이는 정치가와 행정가들은 얼마든지 볼 수 있습니다. 사람들이 주관적으로 어떻게 생각하든, 인류 보편의 기준에서 보자면 한국인들의 이명박 박근혜 지지와 일본인들의 아베 지지는 본질상 같습니다. 20200220

악귀

80년 5월, 광주 시민들이 공수부대의 살인 만행 앞에서 생존을 위해 무장하자마자, 전두환 일당은 기다렸다는 듯 계엄군을 시내에서 철수시켜 외곽을 봉쇄하고 광주를 고립시켰습니다.

전두환 일당은 아마도, 아니 분명히, 총 든 시민들 일부라도 폭행, 약탈, 살인 등을 저지를 거라고 기대했을 겁니다. 광주 시민들에게 '폭도' 낙인을 찍기 위한 근거를 만들고 싶었겠죠. 그러나 일주일이 다 되도록, 그런 일은 '전혀' 일어나지 않았습니다. 그때의 광주는 무법천지이기는커녕, '인류애'와 '동포애'가 넘치는 도시였습니다. 80년 광주 시민의 위대함 중 하나는, 악귀의 마음을 가진 자들은 도저히 이해할 수 없는 '참된 인간성'을 보여줬다는 점입니다.

시민을 몽둥이로 때려죽이고 총으로 쏴 죽인 자가 폭도입니다. 시민을 성폭행한 자가 폭도입니다. 지금 전두환 일당을 두둔하며 80년 5월의 광주 시민들을 폭도라고 부르는 자들이, 잔인무도한 폭도의 잔당입니다. 그런 자들에게 어울리는 이름은 '인간'이 아닙니다. '인두겁을 쓴 악귀'입니다. 20190518

악적惡賊

"백성을 위해 기도하는 다윗왕 같은 대통령이 없어서 코로나19라는 위기를 맞았다… 하나님이 명령하시면 그날부로 코로나는 소멸할 것"(어떤 목사)

공자 말씀이니 들어먹지도 않겠지만, "믿음을 좋아하면서 배우기를 싫어하면 자기와 남을 해친다好信不好學 其蔽也賊"는 말이 있습니다. 자기 믿음이 전부인 줄 알고 상식조차 배우려 들지 않는 자들이, 세상을 해치는 악적惡賊입니다. 0200318

악플

조국 전 장관 일가족에 대해 수만 건의 악의적 허위 기사를 남발하여 수십억 건의 악플을 유도한 언론사들이 "악플 때문에 사람이 죽는다"고 계몽합니다.

이 파렴치를 묘사하기에는 '후안무치'도 부족합니다. '극악무도'라 해야 하지 않을까요? 20191018

안보

박근혜 정권 때인 2014년 3월, 장난감과 구별하기 어려울 정도로 조악한 소형 비행물체 잔해가 파주와 백령도 등지에서 발견됐습니다. 전문가들은 북한제로 추정했지만, 군 당국은 이를 부인하다가 며칠 뒤에야 인정했습니다. 그때에도 "영공이 무방비 상태로 뚫렸다.", "얼마나 많은 비행물체가 왔다 갔는지 알 수 없다.", "그 비행물체에 고성능 폭탄이 매달려 있었으면 어쩔 뻔 했나." 등의 이야기가 있었지만, 정부와 군 당국이 내놓은 대책은 "초소형 무인기를 식별하고 요격할 수 있는 초고성능 레이더와 대공포를 배치하겠다."는 것이었습니다.

북한의 조악한 초소형 목선이 삼척항에 접안한 사건을 두고, 자유한국당과 족벌언론은 '안보에 구멍이 났다'며 정부와 군 당국을 공격합니다. 물론 군이 책임질 부분도 있을 겁니다. 하지만 박근혜 정권 때 군 당국이 '조악한 초소형 비행물체'를 식별하지 못한 것이나 지금 군 당국이 '조악한 초소형 목선'을 식별하지 못한 건, 그것들이 현대의 군사용 기준에 한참 '미달'하기 때문입니다.

만약 북한이 현대의 군사용 기준에 한참 '미달'하는 것들을 군사용으로 쓴다면, 그건 '안보 위협'이 아니라 '안보 안심'이라고 해야 옳을 겁니다. 20190619

알 권리 1

자유한국당이 외교 기밀을 빼돌린 외교관의 행위를 '국민의 알 권리를 위한 공익제보'라고 주장합니다.

법으로 정한 기밀자료를 함부로 공개하는 행위가 '국민의 알 권리를 위한 공익제보'라면, 황교안이 봉인한 박근혜 기록물도 즉시 공개해야 합니다.

'알 권리'를 행사하고 싶은 국민, 엄청 많을 겁니다. 20190523

알 권리 2

현직 국회의원 수행비서가 필로폰을 구입하다 적발됐습니다.

직업으로 보아 '심부름'일 가능성도 있습니다.

대한민국 기자님들, 이런 경우라면 해당 국회의원의 '소속 정당' 만이라도 밝히는 게 '국민의 알 권리'에 대한 최소한의 도리 아닐까요? 다른 일들에는 그렇게 '국민의 알 권리'를 들먹였으면서. 20191119

압수수색 1

검찰이 조국 후보 딸에게 총장 명의 상을 준 동양대학교를 압수수색했군요.

황교안 씨가 법무부 장관 될 땐, 왜 그 아들딸 모두에게 장관상 준 보건복지부를 압수수색하지 않았는지 모르겠네요.

총장상보다 장관상이 더 큰데. 20190904

압수수색 2

검찰이 검찰총장 앞으로 유서를 남긴 사람의 휴대전화를 확보하기 위해 수사 중인 경찰서를 긴급 압수수색했습니다.

안중근 의사가 유서처럼 썼던 '안응칠역사'와 '동양평화론'을 압수해 꼭꼭 숨겨 놓았던 110년 전 일제 검찰이 떠오르는 이유는 뭘까요?

죽기를 결심한 사람이 세상과 마지막으로 나눈 이야기들까지 검열하고 압수하는 건, '인간성에 대한 범죄'입니다. 20191202

애국보수

"국가 권력에 순종하는 일본의 문화를 배워야 한다." (어떤 목사)

자기 나라 정권을 타도하자는 자들이 이런 주장을 하는 걸 보면, 저들이 어떤 국가 권력에 순종하는지 알 수 있습니다.

그동안 '애국보수'를 참칭한 세력이 사랑한 나라가 일본이라는 사실은, 이로써 명백해졌습니다. 20190806

애국세력

황교안 씨가 태극기부대더러 '애국세력'이라고 했답니다.

애국가 4절까지 부르는 걸 직접 들었나 보죠?

5·18 희생자들을 '폭도'라 부르는 자들에게, 사람 사랑하는 마음이 있을 리 없습니다.

사람 사랑하는 마음이 없으면, 나라 사랑하는 마음도 없습니다.

20190215

애국심

가족이 아픈데 병원비가 부족하면, 빚을 내서라도 돈을 구하는 게 '인지상정'입니다. 이런 상황에 "빚 무서운 줄 모른다."거나 "빚지느니 죽게 놔두자."고 하는 자가 있다면, 그는 가족도 아니고 인간도 아닙니다.

질병으로 고통받는 국민을 구제하는 것보다 '재정 건전성'이 더 중요하다고 주장하는 자칭 '애국자'가 많습니다. 가족 사랑하는 마음을 확장한 게 '애국심'입니다. 돈보다 사람을 먼저 생각하는 게 '애국심'입니다.

사람보다 돈을 먼저 생각하는 자가 '애국자'였던 적은, 인류역사상 단 한 번도 없었습니다. 20200319

애국자

슈퍼마켓과 약국을 제외한 모든 상업 시설 영업 금지, 이동증명서 없이 외출 금지, 모든 교회 폐쇄 및 예배 금지, 전 국민에게 1인당 1천 달러 현금 지급 추진……

미국, 프랑스, 독일, 이탈리아, 스페인 등에서 시행하는 대책입니다. 한국에서 저런 정책을 추진한다면, 좌파 독재니 중국식 사회주의니 빨갱이니 하는 얘기들이 세상을 덮었을 겁니다.

저들 나라에는 야당도, 언론도, 신실한 종교인도, 자칭 '자유민주주의자'나 '애국자'들도 없나 봅니다.

한국이 저들 나라보다 못한 점은, '가짜 애국자'가 너무 많다는 겁니다.

공동체 전체의 안위를 외면하고 자기 집단의 이익만 생각하는

자들은 절대로 '애국자'일 수 없습니다. 20200318

야만

"죄지은 증거가 없으면 무죄로 본다." (근대적 무죄 추정 원칙)

"죄짓지 않았다는 증거가 없으면 유죄로 본다." (전근대적 유죄 추정 원칙)

"표창장을 위조하지 않았다는 증거가 없으면 위조했다고 보아야 한다."는 사람들이 있습니다.

21세기에 중세의 야만을 상대하느라 에너지를 소비하는 건, 참 한심한 일입니다. 20191027

양심

'5·18 피해자' 자격을 사양했다던 심재철 의원이 당사자만 신청할 수 있는 보상금을 타 놓고도, "제가 신청했었는지 알아볼 것"이라고 했습니다. 자기를 상대로 청문회라도 하겠다는 건지……

5·18 진상이 아직 다 밝혀지지 않은 이유는, 사욕 때문에 자기 기억과 싸우는 사람이 많기 때문입니다.

양심은 심장에 있는 게 아니라 뇌에 있습니다.

양심은 지능 문제입니다. 양심을 버리면 머리도 나빠집니다.

20190516

양심과 진보

1987년 대선 직전, 이른바 '재야민주세력'이 김대중 후보에 대한 '비판적 지지'를 선언한 뒤 바로 그 '재야민주세력' 내에서 논쟁이 벌어졌습니다. 만약 김대중 후보가 당선되면 어떻게 할 것이냐가 논제였죠. 일부는 '김대중도 보수 정치인일 뿐이다. 김대중이 당선되면 진보와 보수의 대치선을 명확히 해서 한층 치열하게 반정부 투쟁을 벌여야 한다'고 주장했습니다. 다른 일부는 '우리 사회에 뿌리내린 군사독재 세력의 힘은 막강하다. 그들의 세력이 약해질 때까지는 김대중 정권을 보호하기 위해 함께 맞설 필요가 있다'고 주장했습니다. 김대중 후보가 3위로 낙선함으로써 결과적으로 '쓸데없는' 논쟁이 되고 말았지만.

사실 '보수 정치세력끼리의 대립은 부차적일 뿐이고, 진정한 대립선은 보수와 진보 사이에 그어져 있다'는 주장은 지난 100년간 늘 존재했습니다. 그 요지는 "민중의 이익을 실현하기 위해서는 진정한 진보정당의 정치적 진출과 세력 확장이 필요하다. 보수 정치세력은 '그놈이 그놈'일 뿐으로, 그들 사이의 대립에 의미를 두는 것은 오히려 민중의 정치의식을 후퇴시킨다."는 것이었죠. 하지만 '그놈이 그놈'이라는 생각은, 정권의 성격이 형식뿐 아니라 실질에서도 사람들의 삶에 지대한 영향을 미친다는 사실이 거듭 입증됨으로써 힘을 잃었습니다.

설령 '다 같은 보수'라 해도 양심적인 세력과 비양심적인 세력이 이른바 '민중'의 삶에 끼치는 영향은 전혀 다릅니다. 100년 전 진보세력의 중추를 자임했던 사회주의자들도, 비양심적 보수에 맞서기 위해서는 양심적 보수와 연대해야 한다고 생각했습니다. 이른바 '진보세력'이 양심적 보수와 비양심적 보수를 구분하지 않고 '그놈이 그놈'이라고 주장할 때에는, 언제나 진보와 양심이 공멸共滅했습니다.

　정의당은 이명박 박근혜 정권 10년간 자기들이 대변한다고 주장했던 '민중의 이익'이 얼마나 어떻게 침해됐는지 기억할 겁니다. 지금 '민중의 이익'을 지키기 위한 선차적 과제가 무엇인지 모른다면, 역사에서 배울 능력을 잃었기 때문입니다. 정의당은 왜 지금 자기 당의 지지율이 6%에 불과한지 성찰해야 할 겁니다. 정의당이 6% 이상의 '초과 이익'을 기대하는 것이야말로, 연동형 비례대표제의 취지에도 어긋나고 '정의'에도 위배됩니다. 양심이 살아야, 진보도 삽니다. 20200302

양심의 법정

"자기 이익을 위해 남을 죄인으로 몰면서도 여러 차례 주장의 근거를 바꾸며 횡설수설하는 등 진술의 일관성이 없는 데다가, 양심의 가책을 느끼는 기미도 전혀 보이지 않는다. 이런 자는 법정 최고형으로 단죄함이 마땅하다."

　지금 양심의 법정에 서서 재판받아야 할 피고는, '검찰'일 겁니다. 20190920

양심의 연대

'지피지기면 백전백승'이 꼭 맞는 말은 아닙니다. 피아간 세력 차이가 너무 클 때는 '삼십육계 주위상책走爲上策'일 수밖에 없습니다. 그러나 '익피손기(적의 세력을 키우고 자기편 세력을 줄이다)면 백전백패'는 언제나 맞는 말입니다.

냉정하게 따지면, 한국의 양심적 시민세력은 일본 극우와 한국 내 토착왜구들을 상대하기에도 벅찹니다. 이런 상태에서 일본인 전체를 적대시하는 건 스스로를 궁지로 내모는 짓입니다.

이번 싸움이 현상적으로는 한일전이지만, 본질에서는 한국과 일본의 양심세력을 한편으로 하고 왜구의 침략주의를 계승한 일본 내 극우세력과 한국 내 토착왜구를 다른 한편으로 하는 싸움입니다. 이 싸움은 '반일 민족운동'이 아니라 인류애에 기초하여 보편인권을 지키기 위한 '인도주의 운동'입니다.

한국 내 토착왜구들은 자기들이 아베와 한편이라는 걸 분명히 밝혔습니다. 한국의 양심적 시민들이 일본의 양심적 시민들과 연대할 길을 스스로 차단한다면, 싸움의 결과는 보나 마나 뻔합니다. 일본의 양심적 시민들에게 힘을 실어 줄 수 있도록, 구호 하나하나에도 세심한 주의가 필요합니다. 한국인과 일본인 사이의 진정한 우의友誼를 가로막는 게 아베 일당과 한국 내 토착왜구라는 사실을 드러내는 데에 집중해야 할 겁니다. 20190806

양파

제 기억에, '다마네기'를 '양파'로 바꿔 부르기 시작한 때는 '벤또'를 '도시락'으로 바꿔 부르기 시작하던 때와 대략 일치합니다. 일제강점기에 이 채소를 '양파'라고 부른 사례는 찾지 못했습니다. 그전에도 많이 먹었다면, 언어에 그 흔적이 남았을 겁니다. 다마네기가 건강에 좋으니 많이 먹고 많이 심으라는 식민 권력의 홍보가 시작된 건 1930년께부터입니다. 그래도 한국인들이 많이 먹지 않아서, 중국에 수출하기까지 했습니다. 한국인들이 '양파 많이 먹는 사람'으로 바뀐 건 1960년대 중반 이후입니다. '식생활의 서구화'와 '양파 다

소비'가 같은 궤적을 그린 거죠.

양파를 많이 먹어서인지, '까도 까도 양파 같은 사람'이 적지 않습니다. 검찰은 정경심 교수를 '양파 같은 사람'으로 몰고 있지만, 아무리 봐도 '까도 까도 양파 같은 사람'이 가장 많이 모인 곳은 검찰 같습니다. 20191113

언론 1

부동산값이 오르면, "서민들 내 집 마련 꿈이 무너진다. 정부가 무능하다."

정부가 대책을 내놓으면, "집 가진 중산층이 고통받는다. 정부가 무능하다."

한국 언론들이 '집 없는 사람' 편들었다가 '집 가진 사람' 편들었다가 하는 것은, 그들이 서민과 중산층 모두를 '가지고 노는' 기득권 적폐세력의 중핵이기 때문입니다. 20191218

언론 2

유럽에서 황인종 혐오가 심해져도, 미국 국회의원이 틀린 말을 해도, 모두 한국 정부 책임으로 모는 언론사가 무척 많습니다.

저들에겐 옳고 그름을 뒤바꾸는 능력밖에 없습니다.

한국 정부의 방역능력이 세계 최상위인 반면, 한국 언론의 신뢰지수는 세계 최하위인 이유입니다.

지금 한국인들을 부끄럽게 만드는 건, 언론입니다. 20200316

언론개혁

'개혁'에 대해 말하려면 먼저 그 '주체'를 생각해야 합니다. 언론사는 대부분 사기업이기 때문에 정부는 '주체'가 될 수 없습니다. 정부가 '언론개혁'을 입에 담으면 당장 '언론탄압'이라는 비난이 제기될 수밖에 없습니다. 일각에서는 '징벌적 손해배상제' 도입을 주장하지만, 이건 언론에 대한 통제권을 검찰과 법원에 넘기는 일이 될 겁니다. 현재 검찰과 법원의 편향성은 언론사 평균보다 훨씬 심합니다. 조국과 나경원에 대한 검찰과 법원의 '편파성'을 보면, 이 경우 전두환의 언론탄압보다 더 심한 '편파적 탄압'이 자행되리라는 건 쉽게 예상할 수 있습니다.

지금의 언론사들에게 구독자는 '세뇌 대상'이고 광고주가 '주 고객'입니다. 이런 현실에서, 언론사주가 시민의 편에 서기를 기대하는 것도 터무니없는 일입니다. 대형 언론사 사주들은 대형 광고주들의 '동지'이고, 소규모 언론사 사주들은 그들의 '하수인'에 불과합니다.

그렇다고 '언론인=언론사 종업원'들이 개혁의 주체가 될 수도 없습니다. 그 자신 생활인이기도 한 언론인들에게 언론개혁을 바라는 건, 삼성 직원들에게 재벌 개혁을 바라는 것과 다를 바 없습니다. 시민들이 주머니를 털어 창간한 한겨레조차도, 요즘 젊은 기자들의 기사를 보면 '창간 정신'을 기억하고 있는지 의심스러울 정도입니다. 그러니 엄연히 '언론사주'가 있는 회사를 직원들더러 개혁하라고 할 수는 없는 노릇이겠죠.

다만 한 가지 기대할 수 있는 바는, 언론지형이 급속히 바뀌고 있다는 점입니다. 요즘에는 종이신문 태반이 윤전기에서 나오자마자 '계란판 재료'가 됩니다. 뉴스는 SNS나 유튜브 등을 통해 그대로 전파되거나 '재가공' 전파됩니다. 종이신문 발행 부수는 속일 수 있지만, 뉴스 조회 건수는 속이기 어렵습니다. 빅데이터와 인공지능은 '단위 기사'당 조회 수를 가감 없이 집계할 것이고 이게 '광고료'의 기준이 될 겁니다. 지금의 언론사들은 뉴스 제작과 배급을 다 맡고 있지만, 앞으로는 '제작'만 하고 '배급'은 다른 매체를 이용해야 할 겁니다. 언론사의 영향력이 '발행 부수'가 아니라 기사당 '조회 수' 로 평가되겠죠.

부패한 기득권 세력과 일체화한 언론을 개혁할 수 있는 '주체'는 시민뿐입니다. 부패 기득권 세력의 주장만 일방적으로 보도하는 기사, 연예인 사생활이나 파헤쳐 악성 댓글을 유도하는 기사, 선정적인 제목을 달아 시민을 물고기처럼 낚으려는 기사 등은 조회하지도 공유하지도 않는 문화를 만들어야, 언론이 바뀔 수 있습니다. 20191111

언론사기꾼

"한 달 후 대한민국"처럼 기자의 '사적 소망'을 담은 글이나 "한국인이어서 미안합니다"처럼 기자의 '사적 감정'을 토설한 글이야 어쩔 수 없다 쳐도, "정경심 교수 PC에서 동양대 총장 직인 파일 나왔다"처럼 '거짓말'을 퍼뜨린 기사에 대해서는 기사작성 및 보도 경위를 상세히 기술한 '변명문'을 싣도록 법제화했으면 합니다. 그래야 누가, 누구와 결탁해서 사람들을 속이려 하는지 알 수 있을 겁니다.

언론인들 스스로 '내부의 사기꾼'들을 찾아내서 적절하게 응징하는 게 '언론개혁'의 첫걸음이자 '언론인'들의 '명예'를 지키는 길일 겁니다. 20200502

언론의 관행

언론이 '유서 대필 조작사건' 담당 검사였던 사람의 말은 아예 들은 체도 하지 않는 관행만 만들었어도, 지금처럼 생사람 잡는 짓을 많이 하지는 않을 겁니다.

검사 출신이든 깡패 출신이든, '가정파괴범'은 '가정파괴범'인 겁니다. 20190926

언론의 광기

장관 후보 청문회 제도가 시행된 이래 땅을 사랑해서 땅 선물 받았다는 사람, 해괴한 병명으로 군 면제 받은 사람, 변호사 개업 몇 달 만에 수십억 수임료 번 사람, 여기저기 이사 다니면서 왜 샀는지 모를 집을 여러 채 가진 사람, 농사도 안 지으면서 농지 가진 사람, 남의 논문 표절한 사람, 제자 논문을 자기 논문으로 바꿔치기 한 사람, 일본의 식민지배는 축복이었다고 한 사람, 도대체 어떻게 장관 후보가 됐는지 아무도 이해할 수 없었던 사람 등등 별별 사람이 청문회를 거쳤습니다. 저들 중 조국 후보처럼 개인 비리 의혹이 적었던 사람은 오히려 극소수입니다.

그러나 한국 언론들은 처음부터 조국 씨에게 역대 최악의 장관 후보라는 오명을 덮어씌우고, 자기들 주장을 정당화하기 위해 온갖 반인륜적 수단을 거리낌 없이 동원했습니다. 저들은 조국 씨 일가 친척 주변의 먼지 한 톨까지 샅샅이 털어 의혹 거리를 스스로 생산한 뒤 기정사실인 양 유포했습니다. 저들은 조국 씨 자녀까지 대중 앞에 발가벗겨 세우는 만행을 자행하면서도 그걸 단독이니 속보니 하며 자랑거리로 삼았습니다. 저들이 조국 씨 일가를 물어뜯는 모습은 이리떼나 승냥이떼가 먹잇감을 물어뜯는 모습과 조금도 다르지 않았습니다. 이제껏 언론이 이토록 많은 기사를 쏟아내어 처참하게 찢어발긴 장관 후보 일가가 있었는지, 생각해보시기 바랍니다. 저들이 광기에 사로잡혀 눈이 뒤집혔다는 것 말고는, 이런 야만적 행태를 설명할 길이 없습니다.

지난 한 달여간 한국 언론들이 쏟아낸 수십만 건의 기사에 드러난 '광기'는, 한국 사회의 '도덕적 기준'이 얼마나 기울어 있는지, 그리고 얼마나 위험한지를 보여주는 지표입니다. 나치 시대 독일 언론들이 유대인에 대한 증오감을 부추긴 수법도 비슷했습니다. 그들 역시 유대인이 부도덕하고 위선적이며, 성실한 독일인의 기회와 일자리를 빼앗았다고 선전했습니다. 그 선전에 현혹된 선량한 사람들 역시 '자기가 무슨 짓을 하는지도 모르는' 광기에 휩싸였습니다. 당시 독일 언론인들에게는 자기들이 전염시킨 '광기'가 히틀러와 괴벨스의 압력 때문이었다고 변명할 여지가 있었습니다. 그러나 최근 한국 언론들이 '자발적으로' 드러낸 '광기'에는 변명의 여지가 없습니다. 언론 종사자들 스스로, 자기가 왜 이런 '광기'에 휩싸여 있는지 성찰해야 할 겁니다. 자기가 병에 걸렸다는 사실을 모르면, 병을 고칠 수 없습니다. 20190831

언론의 눈

1950년대 어떤 기자는 "일제강점기 기자들은 기생들에게 특히 인기가 높았다"며 그 이유를 다음과 같이 적었습니다.

"요릿집 술자리에서 일본인 경찰이나 검사가 민족의식이 높은 기생들에게 수모를 당하는 일이 종종 있었다. 그러면 이들은 앙심을 품고 독립운동 연루 혐의나 밀매음 혐의로 꼬투리를 잡아 그 기생을 체포해서 괴롭히곤 했다. 그럴 때마다 기자들은 경찰과 검찰의 부당한 수사를 비판했으니, 기생들이 동지처럼 여겼다."

요즘엔 '검찰, 개혁 저지하려 무리한 조작 수사 의혹' 같은 기사를 본 기억이 없습니다. 대한민국 기자 여러분, 검찰의 눈으로만 세상을 보면서 어떻게 공정과 공평을 주장할 수 있나요? 언론이 필요한 이유는, '검찰의 눈'과 다른 눈이 있어야 하기 때문입니다.

20190919

언론인

조선시대 서거정은 "사간원 관리들은 날마다 술 마시는 것으로 일을 삼았다."고 적었습니다. 조선시대 사간원 관리들에게는 근무 중 음주가 허용되었다고 합니다. 목숨 걸고 왕에게 직언하라는 의미였죠.

어느 나라에서건 언론인이란, 본래 '목숨 걸고 바른말 하는 사람'이었습니다. 하지만 언론인도 사람인데, 목숨 걸고 바른말 하기가 쉬울 리 없었습니다. '언론자유'가 민주주의의 핵심요소가 된 건, 언론인에게서 '생명의 위협'을 제거해 주어야 자유롭고 민주적인 의사소통이 가능해지기 때문입니다. 하지만 민주주의 사회라고 해서 언론인들이 '말과 글의 책임'에서 면제되는 건 아닙니다.

근래 '언론인'을 자처하는 자들이 일반 시민을 대중 앞에 좌표 찍어 조리돌림하는 일이 무척 잦습니다. 공직자 가족이라는 이유로 죄가 되지도 않는 일을 '죄'로 둔갑시키거나, 자기네 회사 입장과 다르다는 이유로 일반 시민을 모욕하는 저열한 짓을 거리낌 없이 합니다.

그러면서도 자기들이 비판받으면, '좌표 찍혔다'고 우는 소리를 냅니다. 목숨 걸고 바른말 했던 옛날 '언론인'들에 비하면, 지질하다고 하기도 부끄러울 정도입니다. '언론인'은 남의 목숨을 걸고 말하는 사람이 아니라, 제 목숨을 걸고 말하는 사람입니다. 20201007

언론자유 1

한국 언론들이 '조국펀드'라는 이름을 붙였던 문제의 사모펀드가 실상은 '익성펀드'라는 증거와 증언들이 〈PD수첩〉에 의해 공개됐습니다.

하지만 이를 '조국펀드'로 단정하고 수많은 기사로 조국 일가를 난도질했던 언론매체 중, 이 사실을 보도하는 곳은 거의 없습니다.

언론사에게 묻습니다. '편파적일 자유'와 '악랄할 자유', '뻔뻔할 자유'가 '언론자유'의 핵심인가요? 20200429

언론자유 2

손혜원 의원이 목포의 근대 건축물을 매입했다는 사실이 처음 보도된 뒤, 수만 건의 후속 보도가 나와 근거 없는 의혹까지 부추겼습니다.

조국 장관 후보 가족과 관련한 의혹이 처음 보도된 뒤, 역시 수만 건의 후속 보도가 나와 근거 없는 의혹까지 부추겼습니다.

그러나 나경원 의원과 관련한 '중대한 의혹'에 대해서는, 대다수 언론이 침묵합니다.

한국의 언론은 '편파적일 자유'와 '치사할 자유'를 무한정 누리고 있습니다.

이런 자유는, 하이에나 같은 짐승들이 누리는 자유이지 '인간의 자유'가 아닙니다. 20191119

언론지형

책을 여러 권 냈지만, 〈내 안의 역사〉보다 기성 언론으로부터 외면당한 책은 없었습니다. 그런데도 초기 판매량은 그동안 냈던 어떤 책보다 많습니다.

책 발간 소식을 비중 있게 다룬 신문은 한겨레, 한국일보, 문화일보, 내일신문뿐이었고, 동아, 중앙은 단신으로 처리했으며, 다른 신문과 방송들은 한 줄도 내보내지 않았습니다. 조중동이야 당연히 예상한 바지만, 제가 9년째 칼럼을 쓰고 있는 경향신문에는 배신감마저 느꼈습니다. 그런데도 〈내 안의 역사〉 초기 판매량이 많은 것은, SNS와 〈다스뵈이다〉에서 홍보한 때문일 거라고 봅니다.

제 책에 대한 언론 보도와 판매량에 대해 주절주절 늘어놓은 이유는, 이를 통해 현재 홍보와 여론화의 지형이 과거와 얼마나 달라졌는지 알 수 있다고 보기 때문입니다. 물론 제 주관이지만, 이 책이 전작들에 비해 수준이 낮은 건 결코 아닙니다. 그런데도 언론사들은 나름의 '선별 기준'을 가지고 이 책을 신간 서적 안내란에서 배제했습니다.

어떤 것을 기사화하고 어떤 것을 배제할지는 언론사가 자율적으로 판단합니다. 이게 '언론자유'입니다. 그러나 지금 한국 언론사들이 '언론자유'를 향유하는 방식은 어떤가요? 손혜원 의원 목포 부동산 투기 의혹을 처음 제기했던 SBS는 이 사안을 '사운社運이 걸린 문제'로 여기는지 뉴스 화면을 온통 '손혜원의 부동산 투기 의혹과 그 밖의 의혹들'로 채워 시청자들로 하여금 '국운國運이 걸린 문제'

로 인식하게 만들고 있습니다. 그 탓에 진짜 '국운이 걸린 문제'들은 뉴스에서 배제되거나 단신으로만 처리됩니다. 저 방송사 종사자들에게는 '국운'보다 '사운'이 훨씬 중요한 것 같습니다. 그러니 '사익'보다 '공익'을 앞세운 손의원의 활동을 도저히 이해할 수 없었던 거겠죠.

다행히 홍보와 여론화의 지형이 바뀌었습니다. 요 며칠 제 경험에 비추어 보자면, SNS와 〈다스뵈이다〉에서 홍보한 게 유력 신문 10곳의 지면에 비중 있는 기사로 실린 것보다 더 큰 효과를 거뒀습니다.

대다수 언론이 손혜원 의원을 '탐욕과 불의의 화신'처럼 묘사하고 있지만, 대중 스스로 언론사가 왜곡 보도한 사실들을 바로 잡고 고의로 누락시킨 사실들을 찾아내 알리고 있습니다. 수많은 사람이 손의원에게 자발적으로 후원금을 보내고 그 내역을 공개하고 있습니다.

이제 '언론자유'는 더 이상 '언론사만의 자유'가 아닙니다. 지금은 모든 사람이 '언론인'인 시대입니다. 언론사들이 '공공의 이익'보다 '자기 회사의 이익'을 앞세운다면, 사익을 위해 가짜뉴스를 만들어 퍼뜨리는 자들과 '한 묶음'으로 취급돼도 할 말이 없을 겁니다. 언론사가 언론자유를 향유하며 존속할 수 있는 길은, '파급력'이 아니라 '진실과 공정'입니다. 20190123

얼간이

"내무반에서 휴대전화 쓰게 하는 군대가 어디 있냐?"는 사람 아직 많습니다. 군대가 어떻게 달라져 왔는지 전혀 모르는 얼간이죠.

그런데 이런 얼간이가 "전화로 휴가 연장되는 군대가 어디 있냐?"라고 하면, 언론들이 '상식적인 시민'으로 수준을 격상시켜 줍니다.

하긴 "아들아, 미안해. 엄마는 장관이 아니라서 카투사 못 보내주고……"라고 기사 쓰는 '초특급 얼간이'가 조선일보 기자 노릇을 하고 있으니……. 20200914

엘리트주의

"술 담배 끊고, 골고루 적게 먹고, 맵고 짠 음식 먹지 말고, 규칙적으로 운동해라."

의사들이 늘 하는 말입니다.

하지만 대다수 사람은 "의사 말만 듣고 사회생활 어떻게 하느냐?"고 합니다.

심지어 의사들조차 "의사가 시키는 대로 살되, 의사처럼 살지는 말라"고들 합니다.

의학적 관점에서 '최선'이 사회생활의 관점에서도 '최선'은 아닙니다.

방역도 마찬가지입니다. 이것은 '의학 문제'인 동시에 '국제관계 문제'이자 '경제 문제'이기도 합니다.

'의학적 관점'을 중시해야 하나, 그것만으로 할 수는 없는 일입니다.

우리나라가 세계에서 가장 우수한 방역 성과를 거두고 있는데도, 아직 "중국인 입국 금지 안 해서 이렇게 됐다."고 주장하는 사람이 많습니다.

자기 생활을 '의학적 관점'에서 성찰해 보면, 정부가 옳은지 의사협회가 옳은지 알 수 있을 겁니다.

집안에 경제권을 가진 사람이 "빚지고는 못 산다."는 철학을 가질 수 있습니다.

"부동산이나 주식 투자를 위해 빚을 낼 순 있어도 다른 용도로는 안 된다."는 신념을 가질 수도 있습니다.

하지만 '재정적 관점'으로만 가정을 꾸릴 수는 없습니다.

살다 보면, 갑자기 빚을 내야 할 일이 생길 수도 있습니다.

'가계부'가 가정 문제의 전부가 아니듯, '재정 문제'도 국가 문제의 전부가 아닙니다.

'재정적 관점'으로만 국가를 운영할 수는 없습니다.

"방역 문제는 의사들 뜻대로 해라"나 "재정 문제는 기재부 관리들 뜻대로 해라"는 사람이 많습니다.

'전문가의 관점'으로만 국가를 운영하는 게, '엘리트주의'입니다.

'엘리트주의'의 반대말이 '민주주의'입니다. 20200424

여경 女警

1937년 중일전쟁 이후 조선총독부는 마약과 금을 밀수하는 여성 범죄자를 단속하기 위해 여자 경찰 채용을 검토하다가 그만뒀습니다. "사무라이 정신의 상징인 칼을 여자에게 줄 수는 없다."는 게 이유였죠.

우리나라에 여자 경찰이 처음 생긴 건 1946년 5월 27일. 지금으로부터 73년 전입니다. 여자 경찰을 뽑은 기관은 운수경찰청이었고, 채용 목적은 '상냥하고 친절한 여자 경찰을 배치함으로써 민주 경찰은 친절하다는 것을 일반에게 인식시키는 동시에 여행의 명랑화를 도모하기 위해서'였습니다. 간단히 말하자면 '여자 경찰'을 '민주 경찰의 상징'으로 이용하려 한 셈인데, 그 의도와 무관하게 여자 경찰은 '시대가 바뀌었음'을 입증하는 존재였습니다.

같은 해 6월 4일, 일반 경찰 업무를 담당할 여자 경찰 시험이 치러졌습니다. 100명을 뽑을 예정이었는데 지원자가 64명뿐이라 전원 합격시켰습니다. 초대 여자경찰과장 고봉경의 전직은 피아니스트, 수도여자경찰서장 양한나의 전직은 유치원 원장이었습니다.

주취 난동자 제압 문제로 여자 경찰에 관한 논란이 거셉니다. 그 주취 난동자가 여자였다면 어땠을까요? 경찰 개개인의 '특기'와 관련해서는 검토할 여지가 없지 않을 것이나, 모든 경찰에게 '균등한 힘'을 요구하는 주장의 저변에 혹시 '사무라이 정신의 상징인 칼을 여자에게 줄 수 없다.'던 일본 군국주의 의식의 잔재가 깔려 있는 건 아닐지요? 20190521

역사 서술

"역사 서술이란 역사적 진리를 발견, 정리하는 작업이 아니라 어떤 사실에 관한 기술들을 역사적 진리라고 믿게 만드는 서사 구조" (헤이든 화이트)라는 주장이 있습니다.

역사 서술에는 발견, 수집, 정리의 전 과정에서 역사가의 욕망과 환상, 목적의식이 개입되기 때문에, 일단 히스토리=스토리로 바뀌면 그것은 더 이상 진실이 아니라 '말하는 자가 진실이라고 주장하는 설득력 있는 이야기'일 뿐이라는 거죠.

당연히 이런 생각은 역사에만 국한하지 않습니다. 신문기사, 다큐멘터리, 르포 등 학자, 기자, 작가 등이 '진실'을 알린다고 주장하는 모든 '이야기'에 통용됩니다. 이런 관점을 취하면, 세상에 유포되는 모든 이야기에서 '진실과 허위'를 가리는 것은 무의미해지고, 사회적 공모에 의해 형성된 '판단 기준' 또는 '확증 편향'에 영향을 받는 '주장들'만 남게 됩니다. 이런 '주장들'에는 많건 적건 '환상'이 포함되기 마련이고요.

'여론의 공간' 또는 '담론의 세계'를 '말하는 자가 진실이라고 주장하는 환상들이 경쟁하는 곳'이라고 정의할 수는 있습니다. 단, 이렇게 정의하려면 '내 주장도 환상이다'라는 사실을 먼저 인정해야 합니다. 만약 어떤 지식인이 헤이든 화이트와 같은 관점으로 '담론의 세계'를 분석하면서, '내 주장만 사실이고, 다른 사람들의 주장은 모두 환상이다'라고 한다면, 그의 자아에 심각한 균열이 생겼다고 하는 것이 '설득력 있는' 이야기일 겁니다. 20200102

역사의 쓰레기

문 대통령의 트럼프 대통령 초청을 '굴욕외교', '망신외교'라고 비방한 자들이 있습니다.

한미동맹이 수습 불가능할 정도로 파탄 났다고 주장한 자들이 있습니다.

이번 판문점 남북미 정상회동의 역사적 의의 중 하나는, 저런 자들이 '역사의 쓰레기'임을 입증했다는 점입니다. 210190630

역사의 종언

정의당 청년 후보들은 좋은 환경에서 스펙 쌓을 수 없었던 청춘들의 마음을 대변한 것뿐인데, 그들을 왜 비판하느냐는 분이 계셔서 굳이 조금 더 씁니다.

저는 정의당원도 아니지만, 노회찬 의원 빈소에서 눈물을 참지 못했습니다. 그분과 가까웠던 정의당원들은 당연히 훨씬 더 했을 겁니다. 그때 어땠습니까? 노의원이 더 버텨 주지 못한 걸 야속하게 여기면서도, '의혹 제기'라는 명목으로 온갖 음해 기사를 쏟아냈던 언론에 분개하지 않았습니까? 저도 당시 노의원 부인에 대해 악랄한 음해 기사를 썼던 조선일보 기자를 아직 기억하고 있습니다.

노회찬 의원 역시 검찰과 언론에 의해 만신창이가 된 사람이었습니다. 한국 검찰과 언론이 '진보정당'에 대해 공정하고 중립적이었던 적은 없습니다. 이 사실은 진보정당에서 오랫동안 활동해 온 사람들이 누구보다 잘 알 겁니다.

조국은 문재인 정권에서 민정수석과 법무부 장관을 지냈지만, 민주당원이 아니었습니다. 그는 '노회찬 후원회장'이었습니다. 그런데도 정의당 청년 후보들은 '진보 정치인에 대한 검찰과 언론의 일방적 흠집 내기에 맞서 치열히 싸우지 못했던 것'을 반성하기는커녕 '조국 장관에 더 치열히 반대하지 못한 것을 깊이 반성'한다고 했습니다. 노회찬 의원이 아직 살아있다면 저들이 어떻게 대했을지 생각하니, 모골이 송연해집니다.

한국 '진보정당의 역사'는 검찰과 언론의 편파성으로 인한 피해의 기록이기도 합니다. 저들이 자기 당의 역사를 안다면, 치열하게 맞서야 할 상대가 누구인지, 깊이 반성해야 할 지점이 어딘지도 알 겁니다. 진보정당의 역사 전체를 학습할 필요도 없습니다. 노회찬 의원 별세와 관련된 최근의 역사만 학습했어도, 저런 반응을 보일 순 없었을 겁니다. 청년들이 미래의 희망이긴 하지만, 자기 역사를 학습할 의지가 없는 사람들에게 기대를 걸 수는 없습니다. 한 집단의 역사가 끝나는 건, 그 구성원들이 자기 역사를 공부하지 않을 때부터입니다. 20200326

역사해석

나경원 의원이 "역사적 사실에 대해서는 다양한 해석이 존재한다."
며 광주민주화운동에 관해 허위사실을 유포한 자기 당 의원들을
두둔했습니다.

'사실'과 '해석'의 관계에 대해 본인도 잘 모르는 것 같아서 굳이
예를 듭니다.

"일본 자위대 창설기념식에 참석했던 나경원씨가 남북 철도 연
결식에는 불참했다."는 건 '사실'입니다. 이 '사실'에 기초하여 "나경
원 씨는 남북 평화보다 일본의 기념일을 더 중요시하는 친일 한국
인이다."라고 해석하는 건 얼마든지 가능합니다.

"역사 교과서 국정화에 찬동했던 나경원 씨가 역사적 사실에는
다양한 해석이 존재한다고 말했다."도 '사실'입니다. 이 '사실'에 기
초하여 "나경원 씨는 역사 해석의 획일성을 주장하다가 다양성을
강조하는 등 자기 주견 없이 기회주의적 행태를 보이는 정치인이
다."라고 해석하는 것도 얼마든지 가능합니다.

하지만 "1980년 5월, 광주에 북한군 600명이 침투했다."는 건 명
백히 사실이 아닙니다. '사실'이 아닌 것을 '사실'이라고 전제하고 주
장을 펴는 건, '해석'이 아니라 '날조'이자 '거짓말'입니다. 나경원 씨
주장대로 거짓말도 '사실에 대한 다양한 해석'으로 인정할 수 있다
면, "지금 한국 정치권에는 일본인들에게 매수된 자들이 한국을 망
치기 위해 암약하고 있다."도 '사실에 대한 다양한 해석 중 하나'가
될 수 있습니다. 20190210

연예인

"왜 연예인은 작가나 학자보다 10배 이상 많은 강연료를 받는가?"는 현재의 한국문화를 진단하는 데 필요한 질문일 수 있습니다. 가끔 외부 강연을 하는 저로서도, 연예인이 받는 액수의 2-3%에 불과한 강연료를 제시받으면 자괴감 비슷한 느낌이 들기도 합니다. 어떤 곳은 아예 강연료 얘기는 꺼내지도 않습니다. 그냥 주는 대로 받으라는 거죠. 몇 차례 '어이없는' 강연료를 받은 뒤로는 가난한 시민단체가 아닐 경우 미리 물어보곤 합니다.

얼마 전 부산의 모 대형 서점에서 제 책으로 북콘서트를 하겠다며 강연을 의뢰했습니다. 강연료 얘기가 없어 물어봤더니 20만 원을 책정했다더군요. 왕복 교통비를 빼면 5만 원 정도. 강연료를 문제 삼아 거절한 적은 없었지만, 그때 처음으로 "그 조건으로는 갈 수 없습니다."라고 답했습니다. 주최 측에서는 의례적으로 미안하다면서도 "책 홍보가 되는 일인데 왜 그러느냐?"는 식이었습니다. 더 대꾸하고 싶은 마음이 없어졌습니다.

세상 만물이 '상품'으로 거래되는 시대에, 게다가 일단 '명품'으로 인정받으면 아무리 가격에 거품이 많이 끼어도 팔리는 시대에, 연예인의 공강연료(공연료+강연료)가 비싸다고 비난하는 건 에르메스나 샤넬 가방값을 비난하는 것과 다를 바 없습니다. 인기 가수 한 사람 초대하려면 노래 한 곡당 보통 천만 원 정도 줘야 한답니다. 모 단체에서 회원 가족들을 위한 연말 음악회를 기획했던 지인에게 들은 바로는, 별로 유명하지 않은 음악인들을 불렀는데도 한 시간짜리 프로그램에 개런티만 5천만 원이 들었답니다.

연예인의 공강연료가 작가나 학자의 강연료보다 훨씬 비싼 이유는, 지식보다 쾌락의 가격이 훨씬 비싼 시대이기 때문입니다. 도서관은 저작권료를 안 내지만, 노래방은 저작권료를 내야 하는 것도 이 때문입니다. 그리고 이런 시대를 만든 것은, 현대인 대다수의 욕망입니다. 자유한국당도, 그냥 김제동이 싫은 사람들도, "왜 재정도 어려운 지방자치단체가 고액 강연료를 주고 유명 연예인을 불렀느냐?"고 비난합니다. 재정 자립도가 낮은 지방 도시에는 돈 많은 민간기업이나 경제단체도 없습니다. 하지만 지방 도시 주민들도 유명 연예인을 만나고 싶어 합니다. 공공기관 말고는 그런 욕구를 해소해 줄 곳이 없습니다. 연예인의 '시간당 공강연료'에도 '등급별 가격대'가 있습니다. 공공기관이라고 해서, 그 가격대를 무시할 수도 없습니다.

지방 도시에서 하는 행사라고 연예인의 '시장 가격'을 깎으라는 건 '반시장적 행태'이고, 가난한 지방 도시 주제에 왜 비싼 연예인을 불렀느냐고 비난하는 건 '지역 차별적 행태'입니다. 연예인의 몸값이 너무 비싸다고 생각되면, 연예인을 소비하지 않으면 됩니다. 하지만 지금 김제동의 몸값을 비난하는 자들은 '연예인 몸값' 일반에 대해서는 함구합니다.

자유한국당이 김제동 김어준 주진우 등을 꼭 짚어 '친정권 인사들의 강연료 실태 전수조사'를 하겠다고 나섰습니다. 이명박 일당이 강금원 회장을 탈탈 털었던 것과 똑같은 작태입니다. 여기에 동조하는 자들도 꽤 많습니다. 정치 성향에 관계없이 유명 연예인들의 공연료 실태를 전수조사해서 발표한다면, 현재의 한국문화를 성찰하는 자료가 될 수도 있습니다. 하지만 이명박 박근혜를 지지했거나 비리와 국정농단에 침묵했던 연예인들의 몸값을 문제 삼는 사람은 거의 없습니다. 연예인의 몸값과는 별개로, 이런 태도가 비리와 부패에 동조하거나 침묵하는 대중문화를 만듭니다. 20190613

연출

"윤총장 장모 녹취록 보도 다음 날 추장관 아들 집과 사무실 압수수색."

'한국 검찰의 가족인질극' 시즌 2가 시작됐네요.

'검찰총장 장모의 주가조작'과 '국회의원 일가 기업의 피감기관 수천억대 수주'보다 대학생 표창장과 군인 휴가 연장을 더 심각한 사회문제로 만드는 연출 '능력'은 정말 탁월합니다. 20200922

엽기獵奇 1

10여 년 전 고등학생이 교외 체험활동에 참가했냐 아니냐를 '법정'에서 따지는 건, 전 세계 재판 역사상 유례를 찾기 어려울 겁니다.

세계사상 유례가 드문 일에 어울리는 수식어는, '엽기적' 또는 '극도의 몰상식'입니다.

한국 검찰과 언론의 행태에 어울리는 '수식어'이기도 합니다.
20200514

엽기 2

매사에 자유한국당을 편드는 뉴스타운이라는 인터넷 언론이 '고유정과 문재인의 닮은 점'이라는 칼럼을 실었습니다. 내용은 너무 극악무도해서 생략합니다.

그런데도 나경원 씨는 지금이 "문 대통령이 곧 국가인 시대"라며 "문 대통령을 건드리면 반역이 된다."고 주장했습니다. 그러나 문 대통령의 인격을 극악무도한 언사로 분쇄하려는 자들이 공공연히 설치는 현실은, '문 대통령이 곧 국가인 시대'를 증명하는 게 아니라 '나경원 씨의 한결같은 인격'을 보증할 뿐입니다.

사실 저런 글은 '국가에 대한 반역'을 넘어 '인류에 대한 반역'입니다. 만약 어떤 언론에 '고유정과 나경원의 닮은 점'이라는 칼럼이 실린다면, 나경원 씨가 어떻게 반응할지는 너무 뻔해서 궁금하지도 않습니다.

언론이 자국 대통령을 '희대의 엽기 살인마'와 똑같다고 매도하는 글을 유포할 수 있는 나라는, 지구상에 몇 되지 않습니다. 언론 자유도를 최상위로 올려놓은 정권을 '독재정권'이라고 비난하는 자들도, 지구상에 자유한국당 사람들뿐일 겁니다. 한국과 같은 민주 국가에서 이런 정당이 제1야당이라는 현실이야말로, '엽기적'입니다. 이런 '엽기성'을 청산하는 일은 이념의 문제가 아닙니다. '보편 인간'의 자격을 얻기 위한 전제입니다. 20190614

영수회담

언론들이 황교안 대표가 대통령에게 요구하는 1 대 1 면담을 왜 '여야 영수회담'이라고 쓰는지 모르겠습니다.

황교안 대표는 4 야당의 대표 영수도 아니고, 설사 대표성을 인정한다고 쳐도 여당의 대표는 이해찬 의원입니다.

과거에 '박근혜 대통령 권한대행'이었다고 해서, 대통령과 동격인 건 아닙니다. 영수회담을 하고 싶으면 이해찬 의원과 해야죠. 20190515

예언

많은 언론매체가 "금태섭이 탈당하면 중도층이 이탈한다."는 이야기를 퍼뜨리려 애쓰고 있습니다.

"정몽준도 노무현을 버렸다."부터 "안철수가 탈당하면 중도층이 이탈한다."는 말에 이르기까지, 같은 취지의 예언 무수히 들었습니다.

금태섭 씨가 정몽준, 안철수 씨 정도인지에 대한 판단과는 별도로, 엉터리 점쟁이도 틀린 점괘 반복해서 팔아먹지는 않습니다.

20201021

왜곡

손혜원 의원에 이어 조국 장관 후보까지.

밝히기 어려워 공개하지 않았던 남의 아픈 가정사를 헤집어서는 자기에게 유리하도록 왜곡하는 자가 많습니다.

손혜원 의원 관련해서는 그 동생의 일방적 주장만을 '진실'이라고 하던 자들이, 조국 장관 후보 관련해서는 전 제수의 호소를 '거짓말'이라고 매도합니다.

이런 자들이 〈반일 종족주의〉를 극찬하는 건 이상한 일이 아닙니다. 현실을 왜곡하는 방법과 역사를 왜곡하는 방법은 똑같기 때문입니다. 20190819

292

왜구

아베와 한국 극우는 "한국이 북한에 몰래 퍼 준다."는 가짜뉴스에 대한 믿음을 공유합니다.

가짜뉴스에 대한 믿음을 공유하는 건, 둘이 한 팀이기 때문입니다.

거짓 명분을 만들어 한국을 공격하는 게 '왜구 짓'이 아니면 뭔가요?

한국인으로 왜구 짓에 동조하는 게 '토착왜구 짓'이 아니면 또 뭔가요?

20190708

외교력

아베가 도발하고 나서 내세운 명분은 '한국은 신뢰할 수 없는 나라'라는 거였습니다.

한국 정부가 아베의 신뢰를 얻기 위해 할 수 있는 일이 무엇이었을까요?

1) 박근혜가 아베와 졸속으로 맺은 〈한일위안부합의〉를 준수하여 피해자들을 모욕하는 것.
2) 징용 피해자를 윽박질러 소송하지 못하게 하는 것.
3) 박근혜처럼 대법원과 거래하여 시간을 끌거나 원고 패소 판결을 내리게 하는 것.
4) 대법원판결을 이행하지 않는 것.

저런 행위는 외교가 아니라 '민주주의 파괴'이자 '자국민 모욕'입니다.

아베의 도발이 한국 정부의 '외교실패' 탓이라는 야당과 족벌언론의 주장에 동조하는 사람이 많은가 봅니다.

무도한 요구에 응하지 않는 것도, '외교력'입니다. 20190711

요정料亭

1993년 서울 '최후의 요정'이라 불리던 삼청각이 문을 닫았습니다. 한국 사회 최대의 적폐로 꼽혔던 '요정 정치'가 그 얼마 전에 종언을 고했기 때문입니다. 모리배들이 관료들을 요정料亭으로 초대해 접대하면서 이권利權을 청탁하는 '요정 정치'는 일제강점기에 만들어져 1980년대까지 70년 이상 계속됐습니다. 게다가 양승태의 재판거래 정황을 보면, '요정 정치'의 잔재까지 사라졌다고 보기는 어렵습니다. 한번 만들어진 '적폐'를 청산하는 일은 이토록 어렵습니다. 계속 여론화하고 의식적으로 노력하지 않으면, 적폐는 요지부동일 겁니다. 20190130

용비어천가

바른미래당이 문 대통령의 신년사를 '셀프 용비어천가'라고 비난했습니다.

'용비어천가'는 왕의 죽은 조상들을 칭송하고, 당대의 왕을 권면한 노래입니다. 그 마지막 구절은 '하늘을 공경하고 백성을 위해 힘써야 더욱 굳으리이다'입니다. 용비어천가의 내용을 안다면, 이렇게 비난할 수 없습니다.

중학생도 아는 역사조차 모르면서, 어떻게 '바른 미래'로 안내할 수 있나요? 20190110

우리의 소원

지난 70여 년간, 국가적 어젠다로서 '우리의 소원'은 '통일'과 '일본 따라잡기' 두 가지였습니다. 통일은 75년 된 소원이지만, '일본 따라잡기'는 150년 된 소원입니다.

1876년 이후 이제껏 대다수 한국인의 마음속에서 일본은 원수이자 모범이었고, 적이자 스승이었습니다. '일본을 모범으로 삼고, 일본을 따라잡자'는 150년 가까이 한국 사회를 지배한 담론이었습니다. 작년 8월 일본이 우리나라에 대한 수출규제를 개시했을 때, 유력 언론들과 지식인들은 '자존보다 생존이 먼저'라며 일본에 굴복하라고 요구했습니다. 한국의 일부 지식인은 〈반일 종족주의〉라는 자기 모멸로 가득 찬 '노예의 역사책'을 펴냈고, 그 책을 '보수의 바이블'로 칭송하는 비루한 정치인도 많았습니다.

하지만 그들이 일본을 향한 관성적 '노예의식'을 당당하게 드러내는 사이에, 한국의 구매력 기준 1인당 GDP가 일본을 앞질렀습니다. 그리고 지금, 전 인류가 바이러스로 고통받는 팬데믹 상황에서 세계 유수 언론은 우리나라를 '코로나 대처 모범국'이자 '민주적이면서 규율 잡힌 사회'라고 칭찬하고 있습니다. 반면 일본은 후쿠시마 방사능 오염수 처리부터 코로나19 대처에 이르기까지 불투명하고 납득하기 어려운 행태를 전 세계에 '전시'하고 있습니다. 심지어 손정의 소프트뱅크 회장이 100만 명분 진단 키트를 지원하겠다고 하자 "검사를 많이 하면 확진자만 늘어난다"는 주술적, 야만적 태도까지 보이고 있습니다. BTS와 〈기생충〉에서 보듯, 한국의 문화 콘텐츠도 일본의 그것을 앞서고 있습니다. 이제 경제 정치 사회 문화의 모든 영역에서 일본은 더 이상 우리가 '따라잡아야 할' 상대가 아닙니다. 150년 된 우리 민족의 '소원'이 이루어졌습니다. 팬데믹이라는 암울한 상황에서도, 우리 눈앞에는 엄청난 역사적 대사건이 펼쳐지고 있습니다.

2003년 아일랜드가 영국의 1인당 GDP를 추월했을 때, 아일랜드 사람들은 이 '역사적 성취'를 기념하고 길이 후손에게 물려주기 위해 수도 더블린 광장에 '기념탑'을 세웠습니다. 식민지였던 나라가 식민 모국의 GDP를 앞선 사례는 한국이 아일랜드에 이어 세계사상 두 번째입니다. 20세기 제국주의 체제에서 식민지가 되었던 나라로는 세계 최초입니다. 한국인들이 이룬 성취는 한국인만의 것이 아니라 제국주의 시대에 식민지배를 받았던 사람 모두에게 던지는 희망의 메시지입니다.

그러나 한국인 절대다수가 자기들이 이룬 엄청난 성취에 대해 알지 못합니다. 자기들이 지금 지나고 있는 현재의 '역사적 의미'에 대해 무감각합니다. 기뻐할 일이 있어도 알지 못하고 자랑스러워해야 마땅한 일에 오히려 제 나라를 욕하는 어리석음이 넘쳐납니다. 언론이 이 '역사적 사건'들을 외면하고 '현재의 역사적 의미'에 대해 침묵하기 때문입니다. 정부는 이런 사실을 알릴 수 없을 겁니다. 그랬다간 '자화자찬'이라며 욕할 게 뻔한 자들이 전국에 널려 있기 때문이죠.

지난 70년간 '일본을 모범 삼아 일본을 따라잡자'는 담론을 앞장서 유포해 왔던 언론들이 막상 우리나라가 일본을 따라잡자 일제히 침묵하는 이유는 무엇일까요? 첫째는 언론사 종업원들의 '역사의식'이 없기 때문일 거고, 둘째는 윤석열 장모의 잔고증명서 위조 사건에 일제히 침묵하는 이유와 같을 겁니다. 저들에겐 '당파성'만 있을 뿐 '정의감'도 '공동체 의식'도 전혀 없습니다. 한국인들은 한 시대에서 다른 시대로 넘어가는 '역사의 다리'를 건너고 있지만, 한국 언론 125년 역사상 지금처럼 언론계가 엉망이었던 때는 일찍이 없었습니다.

언론이 침묵하더라도, 우리 조상들이 150년간 품었던 '소원'을 우리가 이뤄냈다는 사실은 함께 알고, 함께 기억하며, 함께 나눠야 할 겁니다. 그리고 훗날 우리 후손들이 "일본을 앞질렀을 때 왜 아무 일도 하지 않았느냐?"고 물을 때 부끄럽지 않도록, 지금 언론의 행태를 기억해야 할 겁니다. 20200312

우민화 정책

언론자유가 없던 시절에는 정부가 언론을 장악해서 '우민화 정책'을 추진했습니다.

그러나 지금은 언론사를 장악한 자들이 '우민화 정책'을 추진합니다.

과거 조선총독부의 우민화 논리이던 '닥치고 일본에 굴복'이, 지금은 토착왜구들의 우민화 논리입니다. 20190718

우선순위

"한국 총선 전에는 북미회담 열지 말아 달라."

"선거법 상정하지 않아야 민식이법 통과시켜 주겠다."

국가 안위보다도, 세계 평화보다도, 아이들의 생명보다도, 자기들의 이익을 앞세우는 정치집단이 있습니다.

저런 정치집단을 '대표'로 삼는 건, 국가와 세계와 인류에게 죄를 짓는 일입니다. 20191130

욱일기 1

1894년 일본군이 경복궁을 점령했을 때도 욱일기가 걸렸습니다. 1904년 일본군이 서울을 점령을 때도 욱일기가 걸렸습니다. 1910년 일본이 한국을 강제병합했을 때도 욱일기가 걸렸습니다.

한국인더러 욱일기를 '존중'하라고 하는 건, 일본의 한국 침략 과정 전체를 '존중'하라는 것과 같습니다.

이런 자들에겐 '토착왜구'가 칭찬입니다. 20190822

욱일기 2

제국주의 시대 헤아릴 수 없는 학살을 자행했던 영국의 유니언잭, 프랑스의 삼색기, 미국의 성조기 등에 대해서는 아무 말 안 하면서 왜 욱일기만 문제 삼느냐는 취지의 글이 보이는데, 저는 생각이 다릅니다.

2차 대전을 소재로 한 영화는 많이들 봤겠지만, 지금 미국, 영국, 프랑스 등의 군기軍旗가 어떻게 생겼는지 아는 사람은 거의 없습니다. 당장 대한민국 군기軍旗도 생각나지 않을 겁니다. 그러나 일본은 군사 행동을 할 때 늘 일장기와 욱일기를 함께 걸었습니다.

일장기와 욱일기를 함께 거는 '일본식' 전통은 일본 군국주의의 특수성과 관련 있습니다. 조슈와 사쓰마 군벌이 각각 장악한 일본의 육군과 해군은 군국주의 시대 일본의 대외 침략정책뿐 아니라 자국 내 정치에도 깊이 개입했습니다. 우리는 잘 구분하지 못하지만, 육군의 욱일기와 해군의 욱일기는 모양도 다릅니다. 조슈 군벌과 사쓰마 군벌은 자기들 맘에 들지 않는 수상이 나오면 육군대신이나 해군대신을 물러나게 해서 내각을 해산하는 수법을 쓰곤 했습니다. 군인으로 수상이 된 자도 많습니다. 욱일기와 일장기를 나란히 거는 건, 자체로 군軍과 국國이 병립한다는 '군국주의'의 상징입니다.

1954년 일본 자위대가 창설될 때, 욱일기도 부활했습니다. 이건 일본인들이 군국주의 의식을 청산하지 않았다는 증거이자, 청산하지 않겠다는 야욕의 표현이기도 합니다. 욱일기는 일본군이 세계로 뻗어가는, 달리 말하면 세계를 침략하는 행위를 형상화한 겁니다. 세계 팽창의 의지를 경제단체나 문화기관의 깃발에 담았다면 몰라도, '군기'에 표현하는 건 심각한 문제입니다. 일본의 상징인 일장기에 대해서는 우리가 용납하고 말고 할 이유가 없습니다. 그러나 '군국주의'의 상징인 욱일기에 대해서는 우리가 먼저 그 '침략성'과 '범죄성'을 명료히 인식하고, 국제사회에도 계속 알려야 할 겁니다.

20190823

욱일기 3

축구 경기장에서 응원단이 자기 나라 군대의 '군기'를 흔든다면 그걸 어떻게 봐야 할까요?

욱일기는 일본 국기가 아니라 '군기'입니다.

축구장에서 '군기'를 흔드는 게, FIFA 규정에 맞는지 모르겠네요.

20190827

운요호사건

1875년 9월, 일본 군함 운요호가 해안 측량을 빌미로 조선 영해를 침범했습니다. 일본군 수병 일부는 보트를 타고 강화도 초지진 상륙을 시도했습니다. 조선군이 불법으로 접근하는 일본군 보트에 포격을 가하자, 운요호는 연안의 조선군 진지에 함포를 쏘았습니다. 일본군이 먼저 도발했음에도 일본 정부는 적반하장 격으로 조선군에 도발 책임을 물어 통상조약 체결을 강요했습니다. 조선 정부는 이에 굴복하여 일본과 불평등한 강화도조약을 맺었고, 이를 계기로 일본의 조선 침략 책동이 본격화했습니다.

2018년 12월, 동해상에서 표류 중이던 북한어선을 구조하기 위해 우리 해군의 광개토대왕함이 출동하자, 일본 자위대 초계기가 두 차례의 저공비행으로 우리 군함을 위협했습니다. 그러나 일본은 역시 적반하장 격으로 광개토대왕함이 화기 관제 레이더로 일본 초계기를 위협했다며 억지를 부리고 있습니다. 운요호 사건 때나 이번 일본 자위대 초계기 위협 비행 사건 때나 일본의 도발 방식은 똑같습니다.

일본이 하는 짓은 운요호 사건 때와 똑같으나, 지금의 한국은 적반하장 격 억지 주장에 굴복했던 그때의 조선이 아닙니다. 150년 전과 한 치도 다르지 않은 도발 방식을 구사하는 일본을 두려워할 이유는 없습니다. 다만 그 시절에는 일본 '천황' 생일 파티나 자위대 창설기념식 같은 행사에 참석해 축하하는 얼빠진 한국인은 없었습니다. 그런데 지금은 그런 인간들이 무척 많습니다. 이게 진정 걱정스러운 일입니다.

3·1운동 100주년을 기념하는 것도 중요하지만, 3·1정신을 실천하는 게 더 중요합니다. 이제는 3·1운동 이후 100년간 청산하지 못했던 '비루한 정신'과 분연히 결별해야 합니다. 20190108

원순 씨

49재를 지냈지만, 아직 원순 씨를 보내지 못했습니다.

그가 평생에 걸쳐 이룬 일들과 '성범죄'는 다른 문제라는 사람도 많지만, 둘은 무관할 수도 없고 무관해서도 안 됩니다. 그가 정말 '성범죄자'이면서 겉으로만 여성 인권을 위해 노력하는 것처럼 행세한 위선자였다면, 그가 이끈 시민운동의 역사도 당당할 수는 없습니다.

지난 49일간 SNS를 쉬면서 진상을 알아보려 애썼고, 사람들의 얘기에도 귀를 기울였습니다.

원순 씨의 삶과 인품을 모르는 자들이 죽은 원순 씨를 향해 쓰레기 같은 악담들을 쏟아부을 때도 그러려니 했습니다.

정의당 국회의원들이 조문 안 가겠다고 선언했을 때도, 대통령에게 누구 편인지 밝히라고 요구했을 때도, 그저 한숨만 나왔습니다.

강용석이 그를 조롱하고 진중권이 그를 모욕했을 때도 헛웃음이 나왔습니다.

그러나 권인숙, 정춘숙 등이 그를 '성범죄자'로 단정했을 때는, 절망했습니다.

30년 넘게 알고 살아온 사람의 인격에 대한 신뢰를 한순간에 패대기치는 그 경박한 단호함에 소름이 끼쳤습니다. "박원순이 그랬다니 믿기지 않는다. 아직 단정하기에는 이른 것 같다." 정도의 반응을 기대한 게 무리였을까요? 원순 씨는 알았을 겁니다. 자기가 아무리 해명해도, 이런 '경박한 단호함'에 맞서 이길 수는 없다는 것을. 어떻게든 버틴다 해도 만신창이가 되어 주저앉을 수밖에 없다는 것을.

원순 씨의 '여성운동 동지' 정춘숙 씨가 〈시사인〉과 인터뷰하면서 '박원순은 한국 현대 여성운동의 모든 장면에 다 있었다. 박원순이 그럴 리 없다고 생각했지만, 그럴 리 없는 사람은 없다. 이 사건은 박원순을 빼고 봐야 한다'고 했습니다. 저는 이 말에 동의할 수 없습니다. 첫째, '박원순을 빼고 봐야' 보인다면 그건 당연히 박원순을 본 게 아닙니다. "박원순을 빼고" 박원순을 보는 황당한 생각은 하면서 "다른 사람을 넣고" 박원순을 보는 생각은 왜 못 한 걸까요? 둘째, "그럴 리 없는 사람은 없다."는 명제는 왜 원순 씨에게만 일방적으로 향하는 건가요? 한쪽은 언제나 그럴 리 없고, 다른 쪽은 언제나 그럴 리 있다고 보는 태도에 굳이 이념의 이름을 붙이자면, '맹목주의'일 뿐입니다. 맹목주의는, 광기의 일종입니다. 20200826

원조 元祖

1909년 12월, 매국단체 일진회는 "안중근이 이토를 사살하여 일본 여론을 자극함으로써 나라가 망하게 되었다"며 '합방청원서'를 발표했습니다. 이들이 '토착왜구의 원조'입니다.

2019년 1월, 자유한국당 원내대표는 "문 대통령 신년사가 일본 정부를 불필요하게 자극하여 경제와 안보가 걱정된다."고 했습니다.

110년이 지났는데도, '원조의 정신'은 살아있습니다. 20190114

원칙

김대중은 김종필과 연합했고 노무현은 정몽준과 후보 단일화에 합의했습니다.

권력욕을 실현하기 위해 원칙을 어겼기 때문이 아니라, 부패 기득권의 본진을 상대하는 게 먼저라는 원칙을 세웠기 때문입니다. 자기 시대의 역사적 과제를 고민하며 원칙을 세우는 게, 김대중 노무현 정신일 겁니다.

노무현 전 대통령 서거 10주기를 앞두고 '강물처럼'이라는 말의 뜻을 되새깁니다. 물방울 하나하나는 튀기도 하고 옆으로 빠지기도 하지만 모두 바다로 향합니다.

그러나 바다를 향해 나란히 걷던 사람의 방향이 자기와 5도나 10도 틀어졌다고 등을 돌리면, 자기는 애초 목적했던 곳과 175도나 170도 다른 방향으로 가게 됩니다. 20190522

월북

박근혜 정권하인 2013년 우리 군이 월북하던 우리 국민을 사살했을 때, 책임지거나 처벌받은 군 관계자가 있다는 얘기는 들은 적 없습니다.

그런데 북한해역에서 북한군이 월북하던 우리 국민을 사살했다고 하니, 우리 군 통수권자더러 책임지랍니다.

이런 말은, 북한군도 차마 하기 어려운 겁니다. 20200925

위량자偽良者

흔히 '선량善良'을 묶어 쓰지만, '선'과 '양'은 다릅니다. 선은 '착함'이고, 양은 '평범함'입니다. '선인善人'은 성인군자에 가까운 사람이지만, '양인良人'은 평민과 동의어입니다. 그래서 선심은 '베푼다'고 하고, 양심은 '지킨다'고 합니다. '선심'을 베풀지 않는다고 나쁜 사람인 건 아니지만, '양심'을 지키지 못하면 인간의 자격을 잃습니다.

장제원 씨가 자기 아들의 음주 운전 사고와 관련해 이런저런 의혹이 제기되자, "해도 너무한다."며 법으로 대응하겠다고 밝혔습니다. 나경원 씨도 자기 아들의 논문 제1 저자 의혹과 관련해 "아들은 논문 작성한 적 없다."며, 허위보도 시 법적 조치하겠다고 밝혔습니다.

자식이 저지른 일의 책임을 부모에게 몽땅 뒤집어씌우는 건 온당한 처사가 아닙니다. 부모가 자기 지위나 연줄을 이용해서 자식 도와주는 것도 이해할 수 있습니다. 하지만 이들이 조국 씨에게 한 짓은 도저히 이해할 수 없습니다.

옛 어른들은 "자식 키우는 사람이 남의 자식 함부로 욕하면 안 된다."고들 했습니다. 인간의 '양심良心', 별것 아닙니다. 역지사지易地思之가 양심의 기본입니다. 저들은 조국 씨더러 '위선자'라고 비난했지만, 정작 자기들은 '위량자僞良者'였습니다. 보통 사람도 '위선자'가 될 수는 있지만, '위량자'가 될 수는 없습니다. '위량僞良'은, 양심 없는 자들이나 할 수 있는 짓이기 때문입니다. 20190910

위선

재벌 지배 체제 해체하자면서 재벌 기업에 취업하는 사람.

최저임금 인상해야 한다면서 자기 종업원에겐 최저임금만 주는 사람.

부동산 불로소득 없애야 한다면서 청약 저축 가입하는 사람.

조물주 위에 건물주인 사회 바꿔야 한다면서 건물 사는 사람.

전관예우 철폐하자면서 전관 있는 대형 로펌에 의뢰하는 사람.

대학 서열구조 타파해야 한다면서 제 자식 SKY 보내려는 사람.

사교육 없애야 한다면서 제 자식 사교육 시키는 사람.

특목고 폐지해야 한다면서 제 자식 특목고 보내는 사람.

이런 사람들을 표리부동하고 위선적이며 부도덕하다고 비난하면, 개혁 담론은 사라지고 '현실'의 모든 부조리가 절대화합니다. 개혁에 반대하는 것이 오히려 일관성 있고 도덕적인 태도로 평가되는 역설적 현상이 벌어지고, '개혁적 진보적 담론'은 '가난하고 실패한 자의 담론'이라는 틀 안에 갇히게 됩니다. 전에 '도덕성의 심급審級'이라는 말을 쓴 것도, 현실에 디딘 발과 미래를 향한 눈을 함께 봐야 한다고 한 것도, 이런 문제 때문입니다.

'계층별로 단절된 수평적 연줄문화'에 대해 쓴 글 때문에 많은 비판과 비난을 받았습니다. 물론 제가 사실관계를 제대로 파악하지 못했을 수 있습니다. 한영외고가 만들어 운영한 '스펙 제공 프로그램'에 조국 교수 부부의 부당한 압력이나 청탁이 있었다면, 이건 중대한 문제가 맞습니다. 그러나 이런 식의 스펙 제공 프로그램을 만들어 운영하는 게 당시 특목고들의 일반적인 관행이었다면, 판단의 준거는 달라야 한다고 봅니다.

학교 시험 문제든, 개인 문제든, 사회문제든, 문제를 이해했다고 바로 정답을 쓸 수 있는 건 아닙니다. 하지만 문제를 이해하고 틀린 답을 쓰는 것보다 문제를 읽지도 않고 틀린 답을 쓰는 게 낫다고 생각하면, 문제를 이해하려는 노력조차 무의미하게 됩니다. 20190822

위안부

"위안부의 원류는 조선시대 기생제" (이영훈)

그러니까, 일본군이 조선시대 기생제를 모방해서 '위안소 제도'를 만들었다는 거군요.

다른 건 다 조선이 일본에게 배웠다고 하면서 위안소 제도만 일본이 조선에게 배웠다고 하는 '실증 분석'의 원류가 뭔지, 도무지 모르겠네요.

일제강점기에 기생을 유곽의 유녀와 같이 취급하는 건, 따귀를 맞아도 할 말이 없는 짓이었습니다. 일제강점기 어떤 연출가는 기생을 모욕하는 연극을 만들었다가 요릿집에서 기생들 발에 밟혀 죽을 뻔했습니다. 20190816

위장이혼

'위장이혼' 문제. 결코 가볍게 봐서는 안 됩니다.

우리 사회에는 일본 군국주의자들과 이혼한 척하고 70년 넘게 대를 이어가며 정신적 동거를 계속하는 '위장이혼자 가족'이 너무 많습니다. 20190819

유곽

일제강점기 식민지 도시들에는 '대좌부업貸座敷業' 회사와 조합들이 여럿 만들어졌습니다. 우리말로는 '방 빌려주는 업'이라는 뜻이지만, 업종은 여관업이나 숙박업이 아니라 '매춘업'이었습니다. 일제는 성매매를 합법적 영리 사업으로 인정했을 뿐 아니라 심지어 공공단체가 직영할 수 있게 했습니다. 일제강점 이전에는 이런 '업체'가 없었습니다.

도요토미 히데요시가 처음 만든 유곽遊廓에서 발단한 일본의 '매춘업'은, 일본 개항 이후 구미인들에게 일본의 상징처럼 여겨졌습니다. 푸치니의 〈나비부인〉은 이런 일본의 이미지를 오페라로 만든 겁니다. 그러니 지금 일본 나가사키에 서 있는 〈나비부인〉여주인공 동상은, 세계적 '매춘관광국'이었던 일본의 역사를 표현한다고 봐도 될 겁니다.

일본 군국주의는 대만, 조선, 만주, 중국으로 침략을 확대하면서 이들 지역에 자기들의 '매춘업' 문화도 이식했습니다. 전선이 길어지고 군인 수가 늘어나자 군 위안부를 강제동원한 것도, 이런 매춘업 문화에 따른 것이었습니다.

아베의 보좌관이 한국 국회의원들에게 "한국은 과거 매춘관광국"이라고 했습니다. 식민지에 자기네 더러운 문화를 이식해 놓고 식민지 원주민 흉을 보던 과거 군국주의자들의 모습 그대로입니다. 저들이 아직 저토록 뻔뻔할 수 있는 건, "위안부는 자발적으로 영리사업을 벌인 소규모 자영업자"라고 주장하는 한국의 토착왜구들이 있기 때문입니다.

박정희가 암살하려 한 탓에 다리를 절게 된 김대중 대통령더러 '다리 병신'이라고 흉보던 자들이 있습니다. '매춘관광국'이라는 오명을 한국에 뒤집어씌우는 일본 군국주의 직계 후예와 '위안부는 자발적 매춘부'라고 주장하는 토착왜구들이 이런 자들과 정치적으로 '한패'가 되는 건, 전혀 이상한 일이 아닙니다. 20190808

유서

평생 죽음의 역사를 연구한 프랑스 역사가 필립 아리에스는 자살이 인간의 지성으로는 접근하기 어려운 영역에 있다고 했습니다. 죽은 사람의 말을 들을 수는 없으니까요. 어떤 사람이 죽음을 선택한 동기를 알 방법은 '유서'를 분석하는 것뿐인데, 유서를 남기고 자살하는 사람이 적은 데다가 그 유서조차 온전한 '진실'을 담았다고 단정하기는 어렵다는 것이 수많은 유서를 분석했던 그의 견해입니다. 유서를 쓰는 순간의 그가 '본래의 그'였는지, 아니면 '일시적 충동에 사로잡힌 그'였는지를 제대로 판단할 방도는 없습니다.

하지만 그가 유서에 쓴 내용을 다 믿지는 못하더라도, 유서의 '수신인'이 그의 죽음과 직접 관련된다는 사실까지 부정할 수는 없을 겁니다. 유서는 자기의 죽음으로 인해 가장 큰 영향을 받을 사람들—가족과 가까운 친지—에게 남기는 것이 보통입니다. 간혹 자기 죽음이 '집단 각성'의 계기가 되기를 바라며 불특정 다수에게 쓰는 유서도 있습니다. 을사늑약 직후 민영환의 유서나 독재정권 시절 민주 열사들의 유서가 이에 해당합니다. 그 외에 '남'에게 쓰는 유서는 그 남이 적어도 자기 죽음과 '직접 관련'된다는 증거일 수밖에 없습니다. 몇 해 전 고 성완종 씨가 남긴 메모가 이 경우에 해당할 겁니다.

자살한 검찰 수사관이 윤석열 총장에게 따로 유서를 남겼답니다. 언론에 보도된 내용은 "윤석열 총장께 면목이 없지만, 우리 가족에 대한 배려를 바랍니다."와 "화장해서 부모님 산소에 뿌려 주십시오."뿐인데, 자기 사후처리 문제까지 부탁한 것으로 봐서는 그가 목숨을 끊음으로써 대신하고자 했던 '말'은 윤석열 총장에게 한 것으로 간주해야 할 겁니다.

을사늑약 나던 해 연말에는 많은 채무자가 채권자 집 앞에서 스스로 목숨을 끊었습니다. 해를 넘긴 빚을 '묵은 빚'이라고 하는데, 묵은 빚은 탕감해 주는 게 당시 관행이었습니다. 그렇다고 일부러 묵은 빚을 만들어서는 안 됐습니다. 묵은 빚을 남기면 새 빚을 얻을 수 없는 것도 관행이었기 때문입니다. 직업을 세습하던 시대에 장사꾼이 새 빚을 얻지 못하면, 본인이 망할 뿐 아니라 자식들 앞길까지 망쳤습니다. 그래서 채무자들은 자기 목숨을 끊음으로써 '채권자의 양심'에 호소하여 남은 가족의 앞날을 부탁했습니다.

죽기로 작정한 사람이 '가족'을 부탁하는 상대는, 자기가 죽은 뒤에도 자기 가족을 괴롭히거나 그 운명을 좌우할 사람이라고 보는 게 이치에 맞습니다. 자살한 검찰 수사관이 왜 '극단적 선택'을 했는지 정확히 알 도리는 없습니다. 하지만 그 '선택'에 윤석열 총장이 '직접' 관련된다는 점은 상식으로 판단할 수 있습니다. 그가 죽음으로써 호소한 대상은 '윤석열의 양심'이었을 겁니다. 그런데도 검찰은 당사자가 '윤석열 총장에게 죄송하다'는 유서를 남겼다고 사실을 왜곡해서 언론에 알렸고, 언론들은 이 주장을 그대로 보도하면서 이 '선택'의 '배후사정'이 다른 데에 있는 것처럼 사람들을 호도하고 있습니다. 지금 이 사건의 '진실'에 가장 가까이 있는 것은, '윤석열의 양심'일 겁니다. 20191202

응원

"7석 얻을 수 있었던 국회 상임위원장 0석… 사상 최악의 지도력과 협상력 드러낸 미래통합당"

미래통합당을 응원하는 언론사들이 이런 제목을 뽑을 만도 한데…….

상대 팀을 욕한다고 자기 팀 경기력이 향상되는 건 아닙니다.

20200629

의義

의열단은 '의로운 일을 맹렬히 수행한다'는 취지로 붙인 이름입니다. 그런데 그들에게 '의로운 일'은 과연 무엇이었을까요? 마이클 샌

델의 〈정의란 무엇인가?〉를 보아도 '정의'가 무엇인지는 알기 어렵습니다. 사실 영어 justice가 한자 '의義'에 정확히 대응하는지도 의문입니다.

의義는 갑골문에서부터 나오는 글자로, 한자 중에서도 가장 오래된 글자에 속합니다. 본래 톱날이 달린 창 모양의 제기祭器를 형상화한 글자였다고 합니다. 아마도 악귀를 물리치는 무기였을 겁니다.

방위로는 서西, 계절로는 가을, 오행으로는 금金에 해당하며 그 기운은 '서늘함'과 '굳건함'입니다. 인仁은 따뜻하고 너그러우나 의義는 싸늘하고 단호합니다. 용서하는 것이 인仁이라면 용서하지 않는 것이 의義입니다. 그러니 인의仁義를 겸한다는 건 매우 어려운 일입니다. 그런데 유교는 왜 이 둘을 겸하라고 주문했을까요? 아마도 청와대 여민관에 걸려 있다는 '춘풍추상春風秋霜'의 의미와 같을 겁니다. 남을 대할 때는 인仁, 자기를 대할 때는 의義.

의에는 의치義齒, 의수義手, 의족義足처럼 '가짜'라는 뜻도 있습니다. 가짜라기보다는 '본래 자기 것이 아님'이라는 뜻이겠죠. 친형제가 아니라서 의형제이고, 관군이 아니라서 의병입니다. 자기와 자기 가족을 위해서 하는 일에는 '의' 자를 붙이지 않습니다. 마지못해 하는 일에도 '의' 자를 붙이지 않습니다. 자기가 굳이 나서서 하지 않아도 될 일을 스스로 나서서 하는 게 '의'입니다. 억울한 남을 돕는 일, 위태로운 지경에 빠진 남을 구하는 일이 '의'입니다. 자기와 관계도 없는 약자의 편에 서서 강자의 횡포에 맞서는 게 '의'입니다.

어떤 분이 의열단에 대비되는 '친일파'에 대해 물었습니다. 저는 이렇게 답했습니다. "친일파는 불의한 세력에 빌붙어 사욕을 채운 자들이었습니다. 지금도 그런 자들이 많습니다. 누구나 의열단원들처럼 살 수는 없습니다. 그러나 의롭게 죽진 못하더라도 더럽게 살진 말아야 할 겁니다."

'의'와 뜻이 반대인 글자는 없습니다. 그래서 '불의'라고 합니다. 하지만 '불의'는, '정의롭지 않다'가 아니라 '더럽다'는 뜻으로 해석 해야 할 겁니다. 20191111

의료보험법

우리나라 의료보험법은 1963년에 처음 제정되어 1964년부터 시행 됐습니다. 당시 군사정권은 '무상의료'를 자랑하는 북한에 맞서기 위해 '선전용'으로 이 제도를 만들었지만, 임의가입 방식이었기 때 문에 가입자는 거의 없었습니다. 고용주와 피고용인이 보험료를 분 담하는 강제 가입 방식의 의료보험 제도가 시행된 건 1977년이었 습니다. 이때는 공무원, 군인, 교사, 상시 500인 이상을 고용하는 대 기업 노동자만 의료보험에 가입할 수 있었습니다.

1977년은 유신체제가 종말을 향해 치닫던 때였습니다. 특히 당 시 주력 수출산업으로 육성하던 중화학 공업 분야 대기업 노동자 들은 극단적인 저임금에 불만이 매우 높았습니다. 대기업에서 파업 이 일어나면 '국민경제'에 미치는 영향이 심각하리라고 판단한 박 정권은 대기업 노동자들을 회유하는 한편, 공무원 군인 교사 등 정 권의 중추를 이루는 사회 세력의 환심을 사기 위해 '특권적 의료보 험 제도'를 만들었습니다. 당시 의료보험증은 특권층의 신분증 구 실을 했습니다. 의료보험증만 맡기면 어느 술집에서나 외상술을 먹 을 수 있을 정도였습니다. 그러니 박정희가 만든 건 빈부를 따지지 않는 한국의 현행 건강보험보다는 일부 사람만 혜택을 받는 '미국 식 의료보험'에 가까웠다고 볼 수 있습니다. 박정희가 만든 의료보 험을 지금까지 쓰고 있다면, 중소기업 직장인이나 자영업자 절대다 수는 코로나에 감염되어도 병원 문턱을 넘을 수 없을 겁니다.

1987년 6월항쟁 이후, 민정당 노태우는 '전 국민 의료보험 혜택'을 공약으로 내세우지 않을 수 없었습니다. 의료보험증이 우리 사회의 불평등 양상을 두드러지게 표현하는 '증거물'이었기 때문이죠. 이 '가시적인 불평등의 증거물'을 없애지 않고서는, 6월항쟁으로 뜨겁게 분출한 민주화 열기를 가라앉힐 수 없는 상황이었습니다. 1989년부터 '전 국민 의료보험 제도'가 시행된 건 이 때문입니다.

현재의 국민 건강보험 제도는 박정희가 준 '선물'이 아닙니다. 우리 국민 스스로 살인적 폭력과 최루탄에 맞서 싸워 만든 제도입니다. 자기 자신이, 또는 자기 부모가 싸워서 얻은 권리를 남이 '선물'한 것으로 생각하면, 허무하게 빼앗기기 쉽습니다. 우리 스스로 만든 것을 누구라도 함부로 훼손하게 놔둬선 안 됩니다. '민영 의료보험증'을 가진 사람이 공공연히 특권층 행세하는 시대로 되돌아가서도 안 됩니다. 20200323

의료수요

1940년 - 527,964명
1950년 - 633,976명
1960년 - 1,080,535명
1970년 - 1,006,645명
1980년 - 862,835명
1990년 - 649,738명

1940년 이후 10년 단위로 본 출생아 수입니다.

의료 서비스의 주 소비자는 70-80대의 고령층입니다. 지금은 1940-50년대 출생자들이지만 10년 후에는 1950-60년대 출생자, 20년 후에는 1960-70년대 출생자들입니다.

다른 변수를 제외해도, 당분간 의료수요는 급증하다가 1990년 생이 70대가 되는 2060년에야 지금 수준으로 돌아올 겁니다.

물론 미용성형 소비자는 줄어들겠지만, 생사의 갈림길에 선 위급환자는 지금보다 훨씬 많은 상태로 유지될 겁니다.

36시간 연속 근무에 시달린다고 호소하는 젊은 의사 여러분, 당신들 밥그릇은 향후 수십 년간 줄어들지 않습니다.

오히려 당장 의사를 늘리지 않으면 10년 후 당신 후배들은 48시간 연속 근무하면서도 응급실에서 죽어가는 환자 멀뚱히 쳐다보는 잔인한 의사가 될 겁니다.

그런 잔인한 마음으로 의사가 된 건 아니겠죠.

의사 늘리는 것 말고, 환자 폭증에 대처할 방법이 있다면 스스로들 제안해 보기 바랍니다. 20200828

의무감

'명문대 합격에 필요한 3요소는 엄마의 정보력, 할아버지의 재력, 아빠의 무관심'이라는 얘기가 떠돈 지 꽤 됐습니다. '청담동 엄마는 명품구두 신지만 대치동 엄마는 운동화 신는다'는 얘기가 떠돈 지도 꽤 됐습니다. 청담동 엄마가 명품구두 신는 건 아이를 외국에 보냈기 때문이고, 대치동 엄마가 운동화 신는 건 자식 스펙 대신 쌓아줘야 하기 때문이라는 부연 설명과 함께. 부모의 경제력이 자녀 교육에 영향을 미치지 않은 적은 없고, 현행 입시제도 때문에 더 심해졌다고 단정하기도 어렵지만, 이런 '사회적 자산'의 상속과 증여에 대한 태도가 달라진 건 분명해 보입니다.

지난 평창올림픽 때 아이스하키 남북단일팀 구성 문제와 관련해 "국가대표는 국가에서 혜택받은 사람들이니 남북 평화를 위해 출전 기회를 좀 양보해도 되지 않겠느냐?"고 썼다가 젊은이들에게 엄청난 비난을 받았습니다. "선수들이 국가대표가 된 건 순전히 자기 노력의 결과인데, 국가의 필요에 따라 출전 기회를 박탈하는 건 월권이자 폭력"이라는 주장이었죠. 국가대표 선수가 되느냐 못 되느냐에는 사실 간발의 차이가 있을 뿐이지만, 일단 국가대표가 되면 코치진, 훈련여건, 장비 등에서 그러지 못한 선수들보다 월등히 유리한 조건을 갖추게 됩니다. 이로 인해 양자 사이의 격차는 더 벌어지죠. 이런 '격차 확대'가 국가의 혜택 때문 아니냐고 얘기했지만, 그들에겐 통하지 않았습니다. 지금 젊은이 중에는 자기를 뒷받침한 '자원' 전체가 '자기만의 것'이며, 그 자원을 동원해 얻은 기회와 권리 역시 '자기만의 것'이라고 생각하는 사람이 많습니다. 자기가 얻은 기회와 권리에 포함된 '공적 특혜'를 전혀 인지하지 못하는 거죠. 순전히 자기 노력만으로 얻은 것이 아님에도 '내가 노력해서 얻은 특권이니 절대로 침해받을 수 없다'는 태도를 흔히 봅니다.

이른바 586세대가 지금은 '기득권 꼰대'라고 비난받지만, 그들의 젊은 시절 마음가짐은 대체로 지금과는 달랐습니다. 조국 장관 후보가 입장문에 쓴 "사회로부터 과분한 혜택과 사랑을 받아왔다."는 문장은, 30여 년 전 많은 대학생이 공유했던 '사회에 대한 마음가짐'이었습니다. 당시의 대학생들은 "대학생 친구 한 사람만 있었어도……."라는 전태일의 말에 큰 마음의 빚을 느꼈습니다. 대학생이 되었다는 사실만으로 사회에 빚을 졌다고들 생각했습니다. 대학에 진학하지 못하는 젊은이가 많았던 데다가 공동체에 대한 의무감이 남아 있었기 때문일 겁니다. 입시 전형 다양화 초기의 혼란과 야바위가 어느 정도였는지 다들 기억하면서도 조국 장관 후보에 대한 비난이 거센 것은, 그가 이런 '마음'을 스스로 배반했다고 보는 사람이 많기 때문일 겁니다. 그리고 이런 마음을 마모시키며 산 586세대들 모두 비난받아 쌉니다.

그러나 요즘 대학생들에게서 이런 '부채의식'과 '의무감'을 보기는 쉽지 않습니다. 가정 형편 때문에 대학 진학을 포기하는 젊은이가 줄어든 데다가 '자기에게 투입된 자원'과 자기가 확보한 '권리' 모두에 공적인 요소가 포함되어 있다는 점을 인식하지 못하기 때문일 겁니다. 요즘 대학 내에서 빈부에 따른 학생들 사이의 차별은 저 같은 586세대가 상상도 하지 못한 정도입니다. 특히 명문대 학생들의 경우 자기가 '기득권 대열'에 합류—사실은 이미 기득권 가족의 일원인 경우가 많지만—할 가능성이 커졌다는 데에는 자부심을 갖지만, 그것이 '사회적 책무'와 관련된다는 의식은 희박합니다. 물론이것이 이들 탓은 아닙니다. 빈부의 문제를 개인의 자질과 노력 문제로 치환해 버린 신자유주의 '시대정신' 탓입니다.

조국 씨는 "사회로부터 과분한 혜택과 사랑을 받아왔다"고 적었지만, 그의 자녀도 그렇게 생각하는지는 모를 일입니다. 어제 몇몇대학 시위 참가 인원이 많았느니 적었느니 말들이 많은데, 대학생들이 원자 단위로 흩어진 지금 상황에서는 무척 많았다고 봐야 합니다. 아마 지난 박근혜 탄핵 촛불집회 때 각 대학교 깃발 아래 모였던 학생 수보다도 많았을 겁니다. 그런데 저 학생들의 분노 아래 깔린 정의감의 정체가 뭔지는 가늠하기 어렵습니다.

지방 학생은 서울 학생더러 기득권 집단이라 하고, 강북 학생은 강남 학생더러 기득권 집단이라 하며, 학원 다닌 학생은 족집게 과외를 받은 학생더러 기득권 집단이라 하고, 고액 입시 컨설팅 못 받은 학생은 받은 학생더러 기득권 집단이라고 합니다. 그러면서도 각자가 확보한 '기득권'이 무엇으로 구성되었는지에는 별 관심이 없습니다. 만약 "명문대 학생 중 기득권 가족 자녀의 비율은 얼마나 될까?"라는 질문을 던진다면, 학교 밖의 대답과 학교 안의 대답은 판이할 겁니다. 미래가 밝게 보이지만은 않는 이유입니다. 20190824

의사

해방 직후 우리나라에는 여러 종류의 의사가 있었습니다. 정규 교육과정이 없었던 한의사를 제외하고도 6년제 의과대학을 졸업한 의사, 4년제 의학전문학교를 졸업한 의사, 의사 조수로 일하면서 어깨너머로 의학을 배운 뒤 총독부 시험에 합격한 의사, 간단한 자격시험을 거쳐 특정 농촌 지역에서만 제한적으로 영업할 수 있었던 한지의사限地醫師, 만주나 중국에서 자격증을 딴 의사 등이 있었습니다. 혼란한 상황에서 면허증을 위조한 가짜 의사도 많았습니다.

국가는 의사 자격 기준을 단일화하고, 의학 교육과정을 통일하며, 의과대학 신설을 통제하고, 무면허 가짜 의사들을 강력히 처벌했습니다. 의사들이 치료 및 수술 과정에서 과실을 범해도 아주 관대하게 처분했습니다. 일단 의사 면허를 얻으면 면허 갱신 없이 평생 일할 수 있게 해주었습니다. 이로 인해 의사들은 자본주의 사회의 '직업인'이되, 동업자 사이의 경쟁이 없거나 부차적인 '특별한 직업인'이 되었습니다. 이 '특별함'은 '국민의 생명 보호'를 최우선 과제로 삼는 근대 국가의 속성에서 유래했습니다. 의료자원이 '공공재'가 되고 의사가 '공적 직업'이 되는 것도 이 때문입니다.

지금 의사들 사이에서 다른 목소리가 거의 나오지 않는 건, 자본주의 사회 내 직업군에서는 특이하게도 의사들 사이에는 '경쟁'이 부차적이거나 무의미하기 때문입니다. 의료자원은 '공공재'가 아니며 의사는 공적 직업이 아니라고 주장하는 젊은 의사들, 이 말이 맞는다면 당신들은 국가를 상대로 목소리 높일 이유가 없습니다. 의사가 국가의 '공적 통제' 없이 존재하는 직업이라면, 의대 신설 문제와 관련해서는 사립대학교 이사장들과 싸워야 했겠죠. 20200902

의사 파업

의사들은 '기술'이라는 단어를 자기들과 관련해 쓸 때는 '술기'로 바꿔 씁니다. 기술자나 노동자와는 '격'이 다르다는 걸 표시하기 위해서겠죠.

그런 사람들이 왜 '파업'이라는 말을 쓰는지 모르겠습니다. '업파'로 바꿔 쓰는 게 '남의 생명을 볼모로 삼아 이익을 추구하는' 자기들의 속성을 드러내는 데에 더 적합할 겁니다.

전쟁 중 적군 포로도 치료하는 게 '의사직'의 책무입니다. 의사가 팬데믹 상황에서 '업파'하는 건, 의사의 '최소 자격 기준'조차 갖추지 못했기 때문입니다. '자격 없는 의사'들이, '의료의 질'을 높일 수는 없습니다. 20200902

이념

"사람들이 진보와 보수로 나뉘는 줄 알았는데, 세월호를 겪고 보니 사람과 짐승으로 나뉘더라."

세월호 참사 직후 수많은 사람이 공감했던 말입니다. 5년이 지났어도 현상은 바뀌지 않았습니다.

한국에서 정치적 대립의 핵심축은 이념문제가 아닙니다. 인간성 문제입니다. 20190416

이념과 상식

"민주당은 국제 기준으로 보면 진보가 아니라 보수다. 진보와 보수가 경쟁할 수 있도록 정치 지형을 바꿔야 한다."

맞는 말입니다. 축구팀끼리 경기를 할 때도 먼저 운동장을 치워야 합니다. 극단주의와 직업적 기회주의가 역사의 쓰레기 더미를 이루어 운동장 곳곳에 널려 있는데, 이걸 그대로 두고 경기를 벌일 수는 없습니다.

대의제 민주주의에서는 쓰레기 치우는 사람이 따로 있을 수 없습니다. 진보든 보수든 먼저 '쓰레기 치우기' 경쟁을 하고 나서야, 본 경기를 치를 수 있습니다.

지금도 여전히 우리 사회의 핵심 문제는, '진보냐 보수냐'가 아니라 '국제 기준의 상식이냐 몰상식이냐'입니다. 20200217

이단

신천지 교도인 부산 아시아드 요양병원 요양보호사가 마스크도 쓰지 않고 전층을 돌아다녔으면서 "사무실에만 있었다."고 거짓말한 사실이 드러났습니다.

'말단이 다른 것'을 이단異端이라고 합니다. '같은 뿌리에서 자란 다른 가지'라는 뜻이죠.

종교의 근본은 '생명 사랑'입니다. 타인의 생명과 직결된 일에조차 거짓말을 하게 만드는 종교라면, '이단'이라고도 할 수 없습니다.

종교다운 점이 있어야, '이단'이라는 지적도 받을 수 있습니다. 20200226

이명박시대

"MB 때가 좋았다."

4대강 공사나 자원외교 주가조작 사기에 끼어 돈 번 사람들이 자주 하는 말입니다. 이런 사람들이 검찰 조사를 받았다는 기억은 없습니다.

검찰총장이 "MB 때가 쿨했다."고 한 건, 검찰 조직의 본색이 MB와 잘 맞기 때문일 겁니다. 20191018

이박식당

"이번 일본의 요구는 대세상 부득이한 것으로 반드시 목적을 관철하려고 할 것이다. 일본의 요구를 거절할 수 없을진대 원만히 타협하여 일본의 제의를 수용하고 우리 요구도 관철하는 것이 좋다." (을사늑약 당시 이완용)

일본이 대한제국 외교권을 박탈할 때 이완용이 했던 말을, 일본이 대한민국 사법권을 무시할 때 족벌언론들이 그대로 반복합니다.

이완용은 죽었지만, 그의 비루한 정신은 한국인 일부의 몸 안에 살아있습니다.

일제강점기 우리 조상들은 공중변소를 '이박식당'이라고 불렀습니다. '이완용 박제순이 밥 먹는 곳'이라는 의미였죠. 식민지 시절에도 '똥개' 취급받던 자들의 정신이 여태 살아있다는 것, 참 부끄러운 일입니다. 사람답게 살기 어렵더라도, '똥개'처럼 살지는 말아야 할 겁니다.

PS. 이완용에게는 이토의 협박 때문이라는 평계감이라도 있었습니다. 지금의 족벌언론들이 이완용보다 훨씬 더 '자발적'입니다. 그러니 족벌언론들더러 '이완용 같다'고 하는 건 지나친 칭찬입니다. 그들에게 어울리는 말은 '이완용만도 못한 것들'입니다. 20190718

이상한 사람

고위 공직자도 아니면서 자기가 공수처 수사대상 2호가 될 거라고 예상하는 사람이 있습니다. 참 이상한 사람입니다.

그런 사람의 말 한마디 한마디를 열심히 받아 적어 세상에 알리는 사람들이 있습니다. 훨씬 더 이상한 사람들입니다. 20200708

이상한 일

쥐가 사람 식량을 훔쳐 먹는 건 결코 이상한 일이 아닙니다.

고양이가 쥐를 보고도 가만히 있는 게 정말 이상한 일이죠.

신천지가 위장교회 명단을 숨긴 건 결코 이상한 일이 아닙니다.

검찰이 수수방관하는 게 정말 이상한 일이죠.

한국 언론 대다수가 '정말 이상한 일'을 문제 삼지 않는다는 것도, 정말 이상한 일입니다. 20200306

이성과 감성

세월호 참사가 터졌을 때, 곧바로 사망 보험금 계산해서 내보낸 방송이 있었습니다. 희생자 유족들이 진상규명, 책임자 처벌과 사과,

재발 방지 대책을 요구할 때, '시체팔이'라고 주장한 자들이 있었습니다. 그들이 자식 죽은 이유나 알자며 단식 농성할 때, 그 앞에 피자 치킨 들고 몰려와 아귀처럼 처먹은 것들이 있었습니다. 천막 농성 기간보다 더 길게 "지겹다"를 입에 달고 사는 자들이 있습니다.

이들이 저지른 짓은, 아베 정권과 극우 일본인들이 하는 짓과 똑같습니다. 위안부 피해자와 징용노동자 등에 대한 가해 사실을 부정하고, 사과와 배상을 거부하며, 한국인들의 항의에 대해서는 "거지 같은 것들이 돈 때문에 저런다"느니, "지겹다"느니 하는 말을 수십 년째 반복하고 있습니다.

세월호 희생자 유가족들을 모욕, 조롱했던 자들과 아베 편에 서서 한국 정부를 비난하는 자들은 '한패'입니다. 단식하는 유가족 앞에서 폭식 퍼포먼스를 벌였던 것들과 지금 일제 브랜드 매장에서 구매 인증을 하는 것들도 '한패'입니다. 이들이 한패인 것이 정치적 이유 때문만은 아닙니다. 근본적으로 '생각'을 공유하기 때문입니다.

저들은 모든 것을 '돈'으로만 환산합니다. 저들의 이성은 이해타산 용도로만 쓰입니다. 저들은 이익을 위해서라면 국가도, 자식도, 인간의 존엄도 얼마든지 팔아 치울 수 있다고 생각합니다. 저들이 세월호 희생자와 위안부 피해자들을 모욕하는 것도, 이번 사태에 경제적 손익만을 따지는 것도 다 이 때문입니다. 그렇다고 해서 저들에게 감정이 없는 건 아닙니다. 저들은 자기보다 돈 많고 힘센 상대 앞에서는 감정 없는 허수아비가 되나, 자기보다 가난하고 약한 상대 앞에서는 혐오감과 멸시감을 아무 거리낌 없이 드러냅니다. 저들에겐 이성과 감성이 위아래로 분리돼 있습니다. 이 분리 현상이 표출되는 게 '갑질'입니다. 저들이 최저임금 인상과 복지 확대에 반대하는 건, 무슨 경제적 논리 때문이 아니라 이런 '마음' 때문입니다.

그러나 계산에만 사용하는 인간의 이성은 절대로 기계의 성능을 따라잡을 수 없습니다. 인간의 이성은 '인간적' 감성들과 결합할 때만 기계를 능가할 수 있습니다. 사랑, 연민, 배려, 동정심, 유대감 같은 인간의 감성은 숫자로 표시할 수 없습니다. 세월호 희생자 유가족들을 모욕하고 아베 편을 드는 자들에게 결여된 건, 이런 인간적 감성입니다. 일제강점기 민족반역자들에게 결여됐던 것도 이런 인간적 감성입니다. 그들이 자기 개인의 이익을 위해 일본의 침략과 수탈, 학대에 협조했던 건 일본과 친해서가 아니라 돈 앞에 비굴하고 사람 앞에 오만했기 때문입니다. 그래서 그들에게는 친일파보다 토착왜구라는 이름이 더 어울립니다.

아베 정권의 경제 도발 앞에서 우리 정부를 비난하고 시민들에게 '이성적 대처'만을 주문하는 것은, 세월호 참사 직후 보험금을 계산해 방송하던 것과 다르지 않습니다. 이성은 인간적 감성과 결합해야 빛이 납니다. 아베가 군국주의 부활을 책동하는 것은 세계 평화를 위협하는 일입니다. 우리에겐 세계 평화를 지키려는 '의무감'이 필요합니다. 아베가 한국 사법부 판결을 문제 삼아 경제 도발을 감행한 건 우리의 국가 주권을 무시하는 일입니다. 우리에겐 국가 주권을 수호하기 위한 '책임감'이 필요합니다. 아베가 위안부 강제동원과 징용노동자 학대 사실을 부인하는 건 인권과 인도주의를 능멸하는 일입니다. 우리에겐 저들의 불의에 맞서는 '정의감'이 필요합니다.

우리가 맞서야 할 상대는 '일본인'이 아닙니다. 사람을 물질보다 낮게 취급하는 반인간적 태도입니다. 삼일운동 100주년입니다. 공약삼장 첫 번째는 지금도 유효할 겁니다. "오늘 우리의 이 거사는 정의, 인도, 생존, 존영을 위한 민족의 요구이니, 오직 자유의 정신을 발휘할 것이요 결코 배타적 감정으로 날뛰지 말라."20190726

이성과 감정

"조선인의 체격이 일본인보다 큰 것은 그들이 생각이라는 것을 거의 하지 않기 때문이다. 그들이 먹는 것은 모두 몸으로만 간다. 그들에게서 인간의 이성이라는 것을 찾아보기는 대단히 어렵다. 그들은 하루하루를 동물적 본능으로 살아간다."

"조선인은 다듬지 않은 나무로 기둥을 세우고 흙을 퍼서 벽을 쌓으며 볏짚으로 지붕을 만든다. 그들은 새나 곤충과 같은 방식으로 집을 짓는다. 그들의 집에서는 자연과 대비되는 인간의 예각銳角을 찾아볼 수 없다. 조선인의 삶은 사람보다는 동물에 가깝다."

일본인들은 이런 텍스트들을 수없이 접하면서 '조선인관'을 형성했습니다. 일제강점기 일본인들이 조선인들에게 흔히 '칙쇼=축생畜生'라는 욕을 쓴 것도 이런 관념의 표현이었습니다. 요즘 일본에서 유행한다는 혐한서적들의 내용은 모르지만, 저런 관점에서 크게 벗어나진 않았을 겁니다. 일본인과 토왜들은 오랫동안 '일본인=이성적=인간적' 대 '한국인=감정적=동물적'이라는 프레임 안에서 한일관계를 이해했습니다.

일본인 다수와 '혐한의식'을 공유하는 한국 언론인, 정치인들은 지금도 한국 정부와 시민의 대응에 '감정적'이라는 낙인을 찍고 있습니다. 저들에게 '감정적'이라는 단어는 '동물적이며 미개하다'라는 의미와 결합해 있습니다. 저들의 문제는, 감정도 인간다움의 표현이라는 것을 모른다는 점입니다.

유럽에서 가장 '이성적'이라는 평판을 얻었던 독일인들이 홀로코스트를 자행했습니다. 아시아에서 가장 '이성적'이라고 자부했던 일본인들이 관동대학살과 남경대학살, 731부대의 만행을 저질렀습니다. 당시 저들에게는 옳고 그름을 판별할 '이성'도, 인간으로서 마땅히 가져야 할 '정의감'도 없었습니다.

대한민국 헌법 전문에는 '불의에 항거한 4·19 민주이념을 계승'하고, '정의 인도와 동포애로써 민족의 단결을 공고히 한다'는 내용이 있습니다. '정의'는 이성으로 판별하고 감정으로 실천하는 인간의 덕목입니다. 그래서 '정의감'입니다. 근대 이후 일본 역사에서 일본인들이 '정의감'에 기초해 이루어 낸 일이 무엇인지, 알지 못합니다. 그러나 한국인들은 '이성적 계산'만으로는 도저히 대적할 수 없는 상대를 '정의감'으로 물리친 역사를 만들어 왔습니다.

기회주의자, 사익 지상주의자, 토왜들이 '감정적 대응은 안 된다'고 하는 건, 그들이 이성을 '계산' 용도로만 쓰기 때문입니다. 정의와 불의를 판별하는 것이 인간 이성의 가장 중요한 용도입니다. 그 정의를 실천할 수 있게 해주는 '정의감'은, 인간만이 가질 수 있는 고귀한 감정입니다.

'정의감 없는 타산적 이성'이야말로, 인간을 짐승 이하 수준으로 타락시키는 악덕입니다. 토왜들에게 '친일'은 부차적 문제입니다. 그들의 진짜 문제는, '정의감' 없이 '타산적 이성'만 가진 존재라는 점입니다. 저들이 한국 시민들의 일제 불매운동을 편협한 '반일 감정'의 소산이라고 단정하는 것도, '정의감'이 무엇인지 모르기 때문입니다. 20190720

이순신

전 세계 방역 전문가들과 언론들이 한국 정부의 코로나 대처법을 칭찬하고 자국 정부가 따라 배워야 한다고 말합니다. 전 세계인이 신속하게 검사하고 투명하게 공개하는 한국 정부의 대처를 부러워합니다. 그런데 유독 한국에만 정부의 대처를 비난하고 대통령 탄핵까지 운위하는 자들이 있습니다.

온 나라가 코로나19와 맞서 싸우는 와중에 어떤 무리가 방역 전선의 실무 지휘자인 보건복지부 장관을 고발했고, 신천지에 대한 압수수색 영장을 연거푸 기각한 검찰은 즉각 수사에 착수했습니다. 임진왜란 중 이순신을 모함한 자들과 이순신을 잡아들여 문초했던 의금부 관리들을 보는 듯합니다.

국난 때조차 사리사욕을 채우려 모략과 모함에 몰두하면서 '객관적으로' 왜구의 앞잡이 노릇을 했던 자들의 더러운 정신, 참 질기게도 오래 삽니다. 20200305

이승만정신

한국전쟁 중이던 1952년 1월, 국회에서 대통령 직선제 개헌안이 부결됐습니다. 전쟁이 터질지 까맣게 모르고 있던 무능함, 먼저 서울을 탈출한 뒤 한강 다리를 폭파한 야비함, 서울 수복 후 부역자를 색출한답시고 수많은 사람을 고문한 파렴치, 국민방위군 사건으로 수많은 사람을 얼려 죽이고 굶겨 죽인 부패, 거창 등지에서 수많은 양민을 학살한 잔인함. 이승만이 대통령을 한 번 더 하겠다고 나설 명분은 전혀 없었습니다. 그러나 집권욕에 사로잡힌 이승만은 백골단, 땃벌떼, 민중자결단 등의 이름을 가진 깡패 집단을 동원하여 국회의원들에게 테러를 자행하고, 공포 분위기 속에서 끝내 직선제 개헌안을 통과시켰습니다.

오늘 자유한국당 지지자를 자처한 자들이 국회의사당에 난입했습니다. 그들에게서 1952년 땃벌떼, 백골단 등 깡패 집단의 모습이 연상됐습니다. 그때로부터 70년 가까운 세월이 흘렀지만, 이승만 추종자들의 행태는 그때나 지금이나 똑같습니다. 이승만을 존경하면 이승만을 닮습니다. 자유한국당 지지자를 자처한 저들이 원하는 미래는 70년 전의 과거입니다. 저들이 이 나라를 전쟁 상태로 되돌리고 일주일에 100시간씩 일하는 생지옥으로 만들려고 하는 것은, 그 정신이 70년 전에 머물러 있기 때문입니다. 20191216

이완용 1

'그'는 어려서부터 우봉 이씨 가문에서 가장 똑똑하고 공부 잘하는 아이로 소문났습니다.

그 덕에 우봉 이씨 가문에서 제일 잘나가던 이호준의 양자가 됐습니다.

나라에서 똑똑한 젊은이들을 모아 육영공원에 입학시켰을 때, 그 학생이 됐습니다.

우수한 성적으로 졸업하여 초대 주미공사관 참찬관이 됐습니다.

'그'는 공부를 참 잘해서 나라 덕을 많이 보았지만, 나라 팔아먹은 '매국노'가 됐습니다.

그는 처음 '친미'였으나, 자기 이익을 위해 '친일'로 태도를 바꿨습니다.

이완용 얘기입니다.

제 이익만 밝히면서 공부 잘하는 인간보다 세상에 더 해로운 물건은 없습니다. 20201012

이완용 2

"만세시위는 어린 것들의 몰지각한 행동." (1919 이완용)
"반일정서는 어린애 같은 자존심." (2019 자유한국당) 20190708

이익단체 1

의사협회는 과거 '의약분업 반대시위'와 '문재인 케어 반대시위'를 이끌었던 '이익단체'일 뿐입니다. 저 단체의 주된 관심은 국민의 건강이 아니라 자기 회원들의 '이익'입니다.

'이익단체'의 주장에 따라 진짜 '전문가 자문기관'을 매도하고 결국 해체로 몰아간 언론사들도, 국민의 건강에는 아무런 관심도 없이 사익만 추구하는 '이익단체'일 뿐입니다.

공동체 전체가 위기상황일 때는, 사익만 챙기는 '이익단체'들부터 배격해야 합니다. 20200306

이익단체 2

PD수첩 〈검사와 금융재벌〉 편에 대해 검사 출신 변호사가 방송 금지 가처분 소송을 제기했답니다.

검사 비판하는 프로그램에 변호사가 당황하는 황당한 현실.

대한민국 검찰이 '전현직 검사들을 위한 이익단체가 돼 버렸다는 사실을 이보다 잘 드러내기도 어려울 겁니다. 20191028

이정제동以靜制動

이정제동以靜制動. 고요함으로 움직임을 제어한다.

물속에서 분주히 움직이는 물고기가 사람을 잡는 게 아닙니다.

작살 들고 꼼짝 않고 서서 물고기의 움직임을 관찰하는 사람이 물고기를 잡습니다.

물고기 따라 텀벙텀벙 뛰어다니다간, 오히려 엎어져 낭패당하기 쉽습니다.

'즉각적인 대응'이, 언제나 필요한 건 아닙니다. 20200616

이토 히로부미

조선일보가 아베를 이토 히로부미, 문 대통령을 고종에 각각 비유한 데 대해 청와대 관계자가 '토착왜구 같은 시각'이라고 평했답니다.

참으로 적절한 논평입니다. 을사늑약 이래 모든 토착왜구의 정신을 지배한 게 바로 '이토 히로부미 숭배'였습니다. 1908-1909년에 토착왜구들은 심지어 전 국민에게 '성금'을 걷어 이토 히로부미 동상을 세우려고까지 했습니다. 박정희도 쿠데타 직후 일본에 가서 이토 히로부미 등 '메이지 유신의 지사'들을 본받겠다고 공언했습니다. 메이지유신을 본받아 '10월유신'을 단행하기도 했고요.

공교롭게도 이토 히로부미와 박정희는 모두 10월 26일에 죽었습니다. 하지만 이토 히로부미 숭배자들은 박정희 숭배자 가면을 쓰고 여전히 활개 치고 있습니다.

올해는 안중근 의거 110주년입니다. 문 대통령더러 '이토 히로부미 닮은 아베'를 본받으라고 주문하는 자들을 보면, 저승의 안의사가 얼마나 통탄할까요? 조선일보 때문에, 안의사에게 너무 미안하고 부끄럽습니다. 20190628

이해력

코링크 최고 의사 결정권자는 이봉직, 이창권, 조범동이며 정경심 씨의 돈은 투자금이 아니라 '대여금'이라는 판결이 나왔지만, 일부 언론매체는 '조국 일가 사모펀드'라는 말을 계속 씁니다.

판결문도 이해하지 못하는 수준의 사람들이 여론을 주무른다는 건, 정말 끔찍한 일입니다. 20200630

이해충돌

한국에서 최고의 투기 대상이 '부동산'이라는 데에는 거의 이견이 없습니다. 부동산 투기의 성패를 좌우하는 건 당연히 '개발 정보'입니다. 박정희 정권이 강남을 개발할 때 '복부인'이 사회악으로 지목되어 온갖 비난을 받은 적이 있습니다. 그런데 사실 복부인은 '정보'를 받아서 투기를 실행했을 뿐, 진짜 사회악은 '복부인'들에게 정보를 준 그들의 남편이나 친척들이었습니다. 복부인에게 정보를 준 자들은 과연 누구였을까요?

강남 개발 당시 청와대 경호실장이던 박종규가 서울시 건축과장 윤진우에게 강남땅을 사 모으라고 했다는 얘기는 이미 상식이 됐습니다. 윤진우는 후일 자기 이름으로는 땅 한 평도 사지 않았다고 했지만, 그 정보를 친척이나 친구들에게 누설하지 않았다고는 하지 않았습니다. 저는 그에게 땅 사는 심부름하는 동안 술을 엄청나게 먹었다는 말을 직접 들었는데, 누구와 술을 먹었는지는 밝히지 않았습니다. 어쩌면 그는 술 먹는 데 돈 쓸 필요가 없었을지도 모릅니다. 아마도 그 시절 그와 함께 술을 먹었던 사람들, 술자리에 함께 있었던 종업원들은 그가 가진 '정보'를 알았을 겁니다. 그에게 술 사줄 기회를 잡으려고 애쓴 사람은 무척 많았을 겁니다. 물론 그의 친척들은 술 사 주지 않고도 알았을 거고요.

이제껏 부동산 투기를 통해 가장 큰 이익을 본 사람들은 개발계획을 세운 사람들과 그 정보를 남보다 먼저 입수한 사람들입니다. 개발 정보가 위에서 아래로 흘러내리는 피라미드형 경로에서 '기자님'들은 꼭대기 가까운 곳에 있습니다. 중언부언 길게 쓸 필요는 없을 겁니다. '잘 아는' 기자님 덕에 개발 정보를 미리 입수해서 부동산 투기에 성공했다는 사람, 저도 더러 봤습니다. 유력 언론사의 역대 간부들 부동산 거래 내역과 소유 현황을 취재하면, 흥미로운 '단독 특종' 기사가 나올 겁니다.

유력 언론사 기자님들이 열심히 보도한 덕에 이제 '이해충돌' 문제에 관해서는 국민적 '공감대'가 형성됐습니다. 이참에 정부가 추진 중인 '이해충돌 방지법'을 속히 제정하면 어떨까요? 개발계획을 수립하는 부처의 공무원과 계획을 심의하는 각종 위원회 위원, 국회의원과 지자체 의원, 개발 정보를 먼저 입수하는 기자 및 그들의 가족, 친척, 친지들은 당사자 재직 중 부동산을 매수할 수 없게 하거나, '개발 정보'와 무관하다는 사실을 충분히 소명한 후에야 매수할 수 있도록 하면, '부동산 투기'도 확실히 줄어들 겁니다. 물론 국회에서 이런 법을 만들 리 없고 기자님들이 이런 법을 지지할 리도 없으니, 그저 몽상일 뿐이지만. 20190126

인간

80년의 5·18은 인간이 얼마나 잔인하고 악랄해질 수 있는지를 보여준 사건이었습니다.

39년의 세월이 흐른 지금은, 인간이 얼마나 파렴치하고 멍청해질 수 있는지까지 보여주는 사건이 됐습니다.

'인간'이라는 이름이 부끄럽지 않으려면, 5·18의 진상을 왜곡하는 자들을 '인간'으로 인정하지 말아야 합니다. ₂₀₁₉₀₅₁₇

인간성

코로나19와 관련한 한국 언론의 보도 태도를 보면, 국가 방역망이 뚫려 환자가 대량 발생하길 학수고대한다는 느낌을 지울 수 없습니다.

누군가 병에 걸려 고생하거나 죽기를 바라는 것들을, '인간'이라고 부를 수는 없습니다. 한국 언론에 절실히 필요한 건, 공정성보다도 '인간성'입니다. 20200217

인간성의 최저선

유가족과 피해자들이 살아있고 수많은 관련 기록이 유네스코 세계기록유산으로 등재됐는데도, '5·18은 폭동'이라고 주장하는 자들이 있습니다.

남경대학살과 위안부 강제동원을 부인하는 일본의 극우는, 저들에 비하면 차라리 '사람답다'고 할 수 있습니다.

저들을 용납하느냐 마느냐는 이념이나 성향의 문제가 아닙니다. '인간성의 최저선'에 관한 문제입니다. 20190209

인간에 대한 예의

안희정 씨 모친 빈소에 대통령과 여당 당직자들이 '직함을 쓴 화환'을 보냈다는 이유로 정의당이 공개 비난했습니다.

과거 미래통합당조차도, "뇌물 받고 자살한 사람 빈소에 대통령 직함을 쓴 화환을 보냈다."고 비난하진 않았습니다.

죄가 미워도 인간에 대한 예의는 지켜야 하지 않을까요? 인간이 각박해지는 게 진보는 아닐 겁니다. 20200706

인간의 경험

경험에서 배우는 데에도 두 가지 태도가 있습니다. 하나는 "과거에 통했으니 이번에도 통할 것"이라고 믿는 즉물적 태도입니다. 이명박이 수시로 "내가 해봐서 아는데……."라고 말했던 것이나, 왜구와 토착왜구들이 "일제 불매운동은 성공한 적 없으니 이번에도 실패할 것"이라고 하는 건 모두 이런 태도의 표현입니다. 이런 태도에 익숙해지면 역사가 반복과 순환의 과정으로만 보이기 때문에, 진보와 발전을 이해하지 못하는 수구세력이 됩니다. 그런데 개나 쥐, 닭 등의 짐승이 경험에서 배우는 방식도 이와 같습니다. 수구세력이 타인을 대할 때 종종 짐승과 비슷해지는 건 이 때문입니다.

다른 하나는 "과거에 당했으니 이번에도 당할 수는 없다"고 생각하는 성찰적 태도입니다. 문 대통령이 광복절 경축사에서 "오늘의 우리는 과거의 우리가 아니다"라고 한 것이나, 민주 시민들이 "과거의 일제 불매운동은 실패했어도, 오늘의 불매운동은 다를 것"이라고 하는 게 모두 이런 태도의 표현입니다. 똑같은 자극에도 다르게 반응하는 게 인간이 짐승과 다른 점이며, 인간만이 진보와 발전을 거듭한 이유입니다. 같은 경험을 계속 반복하는 건 동물적 태도이며, 자기 경험을 뛰어넘는 게 인간적 태도입니다.

10여 년 전, 한나라당과 검찰과 언론은 한패가 되어 봉하 아방궁, 국가 기록물 서버 절도범, 노무현 아들 호화 생활, 노건평 골프장, 논두렁 시계 등 숱한 거짓말을 '단독', '속보' 등의 이름을 붙여 퍼뜨렸고, 대다수 국민이 그걸 믿었습니다. 지금도 자유한국당과 검찰과 언론은 한패가 되어 그때와 다를 바 없는 일을 하고 있습니다. 그때와 똑같이 하면 똑같은 결과를 얻을 것으로 기대하기 때문이겠죠. 하지만 이건 그들 스스로 '인간의 학습 능력'을 갖지 못했다는 고백일 뿐 아니라, 국민 대다수를 짐승 취급하는 것이기도 합니다.

같은 자극에 달리 반응하기에 인간이며, 같은 정보를 달리 해석할 수 있기에 인간입니다. 10여 년 전이나 지금이나 똑같은 방법을 쓰는 자들에게 또 당하지 않는 건, 자신의 '인간성'을 지키는 일이자 그런 자들에게 '인간다움'을 가르치는 인도주의 실천이기도 합니다. 20190914

인간의 존엄

"안중근이 이토 히로부미를 죽였다고 달라진 게 뭐냐? 의병이 나라를 구했냐?"라는 사람이 꽤 많습니다.

안중근과 의병이 남긴 최대의 업적은, 저런 말 하는 자들이 얼마나 비루한 존재인지를 후손들에게 알린 겁니다.

사람이 비루해지는 건 힘이 없어서가 아니라, 인간의 존엄을 지키려는 의지가 없어서입니다. 20190823

인건비

20여 년 전, 중소기업 사장 한 분과 얘기를 나눈 적이 있습니다. 그는 사업가가 직원 급여를 지출의 최우선 순위로 삼는 건 너무나 당연하지만, 보통의 한국 사업가들은 그러지 않는다며 분개했습니다. 월급쟁이가 제때 월급을 못 받으면 식구들까지 손가락 빨고 앉아 있어야 하는데, 사업가 이전에 인간으로서 어떻게 자기 직원들을 그런 지경에 몰아넣을 수 있느냐고. 그는 한국의 기업문화가 너무 비인간적이라고 자조自嘲했습니다.

'인건비'는 '물건비'에 상대되는 말입니다. 20여 년 전과 지금은 사정이 다르지만, 기업인이든 언론인이든 인건비를 물건비보다 후순위로 취급하는 태도는 여전합니다. 달리 말하면, '사람보다 물건이 먼저다'라는 철학이 우리 사회를 지배하는 셈이죠. '물건비' 오르는 건 어쩔 수 없지만 '인건비' 오르는 건 참을 수 없다는 게 시대의 '상식'처럼 돼버렸습니다. 심지어 '인건비' 받아서 생활하는 사람들에게조차.

'사람이 먼저다'라는 말을 경제생활 영역에 적용하면, '인건비가 먼저다'와 '인건비는 사람답게 살 수 있을 정도로 책정돼야 한다'라고 해도 무방할 겁니다. 사람의 삶이 곧 경제입니다. '경제가 무너진다'는 말은, '사람의 삶이 무너진다'는 말과 같습니다. 수많은 사람을 인간 이하의 생존 조건에 묶어 두는 것이야말로, 경제를 무너뜨리는 일입니다. 최저임금 인상은 우리 사회가 가장 어려운 조건에 있는 사람들에게 '인간적으로' 손을 내미는 일입니다. 이는 사람보다 물건을 앞세웠던 '물질적 철학'을 '인간적 철학'으로 바꾸기 위해서도 필요한 일입니다.

한국 국민 1인당 평균 소득이 3만 달러를 넘었습니다. 30평대 강남 아파트 평균 가격은 20억 원에 육박합니다. 그런 나라에 살면서 고용조차 불안한 사람들의 시급 8,350원도 '너무 비싸다'고 하는 사람이 너무 많습니다. 1년 동안 자기 아파트값이 2억이 올랐네, 3억이 올랐네 자랑하면서 한 달에 고작 1~2천 원 더 내기 싫어 경비원들을 해고하는 사람들에게 '인간적'이라는 말이 어울릴까요? 우리 사회 최대의 문제가 '양극화'라고 생각하면서, 막상 그 양극화를 완화하는 정책에 반대하는 건 무슨 심보일까요? 최저임금 인상 때문에 나라가 망한다고 주장하는 건, 자기 '인간성'을 훼손하는 일입니다.

양극화가 심해져서 나라가 혼란에 빠지는 건 역사의 철칙에 가깝지만, 가장 어려운 사람들의 생활이 나아져서 혼란에 빠지거나 무너진 나라는 없습니다. 20190107

인공기

초등학교 때, '인공기'가 그려진 삐라를 보면 반드시 신고하라고 배웠습니다. 그런데 '인공기'가 어떻게 생겼는지는 가르쳐주지 않았습니다. 어떻게 생겼는지도 모르면서 식별하는 초능력을 가져야 했던 게, 현대 한국인이었습니다. 20190702

인구 추이

우리나라에서는 한국전쟁 직후인 1950년대 중반부터 베이비붐이 시작됐습니다. 1950년 633,976명이던 출생아 수는 1955년 908,134명, 1960년 1,080,535명으로 늘었습니다.

출생아 수는 1970년대 초부터 감소하다가 2000년대 들어 급감하기 시작하여 2000년 634,501명, 2010년 470,271명이 됩니다. 최근의 출산율 저하 속도는 특히 가팔라 2017년 357,771명, 2018년 326,822명, 2019년 303,054명이었고 올해는 30만 명 미만이 될 겁니다. 이런 추세는 앞으로도 오랫동안 계속될 겁니다.

지금 한국군 병력은 60만 명이 넘지만, 현행 병역 제도가 유지되는 한 20년 후에는 지금의 반 이하로 줄 수밖에 없습니다. 그전에 유치원, 초등학교, 중고등학교, 대학교 입학생 수가 차례로 급감할 겁니다. 어린이, 청소년을 대상으로 하는 각종 학원, 출판사 등도 급격한 시장 축소를 겪겠죠.

인구 추이는 의료시장에도 즉각적인 영향을 미칩니다. 한 해 100만-80만 명이(80만~ 100만 명이) 태어나던 시절 동네마다 있던 신부인과 개인병원은 요즘 찾아보기 어렵습니다. 소아과는 '의학적' 판단이 아니라 '상업적' 판단에 따라 소아청소년과로 이름을 바꿨지만, 그래도 환자 감소로 어려움을 겪습니다. 지금 최고 인기과인 성형외과, 피부과도 조만간 환자가 감소할 가능성이 큽니다.

5년 후면 베이비붐 세대가 70대에 진입합니다. 내과, 외과, 정형외과, 응급의학과 등의 수요가 폭증할 겁니다. 의사 양성에 10년 이상의 시간이 걸리니, 지금 의대를 증설해도 폭증하는 노년층의 의료수요를 감당하기 어렵습니다. 물론 30년쯤 후에는 다시 의대 정원 축소를 검토할 필요가 있을 겁니다.

인구 추이에 따라 각 분야의 인력 수급을 예상하고 필요한 준비를 하는 건 국가가 당연히 해야 할 일입니다. 지금은 교대 정원을 줄이고 의대 정원을 늘려야 할 때입니다. 지금 의대 정원을 늘리지 못하면, 10년 후 우리 사회는 의사 부족으로 심각한 곤란을 겪을 겁니다. 10년 후 우리 사회에 교사가 몇 명이나 필요할지를 교사들끼리 정할 수 없듯, 10년 후 우리 사회에 의사가 몇 명이나 필요할지도 의사들 마음대로 정할 수 없습니다.

젊은 의사들이 인구 추이에 따라 의료 수급계획을 세우는 걸 두고 '공산주의'라고들 합니다. 하지만 의사들의 이익을 위해 환자들의 고통을 외면하는 나라는, 나라도 아닙니다. 20200901

인도주의 1

다 알다시피, 아베 정권의 전략 목표는 '일본의 정상국가화', 즉 일본을 전쟁할 수 있는 나라로 되돌리는 것입니다. 이건 샌프란시스코 강화조약으로 만들어진 현재의 동아시아 체제, 나아가 세계체제를 뒤흔들려는 시도입니다. 일본이 전쟁할 수 있는 나라가 되면, 중국과 러시아는 어떻게 대응할까요? 당연히 한반도를 둘러싼 동아시아의 전쟁 압력은 더 높아지게 됩니다. 따라서 아베 정권의 '군국주의 회귀' 시도를 저지하는 건, 한일관계를 넘어 세계 평화에 관련된 문제입니다.

이번 참의원 선거로 가능성이 줄어들기는 했지만, 만약 아베 정권이 개헌으로 '정상국가화'에 성공한다면, 국제사회에서 어떤 지위를 누리고자 할까요? 일본이 국제사회에서 발언권을 확대하기 위해서는 '반인륜적 전범 국가'의 이미지를 씻는 게 필수적입니다. 아베 정권이 군 위안부 강제동원이나 한국인 징용노동자 학대 사실을 한사코 부정하는 것도 이 때문입니다. 저들은 과거의 '반인륜적 전쟁 범죄'를 반성하고 청산하는 길이 아니라, 사실 자체를 은폐하고 부정하는 길을 택했습니다.

아베 정권의 한국에 대한 경제 도발도 이런 전략 목표에 따른 것이라고 봅니다. 첫째, 한국을 '비非 우방국' 혹은 '가상 적국'으로 설정함으로써 일본인들에게 위협 의식을 심어주어 개헌의 동력을 얻는 것, 둘째, 한국으로부터 군 위안부 강제동원이나 징용노동자 학대 등 전시 '반인륜 범죄'에 대한 면죄부를 받는 것, 셋째, 한국으로 부터 받은 '면죄부'를 이용해 향후 북일 수교 협상에서 유리한 고지를 점하는 것, 넷째, 현재의 한국 정부가 끝내 거부한다면 이에 동조할 '대일 굴종 정권'으로 교체하는 것, 다섯째, 남북 적대 관계를 고착시켜 일본 군사 대국화의 명분을 확보하고 한국을 일본의 '종속적 동맹'으로 편입하는 것.

한국 대법원판결의 핵심은 일본의 '전시 반인륜 범죄'가 실재했다는 것이고, 일본 민간기업(구 전범 기업)은 그 범죄 행위로 인한 피해에 배상할 책임이 있다는 것입니다. 아베 정권이 이 판결에 '비이성적이고 감정적'인 반응을 보이는 이유는, 이를 인정할 경우 '전범국가 이미지 세탁'에 중대한 차질이 생기기 때문입니다. 따라서 아베 정권의 부당한 요구에 대한 대응은 한일 과거사 문제에 국한하지 않습니다. 제2차 세계대전 이후 인류의 상식으로 자리 잡은 '보편인권'과 '인도주의'를 지키는 문제입니다.

아베 정권이 뒤흔들려 하는 것은 '세계 평화'이고, 아베 정권이 부정하는 것은 '인도주의'입니다. 그래서 우리 시민들의 '일제 불매운동'도 한일관계에 국한한 '반일운동'이어서는 안 됩니다. 이 운동은 아베 정권의 불의 부당한 도발에 맞서는 운동일 뿐 아니라, 인류를 대표해 세계 평화와 인도주의를 수호하기 위한 운동이어야 합니다. 그래서 '평화적'이고 '인도적'으로 진행되어야 합니다. 20190724

인도주의 2

우리나라에 코로나가 창궐하기 전, 인천시는 중국 웨이하이시에 마스크 2만 장을 보냈습니다.

이번에 웨이하이시는 그 10배인 마스크 20만 장을 인천에 보냈습니다.

어제 중국 상하이시는 우리나라에 마스크 50만 장을 보내왔습니다.

우리나라에 코로나가 창궐하기 전에 중국에 마스크 보냈다고 비난하고 중국인 입국을 막지 않는다고 비난하는 사람들이 '중국산 마스크'도 거부할지는 두고 볼 일입니다.

인류의 적인 질병은 사람의 국적을 따지지 않습니다.

그래서 질병으로 고통받는 사람들을 돕는 건 '애국주의'가 아니라 '인도주의'입니다.

중국인에 대한 '혐오감'을 선동하기 위해 질병을 이용하는 것들은, '인간의 자격'을 갖췄다고 보기 어렵습니다.

'인도주의'는, 인간만 실천할 수 있는 것이기 때문입니다. 20200304

인도주의 3

"인도적 차원에서 일본에 방역물품을 지원해야 한다."는 사람이 더러 있습니다.

'사람의 도리'가 '인도'입니다.

'사람의 도리'는 주는 쪽만이 아니라 받는 쪽도 지켜야 합니다.

독재정권 때문에 고통받는 사람들에게는 '일방적 인도주의'도 필요합니다.

하지만 민주적 절차로 수립된 정권이 '사람의 도리'를 모를 때에는, 먼저 '사람의 도리'를 가르치는 게 '인도주의'입니다. 20200428

인류애

최순실이 박근혜와 정호성에게 취임사 내용 변경을 '지시'하는 녹음 파일이 공개됐습니다.

최순실의 '하수인'에 불과한 사람을 대통령으로 적극 추천했던 게 족벌언론과 자유한국당이라는 사실을 잊어서는 안 됩니다.

짝퉁을 명품이라고 속여 판 가게에는, 발길을 끊는 게 상식적인 태도입니다.

물론 '몰상식'한 사람은 언제나 있습니다.

그래도 그런 가게에 가겠다는 사람 말리는 게, '동포애'이자 '인류애'입니다. 20190517

일관성

코로나19에 대해 거의 언급하지 않던 아베 정권이 '느닷없이' 일본 전역에 휴교령을 내렸습니다. '느닷없이' 한국인 입국 제한 조치도 취했습니다.

일본인들조차 아베 정권의 '느닷없음'에 황당해하는데, 한국 언론은 '일관되게' 한국 정부를 비난하며 아베 정권을 정당화합니다.

토착왜구 짓의 일관성, 정말 대단합니다. 20200306

일베

"김대중노무현개새끼"라는 도장을 새겨 쓰는 것을 비롯해 이 사회에 온갖 패륜적 발언을 토해내는 일베도 '표현의 자유'를 누려야 한다는 나경원 씨.

김대중노무현 대신 '나경원'이라는 글자를 도장에 새겨 쓰는 것도 '표현의 자유'에 해당할까요?

자기는 '달창'이란 말 쓰면서 '나베'란 말 쓴다고 고발하는 사람이 꽤 이나. 20200324

일본 군국주의

일본의 '경제 협박'에 일제 불매운동 등 다양한 대응책이 거론되고 있습니다. 그런데 아베 정권의 진짜 목적을 모르고서는 올바른 대응책을 세울 수 없습니다. 저들은 한국 대법원의 판결 철회를 원하는 걸까요? 그게 불가능하다는 걸 모를 리 없습니다. 혹은 한국 대법원판결로 인한 파장을 최소화할 수 있는 대책을 원하는 걸까요? 그렇다면 한국 정부가 대책 마련을 위한 논의기구를 제안했을 때 단박에 거절했을 리 없습니다. 자기들도 구체적인 방도는 모르지만 어쨌거나 대화로 해결해 보려다 안 돼서 그러는 걸까요? 그렇다면 G20 기간 중 한일정상회담을 거부했을 리 없습니다.

저들의 일차 목표는 일본 내 '혐한감정'을 자극하여 선거에 이용하는 것이겠지만, 한국 정부가 굴복하지 않은 상태에서 '협박과 공격'을 자진 철회하기도 어려울 겁니다. 저들로서는 어떻게든 '한국 정부의 사과 혹은 태도 변화'를 끌어냈다고 주장할 만한 명분을 만들어야 합니다. 그런 명분을 만드는 데에 필요한 것이 '한국 내 여론'입니다. 일본의 협박에 위험을 느낀 한국인들이 자국 정부를 비난하면, 그 여론에 밀려서라도 사과하거나 일본에 일방적으로 유리한 대책을 제시할 거라고 판단했겠죠.

일본의 한 시사 예능 프로그램에 출연한 평론가가 "문재인 정권이 무너져야 한다."고 말했습니다. 아마 이게 아베 정권의 속내일 겁니다. 일차적으로는 한국 야당과 족벌언론의 힘을 빌려 한국 정부의 자주 외교를 흔들고, 궁극적으로는 일본에 굴종적인 박근혜 후계 정권을 세우는 것.

아베 정권이 경제 공격을 개시하자마자, 자유한국당과 족벌언론들이 기다렸다는 듯 우리 정부에 책임을 돌리고 있습니다. 110여 년 전 매국 단체 일진회가 했던 짓 그대로입니다. 이미 한 번 겪은 일이니 같은 수법에 또 당할 수는 없습니다.

아베 정권의 공격이 형식은 '경제 공격'이지만 실제로는 '정치 공격'입니다. 현상은 국가 대 국가의 분쟁이지만 본질은 일본 군국주의 잔존 세력 대 평화를 지향하는 양심세력 사이의 싸움입니다. 우리가 지켜야 할 것은 국민의 자존심이고 호혜 평등한 자주 외교의 토대이며, 민주주의의 가치입니다. 이 땅에서 몰아내야 할 건 일본에서 생산된 '물건'이 아니라, 과거 일본에서 생산되어 식민지에 이식된 '정신'입니다. 일제 불매운동보다 훨씬 중요한 게 '일본 군국주의 앞잡이 의식'을 척결하는 일입니다.

아베 정권의 선제공격에 대해서는 책임을 우리 정부에 돌리려는 '부일 매국세력'의 여론 공작에 넘어가지 않는 게 가장 중요하고도 올바른 대응책일 겁니다. 아베 정권의 무도한 공격을 무력화하려면, 국내에 있는 그 앞잡이들의 세력을 꺾어야 합니다. 한국을 향해 쏜 폭탄이 자기네 앞잡이들에게 떨어진다면, 아베도 정신 차릴 겁니다.

PS. 일제 불매운동의 일환으로 '일본 국적 연예인 퇴출' 운동까지 벌어지고 있답니다. 아베 정권으로서는 '불감청이언정 고소원'일 겁니다. 자기들이 도발한 싸움이 '한국인 대 일본인' 사이의 전면전으로 비화하면 자기들의 부도덕성을 은폐할 수 있고, 나아가 재

무장을 위한 개헌의 동력까지 얻을 수 있을 것이기 때문입니다. 시급히 퇴출할 대상은, '일본 국적의 연예인'이 아니라 '한국 국적의 일본 군국주의 추종세력'입니다. 20190704

일본군 위안부와 기생

누가 "일본군 위안부의 원류는 일본의 게이샤 제도"라고 한다면, 거의 모든 일본인이 무식하다고 비웃을 겁니다.

그런데 한국에는 "일본군 위안부의 원류는 조선의 기생제"라는 말을 그대로 믿는 사람이 많습니다.

이 정도 무식은, 누구도 구제할 수 없습니다. 20190903

일본의 극우화

유럽에 페스트가 창궐하던 1340년, 프랑스 선박 한 척이 베네치아 항구에 도착했습니다. 선원들이 내리려 하자, 베네치아 관리와 군인들이 모여들어 막았습니다. 그들은 선원들에게 배 안에 병자가 없다는 걸 확인한 뒤에야 내릴 수 있다고 통보했습니다. 선원들은 무려 40일간 배 안에 갇혀 있다가 겨우 상륙할 수 있었습니다. 검역 quarantine이라는 영단어가 40일을 의미하는 라틴어 quaresma에서 유래한 이유입니다.

우리나라에서는 1886년에 '불허온역진항장정不許瘟疫進港章程'을 제정하여 처음 선박 검역을 시작했습니다. '전염병 감염자가 탔거나 그랬을 우려가 있는 배는 항구에 진입할 수 없다'는 내용이었죠. 이 장정이 제정된 날이 우리나라 '검역의 날'(5월 20일)입니다.

1899년에는 '전염병예방규칙'과 '검역정선규칙(=검역과 선박 정지에 관한 규칙)'이 반포되어 검역 관련 규정이 더 정교해집니다. 불평등 조약 체제하에서 외국인들이 한국 정부를 무시했기 때문에 별 실효는 없었지만.

일본 요코하마항에 정박한 크루즈선에서 코로나19 환자가 계속 늘어 200명에 육박한답니다. 4천 명 가까운 선원과 승객들의 공포와 고통에도 불구하고 일본 정부는 14세기에 만들어진 검역 원칙을 고수하고 있습니다. 지금의 일본이 배 안의 감염 의심자들을 신속히 검사할 능력도, 그들을 안전하게 하선시켜 격리할 능력도 없는 나라라는 걸 스스로 폭로한 셈이죠.

재난 대처에서는 세계 최고라고 자랑하던 일본이 어쩌다 이 지경으로까지 추락했을까요? 신종플루와 메르스 대처에 무능력했던 이명박 박근혜 정권 때의 우리나라를 생각하면 답이 나올 듯도 합니다. 정권 담당자들의 속성이 '과거 지향적'이라서 처음 접하는 사태에 허둥지둥하는 것일 수 있습니다. 보호복을 입지 않고 크루즈선에 올랐던 검역관이 감염된 데 대해 비난이 쏟아지자, 일본 정부는 "보호복을 입지 않는 게 규정"이라고 해명했습니다. 자기들의 현실 판단력이 과거의 '규정'에 묶여 있다는 고백인 셈이죠.

아베 정권의 극우화는 주변 국가들만 위협한 게 아닙니다. 일본 사회 전체를 과거에 묶어두고 일본인들에게서 '새로움'에 대응할 능력을 빼앗아 버렸습니다. 아베가 자국 내 극우파의 열렬한 지원을 받아 군사 대국화를 꿈꾸는 동안 일본이 얼마나 추락했는지는, 일본인들 스스로 잘 알 겁니다.

한때 아시아 문화의 대표이자 상징을 자임했던 일본 문화도 추락에 추락을 거듭하고 있습니다. 문화 예술인 블랙리스트나 만들어 운용하는 '정신세계'를 가진 자들은, 영화 〈기생충〉에 담긴 인류 보편의 문제의식을 결코 이해할 수 없습니다. 아베 정권은 극우 이

넘이 인간의 의식과 행동을 어떻게 부식시키는지를 보여주는 사례라고 할 수 있을 겁니다.

일본이 우리나라에 '수출규제'를 감행했을 때, 일본에 무조건 항복해야 한다고 주장하던 '한국인'이 많았습니다. 이념이 비슷하다는 점에서나 과거의 한일관계에 묶여 있다는 점에서나 아베의 동료이자 추종자들이었죠. 이런 자들이 다시 이 나라를 이끌게 한다면, 아베의 일본이 미래의 한국이 될 수 있습니다. 20200213

일진회

일제가 한국을 강점하기 직전. 전국 최대 규모의 민간단체는 자칭 100만 회원을 자랑한 '일진회'였습니다. 사리사욕을 채우기 위해 못 하는 짓이 없었던 저들이 '토왜土倭'로 불린 자들의 핵심이자 원조였습니다. 안중근이 이토를 처단하자 '합방청원서'까지 제출했죠. 우리 선조들은 저런 시절에도 살았습니다. 비록 '토왜'의 정신적 후손이 많기는 하지만, 저 때보다는 사정이 훨씬 낫습니다. 3·1운동 100주년에 계승해야 할 가치의 하나는 '주변에 토왜가 아무리 많아도 스스로 토왜가 되어서는 안 된다'는 정신일 겁니다. 20190325

일탈행위

서울시장은 서울 거주 신천지 신도 5만여 명 전수조사를 지시하고 교도 전원에게 자가격리를 권고했습니다.

경기도지사는 신천지 본부를 강제 수색했습니다.

신천지 교인이면서 감염 예방업무를 총괄하다가 확진된 대구보건소 공무원, 진단받고도 알리지 않았다가 시청 별관 전체를 마비시킨 대구시청 공무원, 확진 받고도 주민센터 들린 대구 구청 공무원……

도대체 방역을 방해하는 대구시 공무원의 '일탈 행위'가 몇 번째인지 모르겠네요.

대구시 공무원의 '일탈 행위'를 방지할 책임은 대구시장에게 있습니다.

대구시장이 말하는 '정치 바이러스'나 '중앙정부의 지원 미흡'이 대구시 공무원들의 '일탈 행위'와 무슨 관계인가요?

지금 대구시장이 할 일은 '하소연'이나 '불평'이 아니라 '백배사죄'입니다.

자기 권한과 책임 범위가 어디까지인지는 알아야겠죠. 20200226

임을 위한 행진곡

2002년 여름, 중국 남경에서 '역사 인식과 동아시아 평화'라는 주제로 국제 학술회의가 열렸습니다. 회의가 끝난 후, 저녁 식사 자리에서 각국 참가자들이 일종의 합창 경연대회를 열었습니다. 중국 참가자들은 항일전쟁기의 노래를 불렀던 것 같은데, 일본 참가자들이 어떤 노래를 불렀는지는 기억나지 않습니다. 한국 참가자들은 〈임을 위한 행진곡〉을 불렀습니다. 노래 부르는 도중 좌석이 술렁술렁하더니, 다 부르고 나자 중국과 일본 참가자들이 무슨 노래냐고 물었습니다. 선조들의 운동가요나 관제 애국 가요가 아니라 '우리 세대의 운동가요'를 가지고 있다는 사실이 무척 뿌듯했습니다.

기록상 우리나라 운동가요의 역사는 동학농민혁명 때 〈새야 새야〉로까지 거슬러 올라갑니다. 대한제국 시대에는 수많은 계몽 창가가 만들어졌고, 독립군가도 노래책 한 권 분량은 됩니다. 1970년대 민주화운동 과정에서는 외국 노래를 번안하거나 대중가요 가사를 바꿔 부르는 일이 흔했습니다. 운동가요가 본격적으로 만들어져 널리 유포된 시기는 1980년대입니다. 재능 있는 사람들이 저작권료 한 푼 받지 않고 숱한 노래를 만들었고, 그 노래들은 방송 한 번 타지 않고 입에서 입으로 전해졌습니다. 이들 노래는 시대의 불의를 폭로하고 정의를 위한 행동을 촉구했습니다. 이 시대에 만들어진 노래들은 한국 민주화운동의 역사를 압축적으로 표현하는 증거물이며, 〈임을 위한 행진곡〉이 그 대표곡입니다.

함께 부르는 사람들 사이에 '감성적 연대'를 이끌어내는 데 노래만 한 것은 없습니다. 노래는 정의에 대한 신념 하나만으로 불의한 권력의 무도한 폭력에 맞설 수 있는 용기를 불어넣어 줍니다. 좋은 노래에는 공포를 이기게 해주고 사람들을 정의로 뭉치게 하는 힘이 있습니다. 혁명운동이나 해방운동 과정에서 널리 불렸던 노래를 국가로 택한 나라가 많은 것도 이 때문입니다.

며칠 전 젊은 야당 정치인 한 명이 홍콩 시민들의 시위에 지지와 연대를 표시하지 않는다는 이유로 정부 여당을 비난했습니다. 타국 문제에 대한 정부 여당과 시민의 발언 사이에 아무런 차이가 없다고 볼 정도로 외교에 무지한 자가 '정치인'을 자처하는 꼴이 한심스러웠고, 최루탄과 곤봉과 물대포 앞에서 옆 사람과 어깨 걸고 노래 부르며 행진하는 것이 어떤 일인지 상상조차 할 수 없는 인생을 살아온 자가 '연대' 운운하는 작태가 너무 역겨웠습니다.

〈임을 위한 행진곡〉은 광주 시민들의 장엄한 죽음 뒤에 탄생한 장엄한 노래입니다. 이 노래에 담긴 정서는, 정의를 지키기 위해 죽음을 선택한 광주 시민들에 대한 절절한 연대의식입니다. 정의와 인도주의에 대한 '전면적 공감'이 없었다면 이런 노래가 만들어지지도, 널리 불리지도 못했을 겁니다. 지금 홍콩뿐 아니라 태국, 미얀마, 말레이시아, 인도네시아 등 아시아 각국에서 〈임을 위한 행진곡〉이 번안되어 불리는 것은, 이 정의감과 연대의식이 인류적 보편성을 갖기 때문입니다.

태극기와 성조기를 들고 거리로 나와 더러운 욕설이나 내뱉는 무리는 결코 이런 노래를 만들 수 없습니다. 저들에게는 공포에 맞설 용기도, 목숨을 걸 결연함도, 죽어간 동지들에 대한 연대의식도 없기 때문입니다. 저들의 양심으로는 '사랑도 명예도 이름도 남김없이……'라는 가사를 절대로 생각해 낼 수 없습니다. 혹시 누가 돈 받고 노래를 만들어 줄 수는 있겠으나, 그런 노래로는 인류의 보편적 정의감을 자극할 수 없을 겁니다. 그들이 어떤 노래를 함께 부르는지 보면, 그들이 어떤 사람인지 알 수 있습니다. 〈임을 위한 행진곡〉은 아시아 민주화운동의 상징 중 하나가 되었지만, 저 무리는 인류 역사에 악취만 남길 겁니다. 20190617

자기소개서

대학입시, 대학원 입시에서 떨어진 사람들, 합격자 아무나 찍어 자기소개서 허위 과장 기재 의혹 제기하세요.

검찰이 샅샅이 털어서 의혹을 해소해 줄 겁니다.

모든 국민은 법 앞에 평등하니까요. 20190905

자립심

채널A 기자가 검사와 친분관계를 내세워 사람을 협박한 사실이 명백히 드러났는데도, 그를 비판하는 검찰 출입 기자가 없습니다.

'초록은 동색'이기 때문이겠죠.

남의 위세를 빌어 행패나 부리는 자들을 '기자'라고 부를 수는 없습니다.

양아치도, '자립의 의지'는 가집니다. 20200402

자민족 비하의식

중학교 저학년 때까지도 도시락이나 단무지라는 말을 들어본 기억이 없습니다. 벤또, 다꽝이었죠. 일본어라서 쓰지 말아야 한다는 생각도 없었습니다. 식민지 지배가 남긴 물질세계는 그 이름들과 함께 해방 후 세대의 의식에도 깊은 영향을 미쳤습니다. 식민지 문화가 물건의 이름만 지배한 건 아니었습니다. "엽전은 맞아야 해", "조선놈은 믿을 수 없어", "조선놈은 질서의식이 없어" 등의 담론이 진실인 것처럼 유포됐습니다.

'다꽝'을 단무지로 바꿔 쓰자는 캠페인이 시작된 건 1955년, 역사학계가 식민사학 극복을 과제로 삼기 시작한 건 1960년대 중반입니다. 하지만 이런 운동은 꽤 오랫동안 별 효과를 거두지 못했습니다. 그런데 정말 어느 날 갑자기, 다꽝이나 벤또 같은 단어들이 일상생활 공간에서 사라졌습니다. 자민족 비하의식도 이런 단어들처럼 재빠르게 사라졌습니다.

물론 토착왜구 의식은 아직 질기게 남아 있습니다. 그러나 이제까지의 경험에 비추어 보자면, 강고해 보이는 토착왜구 의식도 순식간에 자취를 감출 수 있습니다. 문제가 무엇인지 알고, 해결하기 위해 계속 노력하면, 해결됩니다. 20190423

자발적 친일파

한국인이 나치 깃발에서 받는 느낌과 유대인이 나치 깃발에서 받는 느낌은 다릅니다.

욱일기는 19세기 말부터 사용된 '일본인들의 사랑을 받는 상징'인데 그걸 '전범기'라고 배척한다는 이유로 한국인을 비방한 문체부 국장의 글이 화제입니다. 그의 주장에 동조하는 사람도 적지 않습니다.

일본군은 동학 농민군과 의병들을 학살했을 때도, 경복궁을 점령하고 을미사변을 일으켰을 때도, 을사늑약을 앞두고 무력시위를 벌였을 때도, 만주에서 독립군과 싸웠을 때도, 독립군에게 진 분풀이로 경신참변을 일으켰을 때도, 늘 욱일기를 앞세웠습니다.

일본인들은 1941년 태평양전쟁 이후의 일만이 문제라고 주장하지만, 그리고 태평양전쟁에 휩쓸린 다른 나라 사람들도 그렇게 생각하겠지만, 한국인들에게는 19세기 후반 이후 일본이 한국인들을 대상으로 한 행위 전체가 문제입니다. 욱일기는 일본의 한국 침략과 한국인들에 대한 반인륜 범죄의 상징입니다.

이토 히로부미도 '일본인들이 존경하고 사랑하는 인물'입니다. 그는 태평양전쟁 나기 훨씬 전에 죽었습니다. 그렇다고 해서 한국인들에게 '이토 히로부미를 존중하라'고 할 수는 없습니다. 그건 이토 히로부미더러 '쥐새끼'라고 한 안중근 의사를 모욕하는 일입니다.

이 나라에, 역사를 모르는 '자발적 친일파'가 너무 많습니다.

20190822

자살

"자살은 인간 이성이 닿을 수 없는 미지의 영역에 있다." (필립 아리에스)

어떤 상황에서도 자기 생명을 유지하려 드는 건 모든 생명체의 본성입니다. 그래서 현대의 정신과 의사들은 '본성에 위반하는 행위'인 자살을 '정신 질환' 탓으로 보는 경향이 있습니다. 하지만 이렇게 보면 을사늑약 이후 강제병합 때까지 자결한 수백 명의 한국인은 모두 '우울증 환자'가 되고, 오히려 일왕에게 충성을 맹세했던 수많은 한국인 중 해방 이후 자살한 자가 한 명도 없었던 것이 그들의 '건강한 정신'을 입증하는 근거가 됩니다.

'자살하는 동물'이 아예 없지는 않으나, 자살은 인간과 다른 동물의 차이를 드러내는 요소 중 하나입니다. 자살한 사람에게는 질문할 수 없습니다. 그가 자기 선택을 후회하는지 아닌지에 대해 답을 들을 수도 없습니다. 어떤 사람의 자살 동기에 대한 산 사람의 생각은 모두 추정일 수밖에 없습니다. 그런 중에도 자살 동기와 관련해 가장 많이 거론되는 것은 '비관悲觀', 즉 '희망 없음'입니다. 사람들은 "신병身病을 비관하여…", "현실을 비관하여…" 같은 말을 종종 듣고 씁니다.

비관悲觀은 자기와 세계 사이의 관계에 대한 판단입니다. 압도적인 폭력 앞에 무방비 상태로 놓였기 때문에, 억울함을 풀 길이 없어서, 자기로 인해 많은 사람이 피해 볼 것을 예상해서, 자살한 것으로 '추정'되는 사람들이 있습니다. 반면 자기 일신의 영달을 위해 수많은 사람의 목숨을 아랑곳하지 않는 자도 많습니다.

자기 죄가 드러나면 동대구역에서 할복자살하겠다던 전직 부총리, 추잡한 작태가 사진으로 전 국민에게 공개된 전직 검사, 광주 시민 수백 명을 학살하라고 지시한 전직 대통령, 4대강이니 자원외교니 하면서 천문학적 액수의 국가 재산을 탕진, 착복했다는 의심을 받는 전직 대통령, 죄 없는 사람 고문해서 죽인 전직 경찰, 죄 없는 사람 간첩으로 조작해 일생을 파괴했던 검사들, 경영권 승계를 위해 국민연금 수천억 원을 허공에 날린 재벌 총수와 그 협조자들, 허위 날조 기사로 타인의 인격을 말살했던 언론인들…… 이들 중 '죄책감 때문에', 또는 '지은 죄가 드러날까 두려워' 자살한 사람이 있다는 기사를 본 기억은 없습니다.

"지은 죄가 없다면 왜 자살했겠냐?"는 일상에서 흔히 쓰는 말입니다. 하지만 죄의 유무 또는 경중과 자살 사이에 유의미한 상관관계는 없습니다. 그보다는 "모든 자살은 사회적 타살"(뒤르켐)이라는 말이 더 설득력이 있습니다. 자살을 '당사자의 죄'와 연결 짓는 통념에서 속히 벗어나야 할 겁니다. 그래야 '사회적 타살'도, 그런 타살을 부추기는 언론의 잔인성도 줄일 수 있습니다. 20200608

자술서 1

심재철 의원이 "유시민의 자술서가 민주인사 77명을 겨눈 칼이 됐다."고 주장한 뒤, 유시민 작가를 비난하는 글이 많이 보입니다. 개중에는 그냥 유시민이 미워서, 또는 미워져서, '유시민 죽이기'의 도구로 이용하는 사람도 있지만, 당시 상황을 잘 몰라서 비난에 동조하는 사람도 많습니다. 특히 80년대 학생운동 상황을 알 리 없는 젊은 친구들은 '혼자 살기 위해 동료를 팔았다'며 강한 혐오감을 드러내기도 합니다.

제가 이런 글을 쓸 만한 주제는 못 되나 경찰에게 두들겨 맞아가며 자술서를 써 본 경험은 있기에, 또 제 글을 읽는 분이 비교적 많기에, 80년대의 '자술서 작성 수칙'에 대해 간략히 써 봅니다. 유시민 자술서를 '단독 입수'한 기자가 이 수칙을 알았다면, 그런 식으로 기사를 작성하진 않았을 겁니다.

80년대 학생운동도 일제강점기 독립운동과 마찬가지로 '공개' 영역과 '비공개' 영역으로 나뉘어 있었습니다. 학생회 등의 공개 영역에 대해서는 그 안에서 활동하는 사람보다 경찰과 정보기관이 더 많은 것을 아는 게 보통이었습니다. 안기부와 보안사가 학생을 매수하거나 가짜 학생을 심는 건 아주 흔한 일이었습니다. 그래서 이들은 '완벽한' 조직도를 그려 놓은 다음에 공개 조직 간부들을 체포합니다.

일단 잡혀가면, 자술서를 쓰지 않고 버티기는 어렵습니다. 경찰이나 정보기관이 고문해 가며 집중적으로 캐묻는 것도 이미 신상이 공개된 사람들에 관한 정보가 아니라 공개되지 않은 사람들의 존재 여부와 그들에 관한 정보입니다. 이런 상황에서 '자술서'는 마구잡이로 고문, 구타하는 수사관들과 몸으로는 그들에게 어떤 저항도 할 수 없는 피의자 사이에서 벌어지는 '심리전장'입니다. 이 심리전에서 버티기 위해 만들어진 수칙이 "저들이 이미 알 만한 것들은 알려주되, 아직 모르는 것은 감춰라"입니다.

제가 보기에 유시민 작가의 자술서는 이 수칙을 충실히 지켰습니다. 공개 조직인 학생회 멤버들의 인적 사항과 활동 내용은 이미 '공개된' 것들이었습니다. 수사관들이 이 자술서에서 확인한 내용은 거의가 '이미 알고 있는 사실들'이었을 겁니다. 사정이 이랬기 때문에 공개 조직의 리더는 모든 책임을 자기에게 집중시키도록 했습니다. 자기가 최대한의 책임을 지고 다른 사람들의 피해를 최소화하는 건 학생운동 조직뿐 아니라 모든 조직 리더의 기본 덕목입니다.

당시 서울대 총학생회장이던 심재철 의원의 주장을 보면, 유시민 작가의 자술서 '때문에' 자기가 잡혀 들어가 고초를 겪은 것으로 생각하는 듯합니다. 제가 보기에, 이 주장은 심재철이 왜 심재철인지를 한 번 더 확인시켜 줄 뿐입니다. 20190425

자술서 2

해방 직후 신탁통치 문제로 좌우 대립이 심해지자, 어떤 사람이 이승만에게 민족 분열을 막기 위해선 박헌영을 만나 볼 필요가 있다고 권했습니다. 그러나 이승만은 단호히 거부하며 이렇게 말했답니다. "내 어찌 똥 먹은 놈과 대화할 수 있겠나?" 일제 경찰에 체포됐던 박헌영이 자기 똥을 먹는 등 '정신병자' 행세를 해서 풀려났다는 건 당시 널리 알려진 얘기였습니다.

이승만의 발언을 전해 들은 박헌영은 어떤 심정이었을까요? '일본 경찰에 매 한 대 맞아보지 않은 자가 감히 그 처절했던 상황을 어찌 알겠는가?'라고 생각하지 않았을까요? 박헌영이 이승만과 같은 길을 걸을 처지는 아니었지만, 이 일로 이승만에 대한 증오가 더 커졌으리라는 건 충분히 짐작할 수 있습니다.

이른바 '유시민 자술서'가 보도된 뒤, 별별 사람이 유시민을 비난합니다. 그때 상황을 알 수 없는 젊은 층이 그러는 건 이해할 수 있습니다. 그러나 같이 80년대를 살았으면서도, 경찰에게 매 한 대 맞지 않았고 자술서 한 장 써 보지도 않은 사람들이 그러는 건 참고 봐주기 어렵습니다. 일제강점기에 일본의 주구 노릇을 했거나 독립운동에 관심조차 갖지 않았던 사람들이 해방 후 '살아남은' 독립운동가들더러 "왜 유관순처럼 죽지 않았느냐?"고 비난하는 것 같아 그 파렴치에 어이가 없을 지경입니다.

물론 '유시민 자술서'가 민주화운동 세력을 일부나마 와해시킬 수준이었다면, 모두에게 비난받아 마땅합니다. 그러나 그의 자술서는 '자술서의 ABC'조차 모를 정도로 민주화운동에 '무관심'했던 사람이나 자기 잘못을 호도하려는 변절자가 아니면 비난할 수 없는 수준입니다.

직접 겪지 않아도 짐작할 수 있기에 '사람'입니다. 80년대를 같이 살았으면서 자술서가 어떤 조건에서, 어떻게 작성되는지조차 모른다는 건 스스로 '사람 자격'이 없다는 걸 고백하는 일입니다. 독재정권의 하수인이었거나 독재에 침묵했으면서 지금 그 일로 유시민을 비난하는 자들에게 묻습니다. "너는 그때 뭐 했나?"

젊은 민주주의자들에게 당부합니다. 민주주의의 토대를 굳건히

다지기 위해서는, 무엇보다도 먼저 저런 파렴치한들의 이간 책동에 넘어가지 말아야 합니다.

PS. 참고로 80년대 자술서에서 "기억에 착오가 있어 수정합니다." 라는 문구는, "숨기려고 했는데 경찰이 이미 아는 내용이라 매 맞고 나서 다시 씁니다."로 읽어야 합니다. 이걸 '자발적으로 협력한 증거'라고 우기는 건, 80년대 고문 경찰의 심성을 가졌기 때문입니다.

20190428

자유

자유란?

남에게 피해를 주지 않는 범위에서 하고 싶은 대로 하는 것 ― 초등학생

남에게 피해를 주더라도 하고 싶은 대로 하는 것 ― 한국 개신교 원로목사들.

한국에서는, 초등학생이 원로목사님보다 훨씬 유식합니다.

20200828

자존自尊

"우리는 언젠가 죽겠지요. 그러나 노예로 사는 것보다 자유민으로 죽는 게 훨씬 낫습니다." (대한제국 시대 의병)

"자존自尊보다 생존生存이 먼저다." (대한민국 시대 조선일보)

생존의 위기상황도 아닌데, '인간의 자존심'을 꺾으라고 요구하

는 자들이 있습니다.

'매국노'가 별것 아닙니다. '자유민의 자격'을 갖지 못한 자들일 뿐입니다.

"자존自尊보다 생존生存이 먼저다"는 그럴듯해 보이지만, '노예의 좌우명'일 뿐입니다.

남을 노예로 삼은 자들, 스스로 노예가 된 자들, 인간성을 배신하고 짐승 수준으로 타락한 자들은 늘 '자존보다 생존이 먼저'라는 말로 자기 행위를 합리화했습니다. 20190717

자존심

"자존심이 밥 먹여주나?"라는 사람, 여전히 많습니다. 이런 생각이 지배하는 한 직장 내 갑질도, 저임금 노동자 멸시도, 결코 사라지지 않습니다. 밥을 위해 자존심을 버리라고 주문하는 자들은, 돈에 대한 예의만 알 뿐 인간에 대한 예의를 모르는 자들입니다.

일본의 무도한 도발에 대해서도, 우리 정부더러 경제를 위해 자존심을 꺾으라고 주문하는 자들이 많습니다. 자국의 자존을 하찮게 여기는 자들은, 자국민의 자존심도 하찮게 여깁니다. 위안부 피해자를 모욕하는 짓, 세월호 희생자 유가족을 모욕하는 짓, 자기 아파트 경비원을 모욕하는 짓이 모두 '같은 생각'에서 나옵니다. 사익을 위해 자기 이웃을 괴롭히고 학대하고 죽음으로 몰아넣는 '토착왜구 의식'은 일본에 대한 태도로만 드러나는 게 아닙니다. 20190724

작명作名

채널A 기자가 힘 있는 검사와의 친분을 과시하며 수형자의 대리인에게 '유시민을 매장할 수 있게 협조하라'고 협박한 사건을 언론들이 '검언 유착 의혹사건'이라고 이름 붙였습니다. '엉터리 이름 붙이기'는 사건의 본질을 호도하기 위해 가장 널리 쓰인 방식입니다. 박정희는 1인 영구집권 독재체제에 '한국적 민주주의'라는 이름을 붙였고, 전두환은 임의적인 인권 말살 행위에 '정의사회 구현'이라는 이름을 붙였으며, 이명박은 자기 사익을 위한 민영화에 '선진회'라는 이름을 붙였습니다.

'검언 유착 의혹'도 엉터리 이름입니다. 이 사건의 본질은 '검사와 기자가 공모하여 한 인간의 인격을 말살하고 정권을 흔들려 한 패륜적 인격 살인 및 반민주, 반국가 범죄 모의 사건'입니다. 이 사건의 본진本陣이 채널A라는 사실만으로도, 그 종업원들은 먼저 국민 앞에 백배사죄부터 해야 마땅합니다. 증거 인멸이 이미 끝났으리라는 건 누가 봐도 뻔한 일인데, 마치 '언론자유'를 수호하는 투사이기나 한 것처럼 속 보이는 '쇼'를 하는 건 국민을 능멸하는 짓입니다. 지금 채널A 기자들이 보이는 행태는 오히려 자기들이 이동재와 '정신적 공범'임을 드러낼 뿐입니다.

기자협회도 "검찰이 31년 만에 언론사 보도본부를 압수수색하는 전대미문의 일이 발생했다… 기자의 취재과정을 문제 삼아 언론사 보도본부를 대상으로 사상 초유의 압수수색을 시도하고 있다"는 성명을 냈습니다. '전대미문'은 '지금 시대 이전에는 들어보지도 못한 일'이라는 뜻입니다. '전대미문'과 '사상초유'는 '31년 만에'와 양립할 수 없는 말입니다. 명색이 '기자협회'인데 이렇게 무식한 주장을 펴는 건 이해할 수 없습니다. 이동재의 행위를 '취재과정'이라고 주장하는 건 더더욱 납득할 수 없습니다. n번방에 들어간 걸 '취재 목적'이라고 주장하는 자와, 한 사람의 인격을 말살하고 국민의 선택을 왜곡하기 위해 범행을 준비한 행위를 '취재 과정'이라고 주장하는 집단 사이에 어떤 차이가 있을까요? 기자협회가 내야 할 성명은 "기자 중에 이렇게 더러운 자들이 끼어 있다는 사실에 깊은 자괴감을 느끼며 기자들을 대표해 국민 여러분께 사죄한다"여야 하지 않을까요? 20200429

장옥 長屋·나가야

SBS를 비롯한 한국 언론들이 11채라고 보도한 손혜원 의원의 '집들'을 사진으로 봤습니다. 일제 말기에 서울에도 많이 지어졌던 나가야長屋더군요. 나가야란 간단히 말하면 일본식 단층 또는 2층의 연립주택입니다. 한 채의 집에 가구별 독립생활이 가능하도록 칸막이를 한 형태였죠. 당시에는 이걸 아파트라고도 했습니다. 일제는 1937년 중일전쟁 이후 총력전 체제를 구축하면서 산업시설 주변에 노동자 가족용 공동 주택들을 지었습니다. 모든 물자가 부족하다 보니 건축 자재는 형편없었고, 각 칸의 규모도 아주 작았습니다. 서울에 있던 것들은 다 허물어져서 하나도 남지 않았습니다. 그런 건물이 목포에 남아 있었다는 사실만으로도, 지난 80여 년간 목포의 경제 상황을 짐작할 수 있었습니다.

해방 후 귀속재산 불하 과정에서 나가야는 각 칸별로 별도 등기됩니다. 그래서 건물은 하나인데 필지는 101-1, 101-2, 101-3… 등으로 분할되었죠. 이후 입주민들의 '창의적' 증개축 과정에서 건물도 상당히 변형됐습니다. 기자들이 직접 현장에 가보고, 주민들에게 집과 필지의 모양이 왜 이러냐고 질문만 했어도, "투기 목적으로 11채의 집을 사들였다"는 황당한 기사는 쓰지 못했을 겁니다. 양심과 상식이 있는 기자라면.

요즘 기자 중에는 '현장'에서 진실을 찾으려고 노력하는 사람이 거의 없는 것 같습니다. 하긴, 가짜뉴스로 세상을 보고 자기 이익에 배치되는 건 무엇이든 배척하는 게 '문화'가 된 나라에서, 기자에게 만 '현장성'과 '진실'을 요구하는 것도 무리일 겁니다. 20190411

재난 기본소득

부자에게는 '재난 기본소득'을 주지 말아야 한다는 사람이 많습니다.

부잣집이라도 불나면 소방차가 달려갑니다.

119구급차도 빈부를 가리지 않고 출동합니다.

한국형 건강보험이 좋다는 건 세계가 인정합니다.

재난구호도 건강보험 방식을 따르는 게 좋을 겁니다.

부자나 빈자나 혜택은 똑같이 보지만 보험료는 부자가 더 많이 내는 방식.

똑같이 나눠주고, 나중에 세율을 조정해서 걷으면 됩니다.

탈세가 자랑인 문화를 세금 많이 내는 게 자랑인 문화로 바꿔야, 좋은 '재난 대비 시스템'을 만들 수 있을 겁니다. 20200324

재정자금

제2차 세계대전 이후 최악의 세계 대재앙이 닥쳤는데도 문재인 정권이 재정자금을 풀어 나라 경제 망친다고 주장하는 정치인이 많습니다.

저런 정치인 당선시킨 지역에는 재정자금 풀지 않기로 국민끼리 약속했으면 좋겠습니다.

정부가 돈 푼다고 욕하면서 정부에 돈 달라고 손 내미는 비루한 것들은 이 나라에 없을 거라 믿습니다. 20200322

저질영화

1991년 박홍 전 총장이 "죽음을 부추기는 어둠의 세력이 있다."고 주장하자, 검찰은 강기훈 씨를 유서 대필범으로 몰아 구속, 기소했습니다.

2019년 최성해 총장이 "표창장 준 적 없다."고 주장하자, 검찰은 정경심 교수를 표창장 위조범으로 몰아 구속, 기소했습니다.

주연과 스토리가 똑같고 조연만 다른 저질 영화를 다시 만드는 건, 관객을 우롱하는 짓입니다. 20191002

적폐세력

낮에 아는 기자가 4차 산업혁명 이후에도 변호사와 의사가 최고의 엘리트 직업으로 남을 것인지 의견을 물어왔습니다. 근대 학문 세계, 특히 식민지 학문 세계에서 법학과 의학이 특별한 지위를 점하게 된 이유와 그 (학문)들이 한 사회를 포획하는 방식에 대해 이러쿵저러쿵 얘기하다가 지금의 엘리트 집단에 생각이 미쳤습니다.

이명박 박근혜 시절, 양승태의 대법원은 재판을 상품으로 취급했습니다. '재판 거래소의 판매원'들 대다수는 아직도 자리를 지키고 있습니다. 한국 최고의 로펌은 현역 군인을 매수하여 군사기밀을 빼돌렸습니다. 대한의사협회 회장은 박근혜의 국정농단을 열렬히 옹호했던 사람입니다.

이른바 '빤스' 발언으로 자기의 처참한 도덕성을 폭로한 것으로도 모자라 "문재인은 간첩"이라고까지 주장했던 사람이 한 사회의 도덕적 윤리적 수준을 고양시켜야 할 종교단체의 최고지도자가 됐습니다. 한국 개신교를 넘어 우리 사회 전체가 어느 정도로 타락했는지를 보여주는 상징적 사건입니다. 이밖에도 경제, 사회, 문화단체의 수장들 중에 존경할 만한 사람이 있는지 모르겠습니다.

정치 권력이 경제, 사회, 문화, 종교, 학술 등 모든 분야를 장악한 '기존 권력'을 바꿀 수는 없습니다. 그러길 바라는 건 '현대 민주주의 원칙'에도 어긋납니다. 세상을 온통 뒤덮고 있는 적폐의 먼지를 정부 힘으로만 쓸어낼 수는 없습니다. 정부가 청소할 공간보다, 시민 스스로 청소해야 할 공간이 훨씬 넓습니다. 시민들이 손을 놓고 정부만 바라보고 있으면, 결국 정부도 적폐의 먼지에 뒤덮여 질식하게 될 겁니다. 20190129

전문가주의

"장인Meister의 자격은 다른 장인들만 판정할 수 있다."

중세 유럽 도시의 수공업 길드들을 폐쇄적 이익 공동체로 묶어준 원칙입니다. 수공업 길드 소속 장인의 기술을 일정 수준 이상으로 유지하기 위한 원칙이었지만, 문제는 이 판정에 '기술적 요소' 이외의 것들이 개입하는 데에 있었습니다. 길드에 대한 충성도, 다른 장인들과의 교분 등도 이 판정에 작용했습니다. 아무리 기술이 뛰어나고 고객들에게 좋은 평가를 받아도, 다른 장인들에게 '찍히면' 장인이 될 수 없었습니다.

이 원칙은 길드가 해체된 뒤에도 일부 직종에 전승되었습니다.

이걸 '전문가주의'라고 합니다. 넓은 의미에서 '전문가주의'는 전문가의 의견을 우선시하는 사고방식이지만, 좁은 의미에서 전문가주의는 '어떤 분야 전문가의 자격을 해당 분야 전문가들이 판정하는 시스템'을 말합니다.

지식이 권력인 사회가 됨으로써 '전문성'은 기술의 영역에서 지식의 영역으로 이동했습니다. 특히 사회적으로 중요하고 가치 있다고 인정되는 '지식' 분야의 전문가들은 중세 길드와 마찬가지로 구성원들에게 강력한 영향력을 행사하는 폐쇄적 '동직조합'을 조직하고 신참의 진입을 엄격하게 통제해 왔습니다. 대표적인 분야가 '법률 지식'과 '의학 지식'입니다. 다른 협회들과는 달리 대한변협과 대한의협이 회원들에게 강력한 '징계권'을 행사하는 것이나, 이 직종의 진입 장벽이 특히 높은 것이나, 법률용어와 의학용어가 대중의 일상 언어와 심각하게 괴리되어 있는 것이 모두 이 때문입니다.

이 '지식 분야'의 가치가 높이 평가되기 때문에 그 종사자들은 대체로 상위 또는 최상위 계층에 속합니다. 게다가 최상위층은 유용한 '지식-권력'을 장악하기 위해 이들과 혼인 등으로 관계를 맺습니다. 이런 조건에서 이들의 '직업적 이익'은 당연히 최상층 또는 상층의 경제적 이익과 결합합니다. 따라서 그들 개개인의 정치적 소신도, 최상층이나 상층의 그것에 수렴합니다.

얼마 전 브라질에서는 판사와 검사가 모의하여 진보성향의 대선 후보 1위 주자에게 부패 혐의를 뒤집어씌워 투옥했다는 사실이 폭로됐습니다. 그 결과 극우 성향의 후보가 당선됐죠. 그 검사와 판사는 국가기관의 일원으로 움직인 게 아니라, '법 지식'을 악용해 자기들의 정치적 소신을 관철했습니다. 그리고 이들의 정치적 소신은 브라질 '기득권층'의 경제적 이익에 부합했습니다. 문제는 이 '정치 개입'이 '법치'의 이름으로 이루어졌기 때문에, 전문적인 '법 지식'을 모르는 대중은 항의하기조차 어렵다는 점에 있습니다.

전문가들이 자기들의 '직업적 이익'을 유지, 확대하기 위해 지식을 악용하는 문제는 모든 나라, 모든 분야에서 나타나고 있습니다. 당장 수자원 전문가들이 '4대강 찬성' 여론 조성에 앞장선 것이나 원자력 전문가들이 '원전 폐지 반대' 논리를 만들어 유포시키는 건 우리가 겪었거나 겪고 있는 일들입니다.

법치국가에서 '법 지식인' 또는 '법 전문가'들의 이해관계가 사회 최상층의 그것에 수렴하는 것은 민주주의에 대한 심각한 위협입니다. 법 적용과 집행이 최상층의 이해관계에 따라 좌우되는 사회는 신분제 사회이기 때문입니다.

이명박 정권과 문재인 정권은 전혀 다르지만, 이명박 때 노무현을 괴롭혔던 검찰이나 지금 조국을 괴롭힌 검찰은 같습니다. 두 사건에서 그들은 국가기관으로서만 움직인 게 아니라 자기들의 '직업적 이익'을 위해서도 움직였다고 보아야 할 겁니다.

공수처는 국가를 초월하는 '이익집단'처럼 돼 버린 검찰을 공적 통제하에 두기 위한 초보적 장치입니다. 이것만으로 '법 전문가'들의 '직업적 이해관계'가 국가 정책에 압도적 영향력을 행사하는 문제를 해결할 수는 없지만, 적어도 검찰이 자기들의 직업적 이해에 따라 법 지식을 악용하는 일은 줄일 수 있을 겁니다. 이것만으로도 신분제적 기득권 중심 시스템에 작은 균열은 낼 수 있을 겁니다. 자유한국당이 공수처 설치에 극력 반대하는 것도, 그들이 '신분제적 법질서'를 유지하려는 세력의 정치적 대변자이기 때문입니다.

법치를 표방하는 현대 사회에서 기소할지 말지, 수사를 심하게 할지 건성건성 할지를 검찰 마음대로 결정하는 시스템이야말로, 모든 불공평과 불공정 문제의 핵심입니다. '유전무죄 무전유죄'라는 현실만 문제가 아닙니다. '법 전문가' 집단의 직업적 이해관계가 국가 전체의 방향을 좌우하게 되면, 민주주의는 사멸합니다. 20191016

전범의 유전자

무력으로만 평화를 지킬 수 있다는 건, 일본 군국주의자들이 청일전쟁 이후 핵폭탄 맞을 때까지 늘 했던 말입니다. 그들은 평화를 지키겠다며 학살했고, 자국민의 인권까지 짓밟았습니다.

군국주의 전범의 유전자는 핏줄이 아니라 정신으로 전달됩니다. 일본 전범의 후예가 한국에도 많은 이유입니다. 20190205

전염병

전쟁 중이던 1951년 초, 한반도 전역에서 발진티푸스가 유행했습니다.

당시 언론매체들은 북한 지역에서 유행하는 병은 '천벌', 남한 지역에서 유행하는 병은 '예방할 수 있는 병'이라고 보도했습니다.

사람에 대한 혐오감으로 똑같은 질병에 '다른 자격'을 부여했던 거죠.

미국 독감으로 인한 사망자가 1만 명을 넘어섰답니다.

이 정도면 코로나바이러스 감염증보다 덜 위험하다고 할 순 없을 겁니다.

하지만 미국인에 대한 '혐오 정서'는 전혀 표출되지 않습니다.

똑같이 위험한 질병이라도 누가 주로 걸리느냐에 따라 차별하는 태도가, 우리뿐 아니라 인류 전체에게 가장 치명적인 바이러스일지도 모릅니다.

바이러스는 사람을 차별하는 논리를 만들 만큼 영리하지 못합니다.

그러나 사람은 '차별과 배제, 혐오의 논리'를 만들어 유포시키는

데 능합니다.

인류 역사는, 질병 자체보다 질병에 대한 공포를 타인에 대한 '혐오'로 발산하는 게 훨씬 위험하다는 사실을 여러 차례 보여줬습니다.

21세기에 아직도 질병을 핑계로 타인에 대한 '혐오감'을 자극해서 정치적 이익을 얻으려는 세력이 있습니다.

그런 세력의 '정치적 영향력'을 줄이는 건, 바이러스의 감염력을 줄이는 것만큼이나 중요합니다.

몸을 공격하는 바이러스도 조심해야 하지만, 인류애와 인간의 양심을 공격하는 바이러스도 늘 경계해야 합니다. 20200204

전쟁과 부동산

전쟁은 인간의 생존을 위한 기반 시설이 모두 파괴되는 상황이기도 합니다. 전기는 끊어지고 상수도는 오염되며 연료 구하기도 어려워집니다. 한국전쟁 때에는 전기 없는 생활에 익숙한 사람이 훨씬 많았고, 땅만 파면 물을 구할 수 있었으며, 불에 타는 거면 아무거나 연료로 쓸 수 있었습니다.

하지만 지금 우리나라 대도시 사람들은 전기, 가스, 상수도 어느 하나만 못 쓰게 돼도 생존할 수 없습니다. 엘리베이터 가동이 중단되면 아파트 30층에 사는 사람들은 오르내리다가 죽을 수도 있습니다. 땅 밑에 종횡으로 놓인 지하철 때문에 땅을 파도 물을 구할 수 없습니다. 나무나 종이를 태워 음식을 만들 수도 없습니다. 아파트와 고층 건물이 즐비한 현대 도시가 전쟁에 취약한 공간일 뿐 아니라, 현대인 자신이 전쟁 적응력을 잃는 방향으로 진화했습니다.

굳이 핵무기를 쓰지 않더라도, 현대의 전쟁은 과거와는 비교할 수 없을 정도로 인간의 생존 기반을 철저히 파괴합니다. 그런데도 한편으로는 자기 아파트를 40층짜리로 재건축하게 해달라고 요구하면서 다른 한편으로는 전쟁을 불사하고 대북 강경책만을 써야 한다고 주장하는 사람이 많습니다. 이런 증세는 '조현병'이라고 볼 수밖에 없습니다. 이런 집단적 '조현병'을 치료하기 위해서라도, 한국전쟁 70주년의 교훈을 거듭 되새겨야 합니다. 이 땅에서 다시 전쟁이 난다면, 70년 전과는 비교할 수 없을 겁니다.

"북한은 무력 남침의 야욕을 버리지 않았다."는 사람 여전히 많습니다. 하지만 말이 아니라 행동으로 보는 한, 북한 권력 집단이 전쟁을 원한다고 하기는 어렵습니다. 전쟁을 원하면서 수도에 수십 층짜리 고층 빌딩들을 세우는 바보는 없습니다. 부동산 재벌 출신 트럼프와 군수산업체와 결탁한 네오콘의 전쟁에 대한 생각이 다른 이유이기도 합니다. 부동산 재산이 안전하길 바란다면, '전쟁 불사'가 아니라 '전쟁 결사반대'를, '남북 대결'이 아니라 '남북화해'를 주장해야 합니다. 20200625

전통주

1907년, 일제는 한국 식민지화에 필요한 자금을 한국인으로부터 뜯어낼 목적으로 주세, 가옥세, 연초세의 이른바 '삼신세三新稅'를 부과했습니다. 한국인들은 이때부터 술을 빚을 때도 세금을 내야 했습니다. 일제는 집집마다 주세를 걷는 게 쉽지 않자, 상업 양조장에서만 술을 빚을 수 있게 하고 소규모 가정용 양조는 일체 금지했습니다. 이에 따라 집집마다 전해 오던 특색 있는 양조법들이 거의 다 소멸했습니다.

한국을 강점한 일제는 조선에 선진 공업 기술을 전파한다는 명목으로 중앙시험소를 설치하고 그 산하에 굳이 양조시험부를 두었습니다. 일본인들은 조선술의 빛이 탁하고 신맛이 나는 것은 양조법이 저열하기 때문이라고 주장하며, 조선술을 일본식으로 '개량'하려 들었습니다. 기호와 취향의 문제를 '우열의 문제'로 바꿔 인식하고 선전했다는 점에서, 조선주 개량사업에도 '혐한의식'이 깃들어 있었던 셈입니다. 일본인의 입맛에 맞추기 위해 조선 재래종 벼를 심지 못하게 하고 일본 품종만 심게 한 것도 술맛에 영향을 미쳤습니다. 조선인들은 어쩔 수 없이 '변한 술맛'에 적응해야 했습니다.

일본 술은 '사케'고 우리 술은 '정종正宗'이라는 사람도 있던데, 사실 정종正宗도 일본 술의 상호입니다. 일본말로 마사무네. 한국 청주를 약주藥酒라고 부르는 관행은 조선 후기에 자주 시행되었던 금주령 때문에 생겼습니다. '약으로 쓰는 경우는 예외로 한다'는 단서를 빌미로 술을 마시기 위해 '약주'로 포장한 거였죠. 일제강점기에 한국식 청주 양조는 줄어들고 일본식 청주 양조는 늘어났습니다.

사탕무 찌꺼기에서 추출한 주정酒精을 물에 희석하여 만드는 희석식 소주 제조도 일제강점기에 시작됐습니다. 일제는 중일전쟁 이후 쌀의 민간 소비를 줄이기 위해 희석식 소주 생산을 강요하여 주로 식민지에 보급했죠. 지금은 한국의 대표 주종인 희석식 소주도 일본 군국주의의 산물인 셈입니다. 현재 한국의 양대 맥주회사 역시 1933년 일본인들이 세운 소화기린맥주와 조선맥주의 후신입니다.

현대 한국인들이 즐겨 마시는 소주, 맥주, 청주 모두 일본 식민통치의 직접적 산물이거나 일제강점기에 '맛의 변화'를 겪은 술입니다. 그러니 백화수복이 사케냐 정종이냐 청주냐를 두고 다투는 건 무의미한 일입니다. 맛이 어떻든, 양조법이 어떻든, 한국에서 생산된 건 한국 술, 일본에서 생산된 건 일본 술로 나누면 그만입니다. 일본에서 기원한 걸 다 없애려면, 당장 대통령이나 장관이라는 호칭부터 바꿔야 합니다. 술이나 음식에는 죄가 없습니다. 한국에서 만든 일본식 음식도 한국 음식이고, 한국에서 만든 이탈리아식 음식도 한국 음식입니다. 문제는 먹거리가 아니라 일본 군국주의가 심어놓은 '식민지 노예의식', 즉 '토착왜구 의식'입니다. 20190805

절독

홍준표 씨가 '자기'에 대한 허위날조 기사를 썼다는 이유로 '40년 애독'하던 조선일보를 절독한다고 밝혔습니다.

홍준표 씨는 조선일보의 '허위날조' 피해자 순위 4589798번째쯤 될 겁니다.

남들이 당할 때는 '애독'하다가 자기가 당하고 나서야 '절독'하는 건 '공감 능력'이 전혀 없기 때문입니다.

저런 태도가, 언론의 사악함을 떠받치는 기둥입니다. 20200323

정당의 고소

미래통합당이 자당 대표와 소속 의원 관련 기사에 '악플'을 달았다는 이유로, 연예인 등 21명의 시민을 고소했습니다.

만약 검찰과 법원이 미래통합당의 손을 들어준다면, 인터넷 댓글창에 '문재앙'이라는 단어를 쓴 사람들도 모두 처벌해야 할 겁니다. 그들 모두에게 벌금을 걷으면, 이 위기를 극복하는 데 큰 도움이 될 겁니다.

정치인이 '개인 자격'으로 시민을 고소할 수는 있습니다. 정당이 악의로 '가짜뉴스'를 만들어 유포하는 자들을 고소할 수도 있습니다. 하지만 정당이 단순 '악플'을 이유로 주권자 시민을 고소하게 두어서는 안 됩니다. 민주국가의 주인은 시민이고, 정당은 '종들의 집합소'입니다. 미래통합당의 행위는, 민주국가의 '기강'을 문란케 하는 반헌법적 작태입니다.

기분 나쁜 소리 좀 들었다고 주권자를 고소하는 정당을 응징하는 건, 주권자의 '의무'입니다. 20200319

정로환

러일전쟁은 전투 중 사망자가 비전투 사망자보다 많은 첫 번째 전쟁으로 기록됩니다.

그전까지는 행군이나 야영 중에 병에 걸려 사망하는 병사가 더 많았습니다.

전투가 격렬하기도 했지만, 새로운 의약품도 비전투 사망자를 줄이는 데 기여했습니다.

이때 만들어진 일본제 '퓨전 신약'이 정로환(러시아를 정벌하는 환약)입니다.

일본산 퓨전 신약으로 대표적인 게 용각산, 인단(은단), 정로환 등입니다.

한국산 퓨전 신약으로는 19세기 말에 발명된 활명수가 있습니다. 20190723

정의 1

'대학원 진학을 목적으로 표창장을 위조했다는 불확실한 혐의'만으로 사람을 구속한 검찰과 법원에 묻습니다.

'총장이 될 목적으로 세 번이나 학위를 위조한 확실한 범죄'는 어떻게 처벌하는 게 공정한 걸까요?

정의 2

누군가에게 '정의'는 민주정의당의 '정의'와 다르지 않습니다.

지금의 검찰이 '정의의 편'이라고 생각하는 건, 전두환이 정의로 왔다고 생각하는 것과 같습니다.

선관위에서 의뢰하지 않아도 검찰이 자의로 판단해서 직접 수사하는 건 뭐라고 불러야 하나요? '총장 하명 수사'?

선관위 의견과 관계없이 검찰이 마음대로 판단해서 수사하는 건 '공무원 선거 개입' 아닌가요? 20200210

정의 3

"하늘이 무너져도 정의는 세워라."

칸트의 말이자, 서울대생들이 조국 장관 사퇴를 촉구하며 내걸었던 문구입니다. 검사들이 '양심'에 새겨야 할 말이기도 하죠.

정의의 첫 번째 구성요소는 '형평'입니다. 조국 딸 '표창장'을 수사한 것만큼 윤석열 장모 '잔고증명서'를 수사하는 게 '정의'입니다.

검사들에게도, 조국 장관 사퇴를 촉구했던 서울대생들에게도 묻고 싶습니다. "당신들은 정의를 어디에 세웠습니까?" 20200319

정의기억연대

정의연의 공식 명칭은 '일본군 성노예제 문제 해결을 위한 정의기억연대'입니다.

대한민국 언론인 여러분, 기부금 거둬 피해자 할머니들에게 전달하기만 하면 '일본군 성노예제 문제'가 해결된다는 생각을 퍼뜨리는 건, 일본 극우와 아베 정권, 토착왜구들의 일관된 목표입니다.

한국 언론매체들이 짜놓은 '정의연은 위안부 피해자 지원단체'라는 프레임에 현혹되는 분이 많습니다.

태평양전쟁기 일본군의 '위안부' 강제동원도 위계, 협박 등에 의한 성폭력이자 성 갈취라는 점에서 'n번방' 사건과 유사한 면이 많습니다. 만약 'n번방 사건'의 심각성을 널리 알리고 그 재발을 방지하기 위해 민간단체가 만들어진다면, 그 단체가 모은 기부금 대부분을 '피해자 지원'에 써야 할까요?

김복동 할머니는 전 재산을 '장학금'으로 남기고 세상을 떠나셨습니다. 정의연이 '피해자 지원금'보다 '장학금'을 더 많이 지출했다고 난리 치는 기자 여러분, 그리고 그에 부화뇌동하는 시민 여러분, "나쁜 놈들"이라는 말을 유언처럼 남기신 '위안부 피해자' 김복동 할머니의 유지를 생각해보기 바랍니다. 20200513

정의와 공정

윤석열 검찰총장 장모가 잔고증명서를 위조했다는 '증언'이 나왔지만, 검찰이 수사에 미온적입니다.

이런 증언이 나왔는데도 '위선'이나 '윤석열 사태'라는 말을 쓰는 언론매체가 단 한 곳도 없는 건, '초록은 동색'이고 '가재는 게 편'이기 때문일 겁니다.

불의와 불공정이 주장하는 '정의와 공정'이, 진짜 불의와 불공정입니다. 20200310

정정보도 1

"내가 오해했다. 미안하다."

어린애들도 할 줄 아는 사과입니다.

오해나 실수 없이 평생 사는 사람은 없습니다.

그때마다 반성하고 사과할 줄 알기에 인간입니다.

기자도 한쪽 말만 듣고 오해할 수 있습니다.

'단독' 욕심에 관련 규정과 절차를 살피지 않는 실수를 범할 수도 있습니다.

하지만 사실을 알고 난 뒤에도 사과하지 않는 자는 '인간'이라 할 수 없습니다.

자기가 거짓말했다는 사실을 알고서도 계속 우기는 자들,

심지어 아홉 개는 틀렸지만 한 개는 맞지 않았느냐고 되레 큰소리치는 자들,

'펜은 칼보다 강하다'면서, 그 펜으로 무고한 사람을 함부로 찌르는 자들,

이런 '쓰레기자'들이 사라져야 '언론의 자유'가 빛날 수 있습니다.

보이지도 않는 지면 구석에 '정정 보도문' 내는 치사한 관행도 끝내야 합니다.

'정정 보도'는 신문사 '사설'로 싣도록 법으로라도 정해야 할 겁니다. 20201002

정정보도 2

지난 3월 30일, 문화일보는 '그래프 왜곡하고 가짜뉴스도… 코로나 관권선거 노리나'라는 허위 내용을 사설로 실었습니다.

문화일보는 오늘 자 '바로잡습니다'란에서 '왜곡 조작은 사실이 아니며 불순한 관권선거와는 무관한 것'이라는 글을 실었습니다. 미안하다거나 사과한다는 말 한마디 없이……

이건 바로잡은 게 아닙니다.

바로잡으려면, "불순한 의도로 언권言權 선거를 획책한 사실을 인정하며, 청와대와 정부에 사죄하고 독자들 앞에 참회합니다"라고 써야 합니다.

거짓말이 들통났을 때 '미안하다'고 하는 건, 아주 어릴 때부터 익히는 '인간다움의 최소한'입니다.

언론개혁이 시대의 화두가 된 건, 인간 최저 수준의 '도덕성'도 갖추지 못한 자들이 '언론계'에 너무 많기 때문입니다. 20200422

정정보도문

"이 기사로 상처를 받은 분과 독자 여러분께 심심한 사과의 말씀을 드립니다. 아울러 본지 보도로 조 전 장관과 정 전 교수의 명예에 누를 끼친 데 대해 깊은 유감을 표합니다."

조주빈 사진을 넣을 자리에 조국 전 장관 부부 사진을 실었던 세계일보의 '정정보도문'입니다. 한국 언론의 처참한 수준을 잘 보여주는 문장입니다.

'유감'은 '마음에 꺼림칙한 점이 있다'는 뜻이고 '사과'는 '내가 지나쳤다'는 뜻이며, '사죄'는 '죄를 지었으니 용서해다오'라는 뜻입니다. 조 전 장관 부부에게 '사죄'해도 모자랄 일을 저질러 놓고 '유감'이라니요. 제3자인 독자에겐 사과하고 피해 당사자에겐 '유감'? 말을 바로 쓸 책임이 있기에, 언론입니다.

책임 있는 언론사라면, 이렇게 써야 합니다.

"본지가 큰 잘못을 저질러 조 전 장관과 정 전 교수의 명예를 심각하게 훼손한 데 대해 깊이 사죄드리며, 합당한 책임을 지겠습니다."

저런 신문도 언론사라는 사실에, '깊은 유감'을 표합니다.

20200331

정주定住와 민주주의

일본에는 한 장소에서 수십 년, 심지어 대를 이어가며 영업하는 작은 가게들이 많습니다. 장사 잘되던 가게가 갑자기 이사해서 '신장 개업'하기 일쑤인 한국 사정과는 크게 다릅니다. 몇 해 전 한국의 한 방송사 교양 프로그램은 그 원인 중 하나를 일본의 임대차 관련 법률에서 찾았습니다. 임차인의 뜻에 반해서 임대인 마음대로 계약을 해지할 수 없고, 임대료 인상률도 법으로 제한된다는 일본 사정을 소개하면서, "우리나라에도 이런 제도가 빨리 도입되었으면 좋겠다."고 하던 리포터의 목소리가 아직 생생합니다. 그런데 막상 그런 법률이 발의되자, 거의 모든 언론매체가 이구동성으로 반대합니다. 일본에서 시행되면 좋은 제도고 한국에서 시행되면 나쁜 제도라는 기괴한 정신세계가 그저 놀라울 뿐입니다.

민주주의는 도시 정주민들이 발전시킨 제도이자 문화입니다. 자기 이웃과 동네에 대한 관심이 이른바 '풀뿌리 민주주의'의 기초입니다. 하지만 언제 떠나야 할지 모르는 곳에 관심과 애정을 기울이기는 어렵습니다. 자기 거주 공간을 가꾸는 문제보다는 집값 문제에만 관심을 쏟고, 이웃을 '한때 스쳐 가는 사람' 정도로 취급하는 문화에서는 민주주의가 제대로 뿌리 내리기 어렵습니다. 임차인이 한곳에 오래 '정주定住'할 수 있게 하는 것도, 민주주의의 실질을 키우는 방도 중 하나일 겁니다. 20200616

정치 1번지

조선시대 한성부의 행정 관할 구역은 도성 인과 성저십리로 나뉘어 있었습니다. 성저십리는 성벽에서 바깥쪽으로 10리 안에 해당하는 지역을 말합니다. 대략 현재의 서울 강북 지역 전체가 한성부에 속했던 셈입니다. 지금의 마포나 광진에 살던 사람도 '서울 사람'이기는 했으나, '성안' 사람들은 그들을 온전한 서울 사람 취급하지 않았습니다.

　도성 안도 청계천을 경계로 남북으로 나뉘었습니다. 청계천 북쪽, 지금의 종로구 일대에는 궁궐과 관청이 몰려있어 세도가와 고위직 문관들이 많이 살았습니다. 반면 지금의 중구 일대에는 무관과 가난한 양반들이 많이 살았죠. 조선 정부는 1885년 중국, 일본과 한성 내 외국인 거류지 협정을 체결하면서 청계천 남쪽, 오늘날의 중구 일대를 청, 일 양국인 거류지로 지정했습니다. 해방 이듬해인 1946년, 서울시 가로명제정위원회는 그때의 중국인 거류지에 을지로, 일본인 거류지에 충무로라는 이름을 붙였습니다. 중국인과 일본인이 많이 살았던 동네의 이미지를 을지문덕과 충무공의 이미지로 전복하려는 의도에서였습니다.

　19세기 말부터 서울 일본인들은 청계천 남쪽 지역을 근거지로 삼아 세력을 확장해 나갔습니다. 일제강점기에 청계천 이남 = 남촌

= 일본인 동네, 청계천 이북 = 북촌 = 조선인 동네라는 도식이 만들어졌죠. 조선시대 육의전이 있던 종로는 '조선인 상권'의 보루 역할을 했습니다. 하다못해 깡패도 조선인 패는 종로를, 일본인 패는 혼마치(남촌의 중심, 현재의 충무로)를 근거지로 삼았습니다. 이런 현상은 영화 〈장군의 아들〉에도 잘 묘사돼 있습니다.

경성부는 1943년부터 구제區制를 실시했습니다. 이때 도성 안의 청계천 이북은 종로구, 이남은 중구가 됐습니다. 일제가 중구라는 이름을 붙인 것은 일본인이 많이 살던 지역에 '서울의 중심'이라는 지위를 부여하기 위해서였습니다.

해방 후 일본인들이 물러가자, 중구의 많은 집이 비었습니다. 이 빈자리를 주로 월남민들이 차지했습니다. 중구의 서쪽, 도심에 가까운 곳에는 평안도 사람들이, 동쪽 동대문에 가까운 곳에는 함경도 사람들이 많이 들어왔습니다. 평안도 사람들의 영락교회가 수표교 부근에, 함경도 사람들의 경동교회가 장충동 부근에, 각각 자리 잡은 이유입니다.

종로-중구는 오랫동안 한 선거구였지만, 두 지역의 투표 성향은 상당히 달랐습니다. 종로구 사람들은 자기들이 수백 년간 서울의 '중심부'를 지키면서 일제강점기에도 일본인들이 발을 붙이지 못하게 막았다는 자부심이 강했습니다. 반면 중구의 월남민들은 '38 따라지'라는 비하에 맞서 자기들끼리 뭉쳤습니다.

중구는 40년 가까이 정일형-정대철 부자의 정치적 '텃밭'이었습니다. 정일형-이태형 부부가 월남 기독교인들의 정치적 구심점 역할을 했기 때문이죠. 1996년 선거에서 정대철 씨가 낙선한 데에는 '표밭'이던 평안도 출신 기독교인들이 대거 강남으로 이사한 영향도 컸습니다.

'정치 1번지'라는 말이 처음 나온 건, 역설적으로 정치를 죽이고 통치만 남긴 10월 유신 이후입니다. 정치가 살아남길 바라는 마음이 서울의 '중심부'에 투사된 때문이겠죠. 지금의 종로구가 주민의 정치의식 면에서 '전국 제일'이라고 단언하기는 어려울 겁니다. 주민 구성이 옛날과 다른 만큼, 종로구의 역사에 대한 기억을 간직한 사람도 드뭅니다. 하지만 이 동네가 '일본 세력에 맞서 조선 것을 지켜 온 역사'를 간직한 곳으로서 3·1운동을 비롯한 여러 민족운동의 중심지였다는 사실 정도는, 주민의 기억 안에 깊이 자리 잡아야 할 겁니다. 20200210

정치검찰

라임사태 수사를 지휘했던 남부지검장이 사임하면서 "정치가 검찰 덮었다."라고 했습니다.

다들 알다시피, 지난 1년 넘는 기간 동안 우리 사회의 정치적 의제는 거의 대부분 검찰이 만들었습니다.

"검찰이 정치를 덮었다."나 "일부 정치검사가 검찰을 덮었다."라고 해야 옳았겠죠. 20201022

정치깡패

5·16 직후, 쿠데타 세력은 정치깡패들을 잡아들여 "나는 깡패입니다. 국민의 심판을 받겠습니다."라는 글귀가 적힌 플래카드를 들고 행진하게 했습니다.

하지만 그때의 국민은 정치깡패들을 심판하지 못했습니다. 군인들이 깡패 소탕이라는 명목으로 국민을 함부로 심판했죠.

"헌정사상 초유의 정치깡패 국회 난입 사태"

"정치깡패 동원한 자유한국당의 헌정 질서 유린"

이런 제목의 기사가 없는 게, 이 나라 언론의 '총체적 불공정'을 드러내는 증거입니다. 20191217

정치적 고려

"정치적 고려는 일체 하지 않는다"는 검찰이 나경원 씨 아들 제1 저자 의혹에 대해서는 왜 손 놓고 있는지 모르겠네요.

장관 후보든 야당 원내대표든 일개 시민이든, 혐의가 드러나면 수사에 착수하는 게 '공평'이고, 같은 강도로 수사하는 게 '공정'입니다.

공평과 공정의 가치를 소중히 여기는 대한민국 절대다수 언론인과 세칭 '명문대'의 소수 학생이 어떻게 행동할지, 지켜보겠습니다. 20190910

정통과 이단

시조로부터 맥이 면면히 이어져 온 것을 '정통'이라고 합니다. '정통'에 대립하는 것이 '이단'입니다.

개신교의 시조 마틴 루터의 나라 독일이 모든 교회를 폐쇄하고 예배를 금지했습니다.

'예배 중단 권고는 종교 탄압'이라고 주장하는 한국 목사들이 정통인지 이단인지는, 신자들 스스로 판단해야 할 겁니다.

교회가 주된 감염원이 된 상황에서도 '현장 예배'를 고집하는 건, '무지와 무식'의 소산일 뿐입니다. '무지와 무식'에는, 정통도 이

단도 없습니다. 20200317

제왕무치帝王無恥

"공직이라고 하는 것은 엄정하게 검증도 받아야 하지만 정당하게 일하는데 근거 없이 의혹을 막 제기해서 이렇게 하면 누가 공직을 하겠는가. 저는 그것은 부당하다고 생각한다." (윤석열)

꼭 검사와 기자들에게 하는 말 같네요.

'제왕무치'라는 옛말이 있습니다.

'제왕은 수치를 모른다'는 뜻인데, 21세기에 '제왕'이 또 나올 줄은 몰랐습니다. 20201022

제주 4·3

국방부가 처음으로 제주 4·3에 대해 '깊은 유감과 애도'의 뜻을 표했습니다.

그러나 학살의 또 다른 주역이었던 서북청년단의 정신적 후예들은 여전히 '애국세력'의 탈을 쓴 채 반성 없이 활보하고 있습니다.

아무나 빨갱이로 몰아 죽였던 그 '정신'을 철저히 청산하는 것이, 4·3의 '완전한 해결'입니다. 20190403

조국 수호

검찰개혁에는 찬성하지만 조국 수호에는 동의하지 않는다는 분들께 묻습니다.

검찰이 두려워할 정도의 개혁 의지와 실천 방도를 가진 법률가가 몇 사람이나 될까요?

일가친척 전원을 대상으로 한 자유한국당과 검찰의 혐의 만들어 덮어씌우기 수법에 걸리지 않을 사람이 있을까요?

일가족에 대한 검찰과 언론의 야만적 융단폭격을 견딜 수 있는 사람은 또 몇이나 될까요?

당신이라면, 검찰과 언론이 위선자, 비리 연루자, 범죄 혐의자로 만들 수 없을까요?

당신이라면, 처자식이 인질로 잡혔는데도 꿋꿋할 수 있을까요?

이제, 검찰에게 억울한 일 당하는 사람들의 심정을 조국보다 잘 대변할 사람이 있을까요?

조국이 피투성이가 되어 쓰러지면, 그 뒤를 이어 검찰에 맞서겠다고 나설 장수가 있을까요? 20191006

조국백서

제가 이른바 〈조국백서〉(가제)의 총설 집필을 수락한 건, 한국 언론의 지독한 편파성과 검찰-법조 쿠데타의 위험성에 대해 이야기할 필요가 있다고 생각했기 때문입니다.

저는 조국 교수와 친하기는커녕, 만난 적도 없습니다. 저뿐 아니라 인간의 이성을 잃고 '조국 일가 죽이기'에 혈안이 된 검찰과 언론을 비판한 사람들 중 '조국과 친한' 사람은 별로 없을 겁니다.

그런데도 한국 언론매체들은 '친조국'이라는 단어를 꾸며내어 검찰과 언론의 편파적 행태를 비판하는 사람들이 마치 '사사로운 이해관계' 때문에 조국 편을 드는 것처럼 묘사합니다. 조국 교수가 대통령이나 정당 대표도 아니고 무슨 나라도 아닌데, '친이', '친박', '친문', '친일'처럼 이름 앞에 '친' 자를 붙일 이유가 도대체 뭔가요? 검찰에 의해 피의자가 된 사람과 굳이 '친한 척'할 이유는 또 뭔가요? 일개 교수 이름 앞에 '친' 자를 붙인 전례가 있나요?

한국 언론매체들이 당연한 듯이 '친조국'이라는 말을 쓰는 건, 국민을 농락하고 민주세력을 갈라놓기 위해서입니다. 검찰과 언론의 편파성을 은폐하고 자기들의 죄를 조국 교수에게 덮어씌우기 위해서입니다. 검찰개혁과 언론개혁에 대한 시민의 열망을 '친조국' 프레임에 가두기 위해서입니다.

그러니 '친조국'이라는 말을 쓰는 언론매체야말로, '지독한 편파성이 체질화한 집단'이라고 보아야 할 겁니다. 20200324

조국통일상

1990년 7월 25일 북한 김정일 정권은 '조국통일상'을 제정하여 "북과 남, 해외에서 민족의 자주권과 자주적 평화통일을 실현하기 위한 위업에 공헌한 애국인사"들에게 수여했습니다. 이때 상 받은 김규식, 조소앙, 엄항섭은 그 전해에 대한민국 정부로부터 건국훈장을 받은 사람들이었습니다. 백범 김구도 이때 조국통일상을 받았습니다. 대한민국 정부로부터 훈장 받은 사람들을 북한 정권이 또 포상한 배경에는, 독립운동과 통일운동의 정통성을 독점하려는 의도가 있었다는 해석이 일반적입니다.

자유한국당과 그 지지자들은 북한에서 훈장 받은 적 있는 김원봉을 대한민국 정부가 포상하는 것은 '국가 정체성'을 흔드는 일이라고 주장합니다. 그런데 남북한 모두에서 훈장이나 포상을 받은 사람은 생각보다 많습니다. 대한민국의 현충원에 해당하는 북한의 신미리 애국열사릉에는 김규식, 조소앙, 유동열, 엄항섭, 조완구, 최동오, 박열 등의 묘소가 있습니다. 이 묘역 안에는 "조국의 해방과 사회주의 건설, 나라의 통일 위업을 위하여 투쟁하다가 희생된 애국열사들의 위훈은 조국 청사에 길이 빛날 것이다"라는 비석이 서 있습니다. 자유한국당이 주장하는 원칙대로라면, 김규식, 조소앙, 박열 등의 서훈도 박탈해야 마땅할 겁니다. 참고로 이분들에게 건국훈장을 수여한 것은 노태우 정부입니다.

물론 대한민국 정부로부터 서훈을 받았으면서 북한 애국열사릉에 묻힌 독립운동가들은 모두 '납북'된 사람들입니다. 그런데 그들 중에는 납북인지 월북인지 단정하기 어렵다는 평가를 받는 사람도 있습니다. 백범 김구가 암살당하는 것을 본 독립운동가들의 심사를 정확히 알기는 어렵습니다. 또 납북 직후 사망한 사람을 제외하면, 모두 전쟁 이후 북한 정권에 협력한 사람들입니다. 그들 중에는 단독정부 수립에 끝까지 반대한 사람도 있습니다.

보훈처는 규정상 김원봉 선생에게 건국훈장을 수여할 수 없다고 밝혔습니다. '대한민국 건국'을 1948년 단독정부 수립으로 보는 협소한 관점에서는 당연한 이야기입니다. 하지만 '3·1운동으로 건립된 대한민국 임시정부의 법통'을 계승한다고 천명한 헌법적 관점에서도 그럴까요? 6·25전쟁 중 '납북'된 사람들 중에 "김구도 암살당하는 판국에 남아 있다가 부역자로 몰리면 큰일"이라고 판단하여 자진 '동행'한 사람은 없었을까요? 또 북한에서 '애국열사'로 추앙받는 사람에게 준 훈장은 어떻게 처리해야 할까요?

북한 정권이 6·25전쟁 중에 끌고 가 이용한 독립운동가들을 '애국열사릉'에 안장하고 김구, 김규식, 조소앙, 여운형 선생 등에게 '조국통일상'을 준 것은 '정략적 의도' 때문이라고 해석하는 사람이 많습니다. 북한이 하면 '정략적 의도'고, 우리가 하면 '국가 정체성 훼손'이 되는 건가요? 북한 정권이 버린 '불멸의 영웅'을 대한민국 정부가 챙기는 것이, 정녕 북한 정권을 이롭게 하고 대한민국의 정체성을 흔드는 일일까요?

체제 경쟁은 이미 끝났습니다. '국가 정체성'이라는 말을 쓰더라도, 대한민국이 주도하여 독립운동가들을 재평가하는 일은 그 '정체성'을 흔드는 게 아니라 오히려 강화하는 일입니다. 지금은 김원봉이라는 불멸의 영웅에 대해 남북 양측 모두 할 말이 없습니다. 이제는 우리가 '할 말이 있는 쪽'이 되어야 하지 않을까요? 주도권은, '할 말이 있는 쪽'이 쥐는 법입니다. 20190610

조선박람회

1929년 9월, 조선총독부는 경복궁에서 조선박람회를 개최했습니다. 이 박람회를 구경하고 나온 한 노인은 이렇게 말했습니다. "거참 흉한 놈들일세그려. 조선사람의 흉거리란 흉거리는 다 모아 놓았구만……." 하지만 조선인으로 태어났어도 조선 문화에 대해 잘 모르는 사람들에게는 이 노인 정도의 비판의식이 없었습니다. 그런 사람들은 총독부가 보여준 '조선의 이미지'를 그대로 수용했습니다. 총독부는 제 입맛에 맞는 '전시물'들로 전시장을 꾸며 조선이 얼마나 낙후한 지역이며 조선인이 얼마나 미개한 민족인지를 보여주려 했습니다. 그럼으로써 조선인들의 의식 안에 '조선인이 식민지 노예로 사는 건 당연하다'라는 생각을 심으려 했죠.

조선박람회를 앞두고 천도교단이 발행하던 잡지 〈별건곤〉은 '조선의 자랑'이라는 기획기사를 실었습니다. 잡지 기사로나마 총독부가 '조선의 흉거리'들을 모아 전시하는 데 대항했던 거죠. 이 기획기사가 제시한 '조선의 자랑거리'들은 많은 지식인과 학생의 관심을 모았고, 1930년대 '조선학 운동'으로 이어졌습니다. 영화 〈말모이〉

의 소재가 된 조선어학회도 '조선학 운동'의 한 축을 담당했습니다.

진짜 '직위를 이용한 부동산 투기' 의혹을 받을 만한 국회의원들은 놔두고 손혜원 의원의 목포 구시가지 건물 매입과 '역사문화 기반 도시재생사업'만 물어뜯는 한국 언론의 방식은 조선총독부가 '조선의 흉거리'들을 모아 박람회장을 꾸민 방식과 흡사합니다. 그에 맞서 손혜원 의원을 후원하고 '역사문화 기반 도시재생사업'의 가치를 알리려는 대중의 자발적 운동은 '조선학 운동'과 흡사합니다.

조선총독부는 조선인들을 '식민지 노예 상태'에 묶어 두기 위해 '조선박람회'를 개최했지만, 오히려 자기 역사와 문화에 대한 조선인들의 관심을 촉발하는 결과를 낳았습니다. 일본 제국주의자들은 결국 '문화 운동'을 폭력으로 진압하는 수밖에 없었습니다.

지금은 식민지 시대가 아닙니다. 천박한 사익 극대화 지상주의와 결탁한 언론들이 노리는 바가 무엇인지 안다면, 저들이 구축한 이데올로기와 '담론의 질서'를 '문화적으로' 깨뜨릴 수 있습니다. 천민자본주의의 나팔수 노릇하는 언론들을 비판하는 사람들이, 이 시대의 〈말모이〉 주인공입니다. 하지만 사익 극대화 지상주의를 내면화한 언론들이 무슨 의도에서, 어떤 사실들을 긁어모아 기사를 작성하는지 모르고 보도 내용을 무턱대고 믿는 사람이 더 많다면, 우리는 천민자본주의의 지배에서 영영 벗어날 수 없을 겁니다.

애초 손혜원 의원의 땅 투기 의혹을 제기했던 언론들이, 보도의 불공정성을 지적받자 다른 영역에서 온갖 의혹 거리들을 '발굴'하거나 '창작'해 '전시'하며 손의원에게 악인 이미지를 덮어씌우느라 열심입니다. 1929년 조선총독부는 조선박람회장에 '조선의 흉거리'들을 전시하여 조선의 미개성을 입증하려 했고, 거기에 속은 바보들은 친일파 쪽으로 다가갔습니다. 하지만 스스로 생각할 줄 아는 사람들은 박람회장에서 조선의 '미개함'이 아니라 일본의 '사악함'을 보았습니다. 지금 대다수 한국 언론이 하는 짓도, 그때 조선총독부가 했던 짓과 다를 바 없습니다. 민주 시민들이 하는 일도, 그때 〈말모이〉 주인공들이 하던 일과 같습니다. 20190123

조의弔意

정의당이 안희정 씨 모친 빈소에 조화弔花를 보낸 대통령과 여당 당직자들을 공개 비난한 일에 관해 짧은 글을 올렸는데, 모 언론사 기자가 그걸 보고 정의당의 비판이 옳았다는 사람도 많다며 전화를 했습니다. 전화로 한 얘기가 정확히 전달될지 몰라 페북에 제 말의 요지를 다시 올립니다.

1. 친상을 천붕天崩이라고 한다. 하늘이 무너지는 듯한 슬픔이라는 뜻이다. 교도소에 갇혀 모친의 임종도 못한 것 자체가 추가적인 형벌이라고 할 수 있다. 말년에 자식을 감옥에 보낸 안희정 씨 모친의 심사는 또 어땠겠는가? 그런 고통을 겪은 고인과 유족을 고작 조화弔花 문제로 소환하여 대중 앞에 세우는 게 도리에 맞는 일인가?

2. 남의 상사喪事에 대해서는 제 맘에 들지 않는 점이 있어도 입을 다무는 게 우리가 만들고 지켜 온 예의다. 자기가 안 가면 그만일 뿐, 남이 어떻게 조의를 표하든 그걸 비난하는 건 고인과 유족에 대한 예의가 아니다. 더구나 이런 비난이 '공당의 성명'으로 나왔다는 건 정말 어이없는 일이다. '인간에 대한 예의'라는 말을 쓴 건 이 때문이다.

3. 안희정 씨가 '성범죄자'이기 때문에 특별히 문제 삼은 것이라는 주장도 납득하기 어렵다. 성범죄자와 다른 범죄자의 상사喪事를 차별해야 할 이유는 무엇인가?

4. 대통령과 여당 당직자의 조화가 안희정 씨의 정계 복귀를 위한

사면장이 될 수도 있다는 주장은 황당무계하기 짝이 없다. 성범죄로 실형을 산 사람이 무슨 수로 다시 정치를 하겠는가? 우리 사회가 그 정도로 만만하다고 보는 건가?

조직의 기득권

조국 후보 딸의 자기소개서 내용 하나하나를 압수수색까지 하면서 전수조사하는 검찰.

도대체 뭘 밝히려고 이러는 걸까요?

"털어서 먼지 안 나는 놈 없다."는 속담의 진실 여부?

조직의 기득권은, 개인의 기득권보다 해악이 훨씬 큽니다.

20190904

조화弔花

노무현 전 대통령 영결식장에서 당시 국회의원 백원우 씨는 당시 대통령 이명박을 향해 "여기가 어디라고……."라며 소리쳤습니다. 반면 당시 상주역을 맡았던 문재인 대통령은 이명박에게 대신 고개 숙여 사과했습니다. 그러고는 집에 돌아가 대성통곡을 했다죠.

장례식장이라는 곳이 그렇습니다. 특정 조문객을 향해 "여기가 어디라고……."나 "무슨 낯짝으로……."라며 수군거리는 사람도 있고, 그런 뒷말을 들을 줄 알면서 찾아가는 사람도 있습니다.

어떤 상가에서 몇 사람이 수군거리는 소리를 들은 적이 있습니다. 한 사람이 "비웃는 거야, 뭐야. 평소 그렇게 잡아먹을 듯이 굴더니 상가에 조화는 왜 보내?"라고 말했습니다. 옆 사람이 "그래도 모른 척하는 건 사람 도리가 아니지."라고 대꾸했습니다. 상주와 경쟁 관계에 있던 회사 대표가 보낸 조화 앞이었습니다. 조화를 보내는 게 꼭 '우리 편'이라는 의미는 아니라는 걸 보여주는 사례겠죠.

게다가 우리는 이름이나 성 뒤에 '직함'을 쓰지 않고는 대화조차 하기 어려운 문화를 만들었습니다. '모모 주식회사 대표이사'라는 직함이 쓰인 조화를 보고, 그 사람이 회사를 대표해서 조의를 표했다고 보는 사람은 없습니다. 이건 그냥 '대표이사'라는 직함을 가진 사람이 '개인적으로' 보낸 조화라는 건, 남의 경조사에 참석한 경험이 있는 '정상적인 사람'이라면 누구나 알 수 있습니다. 경조사는 국장이나 사회장이 아닌 한 기본적으로 '사적인 영역'에 있는 일이고, 여기에 어떤 직함을 가진 사람이 참석하거나 화환을 보낸다 해도 역시 '사적인 영역'에서 이루어지는 일일 뿐입니다.

더 얘기할 가치도 없는 문제라고 생각했지만, 한국일보 칼럼, '대통령의 이름으로 아무나 위로할 때'의 마지막 문장 "대통령이 안희정에게 조화를 보낸 2020년 7월 6일, 대한민국 여성들에겐 대통령도 없었다."를 보고 너무 황당해서 한마디 더 얹습니다. '사람의 도리'에는 남녀노소 빈부귀천의 차별이 없습니다. 이야말로 대한민국 여성들을 모독하는 글입니다. 대통령이 미우면 그냥 밉다고 쓰는게 '사람의 도리'를 저버리라고 요구하는 것보다 훨씬 낫습니다. 대한민국 언론, 왜 이렇게 갈수록 한심해지는지…… 20200709

종교

감염병 예방을 총괄하던 대구보건소 직원이 질병관리본부가 확보한 신천지 교인 명단을 통해 교인이라는 사실이 밝혀진 뒤 코로나19 감염으로 확진됐습니다.

이 때문에 함께 근무했던 50여 명이 격리됐습니다.

격리된 의사 중 한 사람에 따르면, 의사만 10여 명이 격리됐다고 합니다.

언론자유가 있는 나라에서 자기 신앙을 당당히 밝히지 못하는 건, '죄의식'이나 남을 속이려는 '기만의식' 때문입니다.

구성원으로 하여금 '죄의식'이나 '기만의식'을 갖게 하는 집단이 떳떳한 집단일 수는 없습니다.

다른 지자체에도 이런 사람이 또 있을지 모릅니다. 제발 죄의식과 기만의식에서 벗어나 '사람을 해치지 않는 길'을 찾기 바랍니다.

종교는 '사람을 해치는 법'을 가르치지 않습니다. '미필적 고의'로라도. 20200224

종교적 깨달음

현세에서 지나치게 무식한 사람들을, 천국에서 받아줄 리 없습니다.

종교의 가르침은 '상식'을 초월하는 곳에 있어야지, '상식 이하'나 '몰상식'에 있어서는 안 됩니다.

상식에서 몰상식으로 추락하는 건, '깨달음'이 아닙니다. 20200316

종교지도자

해외를 떠돌며 고행하다 귀국해서 '미래'에 대해서만 얘기하는 사람에게 걸맞은 직업은 '종교지도자'입니다. 사이비든 진짜든. 20200102

종전선언 1

조선일보가 "한국 빠진 6·25 종전선언이라니, 우리는 나라도 아닌가"라는 한심한 제목의 사설을 실었습니다. 사설 제목이 한심하다는 건 신문이 한심하다는 뜻이고, 그런 신문 발행 부수가 1등이라는 건, 우리가 한심한 상태에서 벗어나기 위해 아직 할 일이 많다는 걸 의미합니다.

6·25전쟁 휴전협정에는 유엔군 사령관 클라크, 중국 인민지원군 사령원 펑더화이, 조선인민군 총사령 김일성이 서명했습니다. 여기에 한국군 대표는 빠졌습니다. 조선일보가 "한국 빠진 휴전협정이라니, 우리는 나라도 아니었다"라고 쓴 적이 한 번이라도 있다면, 일관성 정도는 인정해 줄 수 있을 겁니다. 하지만 조선일보는 어떻게든 문재인 정부에 무능하다는 인상을 덮어씌우기 위해, 한국 정부가 '당연히 끼어야 할 주체'인 것처럼 사실을 왜곡했습니다. 종전선언에 한국 정부가 끼어야 할 이유를 없앤 당사자는 조선일보가 그토록 추앙하는 이승만입니다.

사실 역사상 '종전선언'으로 전쟁을 끝낸 사례는 없습니다. 한국에서는 '휴전 중'이지만, 국제전으로서 한국전쟁은 이미 끝났습니다. 1979년 미-중 수교는 한국전쟁의 두 주요 당사국 간에 전쟁이 끝났다는 국제적 선언이었습니다. 1992년의 한-중 수교는 제2차 종전선언이었다고 해도 좋습니다. 남-북 정상은 작년 판문점 회담에서 '휴전체제'를 끝내기로 합의했습니다. 따라서 북미 사이에 합의만 이루어지면, 한국전쟁은 완전히 끝납니다.

조선일보와 자유한국당이 뭐라고 하든, 역사는 한국전쟁 종전의 길을 걸어왔습니다. 이제 그 길의 끝이 눈앞에 있습니다. 한국전쟁 당사국 전부가 서로 화해했거나 화해하기로 약속했고, 마지막으로 북-미만 남아 있습니다. 북-미가 종전에 합의하면, 가장 좋은 일은 '한반도'에서 일어납니다. 한국전쟁 종식을 향한 마지막 한 걸음을 방해하기 위해 추태를 부리는 세력에게 '한심하다'고 말해주는 건, 평화를 사랑하는 '인간의 도리'입니다. 20190227

종전선언 2

"종전선언, 대한민국 종말 불러올 것" (국민의힘 김종인)
　'늙은 생각이 맵다'는 옛말 그대로네요.
　종전선언은, 분단구조에 기생해 온 세력의 종말을 앞당길 겁니다.
　적폐에게 해로운 건, 적폐가 가장 잘 압니다. 20201012

종합선물세트

예전엔 제과회사들이 '과자 종합선물세트'라는 걸 만들어 팔았습니다. 요즘의 과일바구니와 비슷한데, 꼭 '안 팔리는' 것들이 끼어 있었습니다. 그런 걸 받으면, 평소에 돈 주고 살 이유 없던 것들까지 억지로 먹어야 했습니다.

　선거철 각 당의 비례대표 명단을 볼 때마다 '과자 종합선물세트' 같다는 생각이 듭니다. 이 세트를 봐도 먹기 싫은 과자가 끼어 있고, 저 세트를 봐도 맘에 안 드는 과자가 끼어 있습니다. 그런 일을 워낙 많이 겪어봐서, '과자 종합선물세트' 고르는 팁 정도는 알게 됐습니다. 정말 좋아하는 과자가 한 가지라도 더 많이 든 세트를 고르는 게, 그나마 낫더군요. 물론 유통기한 지난 세트는 아무리 포장을 잘해놨어도 골라선 안 됩니다. 20200324

좌파

우리 현대사에서 '좌익'이나 '좌파'로 몰리는 것은, '언제 잡혀가 고문당하고 죽을지 모르는 사람'이 되는 것을 의미했습니다. 그래서 2002년 대선을 앞두고 총풍, 차떼기, 색깔론의 3종 세트를 동원했던 이회창 한나라당 대표도, 차마 '좌파정권'이라고 하지는 못하고 '좌파적 정권'이라고 했습니다. 그런데 한나라당의 직계와 자칭 보수언론들은 이윽고 '적' 자마저 떼어 버리고 함부로 '좌파정권'이라는 말을 쓰기 시작했습니다.

세상에는 우파와 좌파만 있는 게 아닙니다. 루이 16세가 단두대에서 처형된 뒤에도 그의 충성스러운 신하들은 살아남았지만, 그들은 우파도 좌파도 아니었습니다. 그들은 '시대착오적 수구파'였을 뿐입니다. 일제강점기 독립운동 진영에도 우파와 좌파가 있었지만, 친일파는 우파도 좌파도 아닌 그냥 '친일파'였습니다. 자유한국당과 족벌언론들은 민주당에 '좌파' 낙인을 찍음으로써 자기들이 '우파'인 양 행세하지만, 독재자들을 추앙하는 '반민주 독재파'를 '우파'라고 부르는 민주주의 국가는, 지구상에 없습니다. 20190617

좌표 순번

채널A 기자가 고위 검사와 결탁 관계를 내세우며 "가족이 체포당하는 걸 면하고 싶으면 유시민을 1번으로 칠 수 있게 협조하라"고 수감자를 협박한 사실이 드러났습니다.

'1번'이라고 한 점이 중요합니다.

유시민이 1번이면 그 뒤로도 순번이 정해져 있을 겁니다.

검-언 결탁에 의한 쿠데타 모의 혐의가 매우 짙습니다.

채널A 기자 혼자 할 수 있는 일이 아닙니다.

검찰이 허위증언을 유도하고 언론이 편파적으로 대서특필하여 신뢰받는 정치인을 투옥하는 수법은 이미 브라질에서 성공한 바 있습니다.

채널A 기자가 유시민에게 '사적인 악감'이 있어서 1번으로 치자고 했을 리 없습니다. 그의 뒤에 민주 정부를 전복하고 적폐 정권을 다시 세우려는 집단이 있다고 보는 게 합리적입니다.

저들이 증인을 매수, 회유, 협박하여 '허위사실'을 조작하는 것으로 그치지는 않을 겁니다.

지금은 '레거시 미디어'보다 유튜브나 SNS가 여론에 큰 영향을 미치는 시대입니다.

저들이 매수, 회유, 협박 등의 수단으로 인플루언서를 포섭한 뒤 그에게 좌표를 찍어주고 자료를 제공하여 민주 정부와 민주세력을 공격하게 했을 가능성이 매우 큽니다.

민주주의가 파괴되는 것을 원치 않는다면, 속히 수구 족벌언론과 검찰의 편에 선 인플루언서들의 영향권에서 빠져나와야 합니다.

20200331

주가지수

요 며칠 주가가 폭락하니 "문재인이 경제 말아먹었다"는 사람 많습니다.

자본에는 국경이 없습니다.

당장 미국이나 유럽, 일본 주식으로 갈아타면 됩니다.

주가지수 떨어지는 것보다 '평균지능' 떨어지는 게, 나라에는 훨씬 더 해롭습니다. 20200319

주민등록번호

"주민등록번호를 개편하는 건 간첩 못 잡게 하기 위해서"라는 말을 믿고 퍼뜨리는 '존재'가 많습니다.

사실 이런 '존재'들에게는 주민등록증이 필요 없습니다. 일단 '사람'이어야, '주민'이 될 수 있기 때문입니다.

생각할 줄 알아야, 사람입니다. 20191219

준전시 상태

'예방접종증' 없는 사람 이동을 금지하고, 쌀과 소금 등 필수물자 배급제를 시행하고, 여럿이 모여 정부를 비판하면 총으로 쏴 죽이고…… 모두 전시에 이승만 정권이 했던 일입니다.

전 세계가 '준전시 상태'를 선포했는데도, 이승만을 존경한다는 사람들이 마스크 공적 판매를 빨갱이 정책이라 비난하고 교회 집회 금지를 종교 탄압이라고 우깁니다. '이승만의 정신'이 다시 정권을 잡는다면, 이런 사람들은 다 '죽은 목숨'입니다. 20200323

중구

서울 중구청이 관내에 'No Japan' 배너 1,100개를 걸기로 했답니다. 결론부터 말하자면, 저는 이 결정에 반대합니다.

서울에 '중구'가 생긴 건 1943년, 구제區制가 실시되면서부터였습니다. 일제가 경성부에 구제區制를 실시한 이유는 1936년 부역府域 확장으로 면적이 넓어지고 인구가 늘어난 데다가 각 분야에 걸친

전시戰時 통제의 강화로 행정 수요가 폭증했기 때문입니다. 이때 중구, 종로구, 동대문구, 서대문구, 성동구, 용산구, 영등포구의 7개 구가 생깁니다. 그런데 이름이 이상합니다. 중구가 있으면 동서남북구도 있어야 '정상'인데, 다른 구들은 전부 오래된 지명이나 도성 문이름을 따면서도 중구에만 '경성부의 중심'이라는 의미를 담았습니다.

일본인들이 '중구'라는 이름을 붙인 이유는, 여기가 당시 서울의 지리적 중심이 아니라 문화적 중심, 곧 일본인 밀집 거류지였기 때문입니다. 중구에 있는 충무로의 당시 이름은 혼마치=본정本町이었는데, 소매상업의 중심지로서 '경성의 긴자銀座'라는 별명으로도 불렸습니다. 현재의 명동은 메이지마치明治町로서, 금융 중심지이자 유흥업소 밀집 지대였습니다. 당시 경성의 5대 백화점 중 화신을 제외한 미쓰코시(현 신세계), 조지야(구 미도파, 현 롯데백화점 영플라자), 미나카이, 히로다가 모두 중구에 있었습니다. 당시 일본인들은 자기들이 모여 사는 곳이 경성의, 나아가 조선의 근본이자 중심이어야 한다고 생각했습니다. 그래서 자기들 동네에 본정本町과 중구中區라는 이름을 붙인 거죠.

해방 후 동명은 바뀌었지만 무슨 연유에서인지 구명은 바뀌지 않았습니다. 중구 일대는 6·25전쟁 중 폭격으로 폐허가 되다시피 했으나, 그래도 서울의 경제, 문화 중심지라는 지위는 잃지 않았습니다.

'중구'라는 명칭이 식민지 잔재라는 지적은 20여 년 전 어떤 일본인 학자가 먼저 했습니다. 그는 일제강점기 일본인들이 자기 동네에 '특별한 권위'를 부여하기 위해 붙인 이름을 그대로 쓰면서 식민지 잔재 청산을 논하는 건 모순 아니냐면서, 대안으로 남산구나 남대문구를 제시했습니다. 그의 글을 읽은 뒤 저도 기회가 있을 때마다 중구청 관계자들에게 명칭변경을 건의했지만, 모두 콧방귀조차 뀌지 않았습니다. 그나마 조금 성의가 있는 사람은 "중구라는 이름의 브랜드 가치가 얼마나 높은데 아무리 식민지 잔재라도 뭐 하러 바꾸느냐, 당장 구민들이 용납하지 않을 거다"라고 대답했습니다.

서울 중구의 이름과 역사 자체가 일본 식민통치와 굳게 결합해 있습니다. 한일 국교 정상화 이후 일본인 관광객이 명동과 충무로를 많이 찾은 이유도, 이 지역에 재일동포들이 호텔을 지은 이유도, 다 일제강점기 중구의 역사와 관련되어 있습니다. 이런 역사는 지우려 해도 지울 수 없습니다.

앞으로도 '중구'라는 이름이 바뀔 가능성은 거의 없다고 봅니다. 역사는 누적되는 것이기에, 우리의 일상생활과 일상 공간에서 식민지 잔재와 일본적인 것을 완전히 청산하는 것은 사실상 불가능합니다. 중구청이 No Japan 배너를 내걸려면, 당장 자기네 구 이름부터 바꿔야 할 겁니다. No Japan 배너가 펄럭이는 곳에 일식집 간판이 함께 보이면, 외국인들이 한국인들을 어떻게 생각할까요? 그들도 "식민지 잔재 청산한다면서 중구라는 이름을 그대로 쓰는 건 모순 아니냐?"던 일본인 학자와 같은 황당함을 느끼지 않을까요?

시민들은 얼마든지 No Japan을 외칠 수 있습니다. 그러나 관청이 그래서는 안 됩니다. 시민들의 자발적 운동에 관청이 편승하려 드는 것도 볼썽사나운 일이고, 자기 동네에 남은 '일제 잔재'가 뭔지도 모르면서 No Japan 배너를 걸겠다는 것도 한심한 일입니다. 무엇보다도 한국 지방자치에 대해 잘 모르는 외국인들이 한국 정부가 앞장서 반일을 선동한다고 오해할 수 있습니다. 굳이 배너를 달고 싶으면 No Japan이라는 부정적 문구 대신 우리의 의사를 적극적으로 표시할 수 있는 문구, 예를 들어 삼일운동 때의 구호인 '정의와 인도 Justice and Humanitarianism'를 쓰는 게 그나마 나을 겁니다. 20190806

중국

20세기 초에도 중국은 세계 최대의 시장이었습니다. 유럽 열강이 중국 시장을 장악하고 서로 자기 몫을 키우기 위해 각축을 벌였습니다. 1914년 유럽을 주무대로 제1차 세계대전이 일어나자, 군수품 생산에 총력을 기울여야 했던 유럽 자본과 상품은 일시적으로 중국에서 철수합니다. 이로 인해 생긴 공백을 메운 것이 중국 민족자본과 일본 자본이었습니다. 전쟁이 끝난 뒤 유럽 자본은 다시 중국 시장으로 향했으나, 그들 앞의 중국은 이미 과거의 중국이 아니었습니다.

야당과 언론, 기회주의 정치세력이 연일 "이제라도 중국인 입국을 금지해야 한다."고 목소리를 높입니다. 이 주장에 부화뇌동하는 사람도 매우 많습니다. 아직껏 중국에서 입국한 중국인에게 감염된 것으로 확인된 한국인은 없습니다. 게다가 한국인 확진자의 80% 이상은 신천지와 직간접으로 관련된 사람입니다. 이런 사실은 아랑곳하지 않고, 저들이 계속해서 '중국인 입국 금지'를 주장하는 이유는 무엇일까요?

한국인들 사이에 광범위하게 퍼진 '혐중의식'을 자극하고 현 정권을 '친중 정권'으로 몰아붙여 총선에 이용하려는 정치적 의도 때문이라는 건 이미 많은 분이 지적했습니다. 하지만 저들의 의도가 거기에 머문다고만 보기는 어렵습니다. 만약 정부가 저들이 조장한 여론에 밀려 실제로 '중국인 입국 금지' 조치를 단행한다면, 그렇지 않더라도 한국 내 '혐중의식'이 계속 확산한다면, 코로나19 사태가 종식된 뒤에 어떤 일이 벌어질까요?

이 질병이 언제까지 계속될지는 모르지만, 과거의 사례들을 보면 머지않아 소멸할 겁니다. 하지만 양국 국민들 마음속의 '앙금'은 남을 겁니다. 지난여름 일본 아베 정권의 대한 수출규제는 한국이 불화수소를 자급할 수 있는 조건을 만들어 주었을 뿐입니다. 이스라엘 등이 한국인 입국 금지조치를 취하자, 한국인들 사이에서 이스라엘에 대한 반감이 높아졌습니다. 한국이 중국인 입국을 금지하면, 중국인들의 한국인에 대한 감정이 좋아질까요? '중국인 입국 금지'는 중국과 경제교류를 거의 전면적으로 중단한다는 것과 같은 의미입니다. 만약 코로나로 인해 한-중 교류가 차단된다면, 코로나가 종식된 뒤 중국이 그 관계를 회복하려 할까요? 역사적 경험으로 보자면, 중국인들은 분명 다른 선택지를 찾을 겁니다.

우리나라는 중국에 대한 경제의존도가 매우 높은 나라입니다. 중국 시장은 한국 전체 수출액의 3분의 1 이상을 점합니다. 만약 중국이 한국과 경제교류가 단절된 틈에 '대안'을 찾거나, 중국 내에서 '혐한감정'이 높아진다면, 그로 인한 피해는 상상하기 어려운 정도일 겁니다. 중국인 입국자로 인해 한국 내 코로나19 감염자가 격증한다는 명백한 증거도 없는 상태에서 중국인 입국을 금지하는 건, 경제위기를 자초하는 일입니다.

저들도 '중국인 입국 금지'가 어떤 결과를 낳을지 모르진 않을 겁니다. 정부가 중국인 입국을 금지하지 않으면 '친중 정권이 국민 죽인다'고 거짓말로 선동하고, 중국인 입국을 금지한다면 그로 인해 필연적으로 닥칠 '경제위기'를 정권 탈환에 이용하려는 거겠죠. 중국과 관계 악화가 한국인의 삶에 어떤 영향을 미칠지 모르고 저런 주장에 동조한다면 '바보'라 해야 마땅하고, 알고도 동조한다면 '나쁜 놈'이라고 하는 게 옳을 겁니다. 바이러스 감염을 피하기 위해 노력하는 것만큼, '바보'나 '나쁜 놈'이 되지 않기 위해 노력하는 것도 중요합니다. 20200225

중국인

어떤 대화.

"중국인 입국을 금지하지 않아 이렇게 됐다."

"외국에서 입국한 한국인 말고, 중국인 입국자에게 감염된 사람이 몇 명인가요?"

"……"

이게 우리나라에 아무 말이나 무턱대고 믿는 사이비 종교가 창궐하는 이유입니다. 20200224

중도

양아치가 먼저 흉기를 꺼내 들었는데, 그에 맞서는 사람이 상대할 무기를 찾는 걸 보고 "신사적으로 해라." "양아치가 흉기 들었어도 맨손으로 맞서라."라고 소리 지르는 사람이 있다면, 그는 '중도'가 아닙니다. '양아치 편드는 바람잡이'일 뿐입니다.

물론 양아치가 흉기 꺼내 들기 전이라면, 상대방이든 구경꾼이든 당연히 '신사적으로 해라'라고 해야 합니다. 하지만 양아치가 이미 흉기를 꺼내 든 상태라면, 그 상대방에게 맞설 무기를 던져주는 게 진짜 '중도'다운 행동입니다. 20200310

중도층

미래통합당이 '소신파' 홍준표 씨를 컷오프시켰을 때나 북한 고위 공직자 출신 태영호 씨를 서울 강남에 공천했을 때는 '대대적 변화'

라고 썼던 언론사 종업원들이, 민주당 '소신파' 금태섭 씨가 경선 탈락하자 '중도층 민심이반의 중대 계기'라고 씁니다. 저들은 미래통합당이 무슨 짓을 해도 '중도층 민심이반'이라는 표현은 거의 쓰지 않습니다.

한국의 많은 언론사 종업원들이, '중도층'이라는 단어를 '자기들 선동에 놀아나는 머저리'라는 뜻으로 쓰고 있다는 증거일 겁니다. 진짜 '중도'는 자기 주견이 확고한 사람이지, 언론사 종업원들의 속보이는 선동에 놀아나는 사람이 아닙니다. 20200312

증거인멸 1

정경심 씨를 기소할 땐 명백한 증거를 확보했다던 검찰이, '증거인멸' 혐의를 수사한다며 한 달 넘게 여기저기 들쑤시고 있습니다.

한 달 전에 검찰이 확보했던 증거가 사라졌으면, 증거인멸죄 수사는 검찰이 받아야죠. 20191014

증거인멸 2

검찰이 정경심 씨 변호인들에게 참고인 이름을 '지운' 증거목록을 주었답니다. 이것도 증거 '인멸'이죠.

자기들은 맘대로 증거를 인멸하면서 남을 '증거인멸죄'로 기소하는 건, 참 비겁한 짓입니다.

지금의 검찰과 깡패가 다른 점은, 깡패는 '비겁한 짓'을 경멸한다는 겁니다. 20191127

지소미아 1

일본 각의에서 '한국은 신뢰할 수 없는 나라'라고 결정했습니다.

신뢰할 수 없는 나라와 군사 정보를 공유하는 건 정신 나간 짓입니다.

아베가 제정신이라면, 스스로 지소미아를 파기할 겁니다.

한국 정부에 결정을 떠넘긴다면, 그건 아베가 제정신이 아니라는 증거입니다. 20190802

지소미아 2

한국 정부가 미국의 압박에도 불구하고 지소미아 종료 카드를 사용해 일본 정부의 태도를 바꾸는 데에 성공했습니다.

그러나 이 카드를 무조건, 자진해서 버리자는 굴욕적 주장을 하면서 단식까지 하는 사람과 그를 지지하는 사람들은 여전히 부끄러운 줄도 모릅니다.

이런 사람들이 있다는 게, 우리의 부끄러움입니다. 20191122

지소미아 3

지난 7월, 한국 대법원은 2차 대전 당시 한국인 징용노동자들의 인권을 유린한 데 대한 보상 책임이 일본 전범 기업들에 남아 있다는 판결을 내렸습니다. 그러자 일본 아베 정부는 한국에 대한 수출규제를 단행했습니다. 아베 정부의 도발이 한국 대법원판결을 문제 삼은 것임은 누가 봐도 분명했지만, 일본은 '한국을 군사적으로 신뢰할 수 없기 때문'이라고 거짓 평계를 댔습니다. 한국의 삼권분립 원칙을 무시하고 인도주의의 문제를 경제-군사 문제로 전환시킨 도발이었죠.

아베 정권의 궁극 목표는 '전범국가'의 지위에서 벗어나 또다시 아시아의 패권 국가로 군림하는 것입니다. 그를 위해 도달해야 할 중간 목표 지점이 한국에 친일 정권을 세우는 것입니다. 위안부 피해자 문제조차 졸속 합의했던 박근혜 정권처럼 일본이 요구하는 대로 순순히 따르는 친일 정권이 서야 '과거사의 족쇄'로부터 해방될 수 있기 때문입니다. 아베 정부는 '수출규제 ― 한국 경제 사정 악화 ― 정권 지지율 하락 ― 총선에서 친일 정당 승리 ― 대선 때 친일 정권으로 교체'라는 수순을 예상하고 움직였으며, 일본 우파 인사들도 '수출규제의 목표는 문재인 정권 축출'이라고 공언했습니다.

처음에는 WTO 제소 말고 한국 정부 차원에서 대응할 마땅한 수단이 없었기 때문에, 시민들 스스로 "개싸움은 우리가 한다."며 일제 불매운동을 시작했습니다. 일본의 부당한 경제 도발에 대응하는 한편, 과거사 문제에 대한 일본의 진정한 반성을 촉구하는 싸움이었습니다. 이로 인해 일본의 기대와는 달리 도리어 일본 경제가 타격을 받는 상황이 빚어졌습니다.

지소미아 연장 시점을 앞두고, 한국 정부는 '군사적 이유'로 수출규제를 단행했다는 일본 정부의 거짓 평계를 역이용하여 '지소미아 종료' 카드를 내놓았습니다. 양국 간 분쟁을 수수방관하던 미국은 이 카드에 당황했고, 양국 모두에 '압력'을 가해 화해를 종용했습니다. 이에 우리 정부는 WTO 제소 절차를 일단 중지하는 한편, 지소미아 종료를 선언하되 종료 절차를 '유예'했고, 일본은 수출규제 문제에 관해 한국과 대화를 재개하겠다고 밝혔습니다.

제가 아는 바로는 이상이 이제까지의 개략적 경과입니다. '지소미아 종료'는 일본의 도발에 대응하는 '외교 수단'이었지, 그 자체로

'독립된 목표'가 아니었습니다. 이 점은 상대편도 마찬가지입니다. 한국의 친일 정치세력이 지소미아 종료에 결사반대한 것이나 한국의 친일 언론들이 지소미아가 종료되면 곧바로 안보 위기가 닥칠 것처럼 호들갑 떤 것이나, 공통의 목표는 '지소미아 유지'가 아니라 '문재인 정권 축출'이었습니다. '7월 이전 상태로 회복'을 목표로 대화를 재개하는 것이 한일 간 합의임에도, 일본 우파 세력이 '일본의 외교적 완승'이라고 떠드는 것 역시 그 목표는 '문재인 정권 축출'에 있습니다.

상대의 전략 목표를 좌절시키는 것도 '승리'입니다. 그런데도 '지소미아 종료'를 당면의 '독립된 목표'로 착각하고, '종료 절차 유예'를 '패배'라고 생각하는 사람이 많습니다. 한미일 안보협력 체제 해체를 오랫동안 일관되게 주장해 온 세력이 '종료 절차 유예'를 비난하는 건 충분히 이해할 수 있습니다. 그들의 전략 목표는 일본의 전략 목표와 다를 뿐 아니라, 한국 정부의 그것과도 전혀 다르니까요. 하지만 '지소미아 종료'가 한국에 친일 정권을 세우려는 일본의 전략 목표를 좌절시키기 위한 '카드'일 뿐이었다는 사실을 잊어버린 사람들에게는 안타까움을 느낄 수밖에 없습니다.

일본의 의도대로 움직이지 않는 것이 일본의 전략 목표를 좌절시키는 방도입니다. 지난 7월이나 지금이나 아베 정권과 일본 우파의 의도는 '한국에 친일 정권을 세우는 것'입니다. 한국의 친일 정치세력과 친일 언론은 아베 정권과 생각이 같고 행동도 같습니다. 그런데 아베 정권과 정반대로 생각하면서도 아베 정권이 원하는 대로 행동하는 사람이 많다는 건, 참 답답한 일입니다. 20191125

지식

보통 '지식知識'을 묶어 쓰지만, 한자 지知와 식識은 그리스어의 프로네시스와 에피스테메처럼 서로 다른 '앎'을 지칭합니다. 흙을 먹으면 안 된다거나 돌로 사람을 때려서는 안 된다거나 뜨거운 물에 손을 넣어서는 안 된다는 것들은, 어릴 때 한두 번만 배우면 압니다. 이런 '앎'에 이르는 데에는 예습 복습이 필요 없습니다. 그래서 '생이지지生而知之'라고 합니다. 지知란 사람이라면 누구나 배우지 않아도 아는 것을 의미합니다. 반면 식識은 남에게 배우고 공부해서 얻는 '앎'입니다. 그래서 '무지하다'나 '무지막지하다'는 사람답지 못하다는 뜻이고, '무식하다'는 배우지 못했거나 배운 걸 잊어버렸다는 뜻입니다.

옛날 사람들이 질병을 마귀의 소행이라고 믿은 건, 그 시대 사람들이 현대의 기준에서 '무식'했기 때문입니다. 신천지 교주가 "금번 병마 사건은 마귀의 짓"이라고 한 데 대해 '무식'이 아니라 '무지' 탓이라고 봐야 하지 않느냐고 하신 분이 있는데, 일면 타당하다는 생각도 들지만 신도들의 '인간적 학습 능력'을 생각하면, '무식'이라고 하는 게 나을 것 같습니다. 20200221

지식인

1. "일본군을 도와 폭도를 토벌하여 시국을 안정시키자."
2. "무식한 자들이 대세가 이미 기운 줄을 몰라 폭도가 되는 것이다. 시국에 순응하자."
3. "독립은 감정으로 지키는 게 아니다. 차분히 실력을 길러야 한다."
4. "초야의 농부들도 대의를 위해 목숨을 거는데, 글을 아는 자로서

어찌 가만히 있을 것인가?"

을사늑약 이후 전국적으로 의병이 봉기했을 때, '지식인'들이 보인 여러 반응입니다. 1번부터 각각 송병준, 민영휘, 윤효정, 이회영으로 대표되는 그룹의 반응이라고 보면 될 겁니다. 지금 '일제 불매운동'을 감히 의병에 빗댈 수는 없지만, '지식인의 반응'과 관련해서는 참고할 점이 있을 겁니다. 몇 번이 옳은 태도였을까요?

지금도 1) 불매운동에 적극 반대하며 일제 쓰기 운동을 벌이는자, 2) 불매운동을 조롱하는 자, 3) 취지는 이해하지만 해봤자 소용없다는 자, 4) 조용히 동참하는 자, 5) 적극적으로 지지하고 주변에알리는 자 등으로 나뉩니다. 불매운동보다 더 나은 '이성적' 방법이무엇인지 제시하지도 못하면서 이를 '일시적 감정적 대응'이라고 비난, 조롱하는 사람들을 보면, 옛날의 '비루한 이성'들이 떠오릅니다.

20190723

직권남용

한 사건에 두 개의 서로 다른 공소장을 써서 두 사건으로 만든 것도검찰이고, 청와대 민정수석의 직권을 제 맘대로 좌우하려 드는 것도 검찰입니다.

기소할 사건을 기소하지 않고 기소 않을 사건을 기소한 것도 검찰이고, 국민이 선출한 권력을 제 맘대로 통제하려 드는 것도 검찰입니다.

직권남용, 권리행사방해죄로 구속할 대상은, 바로 검찰입니다.

20191226

진보주의

진보주의란, 인류 전체의 진보와 발전을 위해 어떤 일들이 필요한가를 고민하는 태도입니다.

자기네 조직의 진보와 발전만을 도모하는 태도는, 진보주의가 아닙니다. 설령 진보주의를 표방한다 해도. 20200302

진사 사절단

안중근 의거 직후 대신 사죄한답시고 '진사陳謝 사절단'을 꾸려 일본에 간 자들이 있습니다. 그자들은 한일 양국에서 "한국인들도 이토 히로부미를 존경하고 안중근을 미워한다."는 여론을 조장하는 데 이용됐을 뿐입니다.

지금도 정부를 대신해 '한일관계를 복원'하겠다고 나서는 국회의원들이 있습니다. 이들이 무슨 짓을 하든, 아베 정권의 무도한 선제공격을 정당화할 뿐입니다.

이런 자들에게서 '한국민의 대표 자격'을 박탈하는 게, 우리가 할 일입니다. 20190704

진실

계엄 문건 작성에 황교안 대표가 관여했을 개연성이 크다는 이야기에 대해 자유한국당이 법으로 강력히 대응하겠다고 경고하자, 군인권센터 임태훈 소장은 "제발 법적 대응 해주길 바란다."고 맞받았습니다. 검찰이 수사하면 진상이 밝혀질 거라 기대했겠죠.

하지만 지금의 검찰은 진실을 허위로 바꾸고, 허위를 진실로 바꿔도 책임질 필요가 없는 집단입니다. 검찰을 개혁하지 못하면 '진실'도 없습니다. 책임질 필요가 없는 사람들 마음대로 '진실'을 판정하는 사회가 가장 위험한 사회입니다. 이제껏 검찰은 수많은 죄인을 고의로 '무혐의' 처분하고 수많은 무고한 사람을 고의로 감옥에 보냈지만, 책임진 검사는 아무도 없었습니다. 20191022

진영숙

1960년 4월 19일, 한성여중 2학년 열다섯 살 진영숙은 어머니에게 편지를 남기고 시위에 참가했다가 총에 맞아 죽었습니다. 유관순이 삼일운동의 상징이 된 것처럼 진영숙도 4·19의 상징이 될 자격이 충분하다고 봅니다. 아래는 진영숙의 편지 내용입니다.

시간이 없는 관계로 어머님 뵙지 못하고 떠납니다.
끝까지 부정 선거 데모로 싸우겠습니다.
지금 저와 저의 모든 친구들, 그리고 대한민국 모든 학생들은 우리나라 민주주의를 위하여 피를 흘립니다.
어머니, 데모에 나간 저를 책하지 마시옵소서.
우리들이 아니면 누가 데모를 하겠습니까.
저는 아직 철없는 줄 잘 압니다.
그러나 국가와 민족을 위하는 길이 어떻다는 것을 잘 알고 있습니다.
저의 모든 학우들은 죽음을 각오하고 나선 것입니다.
저는 생명을 바쳐 싸우려고 합니다.
데모하다가 죽어도 원이 없습니다.

어머닌 저를 사랑하시는 마음으로 무척 비통하게 생각하시겠지만, 온 겨레의 앞날과 민족의 해방을 위하여 기뻐해 주세요.

이미 저의 마음은 거리로 나가 있습니다.

너무도 조급하여 손이 잘 놀려지지 않는군요.

부디 몸 건강히 계세요.

거듭 말씀 드리지만 저의 목숨은 이미 바치려고 결심하였습니다.

시간이 없는 관계상 이만 그치겠습니다.

20190419

집안잔치

조봉암의 진보당 계통과는 단절된 '새로운 진보정당'이 창당될 즈음인 30년쯤 전, 여러 '관계자'에게 들은 이야기입니다.

첫째, 진보정당의 '진짜 지지율'은 15% 정도 되지만, '사표 방지 심리'로 인해 실제 득표율은 그보다 상당히 낮을 수밖에 없다.

둘째, 진보정당 정치인이 국회에 들어가 '민중'의 이익을 위해 선명하고 감동적으로 활동하면, 점차 '사표 방지 심리'를 극복할 수 있을 것이다.

지난 30여 년간, 현장 운동과 제도권 정치의 관계, 진보정당의 위상과 비전 등에 대해서는 여러 차례 심각한 내부 논쟁과 근본적인 방향 전환이 있었지만, 위와 같은 현실 인식에는 큰 변화가 없었던 것 같습니다. 진보정당 정치인들은 선거 때마다 '진보적 유권자들이 사표 방지 심리에 흔들려 보수정당인 민주당에 투표'하는 현실에 답답함을 토로했습니다. 그러나 분단으로 인해 냉전 체제의 유산인 매카시즘이 여전한 상황에서, 그나마 상식적인 보수-진보 정치 구도를 만들기 위해 진보정당에 투표한 '비진보적 유권자'도 적지 않았을 겁니다.

　물론 한국에서 진보정당의 지지율을 낮은 수준에 묶어 두는 가장 큰 요인은 '분단체제'입니다. 하지만 지난 30여 년간 진보정당 정치인들이 '냉전 이데올로기에서 헤어나지 못한' 시민들을 얼마나 감동시키고 각성시켰는지에 대해서는, 스스로 답을 찾아야 할 겁니다. 작고한 노회찬 의원과 탈당한 유시민 작가 외에, 대중의 사랑과 기대를 받는 정치인을 얼마나 많이 배출했던가요? 보수정당 정치인들과 비교할 수 없을 정도로 아름다운 모습을 보여준 진보정당 소속 국회의원은 몇 사람이었던가요?

　진보정당의 득표율은 참여정부 때인 2004년 총선에서 13%로 최고점을 찍었습니다. 저 개인으로서는, 상식적인 보수가 집권해야 진보정치의 영역도 넓어진다는 걸 입증한 선거라고 봅니다. 이후 이명박 정권 때인 2012년 총선에서 통합진보당의 득표율은 10.3%, 박근혜 정권 때인 2016년 총선에서 정의당의 득표율은 7.2%였습니다. 최근 여론조사에서 유일한 원내 진보정당인 정의당의 지지율은 5% 미만으로 나옵니다. 이처럼 지속적인 지지율 하락의 원인은 무엇일까요? 시민 일반의 책임인가요, 정의당 지도부의 책임인가요?

　순전히 개인의 견해지만, 정의당 비례대표 명단을 보고서 '진보의 울타리'를 스스로 좁혀 버렸다는 느낌을 받았습니다. 그 명단에서는 대중을 각성시킬 만한 날카로운 이성도, 대중을 감동시킬 만한 뜨거운 열정도 발견하기 어려웠습니다. 자기 식구들끼리 모여 잔치를 벌이면서 온 마을 사람들이 감동하길 바라서는 안 되는 겁니다.

　정의당이 비례연합 정당 참여를 거부하기로 결정했습니다. 이 결정으로 정의당은 다가오는 총선에서 '사표 방지 심리'나 '상식적인 보수-진보 정치에 대한 기대'라는 거품을 걷어낸 '진짜 지지율'을 확인할 수 있을 겁니다. 이 '확인'이, 우리 사회의 진보를 위한 '감동과 각성의 어젠다'에 대한 진지한 고민으로 이어지길 바랍니다. 미

래를 개척하는 바른길은, 언제나 현실을 냉정히 직시함으로써만 찾을 수 있습니다. 20200307

징용 1

"일제강점기 대다수 한국인은 일본을 조국이라고 생각했다. 징용 노동자도 위안부도 '자발적'으로 응한 사람들이다."라고 떠드는 자들이 있습니다. 이런 자들은 '징용'이 무슨 뜻인지도 모릅니다. 징집, 징발, 징병 등에서 보듯, '징' 자에는 이미 '강제로'라는 뜻이 있습니다. 일본기업의 노동력 수탈에 '자발적'으로 응할 사람이 많았으면, '징용' 자체가 필요 없었습니다. 20190723

징용 2

류석춘 교수, 일본 우익잡지에 "징용, 돈 벌려 자원한 것"이라는 글 기고.

본인의 의사와 관계없이 강제로 군대에 끌고 가는 게 '징병', 본인의 의사와 관계없이 강제로 모집하는 게 '징집', 본인의 의사와 관계없이 강제로 빼앗는 게 '징발'입니다. '징용'도 본인의 의사와 관계없이 강제로 고용하는 겁니다.

'징용'을 '자원自願'이라 하는 건 '의식'의 문제가 아니라 '무식'의 문제입니다. '무식'은, 국제적으로 연대해도 '무식'입니다. 20200628

짜깁기

자기 가설에 부합하는 사료만 짜깁기해서 역사를 쓰는 역사가는, 역사의 죄인입니다.

자기 예단에 부합하는 인터뷰 내용만 짜깁기해서 보도하는 기자는, 사회의 죄인입니다. 20191010

짝퉁

'가짜'가 '짜가'로 바뀐 게 언제인지는 기억나지 않으나, 이게 다시 '짝퉁'으로 변한 건 20년쯤 전입니다.

이제 이 단어는 국어사전에 올랐고, 그 의미도 '가짜'와는 상당히 달라졌습니다.

예컨대 일본의 오리지널 자민당을 빼닮은 한국산 정당을 '가짜 자민당'이라고 불러서는 그 실체를 알기 어렵습니다.

'짝퉁 자민당'이라고 해야 이해가 되죠.

진품보다 더 진품 같은 짝퉁이 세상에 퍼진 지도 꽤 오래됐습니다.

일본 군국주의의 오리지널리티를 계승했다는 점에서는, 한국산 짝퉁이 일본산 진품보다 더 진품 같습니다. 20191126

차별주의

유럽의 코로나 확산이 중국보다 훨씬 심하고 유럽에서 귀국한 한국인 중에 확진자가 나오는 상황인데, '중국인 입국 금지'를 외치던 자들이 '유럽인 입국 금지'는 주장하지 않습니다.

저들의 주장이 '합리성'과 '과학적 근거'가 아니라 근거 없는 '혐오감'과 '차별주의'에 근거했다는 증거라 할 수 있습니다. 저들의 '차별주의'에 감염되면, 죽지는 않아도 '저질 인간'이 됩니다. 저들과 가까이하지 않는 게, '인간의 품격'을 지키는 길입니다. 20200315

착함과 모자람

"조국 일가 내사한 적 없다."고 공언했던 검찰이, "인지 수사라서 고발장 열람을 허용할 수 없다."고 말을 바꿨습니다.

인지 수사와 내사는 사실상 같은 뜻입니다.

"누굴 바보로 아나?" 싶게 말하는 자들에게 분노하지 않는 건,

착한 게 아니라 모자란 겁니다. 20200318

참담

나경원 "양승태 소환, 대한민국 역사상 가장 부끄럽고 참담"

이 일이 역사상 가장 부끄럽고 참담한 일로 보인다면, 대한민국 역사에 대해 아는 게 없기 때문입니다.

사법부 역사만 보더라도, 인혁당 사법 살인자를 처벌하지 못한 것이나 사법농단을 비호하는 정당이 제1야당인 것이, 정말 부끄럽고 참담한 일입니다. 20190111

창립기념일

경향신문은 1906년 천주교에서 창간해 1910년까지 발행했습니다. 일제의 한국 강제병합과 동시에 폐간되었다가 해방 후인 1946년 천주교 서울교구가 같은 제호로 다시 발간했는데, 이때 '속간續刊이 아니라 창간創刊'이라고 선언했습니다. 이름은 계승하나 해방 이전의 역사와는 단절하겠다는 의지를 밝힌 것이라고 봐야 할 겁니다. 이후 경향신문 경영권은 여러 차례 이동했지만, 지금도 경향신문은 1946년 10월 6일을 창간일로 삼습니다.

3·1운동 이후 서간도에 설립된 신흥무관학교는 수많은 독립투사를 양성했지만, 재정난으로 1년 반 만에 폐교되었습니다. 해방 후 신흥무관학교 부활위원회가 조직되어 1947년 2월 신흥전문학원을 세웠고, 1949년에는 신흥초급대학으로 승격했습니다. 한국전쟁 중이던 1951년, 피난 중이던 부산에서 교무과장이 학교 경영권을 인

수해 1960년 경희대학교로 개명했습니다. 지난 2019년이 신흥무관학교 설립 100주년이었지만, 경희대학교는 이를 창립일로 기념하지 않았습니다. 경희대학교가 신흥무관학교의 역사를 계승하지 않는 데에는 나름의 생각이 있겠죠.

조선일보는 3·1운동 이듬해인 1920년 3월 5일, 친일 경제단체인 대정실업친목회—대정大正은 당시 일본의 연호年號입니다—가 사이토 마코토 총독의 '민족 분열 통치'에 협조하기 위해 창간한 신문입니다. 창간 1년여 뒤에는 다시 초특급 매국노 송병준이 조선일보를 인수해 3년 넘게 운영했습니다.

조선일보 사옥에 "창간 100년"을 자랑하는 글귀가 걸린 지 꽤 됐습니다. 며칠 후엔 '창간 100주년 기념호'가 나오겠죠. 일제의 민족 분열 책동에 적극 협조한 초특급 매국노의 정신을 '창간 정신'으로 기념하는 것이 자랑스러운 일인지, 생각해보기 바랍니다. 20200221

창죄기

검찰이 자기들 주장을 받아쓴 언론 기사를 증거로 인정해 달라고 요구했답니다.

거짓말도 언론 기사가 되면 참말로 바뀐다는 희한한 논리인데, 제정신인 사람이 도달할 수 없는 특별한 경지에 이른 걸 보면, 그들만 읽는 특별한 경전이 있나 봅니다.

"검찰 이르시되 죄가 있으라. 언론사 종업원들이 받아쓰매 없던 죄가 생기더라. 검찰 보시기에 좋았더라." (검경, 창죄기 1장) 20200201

책

대학 다닐 때, 저 사는 동네 버스 정류장 바로 앞에 서점이 있었습니다. 버스에서 내리면 습관적으로 서점에 들어가 이 책 저 책 기웃거리곤 했죠. 종로서점, 양우당 등 대형 서점들이 문 닫기 시작한 게 1980년대 말, 그 이후로 서점은 계속 줄고 있습니다. 우리나라에 서점 출현이 본격화한 게 1890년대 말이니, 100년 정도 성업하다 쇠퇴기에 접어든 셈입니다.

150년 전만 해도 '책 읽을 줄 아는 인간'이 되는 게 수많은 사람의 소원이었는데, 이제 책 안 읽는 게 너무 당연한 시대가 됐습니다. 지금 인간의 지성은 어디로 향하는 걸까요? 20191105

책값

일제강점기 어떤 사람이 인사동에 있던 책방 한남서림에서 〈삼국사기〉를 봤습니다. 책값을 물으니 주인이 20원(석 달 치 하숙비에 상당)이라고 했습니다. 그는 벌컥 화를 내며 "책을 팔려거든 가치를 알고 파시오"라고 말하고는 50원을 던져 줬습니다. 속물들은 이런 일을 절대로 이해하지 못합니다. 20190126

책임

안철수 씨가 총선 공약으로 '추미애 장관 탄핵'을 내걸었습니다.

'문준용 씨 관련 제보 조작'에 대해 지금 검찰식으로 수사한다면 어떤 결과가 나올까요?

본인이 다 지겠다던 정치적 도의적 책임은 어떻게 졌나요? 마라톤으로? 20200211

천벌

중국에 전염병 환자가 늘어나는 것도 '천벌'이 아니고, 대구 신천지교회 신자들이 다수 감염된 것도 '천벌'이 아닙니다.

벌도 상도 자기 부하들에게 내리는 겁니다.

만약 '천벌'이 있다면, 하늘에 계신 그분도 반드시 자기 '직속 부하'들에게 먼저 내릴 겁니다.

목사님들, 자중하십시오. 20200219

천성

주인을 밥이나 주고 가끔씩 놀아주는 '집사'로 여기는 건, 고양이의 '천성'입니다.

오랫동안 제멋대로 굴게 놓아두면, 사람의 습성도 고양이의 천성과 비슷해집니다.

한국 검찰이 주권자를 능멸하는 건, 대다수 검사의 습성이 고양이의 천성과 비슷해졌기 때문입니다.

고양이를 사람으로 바꾸려면, 시간이 아주 많이 걸릴 겁니다.
20200102

천황

한자 문화권 사람들이 미국과 처음 접촉했을 때, president라는 직함은 아주 낯설었습니다. 하늘이 천자天子를 정하고 천자가 천명天命을 받들어 지상의 인간을 다스리는 것이 정치인 줄 알던 사람들이, '인간의 대표'가 통치권을 행사하는 체제를 이해하기는 어려웠습니다. 중국인들은 처음 영어 발음에 가깝게 '백리새천덕伯理璽天德'이라고 썼는데, 발음만 표시하는 게 의미가 없어 곧 총통總統으로 바꿨습니다. 신해혁명 이후 쑨원의 직함 '대총통'은 총통보다 한 등급 위로서, 자기네 국가원수가 미국 국가원수보다 높아야 한다는 '중화의식'의 발로였다고 할 수 있습니다.

일본인들은 president를 대통령大統領으로 번역했습니다. 통령은 본래 오늘날의 영관급에 해당하는 군사 지휘관이었습니다. 거기에 대大만 붙여서 자기네 관직 체계 안에서도 중간급 정도밖에 안 되는 위치를 부여한 겁니다. 직함 뒤에 붙이는 존칭도 폐하 전하 저하 합하 아랫급인 각하로 정했죠. 역시 미국을 얕잡아 보려는 의식의 소산이었습니다.

우리가 처음 미국과 통상조약을 체결할 때는 중국식 번역어인 '백리새천덕'을 썼습니다. 그러다가 1890년대부터 일본식 번역어인 '대통령'으로 바꿨습니다. 1919년 3·1운동 때에 한성 정부는 '집정관 총재', 상해 정부는 '국무총리', 노령 정부는 '대통령'을 행정부 수반의 명칭으로 제시했습니다. 일본식 용어에 익숙했기 때문일 겁니다. 장관長官 역시 조선총독부 관제에 처음 썼던 말입니다. 일본인들은 총리를 보좌하는 내각 관방과 식민지 관제에만 장관이라는 직위를 두었습니다.

일본인 가수가 '천황'이라는 말을 썼다는 이유로 시끌벅적합니다. 대통령이라는 말을 일본인들이 만들어 냈듯, 천황이라는 말도 일본인들이 만들어 낸 겁니다. 일본 역사에서 천황이 '세속 군주'였던 기간은 상대적으로 아주 짧습니다. 일본 천황은 로마 교황敎皇처럼 일본 종교인 '신도'의 대제사장이자 상징이었고, 제2차 세계대전 이후 세속 정치 관여가 금지됨으로써 다시 '대제사장'의 지위로 밀려났습니다.

일본인들은 가톨릭의 pope도 교황敎皇으로 번역했다 법왕法王으로 번역했다 오랫동안 오락가락했습니다. 우리 역시 그랬고요. 하지만 이제 교황敎皇이라는 직함의 등급에 문제를 느끼는 사람은 거의 없습니다. 개신교 신자든 불교 신자든 그냥 교황이라고 부릅니다.

'천황'이라는 직함이 문제라면, '대통령'이라는 직함은 더 문제입니다. 대통령이라는 이름은 천황보다 한참 아랫급이기 때문이죠. 중국식 번역어인 총통은 개념상 대통령보다 조금 더 높은 지위에 있습니다. 중국인들은 지금도 문재인 대통령이라고 하지 않고 문재인 총통이라고 합니다.

일본인들이 만든 대통령과 장관이라는 직함을 바꿔야 한다는 주장이 오래전부터 있었지만, 아무도 귀 기울이지 않았습니다. '일본인들이 만든 용어이기 때문'이라는 것 말고는 굳이 바꿀 이유가 없기도 하고요. 대통령이라는 말을 그대로 쓰는 마당에, '천황'이라는 말에 굳이 민감하게 반응할 필요는 없을 것 같습니다. 지금은 21세기입니다. 황皇이나 왕王이 있다는 거나, 선거로 뽑힌 행정부 수반이 여전히 '대신大臣'인 게 자랑하거나 부러워할 일일까요? 일본에는 아직도 천황天皇으로 불리는 사람이 있구나라고 인정하고, 고대 일본 종교의 대제사장에게 붙인 이름이 지금까지 내려오는 거라는 사실만 알면 되지 않을까요? 천황을 굳이 '일왕'으로 격하해 봤자 그래도 대통령보다 위상이 높은 이름입니다. 게다가 '세속 군주'라는 느낌도 있습니다. 그렇다고 우리 개념에 더 잘 맞는 '대제사장'

이나 '왕무당'으로 바꾸는 건 너무 지나칩니다. 그냥 교황처럼 천황이라고 부르는 게 나을 것 같습니다. 20190502

초계기

초계기 갈등 이후 일본 정부 지지율이 5% 가까이 올랐다는데, 한국에서는 잘못도 없는 자기 정부를 비방하는 정당과 언론이 목소리를 높입니다.

타국을 침략했던 나라의 '과거 청산'이 불철저한 탓이고, 침략받았던 나라의 '과거 청산'도 불철저한 탓입니다.

침략자의 정신과 식민지 노예의 정신은 아직 살아있습니다.

20190124

총독부 재판소

박근혜가 양승태와 '긴밀히 소통'했던 건 아베의 생각을 알았기 때문이라며, 박근혜가 진짜 나라를 위하는 대통령이었다고 주장하는 자들이 있습니다.

일제강점기 조선 총독도, 일본 총리대신의 눈치를 봐가며 총독부 재판소와 소통하진 않았습니다.

조선 총독만도 못했던 자를 '훌륭한 대통령'이라고 칭송하는 건, 우리나라가 일본 식민지만도 못하다고 보기 때문입니다. 일제강점기 '토착왜구' 중에도 저 정도로 쓸개 빠진 물건은 없었습니다. 저런 자들이 '애국세력'을 자처하는 한, 우리나라는 아직 '온전한 나라'가 아닙니다. 20190704

총선의 의미

1. 중도층과 밭갈기

저는 프로야구에 관심을 끊은 지 꽤 오래됐습니다. 류현진, 추신수 말고 아는 선수 이름도 없고, 작년에 어느 팀이 우승했는지도 모릅니다. 야구 경기장에 안 가는 것은 물론, TV 중계도 안 봅니다. 당연히 누가 어느 팀을 응원하느냐고 물으면 "관심 없다."고 대답합니다. 하지만 그래도 마음속에 담아둔 팀은 있습니다. 40년 전 프로야구 개막 때부터 몇 년간 OB 베어스(현 두산 베어스)를 응원했었고, 그 관성 때문에 지금도 누가 집요하게 물으면 두산이라고 답합니다. 당시 OB 베어스를 응원한 이유는 고향 연고팀이라는 것밖에 없었습니다. 비록 다섯 살 때 떠난 고향이지만 지역 연고의식은 이렇게나 강력합니다. 저만 그런 게 아니라 현재 50대 이상 서울 사람들 태반은 자기가 '서울 사람'이자 '고향 사람'이라고 생각합니다. 이런 '지역적 이중 정체성'은 1960년대 급속한 도시화가 낳은 산물입니다.

프로야구팀 응원보다 더 강력한 정체성 구성요소가 정당 지지입니다. 일단 어떤 정당과 자기 사이에 주관적 '연계'를 맺은 사람은 거기에서 쉽게 벗어나지 못합니다. 자기가 응원하는 팀이 아무리 못해도, 홧김에 경기를 안 볼지언정 라이벌팀 응원으로 돌아서지는 않는 게 사람 심리입니다. 정당 지지도 이와 비슷합니다. 이른바 '중도층'으로 분류되는 사람 중에는 정말 정치에 무관심한 사람도 있고, 마음속에 지지 정당이 있으나 누가 물으면 "관심 없다."고 대답하는 사람도 있습니다. 정치에 무관심한 사람은 아예 투표장에 안 가고, 속마음을 숨기는 '중도층'은 상황에 따라서 가기도 하고 안 가기도 합니다. 이른바 '중도층' 중 상당수는 '속마음을 숨기는 소극적 지지자'라고 보는 게 옳을 겁니다. 그래서 선거의 승패는 어느 정당에 '적극적 지지자'가 많은가보다는 어느 정당이 '소극적 지지자'

들을 투표장에 더 많이 끌어오는가에 따라 결정됩니다. 상황에 따라 지지 정당을 바꾸는 이른바 '스윙보터'는 생각보다 많지 않을 겁니다.

물론 '더 강한 연고'에 이끌려 지지 정당을 바꾸는 경우도 있습니다. 하지만 지지 정당도 개인의 '정체성'을 구성하는 중요 요소이기 때문에 쉽게 바뀌지 않습니다. 대다수 가정에서는 자식이 아버지 말도 안 듣고, 어머니가 자식 말도 안 듣는 게 보통입니다. 그런데 지난 4년간 총선, 대선, 지선, 총선에서 민주당이 연거푸 승리했습니다. 현 정권이 이명박 박근혜 정권과 비교해 모든 면에서 '총체적 우위'를 입증한 것도 주요 이유지만, 민주 시민들이 자기 돈과 시간과 열정을 기울여 타인의 '정체성'을 바꾸려고 노력한 것이 더 큰 이유일 겁니다. 30년 전 '3당 합당' 당시에는 요원한 일이라고 여겼던 일이, 불과 한 세대 만에 성과를 거두고 있습니다. 이런 일상적인 노력이, 한국 민주주의를 떠받치는 힘의 원천입니다. 이번 선거는 더불어민주당의 승리라기보다 '밭갈이'한 시민들의 승리입니다. 코로나 팬데믹은 한국민으로 하여금 '후진국민'이라는 자의식에서 벗어날 수 있게 해주었습니다. 그리고 민주시민들의 '밭갈이'가 계속되는 한, 한국 정치도 '선진국 정치'로 나아갈 수 있을 겁니다.

2. 지역주의와 애국보수

현재의 정당 정치구조를 만든 건 1990년의 '3당합당'입니다. 87년 시민항쟁으로 퇴출될 뻔했으나 '양김 분열'로 정권을 다시 잡은 노태우와 민정당은, '차기'를 확신할 수 없었습니다. 광주학살을 비롯해 지은 죄가 너무 컸기에, 정권 연장은 '생존의 문제'였습니다. 그들이 고안한 해법은 신군부 군사독재 세력인 노태우의 민주정의당, 자칭 유신본당인 김종필의 신민주공화당, 그리고 민주화운동의 한 축을 담당했던 김영삼의 통일민주당을 합친 거대 정당을 만들어

영구집권을 도모하는 것이었습니다. 김영삼은 "민주화를 요구하며 단식까지 했던 사람이 어떻게 민주주의를 유린한 세력과 손을 잡을 수 있느냐?"는 비난을 무릅쓰고 이 제안을 수락했습니다. 이로써 민주 대 반민주, 양심 대 비양심으로 나뉘어 있던 정치 구도는 이상하게 변했습니다.

군사독재 시절 부패와 불공정은 너무나 일반적이었습니다. 반민주적이고 반인륜적인 군사독재정권에 빌붙은 사람들이 부패와 불공정으로 획득한 부와 특권이 '당대의 부패 기득권'이자 현재까지 이어지는 '적폐'입니다. 87년 민주화운동은 직선제 개헌을 쟁취했을 뿐, 이 '부패 기득권' 청산은 뒤로 미룰 수밖에 없었습니다. 그런데 김영삼의 투항으로 그 과제 달성은 요원해져 버렸습니다. 그때 수많은 사람이 심한 배신감과 좌절감을 느꼈습니다. 3당 통합으로 만들어진 당의 이름은 '민주자유당', 일본의 '자유민주당'을 앞뒤만 바꾼 정당이었습니다. 일본식 자민당 1당 독재 체제에 대한 지향을 선명히 드러낸 이름이었고, 실제로 그렇게 될 것 같았습니다. 유신독재 세력과 신군부 군사독재 세력이 저지른 반민주, 반인륜 범죄를 처벌할 길이 영영 막힌 듯했습니다.

더구나 '3당합당'은 그때까지 '담론의 영역'에 있던 '지역감정'을 '정치 구도'로 가시화했습니다. 유신독재 세력은 충청, 신군부 독재 세력은 TK, 타협적 민주세력은 PK로 지역을 나눴습니다. 양심적이고 비타협적인 민주세력은 호남과 수도권 일부만을 지지 기반으로 삼아야 했습니다. 영남-충청 합작에 의한 호남 포위라는 정치 구도가 만들어졌습니다. 당시 통일민주당에서 김영삼의 '투항'에 결연히 반대한 사람은 노무현 전 대통령 등 극소수에 불과했고, 대다수는 그와 행보를 같이 했습니다.

민자당은 인물로는 노태우, 김영삼, 김종필, 지역으로는 TK, PK, 충청이 합친 것인데, 반민주 반인륜 군사독재 세력과 타협적 민주

정치세력을 하나로 묶을 수 있는 '이념'이나 '철학'이 있을 리 없었습니다. 그들을 묶어 준 건 '정권욕'뿐이었습니다. 민자당이 정당성을 주장할 방법은 자기들과 대립하는 정치세력에 '용공 좌경' 낙인을 찍는 것밖에 없었습니다. 김영삼은 '차기'를 보장받는 대가로 군사독재 세력에게 면죄부를 주었습니다. 보편적으로 통용되는 국제 기준에서는 이 기묘한 혼성 정당에 어울리는 이름이 없었습니다. 자기들 '정체성' 자체가 분명치 않았기 때문에 그들이 동원할 수 있었던 '정신적 자원'은 노골적인 지역주의와 근거 없는 '용공몰이'뿐이었습니다. 1992년의 저 유명한 "우리가 남이가?"는 이런 상황에서 나온 발언이었습니다.

민자당의 지지 기반이 된 '지역'의 주민들 다수도, 민자당이 구사한 지역주의와 '용공 낙인찍기' 수법의 정신적 희생자가 되었습니다. 이 기묘한 혼종 정당을 지지하는 사람들에게는 자신을 '정당화'할 논리가 필요했습니다. 처음에는 민자당을 '산업화 세력과 민주화 세력의 통합 정당'이라고 부르고 상대를 '좌경 용공세력'이라고 부르다가 나중에는 스스로를 '애국 보수'라고 부르게 됐습니다. 당연히 상대방에게는 '종북좌파'나 '빨갱이'라는 이름을 붙였죠. 물론 이렇게 되기까지에는 군사독재체제의 정신적 동반자였던 '적폐 언론'들의 역할이 컸습니다.

민자당 후보로 대통령이 된 김영삼의 대표적 업적으로는 '하나회 해체'와 '금융실명제'가 꼽힙니다. 그 공을 부인할 수는 없지만, 그렇게 하지 않았으면 김영삼 스스로 군부독재 세력의 꼭두각시 처지에서 벗어나기 어려웠을 겁니다. 이 일로 인해 민자당과 그 지지 세력 내부에 1차 균열이 발생했습니다. 2차 균열은 1997년 DJP연합이었습니다. 김대중은 영남-충청 합작에 의한 호남 포위를 뚫기 위해 '유신본당'과 손을 잡았고, IMF 관리체제라는 비상한 위기 속에서 겨우 집권할 수 있었습니다. 하지만 이 연합은 오래가지 못했고,

'지역감정'도 해소되지 못했습니다. 그리고 이 지역감정은 '애국 보수 이데올로기'와 굳게 결합했습니다.

지금 더불어민주당은 김대중-노무현-문재인으로 이어지는 당의 '정통성'을 내세웁니다. 반면 미래통합당은 당사에 이승만, 박정희 사진만 걸어놓습니다. 노태우-김영삼-이회창-이명박-박근혜로 이어진 자기 당의 최근 역사에서는 내세울 게 없다고 보기 때문이겠죠. 이는 현재의 미래통합당 세력이 상대를 '종북 좌파 빨갱이' 프레임에 가두려다 스스로 독재세력의 정체성으로 퇴행해 버린 결과일 겁니다. 지금의 미래통합당에서는 '김영삼의 철학'조차 사라져 버렸습니다. 이번에도 미래통합당은 유신독재와 신군부 독재의 망령에 기대어 시민들을 협박하는 걸 주된 '선거 전략'으로 삼았습니다. 미래통합당의 핵심 지지자들은 "김대중이 정권 잡으면 공산화한다.", "노무현이 정권 잡으면 공산화한다.", "문재인이 정권 잡으면 공산화한다.", "민주당이 다수당 되면 공산화한다."는 말을 30년째 앵무새처럼 되뇌고 있습니다. 그런 일이 일어나지 않았는데, 그 말을 믿는 사람이 있다면 바보라고 해야겠죠. 세계가 변하고 나라가 달라졌는데도 저들은 아직도 이승만 박정희 시대의 정신에 호소하고 있습니다.

아직 '지역주의'의 벽은 여전히 높고, 그와 결합한 '바보 이데올로기'도 여전히 강고합니다. 하지만 30년 전 '3당합당' 당시에 걱정했던 것보다는 훨씬 빠르게, '지역주의와 결합한 애국 보수 이데올로기'의 기반은 약해지고 있습니다. 1992년 총선에서 더불어민주당의 전신인 민주당이 얻은 의석은 97석이었으나, 30년 만에 두 배 가까이 늘어났습니다. 이번 선거 결과를 두고 많은 언론매체와 전문가가 '되살아난 지역주의'라고들 하지만, 그보다는 '바보 이데올로기의 퇴조'라고 하는 게 옳을 겁니다. 자기 고향을 사랑하고 자기 고향 연고팀을 응원하며 자기 고향 출신 정치인을 지지하는 게 잘못은 아닙니다. 그런 애향심이 '망상'과 결합하는 게 문제죠. 이번 선거의 역사적 의의는, 30년간 지역주의와 결합하고 정치 담론을 왜곡했던 '망상'의 기반이 상당히 약해졌다는 사실을 보여주었다는 데에 있다고 봅니다.

이제 유신독재 세력과 신군부 독재세력을 '인적'으로 청산하기에는 시간이 너무 많이 흘렀습니다. 하지만 그 '정신'을 청산하는 것은 여전히 우리 시대의 과제입니다. 그 과제를 달성해야 비로소 '정치 선진국'이 될 수 있을 겁니다. 유신독재와 신군부 군사독재의 정신적 후예들에게서 '애국 보수'라는 가짜 이름을 떼어내야, 국제 기준에서 '보수'가 '진보좌파'라는 엉뚱한 이름으로 불리는 '정치적 후진성'에서 벗어날 수 있습니다.

3. 정의당의 '외연확장' 또는 '좌표이동'

한국에서 '국제 기준'의 진보는 분단과 전쟁, 군사독재를 거치면서 철저히 소멸했습니다. 사회주의나 사회민주주의는 물론, 그들의 존재를 '정치적으로' 인정할 수 있다는 생각조차 범죄로 취급됐습니다. '노동'이라는 단어조차 불온시되어 '근로'로 바꿔 써야 했습니다. 노동자 조직과 연계된 진보정당으로 민주노동당이 출현한 것은 고작 20년 전의 일입니다. 사회운동과 진보정당 사이의 관계를 둘러싸고는 여러 이견이 있었고 지금도 있지만, 진보정당이 노동자, 농민, 빈민 등 이른바 '민중'의 권익을 대변해야 한다는 점에는 이견이 없었습니다. 계급이나 계층 문제를 중심으로 '진보 담론'을 구성하는 건, 세계의 보편적인 현상이었습니다.

정치적 성쇠의 문제와는 별도로, 사회당이나 사회민주당이 유력한 정치세력으로 자리 잡은 유럽에서 새로운 진보 담론이 나오기 시작한 것은 '대량소비시대'와 '보편적 복지 시대'에 진입한 뒤의 일이었습니다. '절대적 빈곤'이 거의 문제되지 않는 상황에서, 계급이나 계층 문제보다는 젠더, 평화, 기후 환경, 동물권 등의 문제를 중심으로 새로운 '진보 담론'이 구성되기 시작한 거죠. 최근 몇 년 새 한국에서도 이런 문제들을 중심으로 한 '진보 담론'이 확산하여 2012년에는 녹색당도 생겼습니다. 편의상 계급, 계층 문제를 논의의 중심에 두는 진보를 '구 진보', 젠더, 환경 등 새로운 과제를 논의의 중심에 두는 진보를 '신 진보'라고 하겠습니다. 현대의 세계적 추세는, '구 진보'가 정치세력으로 확고히 자리 잡은 상태에서 '신 진보'가 부상하는 것이라고 할 수 있습니다.

"6411번 버스를 아십니까?"의 노회찬은 노동과 빈곤을 화두로 삼은 '구 진보'였습니다. 정의당의 주된 지지 기반도 수십 년간의 현장 노동운동으로 다져진 '구 진보'입니다. 아마 정의당은 이 구 진보를 중심에 두고 '신 진보'로 외연을 확장하고 싶었을 겁니다. 어쩌면 내부에서 '구 진보'가 퇴조하고 '신 진보'가 부상하는 과정이 진행되었을지도 모릅니다. 어쨌거나 진보정당의 '외연 확장'은 필요한 일이라고 봅니다.

문제는 정의당 내부 사정과는 별도로 외부 관찰자들에게는 '외연 확장'이 아니라 '좌표이동'으로 보였다는 점입니다. 정의당은 노동, 서민, 고생, 투쟁 같은 이미지를 떠올릴 수 없는 사람들을 비례대표 앞 순위에 배치했습니다. 이들이 현장에서 얼마나 출중한 역량을 보였는지도 알 수 없습니다. 선거 공보물에서도 '노동'의 비중은 줄이고 젠더, 청년, 기후 환경, 동물권 등의 상대적 비중을 늘렸습니다. '구 진보'의 기반이 아직 취약한 상태에서 '신 진보'로 방향을 전환하는 듯한 모습을 보였으니, 사람들이 혼란스러워 한 것도 무리가 아닙니다.

물론 이번 선거 결과를 두고 정의당의 '몰락'이라고 하는 주장에는 동의하지 않습니다. 정의당은 이번 선거에서 지난번보다 약간 높은 지지율을 기록했습니다. 문제는 앞으로의 4년입니다. 이번에 당선된 정의당 의원들이 국회 활동과 언론 인터뷰 등에서 무게감 있는 '정치력'을 발휘할 수 있을지 의문입니다. 자칫하면 '정치 동아리'라는 이미지가 고착될 수도 있습니다. '바보 이데올로기'가 한 걸음 물러선 빈자리를 건강한 진보 담론이 채워야 할 텐데 향후 4년간 정의당이 그런 정당으로 인정받을 수 있을지, 당선자들의 활약이 기대되기보다는 걱정됩니다. 어쩌면 '진보의 가치'에 대해 원점에서 재검토해야 할지도 모릅니다. 다음 선거에서 정의당이 여전히 '진보'를 대표하는 정당이 될 수 있을지는, 그 재검토의 결과에 따라 결정될 거라고 봅니다.

4. '레거시 미디어'의 몰락

참여정부 이래 조중동 등 주류 언론은 언제나 '민자당 후예'들의 편에 서서 편파적인 기사들을 남발했지만, 이번 선거처럼 이른바 '레거시 미디어'들이 일치단결해서 정부를 비난하고 노골적으로 미래통합당 선거운동을 한 적은 없었던 것 같습니다. 정권 출범 직후부터 북미대화 및 한미관계 파탄 기원, 최저임금 인상과 소득 주도 성장 정책에 대한 저주 등으로 지면을 채우던 대다수 언론매체가, 코로나 사태가 터진 뒤에는 '한국인이어서 미안합니다'나 '중국 눈치 보느라 국제적 호구된 한국' 같은 기사들로 정부를 맹공격했습니다. 저들은 정부를 공격하는 데 혈안이 되어 사실 왜곡과 날조도 서슴지 않았습니다. 선거 직전에는 '유시민에게 돈을 주었다고만 해라. 그다음부터는 우리가 알아서 한다'며 정부 전복을 노린 '인격 살인' 작전까지 감행했습니다. 이 작전이 폭로되자, 부끄러워하기는커녕 되레 MBC의 취재윤리를 문제 삼는 파격적인 뻔뻔함을 유감없이 발휘했습니다.

팬데믹은 한국 언론매체들이 얼마나 상습적으로 거짓말을 하는지, 얼마나 무식한지, 얼마나 악랄한지를 생생히 드러냈습니다.

한국 언론매체들의 저주, 악담과는 정반대로 외국 언론들은 한국 정부의 방역을 세계적 모범으로 칭송했습니다. 그러거나 말거나, 한국 언론들은 종래의 태도를 전혀 바꾸지 않았습니다. 사람들은 SNS나 유튜브 등 21세기형 매체를 통해 정보를 얻는데, 저들은 90년대 '3당합당' 당시의 세계관과 자기 확신에서 조금도 벗어나지 못했습니다. 정체를 드러낸 한국 언론매체들의 일방적인 정치 선동은, 시민들의 판단에 별 영향을 미치지 못했습니다. 오히려 우리나라에서 가장 후진적이며 세계 기준에서도 가장 후진적인 기관이 '한국 언론'이라는 사실만이, '상식선'에서도 명백해졌습니다.

조선일보 회장이 '밤의 대통령'으로 불리던 시대는 이제 갔습니다. 영영 갔습니다. 한국 언론매체들이 왜곡과 날조를 기반으로 만든 프레임은 예전처럼 강하지 않고, 그들이 제시하는 어젠다는 더이상 설득력이 없습니다. 냉전 이데올로기와 성장 제일주의가 지배하던 시대는 이미 지나갔는데, 저들은 막차 끊긴 정류장에서 계속 기다리라고 합니다. 막차 끊긴 걸 알게 된 사람이 자리에서 일어나기만 하지는 않습니다. 거짓말한 자들에게 욕하는 건 너무나 당연합니다. 한국 '레거시 미디어'들이 지금과 같은 행태를 바꾸지 않는 한, 앞으로 계속 욕먹을 것이고 그 영향력도 계속 줄어들 겁니다. 언론개혁은 이미 시작됐습니다. 청와대 국민청원 게시판에서 시작된 게 아니라, 각성한 시민들의 의식 안에서 시작됐습니다.

며칠 전 기자협회가 세월호 참사 6년 만에 왜곡 보도에 대해 사과했습니다. 시민들이 6년 동안 잊지 않았기에 받아낼 수 있었던 사과입니다. 기자들이 사과해야 할 일은 세월호 참사 건 외에도 많습니다. 앞으로도 언론 기사라는 명목으로 자행한 범죄적 행위들을 잊지 말고 거듭거듭 사과를 받아내야 할 겁니다. 그래야 기자도 기자답게 살고 나라도 나라답게 됩니다.

"민주당 단독으로 180석을 차지했으니 앞으로 정치적 책임은 온전히 민주당이 져야 한다. 민주당과 정권에 대한 비판을 아끼지 말아야 한다."는 사람 많습니다. 맞는 말입니다. 단, 한 가지 전제가 있습니다. 한국 언론이 깊이 뉘우치지 않고 편파적인 짓을 계속하는 한, 그들의 비판과 비난에 동조해서는 절대로 안 될 겁니다. 20200416

총체적 부도덕성

사람들이 조국 씨 일가친척에게 아무런 도덕적 흠결이 없다고 생각해서 "조국 힘내세요"라고 하는 건 아닐 겁니다.

자유한국당과 수구 족벌언론들이 그를 부도덕하다고 비난하는 상황의 '총체적 부도덕성'에 분노해서 그러는 거겠죠. 20190828

최고경영자 과정 수료증

출석도 제대로 안 하고 총장 직인 찍힌 '최고경영자 과정 수료증' 한 장 받아서는 선거 공보물에 올리는 사람들이 고등학생 인턴십 가지고 왈가왈부하는 꼴을 보니, 웃기면서도 웃을 수 없습니다.

한 달가량의 '뜨거운 논란'을 사회적 에너지 낭비로 만들지 않으려면, 우리 사회 전체의 도덕성 기준을 새로 세워야 할 겁니다. 20190906

치외법권

과거 제국주의가 다른 나라와 불평등조약을 체결할 때 반드시 넣었던 조항이 '치외법권'입니다.

제국주의 국가 국민은 남의 나라에서 죄를 지어도 그 나라 법률이 아니라 제국주의 국가의 법률에 따라 제국주의 국가 영사에게 재판받는다는 조항이었죠.

이 조항은 제국주의 국가들이 남의 나라를 식민지로 만들기 위한 강력한 도구로 이용됐습니다.

지금의 대한민국은 '치외법권'을 누리는 검찰의 반식민지나 다름없습니다. 검찰은 대한민국 국민이 아니라 대한민국 국민 전체를 후진국 원주민처럼 대하는 제국주의자 행세를 하고 있습니다.

검찰을 대한민국 법의 적용을 받는 '국민'으로 만들어 주는 건, 제2의 독립운동입니다. 검찰개혁과 공수처 설치는, 대한민국에 살면서 다른 국민들을 개돼지 취급하고 자기들만 '사람'인 것처럼 행세하는 자들에게 '사람의 도리'를 가르치는 일입니다. 20191023

친구

군주가 불의를 저지르려 하면 신하는 어떻게 해야 하는가? 세 번 목숨 걸고 말리다가 그래도 안 되면 군주를 떠난다.

부모가 불의를 저지르려 하면 자식은 어떻게 해야 하는가? 세 번 말리다가 그래도 안 들으면 울며 따른다.

옛날 사람들의 '불의'에 대한 행동 수칙이었습니다. 부모에 대한 효孝와 군주에 대한 충忠이 다르다고 보았기에 이런 수칙을 정한 거죠. 불의한 군주를 저버리는 것도 '의'였고, 불의한 부모를 따르는 것도 '의'였습니다.

친구가 불의를 저지르려 하면 어떻게 해야 하는지에 대한 수칙은 없었지만, 아마 세 번 말리다가 그래도 안 들으면 절교했을 겁니다.

친구 사이에 지켜야 하는 덕목은 '신信'입니다. 교우이신交友以信이고 붕우유신朋友有信이죠. 스스로 친구에게 '믿음을 주려 노력하는 것'과 친구를 '믿으려 노력하는 것', 둘 다가 이 덕목에 따른 행동 수칙입니다.

친구가 불의를 저질렀거나 저지르려 한다는 생각이 들면, 먼저 친구를 만나 전후 사정을 묻고 혹시 오해는 없는지 따져보는 게 '친구의 의義'입니다. 소문이 틀렸다는 걸 알면 친구를 극력 변호하는 것이 '친구의 의'이고, 친구가 불의를 저질렀다는 확신이 들면 '절교'를 선언하는 것도 친구의 의입니다. 친구의 의를 끊는 걸 '의절'이라고 하는데, 이건 세상에 공표해야 하는 일이었습니다. 항간에 떠도는 소문만 믿고 친구를 비난하는 건, 자기가 먼저 '친구의 의'를 저버리는 일입니다.

공의公義를 위해 친구와 의절하는 건, 결코 비난할 일이 아닙니다. 하지만 이것도 '친구의 의'를 다한 후에 할 일입니다. 의義에도 순서가 있습니다. 친구 사이의 '의'도 안 지키면서 공의를 논하는 건, 자체로 '불의'이기 때문입니다. 20191115

친일잔재

친일파. '자기 일신과 일족만의 영달을 위하여 민족을 배신하고 일본 침략자들에게 부역한 자'로 정의할 수 있을 겁니다. 해방 70년이 지난 지금, 특별한 경우를 제외하고는 일본에 아부해서 사익을 얻을 수 있는 사람은 거의 없습니다. 그런데도 과거의 친일 반민족행위자들을 옹호하고 '친일잔재 청산'이라는 말에 발작적 반응을 보이는 사람이 많은 이유는, 친일파의 의식이 아직껏 온존하고 있기 때문입니다. 지금 문제는 '친일파'가 아니라 '친일파를 만든 의식'입니다. 특별한 상황이 다시 올 경우, 국민을 분열시키고 민족공동체를 파괴할 수 있는 게 바로 이런 의식입니다.

과거의 친일파와 현재 그들을 옹호하는 사람들이 공유하는 의식을 최대한 간략히 정리하면, 다음 세 요소로 구성된다고 할 수 있습니다.

첫째는, 정의 관념이 결여된 '힘 숭배주의'입니다. 저들은 우리가 나라를 잃은 게 '힘이 없었기 때문'이라고 아주 간단하게 정리합니다. 저들은 침략자의 죄를 묻지 않고, 침략당한 자에게 모든 책임을 뒤집어씌웁니다. 저들은 강한 자가 약한 자의 권리를 빼앗고 인격을 짓밟으며 경제적으로 수탈하는 건 당연하다고 믿습니다. 저들은 강자는 어떤 짓을 해도 괜찮고 약자는 어떤 짓을 당해도 싸다고 믿기 때문에, 강자에겐 한없이 비굴하고 약자에겐 한없이 잔인합니다. 과거의 친일의식과 현재의 갑질 문화가 모두 이런 생각을 기초로 합니다. 저들은 옳고 그름을 따지지 않기 때문에, 힘의 소재가 변할 때마다 태도를 바꾸는 기회주의를 체질화합니다.

둘째는, 약자 혐오와 엘리트주의입니다. 저들은 힘만을 숭배하기에, 약자를 사람으로 보지 않습니다. 저들의 입에서 '민중은 개돼지'라는 말이 자연스럽게 튀어나오는 이유입니다. 동시에 저들은 자기와 같은 엘리트들은 이 사회의 강자로서 무한한 특권을 누리는 게 당연하다고 믿습니다. 저들은 모든 사회문제가 약자들이 분수에 넘는 욕심을 부리기 때문에 발생한다고 봅니다. 3·1운동 때 이완용이 일본 통치의 야만성은 외면하고 '조선인의 저항'만을 문제 삼았던 것이나, 지금의 기득권 세력이 재벌의 전횡은 외면하고 최저임금만을 문제 삼는 것은, 완전히 같은 의식의 소산입니다. 약자에 대한 배려나 지원에 대해 말하면, '빨갱이'나 '좌파'라고 매도하는 것도 과거의 친일파와 현재의 기득 권세력이 공유하는 태도입니다.

셋째는, 정체성의 혼란입니다. 이에 대해서는 부연 설명이 필요할 듯합니다. 일본의 사상가 후쿠자와 유키치는 처음 구미 제국주의의 침략에 대항하기 위해서는 아시아 각국이 연대해야 한다고 생각했습니다. 그러나 조선에서 갑신정변이 실패하자 생각을 바꾸어 일본인들은 스스로 아시아인이라는 정체성을 버리고 유럽인의 관점에서 다른 아시아인들을 대해야 한다고 주장했습니다. 유명한 '탈아입구론脱亞入歐論'이죠. 이후 일본은 어떤 때에는 자기들이 아시아의 대표인 양 행세했고, 또 어떤 때에는 아시아인이 아닌 것처럼 처신했습니다. 한국의 친일파들은 일본인들의 이런 아시아관을 축소해 '한국관'을 만들었습니다. 그들은 일본인들에게 무언가를 부탁할 때는 자기들이 한국인의 대표인 양 행세했고, 한국인들을 대할 때는 자기들이 일본인인 양 처신했습니다. 그들은 자기가 약소민족의 일원이라는 사실을 혐오해 일본인이 되기를 열망하면서도, 조선에서 누리는 특권은 포기하려 들지 않았습니다. 그러다 보니 일본인과 조선인 사이를 오락가락하면서 스스로 정체성의 혼란을 겪었습니다. 오늘날 한국 기득권 세력 중에 '의도적' 이중국적자가 적지 않은 것도 이런 의식의 소산입니다. 이른바 태극기부대 집회에 성조기, 이스라엘기, 심지어 일장기가 등장하는 것도 이 때문입니다. 저들은 태극기만으로는 무언가 허전하다고 느낍니다. 약소민족의 일원이라는 자의식을 보강할 힘을 갈망하기 때문에 정치적, 군사적, 종교적 권위를 외부에 의탁하려 드는 것이죠. 저들은 스스로 '애국세력'이라고 주장하지만, 사실은 자기가 진정 사랑하는 나라가 어떤 나라인지 잘 모를 겁니다. 정체성의 혼란을 겪는 사람들이 엘리트의식을 가지면, 자기 '사익'이 곧 '국익'이라고 착각하게 됩니다.

'친일잔재 청산'은 절대로 녹록한 과제가 아닙니다. 과거에 친일파를 만들었으며 지금껏 이 사회를 지배하는 의식 자체를 청산하는 일이기 때문입니다. 힘보다 정의가 앞서는 나라, 돈보다 사람을

우선하는 나라, 즉 '정의로운 사람의 나라'를 만드는 게, '친일잔재 청산'입니다. 20190314

친일파 1

"학교에서 우리말 쓰다가 선생에게 걸려 뺨이 터지도록 맞았다. 해방이 뭔진 잘 몰랐지만, 친일파 선생 안 봐도 된다는 생각에 기뻤다. 그러나 개학해서 학교에 갔더니 그 선생이 그대로 있었다."

예전에 임권택 감독이 했던 말입니다. 그가 겪은 일은, '과거지사'가 아닙니다. 우리 사회가 친일파 척결을 못한 과거의 잘못을 되풀이한다면, 이런 일도 계속 되풀이될 겁니다. 20190201

친일파 2

옛날에는 "염병할"이 아주 심한 욕이었습니다. 염병(장티푸스)은 흔한 질병이었던 데다가 이 병에 걸리면 대개 참혹한 죽음을 맞아야 했기 때문이죠. 하지만 발병률이 통계적으로 무의미한 정도로까지 떨어지고 치료법이 발달한 덕에 이제 이 말은 '욕도 아닌' 게 됐습니다. 시간이 흐르면 단어의 어감과 어의語義가 달라지는 건 흔한 일입니다.

요즘 사람들은 '친일파'라는 단어를 "일본과 친하게 지내자는 일파" 정도로 이해합니다. 친親이라는 글자에서 바로 '친구'를 연상하기 때문이죠. 그래서 한국에서 '친일파'라는 말이 비난의 뜻으로 쓰이는 건 한국인들이 과거에 연연하여 미래를 내다보지 못하기 때문이라고 단정하는 사람도 많습니다. 사실 '일본과 친하게 지내자'는 건 비난거리가 될 수 없습니다.

개항 이후 조선의 국제관계와 관련해 친親이라는 글자를 처음 쓴 사람은 중국인 황준헌입니다. 널리 알려진 대로 그는 〈조선책략〉에서 조선 생존을 위한 외교 전략으로 '친親 중국, 결結 일본, 연連 미국'을 제시했습니다. 연連은 연합, 결結은 동맹으로 이해하면 될 겁니다. 그렇다면 당시 조선의 종주국 행세를 했던 중국에 대한 친親은 무슨 의미였을까요? 당연히 동맹보다 더 강력한 관계였습니다. 그 시대에 친親은 선친先親, 양친兩親, 엄친嚴親 등에서 보듯 대개 아버지 또는 어버이라는 뜻으로 쓰였습니다. 〈조선책략〉이 제시한 '친중국'은 '중국을 어버이로 섬기며' 또는 '중국의 품 안에서'라는 뜻이었다고 해석하는 게 타당할 겁니다.

'친일파'라는 말은 갑신정변 전후 일본 언론에서 쓰기 시작했습니다. 그들은 조선 정치세력을 '친청당'과 '친일당'으로 구분하면서 마치 조선 내에 '일본을 새 종주국으로 받들려는 세력'이 있는 것처럼 호도했습니다.

한국인들이 '친일파'라는 말을 쓰기 시작한 건 을사늑약 이후입니다. 이때의 '친일파'도 같은 의미였습니다. 조선은 일본의 '보호'를 받는 게 당연하다고 주장하는 자들에게 '일본을 부모로 섬기는 자'라는 이름을 붙이는 건 아주 자연스러운 일이었습니다. 당시에는 토왜土倭와 친일파 모두 '한국인이면서 일본을 부모로 섬기는 자'라는 의미였습니다.

한국의 불매운동 구호인 "사지 않습니다. 가지 않습니다."에 대응해 일본 우파들이 "도와주지 않습니다. 가르쳐 주지 않습니다."라는 구호를 만들었습니다. 일본은 한국의 부모이거나 스승이라는 생각이 여전히 저들의 의식 안에 자리 잡고 있다는 방증입니다. 일본 우파의 저런 오만방자함을 뒷받침해 준 건 예나 지금이나 일본을 '경외敬畏'해 온 한국 내 '친일파'입니다.

친親이라는 글자의 뜻이 변했기 때문에, 이제 '친일파'라는 말로는 일본을 부모처럼 숭배하는 자들의 본질을 드러내기 어렵습니다. 일본 군국주의가 낳은 정신적 사생아라는 의미에서 '토왜'나 '토착왜구'라는 말을 쓰는 게 낫다고 보지만, 이 말이 불편해서 '친일파'란 말을 계속 쓰려면 본디 '일본을 부모처럼 섬기는 일파'라는 뜻이었다는 사실 정도는 알아야 할 겁니다. 20190814

친한파

"우리 당 안에는 친한파만 있다."(자유한국당 황교안 대표)

'친○파'는 남의 나라를 대하는 태도 때문에 생긴 이름입니다.

그래서 '친한파'는 외국인 중에만 있습니다.

한국인에게는 애초에 '친한파'가 될 자격이 없습니다.

자유한국당에 '친한파'만 있다는 건, 사실일지도 모릅니다.

20200131

칭찬

"방역 칭찬에 으쓱할 때인가"

모 신문의 사설 제목인데, 일단 맞는 말입니다. 하지만 저 신문사를 비롯한 한국 언론매체들이 "방역 비난에 몰두할 때인가"라는 취지의 글을 단 한 번도 싣지 않았던 걸 감안하면, 정말 사악한 말입니다. 20200319

카투사

한국전쟁 발발 한 달도 안 되어 북한군은 낙동강 이남을 제외한 남한 전역을 점령했습니다. 부산이 함락되면 외국 군대가 상륙할 항구가 없었기 때문에, 유엔군은 낙동강 전선을 최후 방어선으로 정하고 모든 전력을 쏟아부었습니다. 하지만 병력 부족 문제를 해결하기 어려웠습니다. 일본에 있는 미군만으로는 턱없이 부족했고, 본토에서 젊은이들을 징집하여 훈련시킨 뒤 한국으로 보내는 데에는 많은 시간이 걸렸습니다.

일본의 맥아더 사령부는 처음 태평양전쟁 전투 경험이 있는 일본인들을 미군에 편입시켜 투입하는 방안도 고려했습니다. 그러나이 경우 한국인들의 반발로 오히려 북한군에 유리한 정세가 조성될 수 있다는 판단에 따라 포기하고, 한국 청년들을 미군 병사로삼는 방안을 마련했습니다. 1950년 8월 초, 일단의 한국 청년들이미국 군함에 탑승해 일본으로 향했습니다. 주일 미군 사령부는 이들에게 군사훈련을 시킨 뒤, 카투사KATUSA, Korean Augmentation Troops to United States Army(미군 소속 한국인 증원대)라는 이름을 붙여 한국으로 돌려보내 미군과 함께 싸우게 했습니다. 카투사는 제5주년 광복절날 일본에서 한국인으로 창설된 미군 부대입니다.

카투사는 특수한 전쟁 상황에서 만들어진 '한국 국적의 미군'이었습니다. 장관 아들이라야 카투사에 간다는 둥 별별 희한한 주장이 떠돌아다니는데, 차라리 카투사가 지금 왜 필요한지 따져보는 게 나을 겁니다. 참고로 2000년 출생아는 636,780명, 2001년 출생아는 557,228명, 2002년 출생아는 494,625명이었습니다. 지금 징병 대상 청년이 줄어드는 속도는, 광속입니다. 미군에 빌려줄 여유가 없습니다. 20200909

타운

노무현 전 대통령 사저에 '봉하 아방궁'이라는 이름을 붙였던 조선일보가, 손혜원 의원의 목포 낡은 집들에 '손혜원 타운'이라는 이름을 붙였습니다.

의도도 수법도, 10년 전과 똑같습니다. 참 발전 없는 조선일보고, 발전 없는 독자들입니다.

10년이면, 개돼지도 달라집니다. 20190120

탈북민

"6·25 추념식 애국가, 북한 애국가와 비슷해" (태영호)

"여기가 서울인지 평양인지 헷갈려" (박상학)

탈북민이라고 차별해선 안 됩니다. 탈북민이 아니었다면, 저런 사람들이 국회의원이나 무슨 단체 대표가 될 수는 없었을 겁니다.

20200630

탐욕

강남 사는 동창 A에게.

자네가 태영호 찍었다는 얘기를 B에게 전해 듣고 놀라워서 편지를 쓰네. 태영호가 '자유를 찾아' 월남했다는 보도를 접했을 때, 자네는 한마디로 '개소리'라고 하지 않았던가? 4년 전 자네의 열변을 아직 기억하네.

"자유는 상대적인 개념이다. 북한이 자유 없는 사회라고 하지만, 실은 자유 없는 사람과 자유를 누리는 사람이 따로 있는 사회다. 전체주의 사회에서는 자유도 한정된 자원이다. 태영호는 북한에서 최대의 자유를 누렸던 사람이다. '자유가 부족해서' 목숨을 걸었을 리 없다. 게다가 그가 가진 정보의 가치를 생각하면 미국에 망명하는 게 나았을 거다. 굳이 남한행을 택한 걸 보면, 국제 기준에서 '망명'으로 인정받을 수 없는 파렴치 범죄를 저지르고 도주했을 가능성이 크다."

태영호의 망명 동기에 대한 자네 판단이 바뀌었을지도 모르니 이 얘기는 관두세. 문제는 태영호의 형제와 친척들이 여전히 북한 최고위층에 있다는 사실이네. 탈북민들이 중국을 통해 북한에 있는 친척들과 서신을 교환하는 게 '공공연한 비밀'이라는 사실은 자네도 잘 알지 않는가? 평범한 탈북민이 그러는 거야 인도주의 차원에서 묵인한다 해도, 국가기밀에 접근할 수 있는 국회의원이 그러면 어떻게 해야겠는가? 게다가 태영호의 위상과 이용가치가 달라졌으니, 북한에서 이제까지와는 전혀 다른 방식으로 회유할 가능성도 배제할 수 없네. "북한에 친척이 있는 사람은 일단 의심하라."는 건, 우리가 어려서부터 배워 온 간첩 식별법 아니던가?

평소 안보를 무엇보다 중시했던 자네 소신에 따라 판단해 보게. 태영호에게 면책 특권과 기밀 정보 접근권, 기타 국회의원의 특권을 온전히 허용하는 게 옳다고 보는가? 그랬다가 '안보'에 위험이 생기면 어떻게 할 텐가? 물론 법으로 인정된 국회의원의 특권을 태영호에 한해 박탈할 수는 없네. 태영호의 국회의원 활동을 보장하면서도 '안보' 위험요소를 배제하려면 어떻게 하는 것이 좋겠는가?

자네가 국정원장이라고 가정하고 생각해보게. 태영호의 정보 입수를 통제하고 국내외에서 그와 접촉하는 사람을 관찰하는 게 '정치 사찰'인가, 아니면 완전한 자유를 보장하는 것이 '직무유기'인가? '안보'를 가장 중시하는 시민으로서 대답해 보게. '안보적 관점'에서 그를 대하는 국가의 태도가 '방역적 관점'에서 '감염 의심자'를 대하는 국가의 태도와 달라야 할 이유는 무엇인가? 그가 국회의원으로서 취득한 기밀 정보가 제2, 제3, 제4차 전달자를 통해서 북한에 도달하지 않는다고 장담할 수 있는가? 태영호가 만약 민주당 소속으로 당선됐다면 자네는 뭐라고 할 건가? 30년 가까이 조선노동당 핵심 당원이었던 사람이 잠시 미래통합당 당적을 가졌다고 해서 안심하고 믿을 수 있는가?

개인 태영호와는 달리 국회의원 태영호는 비서진과 지구당 당직자 등 여러 명을 움직일 수 있네. 국회의원 태영호의 비서들과 미래통합당 강남 지구당 간부들이 어떤 정보를 입수해서 누구에게 전달하는지 신경 쓸 필요 없다고 확언할 수 있는가? 만에 하나 태영호 비서가 중국에 출장 가서 북한과 가까운 사람을 만나는데도 한국 정보기관이 모른다면, 자네는 뭐라고 할 텐가? '안보 무능 정권'이라고 펄펄 뛰지 않겠는가? 하지만 이 나라의 '안보'에 심각한 부담을 준 건 바로 자넬세.

자네도 알다시피 건설업 하는 우리 동창 C는 국회의원을 자주 만나야 했네. 그런데 앞으로도 그럴 수 있을까? 정보기관이 감시할까 봐 부담스러울 거고, 부담감 없이 만난다 한들 무슨 얘기를 나눌 수 있겠는가? 자네가 종부세와 재개발 문제 때문에 정부 여당을 증오하는 건 이해하네. 그런데 태영호에게 이들 문제에 관한 어떤 '전문성'이 있는가? 그가 자본주의 국가의 재정이나 부동산 문제에 식견을 쌓을 시간이 있었는가? 그가 쟁쟁한 전문가들이 모인 국회에서 종부세나 재개발 문제에 영향력을 행사할 수 있다고 보는가? 자네 같은 사람들의 선택으로 인해 종부세나 재개발 문제와 관련한 '강남구민'의 국회 내 발언권은 0에 수렴해 버렸네.

한국인 평균보다 가방끈이 훨씬 길고, 수십 년 남들을 가르치면서 살아온 자네가, 늘 남달리 날카로운 지성으로 세상을 바라보던 자네가, 뻔히 보이는 앞날을 예상하지 못할 정도로 '이성'을 잃은 이유가 뭔가? 비싼 집에 산다고 은근히 뻐기면서도 종부세 욕하는 자네는 이해할 수 있네. 하지만 태영호에게 투표한 자네는 이해할 수 없네. 민주당은 부자이자 지성인인 자네를 부자이자 지성인답게 내우한 걸세. 오히려 자네 같은 부자이자 지성인을 '아무나 내세워도 찍어주는' 노비이자 멍청이로 취급한 건 미래통합당일세. 누구에게 더 분노해야 하는지를 몰랐다면, 자네는 정말 멍청이일세. 자네는 정부 여당에 '본때'를 보여줘야 한다고 생각했겠지만, 자네 같은 사람들이 전 국민에게 실제로 보여준 건 '안보 강조는 핑계일 뿐'이라는 '본심'일세.

강남구민들의 선택을 비판하는 건 '탈북민 혐오'라고 주장하는 자들도 꽤 많다네. 태영호가 굶주림을 못 이겨 탈북한 '보통의 탈북민'이라면, 그의 형제와 친척들이 북한 최고위층이 아니라면, 그렇게 말할 수도 있다고 보네. 하지만 그게 아니라는 건 자네도 잘 알지 않는가? 자네가 '탈북민 혐오 반대'라는 팻말로 얼굴을 가린다고 해서, '멍청이다움'을 숨길 수 있는 건 아닐세. '부자와 지성인들의 동네' 강남을 '노비와 멍청이들의 동네'로 만든 건, 그 누구도 아닌 자네처럼 '영향력 있는' 지역 명사들일세. 인문학자로서 자네에게 충고 한마디만 하겠네. "건강한 욕망은 이성을 자극하지만, 탐욕

은 사람을 멍청이로 만든다.”²⁰²⁰⁰⁴¹⁹

태극기부대

언론들이 박근혜 열성 지지자들을 ‘태극기부대’로 호칭하는 게 관행이 됐습니다. 저들이 애국심 때문에 저러는 것으로 오해시킬 소지가 많은 표현입니다. ‘태극기부대’라는 이름은 저들을 너무 높이 평가하는 것이자, 상식적인 사람들의 태극기에 대한 감성을 훼손하는 일입니다.

　말을 바로 써야 세상을 바른 눈으로 볼 수 있습니다. 저들을 ‘태극기부대’라고 부르는 건, 반민주 반평화적 행태에 ‘미명’을 붙여 사람들을 현혹하는 일입니다.

　게다가 저들은 태극기만이 아니라 성조기, 이스라엘기, 때로는 일장기까지 들고 시위합니다. 그러니 ‘반민주 반평화 극우세력’이나 ‘외세 추종 극우세력’ 또는 그냥 ‘극우세력’이라고 쓰는 게 책임 있는 언론의 태도일 겁니다.

　‘극우’를 ‘극우’라 부르지 않으면, 극단주의의 광기가 현실 정치에 스며드는 걸 막을 수 없습니다. 20190219

태도

국회 법사위원장이 동료 의원에게 “웃기고 앉아 있네. ××같은 게”라고 했습니다.

　국회의원에게도 저러는 사람이 판사 시절 피고인들은 어떻게 대했을까요?

저 사람이 애먼 사람에게 '간첩' 판결을 내릴 때도 아마 저런 '혼
잣말'을 했을 겁니다.

저게 진짜 '기득권층'이 '사람'을 대하는 태도입니다. 20191008

토착왜구 1

어떤 분이 '토착왜구'는 인종차별적 혐오단어 아니냐고 의견을 물
어오셨습니다.

모든 독일인이 나치가 아니듯, 모든 일본인도 왜구가 아닙니다.

유럽에서 '나치'가 파시스트의 별칭이듯, 토착왜구도 '한국 내 일
본 군국주의 잔존세력'이라는 뜻으로 쓰면 될 겁니다. 20190426

토착왜구 2

1939년 2월 10일, 조선총독부 기관지 매일신보는 "국기 밑에서 죽
고저"라는 제목의 기사를 냈습니다. 중병에 걸려 혼수상태에 빠진
이원하라는 노인이 밤중에 갑자기 사라졌다가 국기 게양대 밑에서
시체로 발견됐다는 내용이었습니다.

"이원하 씨가 동방을 향하여 정좌하고 궁성을 요배한 후 그대로
영면하였다는 사실은 씨의 열렬한 평소의 애국열이 무너져 가는 육
체를 무의식중에 국기 게양대 앞에까지 운반하여 동쪽(일본 쪽) 하
늘을 요배遙拜하고 최후의 기력을 가다듬지 못하여 그대로 승천한
바라고 추측할 수 있어 씨의 70여 년간 날아오르던 애국열은 임종
에까지 발로되었으니 이와 같은 열정은 사실 애국적 열정가인 이원

하 씨가 아니면 찾을 수 없는 바이나 국가 비상시의 총후銃後 수호
에 매진하고 있는 근일 반도인半島人으로서 이와 같은 애국적 열정
가가 있음은 반도 인사 전반의 명예라고 하지 않을 수 없으며…"

이 기사가 나온 뒤 '애국 노인 이원하 본받기 운동'이 전국적으로
벌어졌습니다. 운동 방식은 훗날의 '반공 소년 이승복 본받기 운동'
과 똑같았습니다. 조선 총독이 그의 집을 방문했고, 학생들이 그의
집으로 수학여행을 갔습니다. 그의 동상도 세워졌습니다.

1910년부터 1945년까지, 한국인 대다수는 일장기를 '국기'라고
불렀습니다. 안중근 의사는 자기 손가락을 자른 뒤 그 피로 태극기
에 대한독립이라고 적었으나, 일제강점기 '군국주의 숭배의식'에 사
로잡힌 자들은 자기 손가락을 잘라 피로 일장기를 그려 일본 군대
에 위문품으로 보냈습니다. 그렇게 자기 운명과 일본의 운명을 동
일시하던 자들의 정신은, 아직 소멸하지 않았습니다. 지금 자칭 '애
국보수'들은 일장기를 들고 시위 장소에 나옵니다. 저도 '토착왜구'
라는 말이 사라지길 바랍니다. 실체가 없어져야 말도 사라집니다.

20190709

토착왜구 3

아베는 '한국이 답을 가져오라'며 경제 공격을 계속하겠다는 뜻을
밝혔는데, 자유한국당은 일본의 경제 공격에 대응하기 위한 추경
처리마저 거부했습니다. 임진왜란 때 조총 탄환이 날아오는데 방패
조차 만들지 못하게 방해하는 자들이 있었다면, 그들을 뭐라고 불
렀을까요?

'일본 군국주의 부활을 꿈꾸는 아베 일파의 공격에 내응內應하

여, 한국을 영구히 대일 종속 상태에 묶어 두려고 획책하는 자'를
뜻하는 단어로 '토착왜구' 말고 더 좋은 게 있을까요? 20190722

토착왜구 4

자유한국당 의원들도 '토착왜구'라는 말을 쓰기 시작했습니다.

스스로 '토착왜구'라는 말에 정치적 시민권을 부여한 셈입니다.

다만 '토착왜구'가 무슨 뜻인지 모르면서 쓰는 경우가 더러 있는
데,

누가 '토착왜구'인지는 쉽게 판별할 수 있습니다.

'친일파 재산 환수법'에 전원 반대한 정당.

'반민특위 때문에 국론이 분열됐다'고 주장한 사람이 소속된 정
당.

아베 편을 들어 한국 정부를 공격한 정당.

일본 식민통치 덕에 한국이 발전했다는 사람이 지지하는 정당.

위안부는 자발적 매춘부라고 주장하는 사람이 지지하는 정당.

20190730

토착왜구 5

어떤 일본인이 "한국은 일본에 마스크 지원하고 싶으면 소녀상부터
철거해라."는 글을 올렸습니다.

'왜구'라는 말이 인종차별적 혐오단어라고 주장하는 자가 많은
데, 옛날에도 모든 일본인이 왜구는 아니었습니다.

'왜구'란 말은 '침략주의자의 오만함'을 '몰상식'으로까지 승화시

킨 '특별한 일본인'에 국한해서 써야 할 말입니다.

'토착왜구' 역시 '일본인 닮은 한국인'이 아니라 '몰상식한 일본인의 정신을 내면화한 한국인'이라는 뜻으로 써야 합니다. 20200422

통계

"통계는 거짓말을 안 한다."며 '식민지 근대화론자'들의 주장에 푹 빠져든 사람과 대화.

"문 대통령 지지율이 50%이고 자유한국당 지지율이 27%라던데, 그건 믿나요?"

"바닥 민심을 봐야지. 여론조사 통계 따위를 어떻게 믿나?"

"IMF 통계에 따르면 한국 경제 성장률이 OECD 최상위권이고 일본보다 훨씬 높은데, 그건 어떤가요?"

"서민들은 다 죽겠다고 난리인데 그런 통계 따위가 뭐 중요한가?"

"21세기 한국 여론조사 기관 통계나 국제 경제기구 통계는 아무 의미 없다면서 20세기 초 조선총독부 통계는 왜 그렇게 철석같이 믿는 겁니까?" 20190812

특별전형

몇 해 전 강남에서 입시 컨설팅하는 지인에게 들은 얘기.

"강남이 교육 특구라고 하지만, 서울대 농어촌 특별전형 합격자 부모가 합격 후 실제 거주하는 곳이 어딘지 전수조사하면 놀라운 결과가 나올 겁니다. 강남 애들이 농어촌 특별전형이나 지역 균형 선발을 노리고 미리 이사하는 경우도 있어요. 이런 방식이라고 돈이 덜 드는 건 아니에요. 미리 정보를 수집해서 어디로 가는 게 유리한지 찍어줘야 하고, 사교육 서비스도 제공해야 해요."

저 말대로 자식을 농어촌 특별전형으로 서울대에 보내려고 중학교 입학 때에 맞춰 농촌으로 이사해서 6년간 '고생'한 부모가 있다면, 그를 어떻게 봐야 할까요? 자식 교육을 위해 자기 삶을 희생한 부모인가요. 진짜 농어촌 학생의 기회를 빼앗은 비리 행위자인가요?

특별전형 합격자들을 다 의심해선 안 되지만, 입시제도 개혁 방안을 찾기 위해서라도 전수조사를 하면 좋겠습니다. 지금의 입시제도에서는 '맹자 모친'도 욕먹을 겁니다. 20190823

특혜

자유한국당이 김제동 씨 등이 받는 강연료가 '친정권 인사에 대한 특혜'라며 2014년 김제동 씨가 논산시에서 받은 천만 원을 증거로 제시했습니다. 2014년은 박근혜 정권 때였습니다.

김제동 등 강연료 실태 전수조사보다 자유한국당 의원들 지능 실태 전수조사가 더 시급할 듯합니다. 20190613

파시즘

"역사는 승리한 자의 기록이다."

90% 정도는 맞는 말입니다. 승리한 자의 기록만 남고, 역사가들은 그 기록을 통해서만 과거에 접근할 수 있었으니까요.

인류 역사 대부분의 기간 동안, 지배층만이 문자 기록을 남길 수 있었습니다. 피지배층에 관한 사실조차도, 지배층의 기록을 통해서만 접근할 수 있었습니다. 그래서 역사는 피지배층이 일상적으로 겪은 억울함과 고통, 그들의 의지와 희망은 거의 또는 전혀, 담아내지 못했습니다.

제국주의 시대 유럽인들은 유럽만 역사가 있는 문명의 공간이고, 나머지는 역사가 없는 야만의 공간으로 취급했습니다. 그들은 '역사가 없는 공간'을 연구하기 위해 '인류학'이라는 학문 분야를 만들었고, '역사가 없는 공간'의 역사를 대신 썼습니다. 그래서 아랍인의 생각이 빠진 아랍 역사, 아프리카인의 목소리가 없는 아프리카 역사가 생겨났습니다.

2차 대전과 홀로코스트라는 '진짜 야만'을 겪은 이후, 세계 지성은 '약자와 패배자의 목소리가 배제된 역사'가 얼마나 위험한지 깨달았습니다. 독일인들이 히틀러의 목소리뿐 아니라 유대인의 목소리에도 귀를 기울였다면, 히틀러의 주장과 유대인의 주장을 '크로스체크'했더라면, 그토록 쉽게 '파시즘의 광기'에 휩쓸리지 않았을 겁니다.

그 교훈을 받아들여, 역사가들도 약자의 목소리에 귀를 기울이고 자기 기록을 남기지 못했던 사람들의 삶을 이해하려 노력하기 시작했습니다. '승리한 자의 기록'투성이인 사료 더미에서 '패배한 자'의 흔적을 추적하려 애썼습니다. 그러지 않으면, 역사가 '파시즘의 도구'로 전락할 수 있다는 걸 깨달았기 때문입니다.

KBS 법조 기자님들, 아니 한국의 모든 언론사 법조 기자님들, 김경록 씨 인터뷰 내용의 진위를 확인하기 위해 검찰에 연락해서 '크로스체크'했다는 것, 방법론적으로 충분히 이해합니다. 그러나 당신들이 검찰 주장을 '크로스체크'한 적은 얼마나 있었던가요? 피의자의 목소리조차도 검찰을 통해 전달하지 않았던가요? 피의자의 억울함은 철저히 묵살하고, 검찰의 대변인 노릇이나 하지 않았던가요?

강자, 승리자, 수사기관의 입을 통해 약자, 패배자, 혐의자의 목소리를 걸러 듣고 대중에게 전달한 것이 바로 언론이 '파시즘의 도구'로 전락했던 이유입니다. 파시즘이라고요? 지금 파시즘 언론의 길을 밟고 있는 건 바로 당신들입니다. 20191011

판결문

"윤석열 장모 위조 잔고증명서에 속아 돈 빌려줬다" 주장 사업가 패소.

"잔고증명서는 발행일 당시 예금주의 예금액을 확인해주는 것이지 타인에게 어떠한 권한을 수여하는 서류가 아니다. 임씨가 돈을 빌려주기 전에 실제로 최씨에게 이런 예금채권이 존재하는지 확인해 볼 수 있었음에도 제대로 확인하지 않았다"(재판부)

그러니까 어떤 사람이 가짜 '표창장'이나 '체험활동 증명서'를 제출했다 하더라도 그 사실을 제대로 확인하지 않은 대학 측이 책임을 져야 한다는 거군요. 물론 그 '어떤 사람'은 검사나 판사와 가까운 사람이겠지만.

우리 사회의 진짜 심각한 '불공평'과 '불공정'은, 검찰의 공소장과 법원의 판결문 안에 있습니다. 20200521

패기 1

이번 대통령 기자회견에서 기자들이 보인 태도와 이명박 박근혜 때 기자들이 보인 태도를 비교해보면, 현재의 나라 사정을 알 수 있습니다.

그들은 사정이 나쁠 때 공손한 태도로 침묵하고, 사정이 좋아지면 '패기 있는' 태도로 아무 말이나 합니다.

그러니 언론에 '나라 망해 간다'는 기사가 많이 나오는 건, 사정이 좋아지고 있다는 뜻입니다. 20190110

패기 2

일부 기자들이 이번 '대통령 특집 대담'을 '박근혜-정규재 대담'과 비교하며, "정규재와 달리 기자답게 잘 진행했다."고 송기자를 칭찬

합니다.

이번 대담으로 드러난 건 '정규재-송현정'의 차이가 아니라 '박근혜-문재인의 차이'입니다.

박근혜 앞에서 '기자다웠던' 기자가 있었는지, 기억나지 않습니다.

긴장해서 표정이 굳고 말이 꼬였을 수 있습니다. 이해하자면 못할 바 아닙니다.

그러나 "권위 앞에 위축되지 않는 기자정신을 제대로 보여 줬다"고 칭찬하는 다른 기자들을 보면, '안 때리는 선생님에게만 개기던 고등학교 때 양아치'가 떠올라 기분이 영 씁쓸합니다.

공포를 동반하지 않는 패기는, 교활의 다른 이름입니다. 20190510

패륜성

소녀상에 침 뱉고 사과를 거부하는 '한국인'들을 보면, 일제강점기 '악질 친일경찰'의 행태를 짐작할 수 있습니다.

옛날 악질 친일경찰이나 지금 아베 편에 서서 한국 정부를 공격하는 '한국인'들의 문제는, 친일 이전에 '패륜성'입니다. 20190711

팬데믹

유럽에 페스트가 창궐한 지 얼마 후, 르네상스가 시작됐습니다.

조선에 콜레라가 유입된 지 얼마 후, 농민 봉기와 신흥 종교의 시대가 열렸습니다.

한반도에 스페인 독감이 들어온 다음 해, 3·1운동이 일어났습니다.

질병과 역사적 사건들 사이의 직접적인 인과관계를 입증하기는 어렵습니다.

그러나 질병, 특히 팬데믹이 삶과 죽음, 개인과 공동체, 종교와 과학에 대한 인간의 생각에 심층적인 영향을 미쳤다는 건 부정할 수 없습니다.

이번 코로나 팬데믹이 인류사에 어떤 영향을 미칠지, 그 영향이 심층적일지 표피적일지, 예단할 수는 없습니다.

그러나 국민 모두에게 '재난 기본소득'을 지급한 나라들에서는, '부자가 돈을 벌어야 서민도 덕을 본다'는 이른바 '낙수효과론'이 더 이상 설득력을 갖기 어려울 겁니다.

그런 미래를 예견했는지, 미래통합당의 김종인 비대위원장이 다소 느닷없이 '기본소득제'를 제안했습니다.

유권자들의 반응도, 정치권의 논란도 모두 뜨겁습니다.

하지만, 미래가 어떻게 되든 잊어서는 안 되는 일이 있습니다.

'경제 민주화'도 김종인 씨가 만든 구호였지만, 박근혜 정권은 전혀 이행할 생각이 없었다는 것.

미래통합당의 본질은 김종인 씨의 말이 아니라, 받을 자격 없는 공무원들에게 긴급 생계자금을 지급한 대구시장의 태도에 있습니다. 20200608

퍼주기

일본은 이 땅의 철도, 도로, 항만 시설 등에 투자했습니다. 더 많은 이윤을 얻기 위해서였죠.

일본은 이 땅에 병원, 학교, 공회당 등을 짓는 데에도 투자했습니다. 한국인의 민심을 얻기 위해서였죠.

일본 군국주의자들은 이걸 두고 '일본이 한국에 퍼줬다'고 주장합니다.

남북경협은 '퍼주기'라고 하는 사람들의 생각이, 일본 군국주의자들과 똑같습니다.

저들이 '토착왜구'로 불려도 할 말이 없는 이유입니다. 20190220

편지

"제가 서울 한복판서 살해돼도 김정은 편지 한 장이면 되나?" (태영호)

'역지사지' 관련 문제인데, 문항이 잘못됐네요.

"제가 서울 한복판서 살해돼도 대통령이 김정은에게 편지 보내겠나?"라고 해야 맞죠.

북한은 국어교육도 엉망인가 봅니다.

제가 생각하는 정답은 "보내야 한다"입니다. 20200926

편파보도

민주당이 "민주당만 빼고 찍자"는 칼럼을 신문에 기고한 필자를 선거법 위반으로 고발했습니다. 여러 언론매체가 민주당이 시민들의 입을 막으려 든다며 비난하는데, '맞는 말'이라고 봅니다.

자유한국당은 작년 3월 "자위대 창설 기념식에 참석했던 사람이 남북 철도 연결식에 불참했다"고 쓴 글을 문제 삼아 저를 명예훼손죄로 고발했습니다. 10개월 만에 무혐의 통고를 받기는 했으나 속이 편하진 않았습니다.

민주당은 고발을 취하하는 게 옳습니다. 지난 대선 직전 "문재인이 대통령 되면 한 달 안에 대한민국 망한다"는 취지의 글을 쓴 사람도 있고, 최근에는 "일본 정부는 방역을 철저히 하는데 한국 정부는 우왕좌왕한다"는 취지의 글을 실은 신문도 있습니다. 이런 글들에 비하면 "민주당만 빼고 찍자"는 글이 무슨 대수겠습니까?

다만 언론매체들이 자유한국당의 고발 사건과 민주당의 고발 사건을 달리 취급하는 게 조금 이상하긴 합니다. 이제껏 자유한국당과 그 소속 정치인에게 고발당한 시민은 몇 명인지, 조사해 알려 줄 언론매체는 아마 없겠죠? 20200213

평화

안중근 의사는 1910년 3월 26일 오전 10시경에 순국했습니다. 일제는 이토 히로부미의 귀신을 위로한다며 26일이라는 날짜와 오전 10시라는 시각에 맞춰 사형을 집행했습니다. 일제는 의거 30주년인 1939년 10월에도 상하이에서 안중근의 차남 안준생을 불러와(=잡아 와) 이토의 차남에게 사죄하게 했습니다. 총독부 기관지는 안중근 아들이 이토 아들에게 사죄한 것이 '참된 내선일체의 시작'이라며 대서특필했습니다. 일제는 안중근의 정신을 죽이고 굴복시켜 이토 히로부미의 정신으로 덮고자 했습니다.

안중근과 이토는 모두 '동양평화론자'였습니다. 이토는 일본이 무력으로 주변국들을 지배해야 '평화'가 이루어진다고 생각했고, 안중근은 각국이 호혜 평등의 정신으로 연대하는 것이 진정한 '평화'라고 보았습니다. 안중근은 옥중에서 〈동양평화론〉을 집필하다 사형당했습니다. 그는 그 글과 일본 판사에게 한 말에서 삼국이 함께 동양평화회의를 조직하고, 삼국민의 출자로 동양은행을 만들며, 삼국 연합군을 조직해서 군인들에게 2개 국어 이상을 가르쳐 연대의 정신을 기르게 하자고 주장했습니다. 무려 110년 전에, 오늘날의 EU와 비슷한 지역 평화체제를 구상한 셈입니다. '힘으로 이루는 것'이 이토 히로부미의 평화고 '상호 이해와 연대로 이루는 것'이 안중근의 평화입니다.

지금 일본의 아베는 이토 히로부미의 평화론을 계승하여 군국주의 회귀를 도모하고 있습니다. 한국에도 이토 히로부미의 사상을 계승하여 '힘으로' 남을 지배하고 억압하는 게 '평화'라고 믿는 자가 많습니다. 안중근 의사는 법정에서 '개인 이토 히로부미'에게 원한이 있어서가 아니라 그의 '정신과 정책'이 인도人道와 동양 평화에 반反하기에 처단했다고 말했습니다. 오늘은 안중근 의사 순국 110주년입니다. 우리 안에 있는 이토 히로부미의 정신을 어떻게 척결하고 안중근 의사의 정신을 어떻게 계승할지, 생각하는 계기가 되었으면 합니다.

20200326

평화주의

아침에 라디오 방송 진행자가 물었습니다.

"일왕이 평화주의자라서 아베의 우경화 행보에 제동이 걸리지 않을까요?"

제가 답했습니다.

"지금의 일본 천황은 사실상 종교지도자입니다. 전 세계에 평화주의자 아닌 종교지도자는 없습니다. 하지만 종교지도자의 평화 메시지가 세속 정치에 큰 영향을 미치지는 않습니다. 게다가 일본은 '평화주의자'의 가면을 쓰고 침략 전쟁을 벌였던 역사가 있습니다. 일본 천황의 '평화주의자' 이미지는 일본인들이 필요할 때마다 골라 쓰는 가면 중 하나였습니다. 일본의 우경화에 제동을 걸 수 있는 건, 평범한 일본인들의 과거사에 대한 집단적 반성뿐일 겁니다."

한국 언론 대다수가, 일본 천황의 개인적 성향이 일본의 대내외 정책에 큰 영향을 미칠 거라고 보는 듯합니다. '천황'이 옳으니 '일왕'이 옳으니 따지는 것도, 이런 관점 때문일 겁니다. 20190502

포상금

2013년 6월, 유우성 간첩 조작사건에서 허위 진술한 '증인'들에게 법무부가 3,300만 원에 달하는 포상금을 지급했답니다.

허위 진술의 대가로 '포상금'을 주는 건, 범죄집단이나 하는 일입니다.

JTBC가 왜 당시 법무부 장관이 황교안 씨였다는 사실을 밝히지 않았는지는, 모르겠군요. 20190208

표준과 평균

15년 전 TV에서 이영훈 씨가 "위안부는 자발적 매춘부"라고 발언하는 걸 보고 화를 참을 수 없어 썼던 글 일부를 다시 올립니다.

1. '체험의 기록과 반성의 한계' 중

1985년 민청련 의장 김근태가 남영동 치안본부 대공분실에서 야만적 고문을 받았다는 '사실'은 그 시대를 산 사람이라면 '누구나' 알고 있다. 1986년 서울대 출신 여성 노동자 권인숙이 부천경찰서에서 문귀동이라는 형사에게 차마 밝힐 수 없는 끔찍한 성고문을 당했다는 '사실'도 모두가 아는 일이다. 이들 사건이 이미 집단적 기억의 대상이 되기는 했지만, 그러나 이제 결정적 '증거'는 없다. 가해자의 주장과 정반대되는 피해자의 진술 외에 문서상의 증거는 아무것도 없다. 남아 있지 않은 것이 아니라 아예 작성되지 않았다. '문서 자료'만을 유일한 증거로 받아들일 경우, 이 사건은 '가공된 사건'이거나 기껏해야 '논란의 여지가 있는 사건'으로 취급될 수밖에 없다.

권력이 자행한 이런 종류의 범죄 행위에 대해서는 사건에 관련된 양측의 엇갈린 '주장'을 듣는 것만으로는 진실 여부를 판단할 수 없다. 고문 사실을 부정하는 여러 명의 가해자와 고문 피해를 호소하는 단 한 명의 피해자 사이에서 수량적 형평성을 유지하고자 한다면 가해자의 편을 들어주어야 한다. 정확한 판단을 위해서는 '사건'에서 한 걸음 더 나아가 그 사건들의 연쇄로 이루어지는 '상황'에까지 눈을 돌려야 한다. 상황은 집단적 체험을 유발하고, 집단적 체험과 기억은 다시 상황을 종합적으로 해석할 수 있는 능력을 부여한다.

1970·80년대를 살았던 사람들은, 일상에서 수시로 국가보안법과 마주쳐야 했다. '박정희는 김일성보다 더 나쁘다'는 말이 '김일성을 고무 찬양했다'는 죄로 둔갑하는 지독한 역설의 세계 속에서 살았고, 누구나 '쥐도 새도 모르게 죽을 수 있다'는 사실에 의심을 품지 않았다. 그 시대를 김근태·권인숙과 함께 살아온 사람들은 누구나 그들이 끔찍한 고문을 당했다는 사실을 구체적인 '증거'를 접하지 않고도 쉽게 믿을 수 있었다.

그런데 이 경우에도 '쥐도 새도 모르게 죽일 수' 있는 자와 '쥐도 새도 모르게 죽을 수' 있는 자의 체험과 기억은 다를 수밖에 없다. 지금도 권인숙을 '성조차 혁명의 도구로 삼은 좌경용공분자'라고 굳게 믿는 사람이 없으란 법은 없다. 그 정도까지는 아니더라도 '좌경용공세력'이나 그로 의심되는 자에게는 고문을 해도 무방하다고 생각하는 사람 역시 상당히 많다. 문제는 어떤 상황 인식 위에서 사건을 바라보느냐 하는 데 있을 뿐이다. 완전히 중립적인 영역에서 사실을 바라보고 해석할 수 있는 '사람'은 없다. 자신이 그런 위치에 있다고 믿는 사람이 할 수 있는 말은 '솔직히 고백해라'밖에 없다. 그러나 사건 당사자들이 사실관계를 누락 없이 고백한다고 해도 사건의 진상에 접근할 수는 없다. 오히려 개인적 차원의 반성만을 증빙 자료로 삼는다면 사실관계가 완전히 왜곡될 수 있다.

나는 아직껏 공개적으로 반성하거나 사과한 고문 경찰이 있다는 말을 들어본 적이 없거니와, 설령 이들이 반성하고 고백한다고 해도 그 반성을 통해 확인할 수 있는 '사실'은 사실관계 전체를 파악하는 데 별 도움이 안 될 것이라고 본다. 박정희나 전두환이 중정 직원이나 경찰 간부에게 직접 고문을 지시했을 리는 없다. 경찰청장이나 치안본부장이 고문하라는 공문을 보냈을 가능성도 전혀 없다. 고문 경찰들의 고백을 통해 확인할 수 있는 '사실'은 기껏 "고문은 했지만, 상부의 지시는 없었다"는 내용뿐일 것이다. 그럴 수밖에 없다. 누가 그런 일을 '직접', '구체적으로', '문서를 통해' 지시하겠는가. 고문 경찰들에게도 고문을 할 것인가 말 것인가, 심하게 할 것인가 적당히 할 것인가를 선택할 여지는 있었을 것이다. 그러나 그들이 양심적으로 고백할수록, 고문 경찰을 포상하고 고문하지 않는 경찰을 징계한 '권력'의 책임은 은폐되고, 책임 한계는 그들 내부에 국한된다. 국가 권력은 '경찰을 제대로 관리하지 못한' 간접적 책임만 지면 된다.

같은 맥락에서 일본군 성노예 문제에 대한 관련자들의 '성찰적 고백'도 사실관계를 완전히 왜곡할 수 있다. 지금도 일본 군부나 조선총독부가 '종군 위안부'를 강제동원했다는 '증거 자료'를 찾기 위해 노심초사하는 의욕적인 연구자들이 있지만, 안타깝게도 나는 그들이 명백하고도 확실한 '증거'를 확보할 수는 없을 것이라 본다. 일본 제국주의자들은 '위안소'를 설치하고 '위안부'를 모집하라는 지시만 하면 그만이었을 것이다. 위안부 모집 방법이라든가 모집 대상이라든가 하는 문제에까지 시시콜콜 개입할 이유가 있었겠는가. 그들은 다만 '위안부' 모집 과정에서 자행된 취업 사기와 강제연행, 개인적 보복 등을 모른 척해주면 되었다. '위안부'를 모집한 자들이나 '위안소'를 찾은 병사들이 양심적으로 고백할 수 있는 내용도 거기에 국한될 것이다. 어느 날 갑자기 한국인들 사이에서 도덕성 회복의 열풍이 불어 '성찰적 고백'이 봇물처럼 쏟아져 나온다 해도 일본군이나 조선총독부가 위안부를 강제동원한 명백한 '증거'는 아마도 나오지 않을 것이다. 그럼에도 불구하고 일본 제국주의자들에게 책임을 물을 수 있는 것은, 물어야 하는 것은, 일제강점기 우리 '민족'이 처한 '총체적 상황'에 대한 집단적 체험과 기억이 있기 때문이다.

이 집단적 체험의 기억은 '민족'이라는 단어에서 유래한 '가상의 기억'이 결코 아니다. 학대와 차별, 학살과 수탈이 '민족'을 경계로 해서 이루어졌기 때문에 형성된 집단적 기억이다. 그 민족의 '경계 밖'에 있었던 자들—일본인과 이른바 '민족반역자들'—은 결코 공유할 수 없었던 기억이다.

2. '계량의 매력과 함정' 중

근대 과학에서 '숫자'는 대단히 매력적인 도구이다. 그것은 모든 사물과 사건을 측정할 수 있고 계량할 수 있는 대상으로 전환시킨다. 근대 과학자들은 크기와 무게, 속도와 빈도, 화폐가치나 생산량으로 측정하지 못할 것은 없다고 전제한다. 모든 사물과 사건은 수집과 분류, 재배열과 수학적 종합의 과정을 거쳐 '평균적' 수치와 '표준적' 수치로 전환된다. 숫자는 이제 '표준적인 것'에 대한 절대적 기준이 됨으로써 모든 가치판단에 선행하는 '객관성'의 체현체가 된다. 이 객관성은 '표준적이고 평균적이며 보편적인' 사건과 사물, 사람들 속에서 '일반적 진리'로 통용된다. 그러나 숫자는 '현상'을 그럭저럭 기술할 수는 있지만, '본질'을 설명해 주지는 못한다. '산술적 평균' 역시 특정한 역사적 상황 속에서 만들어지고 지속되며 재생산되기 때문이다.

근래 식민지 시대사 연구에서도 '평균적인' 보통 사람들에 관심을 기울이는 경향이 늘어나고 있다. 이들 연구의 결론은 대개 유사하다. 식민지 시대에도 '보통' 사람들은 신문물에 열광하고 연애와 사교에 열중했으며 경제적 성취에 몰두했을 뿐, 민족해방운동이니 민족문제니 하는 것에는 거의 관심을 기울이지 않았다는 것이다. 그 같은 결론은 다시 식민지 시대의 '민족문제'를 상대화하는 자세를 낳고 더 나아가 "민족주의라는 색안경을 쓰고 역사를 본 결과 민족문제가 실제보다 과도하게 인식되었다"는 주장으로 이어진다. 식민지 시대를 산 98%의 조선인—보통의 조선인—들은 1%도 안 되는 '민족운동가'나 1% 남짓 되는 '친일파'들이 사는 공간과는 다른 어떤 지대에서 그들 특수한 부류와는 다른 생각, 다른 생활을 하며 '정상적'으로 살아갔다는 것이다. 그런 분석방법을 취하면 '서울에 딴스홀을 허하라'가 보통 사람들의 평균적 요구가 되고 '조선독립만세'는 극소수 사람들의 특이한 선언이 될 수밖에 없다. 강제로 끌려가 일본군 성노예 생활을 했다고 한 100여 명의 증언은 기껏 '특수한 사례'에 관한, 그것도 곧이곧대로 믿을 수 없는 기록이 되어버리고, 나머지 '위안부' 수만 명의 '무언無言'이 오히려 '위안부 조달이 대체로 큰 문제 없이 진행되었음'을 입증하는 수량적 근거가 된다. 그러나 정상과 비정상, 표준적인 것과 일탈적인 것이 숫자로 표현될 수 있다고 해서, 숫자가 그 경계를 나누는 절대적 기준이 될 수는 없다.

중요한 것은 과거의 텍스트들이 '평균적으로', '무엇을 말했는가'를 밝히는 것이 아니라 그 텍스트들이 어떤 '상황' 속에서 출현했고 유통되었는지를 '판단'하는 일이다. 출판금지 처분 건수, 필화사건의 횟수, 검열에 걸려 삭제된 자행의 수 따위만 가지고 본다면 텍스트 생산에 가해진 제약은 '무시해도 좋은' 수치가 되어버리고 만다. 그러나 푸코가 말했듯이, '인위적 경계 짓기'는 모든 산술적 표준화에 선행한다. 감옥과 수용소는 '비정상적이고 반사회적인' 사람들을 가두어 둠으로써 그 밖에 있는 사람들에게 '정상과 합법'의 표준적 규율을 강제한다. 더구나 식민지 감옥의 심리적·문화적 크기는 문화적 연속성 위에서 만들어진 서구 사회의 감옥보다 훨씬 컸다. 조선인들이 '민족주의'의 색안경을 쓰고 일본인을 쳐다보기 전에, 먼저 일본인들이 '민족 차별주의'의 색안경을 쓰고 조선인들을 굽어보았다. 멸시와 차별은 일반적이었고 전면적이었다. 일본인들이 설정해 놓은 '표준'에 의해, 대다수 조선인은 잠재적 범죄자요 '비정상적인' 열등인이 되어버렸다. 그로써 '표준적' 조선인과 '평균적' 조선인 사이의 거리도 더 멀어졌다. 조선인은 감옥에 가지 않기 위해, 범죄자가 되지 않기 위해, 일본 제국주의자들이 설정해 놓은 표준에 근접해 가야 했다. 일제하 조선인들은 그 표준에 가까이 있는 텍스트만 생산하고 유통시킬 수 있었다.

일본 제국주의 권력은 한두 차례의 단호하고 혹독한 처벌만으로도 대부분의 저항적 언어—이 언어가 조선인들의 진정한 '평균적' 요구를 표현하는 것이었겠지만—를 잠재울 수 있었다. 노래 〈황성옛터〉를 지은 왕평과 전수린이 종로경찰서에 잡혀가 치도곤을 당하고 난 뒤로는 그와 비슷한 노래는 물론 그에 훨씬 못 미치는 노래도 만들어지지 않았다. 검열의 횟수가 중요한 것이 아니라, 검열과 처벌이 반복되는 상황에서 사람들의 의식 속에 자리 잡는 '자기

검열'의 기제가 중요한 것이다. 그 기제의 작동에 의해 식민지 상황에서 생산된 텍스트는 '위험한 경계선' 곁이 아니라 그 한참 바깥에서 평균화했다. 동시에 민족, 독립, 해방, 혁명, 자주, 평등 등 수많은 언어가 사람들의 의식 저편으로 숨어 들어갔다. 중국인 비단장수 '왕서방'은 마음껏 조롱할 수 있었지만, 일본인 지주 나카무라에 대해서는 어떠한 말도 할 수 없었다.

식민지 시대 금기의 영역은 너무 넓었고, '보통 사람'들이 말하고 행동할 수 있는 '합법적 공간'은 너무 좁았다. 그럴진대 자신의 요구와 희망을 말할 수 없었던 사람들, 말해서는 안 되었던 사람들에게 '보통 사람'이라는 이름을 붙이고, 그들이 만든 텍스트들을 수집하고 분석하여 '보통 사람의 생각'을 그려내고서는 마치 무슨 새로운 발견이라도 한 양 흥분하는 것은 너무 심하지 않은가. 그들은 민족에 대해, 독립에 대해 말하기 싫었거나 말하지 않았던 것이 아니라 말할 수 없었던 것이고, 그 말할 수 없음에 이미 익숙해졌던 것이다. '보통 사람'들이 내뱉을 수 있었던 저항의 언어는 풍자와 비아냥의 선을 넘을 수 없었고, 그들이 할 수 있었던 저항의 행위는 '공공성公共性'—이 역시 일본인들이 정한 표준 위에서 만들어진 것에 불과하지만—을 의식적·무의식적으로 무시하는 데 그칠 수밖에 없었다. 일제하뿐 아니라 해방 후에도 오랫동안, 한국인들이 공중도덕을 안 지킨 것은 그 이율배반적 표준에 대한 뿌리 깊은 저항심리가 오히려 평균적이었음을 보여주는 것이다.

일제하 '합법의 공간'이 더 넓었다면, '감옥'의 심리적·문화적 크기가 더 작았다면, 그 시대 평균적인 '보통 사람들'의 이미지는 다른 준거에서 구축되었을 것이다. 조선태형령이 없었다면, 치안유지법이 없었다면, 살인적 고문이 없었다면, 평균치를 추출할 모집단의 크기는 훨씬 커졌을 테니까. 20190723

표창장

보寶 화貨 대貸 질質 재財 등에서 보듯, '조개 패貝' 자가 들어간 글자는 '가치 있는 물질'을 의미합니다. 상賞도 본래 임금이 신하에게, 또는 주인이 종에게 지급하는 재물이었습니다. 근대 이후 벌罰의 형식과 내용이 바뀐 것과 마찬가지로, 상도 물질보다는 명예에 가까운 쪽으로 이동해서 상장賞狀이 주主가 되고 상품은 부副가 됐습니다. 그렇다고 해도 '상품 없는 상'을 주기가 민망했던지, 일제강점기 식민 권력은 '표창장'이라는 걸 따로 만들었습니다. 그들은 이 종이 쪼가리를 이용해서 돈 들이지 않고 식민지 주민들을 길들이려 했습니다.

물론 요즘엔 '상품 없는 상'도 많습니다. 대개 성적이나 점수 등 일정한 기준이 있으면 상장, 그런 게 없이 '엿장수 마음대로' 주면 표창장으로 구분해도 크게 틀리지는 않을 겁니다. 주는 사람의 '권력 과시'가 표창장의 본질이고, 받는 사람의 명예는 부차적입니다. 표창장 받았다고 자랑하는 것만큼 남에게 웃음거리 될 일도 드물 겁니다. 명예를 인증하는 종이 쪼가리 중에서 가장 하찮은 게 표창장입니다.

자기 학교 교수가 학생에게든 자녀에게든 지역 주민에게든 표창장 한 장 발급해 달라는 데 거절하는 총장이 있다면, 그야말로 '이상한 인간'입니다. 물론 사회 전체로 보자면 이것도 '사적 관계를 이용한 부당한 청탁'일 수 있습니다. 그러나 인간 사회가 존재하는 한, 이런 일은 결코 사라지지 않을 겁니다.

표창장 따위를 입시에 참고한다는 학교도 한심하고, 그걸 발급한 적 없다고 주장하는 총장은 더 한심하며, 그게 진짜니 가짜니 따지는 검찰과 언론은 더더욱 한심합니다. 말 한마디면 될 것을 굳이 '위조'까지 했다고 생각하는 거야말로, '몰상식'한 짓입니다.

'인턴증명서'의 진위 여부를 따지는 것도 한심하기 짝이 없는 짓입니다. 대학생 인턴이 하는 일도 뻔한데, 고등학생 인턴이 제대로 일했는지 따지는 게 무슨 의미가 있을까요? 수사하려면, 고등학생 '인턴 경력'을 입시에 참고하라고 지시한 자를 잡아들여야 할 겁니다. 검사 자녀들이 받은 '표창장'과 '인턴증명서' 전체를 대충만 조사해도, 조국 장관 자녀보다 훨씬 심한 사례들이 무수히 나올 거라는 데 500원 겁니다.

'표창장'이나 '인턴증명서' 따위의 진위 여부를 가린답시고 수십 명의 검사가 달라붙어 있는 이 한심한 사태야말로, 세계 검찰 역사상 '가장 수치스러운 사건'으로 기록돼야 마땅합니다. 검사님들, 스스로 부끄러운 줄 아십시오. 하긴 김학의 같은 검사가 부끄러움을 알았을 턱이 없죠. 옛날에는 제왕무치帝王無恥라고 했는데, 지금은 검사무치檢事無恥라고 해야 할 듯합니다. 20190924

표현의 자유 1

언론중재위원회 선거기사심의위원회가 경향신문에 실린 칼럼 〈민주당만 빼고〉가 선거법을 위반했다는 유권해석을 내렸습니다. 선거관리위원회 결정도 곧 나오겠죠. 대다수 법조인도 '선거법 위반'이 분명하다고들 합니다. 글의 내용에 대해서는 굳이 언급할 필요를 못 느끼지만, 이 사안을 대하는 경향신문사의 태도에는 유감스러운 점이 있습니다.

'민주당만 빼고'라는 제목과 문장을 쓰지 않더라도 민주당 찍지 말자는 주장을 펼 방법은 수없이 많은데, 굳이 '선거법'을 위반하는 단어와 문장을 선택한 이유는 무엇이었을까요? 세 가지 가능성이 있습니다. 첫째, 필자와 데스크 모두 이 글이 '선거법 위반'에 해당한다는 사실을 몰랐을 경우. 둘째, 데스크가 선거법 위반이라는 사실을 알면서도 필자에게 그로 인해 어떤 일이 생길지 알리지 않았을 경우, 셋째, 필자와 데스크 모두 알면서도 '선거법 위반'을 결행하기로 합의한 경우.

첫째 경우라면 데스크가 무능했다고 볼 수밖에 없습니다. 모든 지면에 '노골적 정파성'을 드러내는 조중동도 이렇게 노골적으로 선거법을 위반하지는 않습니다. '표현의 자유와 그 법적 한계'를 숙지하는 것은 데스크의 기본 소양입니다.

둘째 경우라면 데스크가 무책임했다고 봐야 할 겁니다. 언론사의 책임은 '칼럼의 내용은 본지의 입장과 무관함'이라는 문장으로 면제되지 않습니다. 만약 신문사가 필자에게 "선거법에 위반되는 글이라 부담스러운 면이 있는데, 제목과 내용을 조금 바꿔도 되겠느냐?"나 "선거법 위반으로 고발당할 것 같은데 그래도 괜찮겠느냐?"라는 질문조차 하지 않았다면, 경향신문사는 필자를 보호할 책임을 방기한 셈입니다.

셋째 경우라면 사후의 '법적 책임'뿐 아니라 '사회적 책임'에 대해서도 필자와 신문사가 의견을 공유했을 겁니다. 필자의 과거 행적과 발언 내용이 공개되고 많은 사람의 공격 표적이 되리라는 건 충분히 예상할 수 있는 일이었습니다. 그러나 필자가 TV에 출연해 "설리 씨가 생각났다."고 한 걸 보면, 이 정도까지는 예상하지 못한 듯합니다.

경향신문사는 "자유한국당만 빼고"와 "민주당만 빼고"에 대한 '위험 감수성'이 달랐던 건 아닌지, 공정성의 기준이 달랐던 건 아닌지, 스스로 생각해봐야 할 겁니다. 이미 고발을 취소한 민주당에 대해서는 강경한 '사설'로 대응했지만, 선관위가 '법 위반'이라고 결정하면 어떻게 할 건가요? 그때도 '표현의 자유는 법 위에 있다'고 선언할 건가요? 경향신문사는 '표현의 자유와 그 법적 한계'에 대한 판단에 문제가 있었던 건 아닌지, 자사의 데스킹에 심각한 문제가 있는 건 아닌지, 스스로 성찰해야 할 겁니다. 경향신문사는 사과를 받을 주체인지 사과를 해야 할 주체인지에 대해서도. 20200217

표현의 자유 2

점심 먹다가 TV에서 "광주 희생자를 폭도라고 한 건 표현의 자유"라고 주장하는 사람을 봤습니다. TV에서 저런 황당한 발언을 여과 없이 내보내는 건 정말 '반反 교육적'인 행위입니다. 방학 중인 아이들이 볼까 걱정됩니다.

예를 들어보죠. 국회에서 세월호 관련 공청회를 열었는데, 어떤 사람이 "세월호 참사는 박근혜와 최순실 일당이 종교적 목적으로 수백 명을 고의 수장시킨 것"이라고 주장했다고 칩시다. 다들 알다시피 이건 세간에 떠도는 '황당한 소문' 중 하나입니다. 그런데 공청회장에 있던 국회의원 일부가 이 주장에 동의하여 "살인마 괴물들이 정치권에 있다"고 했다면, 이걸 '표현의 자유'로 보호해야 할까요? 당장 자유한국당에서 '국회의 권위를 악용하여 세간에 떠도는 황당한 헛소문을 공개적으로 유포했다'며 관련자들을 고발할 겁니다.

표현의 자유는 '사기 칠 자유'나 '근거 없이 타인을 모욕할 자유'를 의미하지 않습니다. 더구나 국민을 대표하는 국회의원에게는 자기가 표현한 것이 '공익에 부합하는 진실'임을 입증할 책임이 있습니다. '국회의 권위를 악용하여 시정의 헛소문을 널리 유포하는 것'은 '표현의 자유'가 아니라 '범죄'입니다. 방송사가 자기 권위를 악용하여 '표현의 자유'와 '범죄' 사이의 경계를 모호하게 만드는 것도, 범죄에 가까운 행위입니다. 20190211

프레임

"한 달 후 대한민국"이라는 엉터리 칼럼을 실었던 중앙일보가, 같은 필자의 "한국은 반미친중 정권이기 때문에 미국과 통화 스와프를 체결하기 어려울 것"이라는 취지의 글을 실었다가 하루 만에 또 엉터리 예측으로 드러났습니다.

'엉터리 예측'은 '엉터리 현실 진단'의 당연한 결과입니다. "한 달 후 대한민국에 전쟁 난다."나 "한국 정부는 반미친중이기 때문에 미국과 통화 스와프 체결 못 한다."는 '예측'이 거짓으로 밝혀지는 건, "중국인 입국 금지 안 해서 이렇게 됐다."나 '한국에 마스크가 부족한 건 중국에 보냈기 때문'이라는 '현실 진단'도 거짓이기 때문입니다. 저들이 엉터리 '현실 진단'으로 짜놓은 '프레임'에 갇혀 있으면, 한 치 앞도 내다보지 못하는 청맹과니 신세를 면하기 어렵습니다.

이만희가 영생할 거라고 주장하는 신천지나, 대한민국이 곧 망할 거라고 주장하는 중앙일보나, 엉터리 프레임으로 사람들을 현혹하여 바보로 만드는 건 마찬가지입니다. 저들이 만든 엉터리 프레임에서 속히 빠져나오는 게, 자신과 가족과 공동체를 해치지 않기 위한 '양심의 실천'입니다. 20200320

플라스틱

기억이 가물가물하긴 한데, 어머니가 처음 사 주신 장난감은 목제木製였습니다. 작은 나무토막들을 늘어놓기도 하고 쌓기도 하면서 놀았던 기억이 있습니다. 초등학교 다닐 때쯤에야, 비로소 '플라스틱' 장난감이 생겼습니다. 저 어릴 때만 해도 플라스틱 장난감은 비싼 물건이었습니다. 주로 나무 작대기, 돌멩이, 솔방울, 나무 팽이,

유리구슬, 종이 딱지 등을 가지고 놀았죠.

그런데 제 아이들에게는 목을 가누지도 못할 때부터 플라스틱을 주원료로 한 장난감들을 사 줬습니다. 요즘 젊은 세대 중에 플라스틱제가 아닌 장난감을 가지고 놀았던 사람은 아주 드물 겁니다.

작년 말, 죽은 고래 뱃속에서 1,000개의 플라스틱 조각이 나왔다는 기사를 봤습니다. 플라스틱 시대가 열린 지 고작 1세기 만에, 육지와 바다를 막론하고 지구 전역이 플라스틱으로 몸살을 앓습니다. 이 물질이 자연을 해치고 결국 인간의 생명까지 위협하리라는 경고가 나온 건 아주 최근입니다. 한자 '리利'는 편리便利에도 쓰고 예리銳利에도 씁니다. 이익이기도 하고 위험이기도 합니다. 이제 플라스틱 덕에 누린 편리함의 대가를 치를 때가 온 것 같습니다. 편리함에 대한 욕망을 줄이는 것이, 가장 값싼 지불 방법일 겁니다.

20190109

피해와 가해

1948년 9월, 대구에서 27세의 젊은 부인이 남편의 나병을 고치기 위해 갓난아기를 훔쳐 술에 담갔습니다. '영아로 담근 술'을 먹는 자가 있다는 신고를 받고 출동한 경찰이 발견한 것은 아기의 뼈와 살이 떠 있는 두 말들이 독이었습니다. 다음 달에는 군산에서 30세의 여성이 5살 난 이웃집 아이를 유인하여 죽인 뒤 배를 갈라 간을 꺼낸 사건이 발생했습니다. 이런 사건들이 되풀이되면서, 당대 사회에서 나병에 대한 공포감과 나환자들에 대한 적개심은 계속 깊어갔습니다.

같은 심급審級에서 비교할 일은 아니지만, 요즘 신천지 측에서 '신천지 교도들은 질병의 피해자일 뿐'이라는 주장을 유포하고 있습니다. 일부 언론과 정치인, 지식인도 이런 주장이 '인도주의'인 양 분칠하고 있습니다. 이들의 주장이 옳다면, 70년 전 아이들을 살해한 나병 환자와 그 가족들도 질병의 피해자이자 무지의 피해자일 뿐이었습니다. 하지만 그들 때문에 피해를 본 사람들은 누구를 원망해야 하나요?

지금 신천지 교도 상당수가 방역 당국의 권고와 지시에 불응하고 자기 종교를 속인 채 은밀히 활동하는 것은, 고의든 무지 탓이든, 자기 피해를 남에게 떠넘기는 짓입니다. 자기 피해를 남에게 전가하는 사람, 가해를 통해 피해의식을 떨치려는 사람은 언제나 많았습니다. 그들이 '질병의 피해자'인 것은 맞지만, '질병의 피해자일 뿐'인 것은 아닙니다. 그들은 피해자인 동시에 가해자입니다. 20200309

피해자중심주의

"상급부대 대위가 찾아와 휴가 처리하라고 했다."던 현 모 씨(실명은 2020.2. TV조선이 최초 공개)는 검찰에서 "자기 부대 대위가 맞는 것 같다."고 말을 바꿨습니다. 하지만 정작 그 대위는 "내가 결정한 걸 왜 당직 사병에게 찾아가 얘기해야 하느냐?"며 그의 주장에 반박했습니다. 지휘계통 밖에 있는 다른 부대 대위가 찾아와서 시켰는데 그대로 따랐다는 주장도 '의혹'거리입니다. 이 제보자는 지금 언론과 접촉하지 않겠다고 선언한 상태입니다.

"사병 아버지와 할머니가 찾아와 청탁하기에 40분간 교육시켰다."고 주장했던 전 한국군 지원단장 예비역 대령은 "해당 사병 가족만이 아니라 모든 장병 부모들을 대상으로 교육한 것."이라고 말을 바꿨습니다. 그러곤 다시 "용산 재배치와 평창 통역병 선발과 관련해서도 청탁을 받았다."고 주장했습니다. 실제로 당사자는 용산에 재배치되지도 않았고 평창에서 근무하지도 않았습니다. 조국 전 장관 때 '미실현 이익' 운운했던 것보다도 더 어이없는 일입니다. 게다가 이 사람은 자기주장의 녹취록을 공개한 국민의힘 신원식 의원과 사적인 친분이 있는 것으로 밝혀졌습니다.

이들의 주장 자체에 숱한 의혹 거리가 있음에도, 이들로 인해 스포츠 매니지먼트를 전공한 사람이 프로축구단에서 '인턴' 근무하는 것까지 '비난거리'가 됐고, 아버지가 장애인인 게 '장애찬스'라는 황당한 이름으로 둔갑했으며, 90 넘은 할머니까지 '부정 청탁자'로 몰려 대중 앞에 조리돌림 당하고 있습니다. 그런데도 "추미애 해명에도 불구하고 남는 의문점들"이라는 기사는 넘쳐나지만, "황제휴가와 부정청탁 주장의 의문점들"에 대한 기사는 안 보입니다.

한국의 언론인 여러분, 이 사건이 왜 '추미애 사태'나 '추미애 아들 의혹사건'입니까? 피해자중심주의라면서요? '신원식 등 사태'나 '신원식 등 모해 의혹사건'이라고 써야 옳은 것 아닌가요? 20200913

피해자 책임론

〈반일 종족주의〉 저자 한 사람이 "n번방에 접근한 젊은 여성에게도 반성할 점이 있다."는 글을 올렸습니다.

"종군 위안부는 자발적 매춘부다.", "징용은 한국 남자들의 로망이었다.", "일본의 식민 통치는 한국인들이 자초한 거다." 등의 주장을 담은 책 내용을 보면, '일관성' 하나는 높이 살 만합니다.

"세월호 참사는 가난한 집 아이들이 제주로 수학여행 갔기 때문에 일어난 거다."나 "청와대는 재난의 컨트롤타워가 아니다.", 또는 "감염병이 생겼다고 총리가 나서야 하나."라고 주장하던 자들이 저 책을 '보수의 바이블'로 칭송한 것도 충분히 이해할 수 있습니다.

그러나, 저렇게 모든 일에 '피해자 책임론'을 내세우는 사람들이 왜 "대구에 코로나가 창궐한 건 전적으로 문 정부 책임"이라고 주장하는지는 도무지 이해할 수 없습니다. 20200323

한국

일본의 국제적 이미지를 바꾼 역사적 사건은 청일전쟁과 러일전쟁이었습니다. 이 두 전쟁을 거치면서 일본은 '후진 아시아의 섬나라'에서 '세계열강 중 하나'로 도약했습니다. 유럽과 미국인들은 신문을 통해 두 전쟁에 관한 기사를 숱하게 접하면서, 자연스럽게 일본을 '아시아의 대표 국가'로 인정하게 됐습니다. 1930년대 일본인들이 자국 중심의 '대동아공영권'을 상상했던 것도, '무력으로 세계인의 인식을 바꾼' 역사적 경험이 있었기 때문입니다.

한국전쟁 이후 미국과 유럽 언론매체들에 한국 = KOREA에 관한 기사가 최근처럼 많이 실렸던 때는 거의 없었습니다. BTS, 〈기생충〉에 이어 '방역'에 이르기까지, 한국 관련 기사들이 구미 언론매체들에 연속해서 실리고 있습니다. 그런데 최근 구미 언론매체에 실리는 한국 관련 기사들의 핵심 키워드가 전쟁이나 경쟁(스포츠 등)이 아니라 문화와 안전, 생명이라는 점에 주목할 필요가 있습니다.

비록 지금 대단히 어려운 사태를 겪고 있지만, 이 사태가 끝난 뒤 '한국의 국제적 이미지'와 '한국인의 자의식' 모두가 바뀔 수도 있습니다. '무력의 시대' 아시아를 대표했던 일본을 대신해, '문화의 시대' 아시아를 대표하는 한국이 될 수 있습니다. '전쟁과 살상의 시대' 아시아를 대표했던 일본을 대신해, '평화와 생명의 시대' 아시아를 대표하는 한국이 될 수도 있습니다. 우리 스스로 의식하지 못하는 사이에, 우리 자신이 달라질 수 있습니다. 바로 지금이, 한국과 한국인의 '역사적 명운'을 결정하는 시기일 수 있습니다. 그러니 우리 시민들 스스로 청동기시대 주술사 같은 자들의 저주와 주문 따위에 귀 기울이지 말고, 세계에 모범이 될 방역 사례를 만들어야 할 겁니다. 20200319

한국 대통령

우리 영해에서 300여 명이 수장당하는 모습을 전 국민이 지켜봐야 했을 때는 "대통령은 아무 잘못이 없다."고 주장했던 사람들이, 가지 말라는 아프간에 간 사람이나 가서는 안 되는 북한해역에 간 사람이 죽었을 때는 대통령더러 책임지라고 합니다. 한국 대통령은, 지구 전역을 책임질 수 없습니다. 20200926

한국 문제

19세기 말 우리나라가 '세계'와 관계를 맺은 이래, '한국 문제'는 늘 주변국들의 일방적인 논의 대상이었습니다. 한국의 운명은 청나라와 일본, 러시아와 일본, 미국과 일본, 미국과 중국, 미국과 소련의 논의에 의해 결정되었습니다. '한국 문제'에 대해서조차, 한국의 발언권은 거의 없었습니다. 헤이그 만국평화회의 이래 여러 국제회의에 밀사와 대표를 보내 '제발 한국 문제를 다뤄 달라'고 사정하는 것조차 독립운동이었습니다. 그런 상황에서, 한국이 다른 나라 문제에 대해 '발언권'을 갖는다는 건 상상하기도 어려운 일이었습니다. 유엔에 가입한 이후 '발언권'이 생겼지만, 남태평양의 어느 작은 섬나라가 가진 것보다 그리 크지 않았습니다.

해방 이후 미국의 원조와 지원은 늘 한국의 생명줄이었습니다. 미국의 경제원조, 군사원조, 기술지원, 자본투자는 한국의 생존과 발전에 필수적이었거나 큰 비중을 점했습니다. 그동안 줄기차게 '중국인 입국 금지'를 외치던 사람들이 '미국인 입국 금지'라는 말은 꺼내지 않는 것도 이 때문입니다. 태극기와 성조기를 함께 들고 시위하는 사람들의 의식 밑바닥에는 '한국의 운명은 미국이 정한다'는 신념이 있습니다.

미국 대통령이 한국 대통령에게 전화를 걸어 의료용품 '지원'을 부탁하고, 도쿄 올림픽 연기 문제를 협의했습니다. 미국이 한국에 '지원'을 요구한 게 이번이 처음은 아닙니다. 하지만 박정희 정권 때 베트남 참전 '요청'은, 한국 젊은이들의 목숨을 요구하는 일방적이고 비대칭적인 것이었습니다. 한국이 사람 '죽이기' 위해서가 아니라 '살리기' 위해서 미국의 지원요청을 받은 건 이번이 역사상 처음입니다. 한국 대통령이 '일본 문제'에 대해 미국 대통령과 협의한 것도 이번이 역사상 처음입니다. 한국의 정책이 세계의 모범이 되고 이른바 '선진국'들이 한국에 '지식'과 '용품' 지원을 요청하는 것도 이번이 역사상 처음입니다.

역사가 바뀌고 있습니다. 한국 역사가 바뀌고 있을 뿐 아니라, 세계에 대한 인류의 통념이 바뀌고 있습니다. 수구 족벌언론의 눈으로 세상을 보는 사람들은 여전히 "박근혜가 메르스 대처를 잘한 덕이다."나 "의료인과 국민이 다 한 일이지 정부가 한 게 뭐 있느냐?"라며 역사의 변화를 부정하지만, 개가 짖어도 기차는 달립니다. 제가 박근혜 정권이 역사 교과서를 국정화할 때 SNS에 올렸던 글인데, 지금 다시 적어 봅니다.

"훌륭한 지도자는 역사를 바꾸고, 저열한 권력자는 역사책을 바꿉니다."20200325

한국적 보수

'한국적 보수'에 관해 논하는 것은 쥐에게 '코끼리'라는 이름을 붙이고 코끼리의 습성에 대해 이야기하는 것과 비슷합니다. 국제 기준의 '보수'와 한국 '보수' 사이의 거리는, 코끼리와 쥐 사이의 거리보다 멉니다.

노인은 자주 '왕년'에 했던 일을 생각하고, 청년은 종종 '나중에' 할 일을 생각합니다. 살날보다 산 날이 훨씬 긴 노인의 시선은 과거로 향하고, 그 반대인 청년의 시선은 미래를 향합니다. 과거를 더 많이 보는 시선이 보수의 세계관이고, 미래를 더 많이 보는 시선이 진보의 세계관입니다. 보수는 노인의 세계관이고, 진보는 청년의 세계관입니다. 보수는 실수가 적으나 안일安逸하며, 진보는 용감하나 서툽니다. 보수는 방어적이며, 진보는 공격적입니다.

보수는 역사, 전통, 도덕, 윤리, 규범, 책임, 품격을 중시합니다. 진보는 미래, 변화, 혁신, 저항, 파격을 좋아합니다. 보수는 비록 현재가 불합리하게 보여도, '과거에 최선을 다한 결과의 총체'이기 때문에 바꾼다고 더 나아질 가능성은 적다고 봅니다. 진보는 불합리한 현실을 그대로 두어서는 안 되며, 인간 이성으로 변화시켜야 한다고 봅니다. 보수는 인간의 편견조차 그럴 만한 이유가 있어서 생긴 것이라고 믿으며, 진보는 합리적 근거 없는 편견은 깨버려야 한다고 믿습니다. 보수는 안정 중시의 세계관이고, 진보는 변화 중심의 세계관입니다. 이 둘이 공존하며 견제할 때, '안전한 변화'가 가능합니다.

　보수에 대한 보편적 정의에 비추어 봤을 때, 한국 보수는 결코 보수가 아닙니다. 이들은 역사와 전통에 대한 관심도 없고, 국가와 공동체보다 자기와 자기 가족의 사익을 훨씬 더 중시하며, 남의 자유와 권리를 짓밟는 데에 조금도 주저하지 않습니다. 진짜 보수는, 자식 잃은 이유나 알려 달라며 단식하는 유가족 옆에서 피자 치킨 시켜 아귀처럼 처먹는 것들을 사람 취급하지 않습니다. 보수가 가장 미워하는 것이 '패륜'입니다. '윤리'야말로 역사와 전통의 정수이며 현재를 지속시키는 힘이라고 보기 때문입니다. 보수가 끝까지 보수하려 드는 것이 윤리입니다. 그런데 한국에서는 가장 패륜적이며 극악무도한 집단이 보수를 자처하고, 자칭 '보수 정치세력'이나 자칭 '보수언론'들이 이 무리를 자기편으로 끌어들입니다. 세상에 이런 보수는 없습니다.

　한국의 자칭 보수가 변태적이면서 일본 자민당과 비슷한 건, 세계관의 DNA를 공유하기 때문입니다. 현대 한국 보수의 역사적 기원은 일본 보수와 마찬가지로 '천황제 군국주의'입니다. 2차 대전 이후 일본에서는 '군국주의'가 소멸했고, 한국에서는 '천황'이 사라졌습니다. 일본 보수는 군국주의 성향을 회복하려 하고, 한국 보수는 '천황'을 다시 만들려고 합니다. 한국 보수에게 박정희는 천황의 바로 아랫급인 '반인반신'입니다. 남경대학살이나 위안부 강제동원을 자행했던 2차 대전 이전 일본 천황제 군국주의의 패륜성은, 현대 한국의 자칭 보수들에게도 그대로 유전됐습니다.

　현대 한국의 '자칭 보수'들은 이승만 박정희 전두환의 살인 만행을 정당화합니다. 현대 일본의 보수와 한국의 '자칭 보수'는 맹목적 공포와 증오를 선동하고, 그를 권력 기반으로 삼습니다. 공포와 증오는 가장 강렬하지만 가장 파괴적인 감정 에너지입니다. 자유한국당이 남북 간에 평화가 정착할 가능성 자체를 막으려고 애쓰는 건,

이 파괴적인 감정 에너지를 더 이상 권력 기반으로 삼기 어렵게 되리라는 걸 본능적으로 알기 때문입니다. 자기들의 정치 담론 안에 내재된 '패륜성'이 만천하에 드러나, 더 이상 부도덕하고 비윤리적인 방법으로 '사익'을 챙길 수 없게 될까 걱정하기 때문입니다.

한국적 변태 보수를 혁신하여 '보수의 위기'를 극복하겠다며 자유한국당에서 떨어져 나온 사람들이 '합리적 보수'를 표방하지만, 하는 짓은 똑같습니다. 번지수를 잘못 짚어도 한참 잘못 짚었기 때문입니다. 현재 한국적 변태 보수에게 결여된 것은 '합리성'이 아니라 양심과 염치, 윤리와 도덕입니다. 보수는 세상이 '합리적'으로 돌아가지 않으며, 그래야 할 이유도 없다고 보는 세계관입니다. 보수는 '이성'과 '논리'로는 진보에 맞설 수 없습니다. 한국의 변태 보수를 청산하고 정상 보수가 되려면, 스스로 '양심적 보수', '염치를 아는 보수', '도덕적 보수', '패륜을 증오하는 보수'가 되기 위해 노력해야 합니다. 물론 지금은 이런 보수의 싹조차 안 보입니다. 하지만 이런 보수가 나와 변태 보수를 소멸시켜야, 비로소 '나라다운 나라'가 될 수 있습니다. 20190604

한일관계

대한민국 제1야당 대표가 '지소미아 연장'을 위해 단식투쟁을 한다고요?

일본에는 대한 수출규제 중단을 요구하며 단식하는 야당 지도자가 없습니다.

그러나 한국에는 지소미아 연장을 요구하며 단식하는 야당 지도자가 있습니다.

이게 일본인들이 내심으로 한국을 경멸하는 이유 중 하나입니다.

과거에도 일본인들은 이런 한국인들을 어여삐 여기면서도 경멸했습니다. 20191120

할복

일제강점기 지조 있는 한국인들은 일본인 주변에서 얼쩡거리지 않았습니다. 일본인들이 회의석상이나 회식장소에서 자주 접한 한국인들은 거의가 기회주의자, 사익私益 지상주의자들이었습니다. 일본인들이 한국인에 대해 '약속을 안 지키는 민족', '공익관념이 없고 사익만 좇는 민족'이라는 나쁜 이미지를 갖게 된 데에는 이들 탓도 컸습니다. 자진해서 '토착왜구' 짓을 하는 자들에게 신의, 성실, 공익관념 같은 미덕이 있었다면, 그게 이상한 일이죠. 이런 자들은 일본인에게 맹세나 약속을 할 때도 일본식으로 했습니다. "할복하겠다." 등.

"할복하겠다."는 약속을 지키지 않는 건 문제가 아닙니다. 그런 약속을 한 게 문제죠.

식민지 시대는 끝났지만, 그 시대에 기회주의자, 사익 지상주의자들이 한국인 대표 행세하며 일본인들에게 보여준 악습과 악덕은 살아있습니다. 이런 악습과 악덕을 청산하자는 건 '반일'이 아닙니다. 상호 편견 없이 대등한 관계를 맺기 위한 전제입니다. 20190711

행동하는 양심

청와대 국민청원 게시판에 자유한국당 해산 청원을 해봤자 소용없는데, 그걸 왜 하냐는 사람이 더러 있습니다.

45만 명 넘는 사람이 몰라서들 그러는 거 아닙니다.

"담벼락에 대고 욕이라도 해라." (김대중)

20190429

허위주장

유시민 노무현재단 이사장이 '검찰이 재단 계좌를 들여다봤다'고 하자, 검찰은 '그런 사실 없으니 허위주장 중단하라'고 했습니다.

'표창장 발급한 적 없다'는 최성해 동양대 총장의 말만 믿고 정경심 교수를 구속한 전례에 따라, 유시민 이사장의 말을 믿고 검찰 내부를 압수수색한 뒤, 혐의자를 찾아 즉시 구속해야 할 겁니다.

20191224

헌법적 책무

"조국의 민주개혁과 평화적 통일의 사명에 입각하여 정의 인도와 동포애로써 민족의 단결을 공고히 하고…" (대한민국 헌법 전문)

북한 동포에 대한 '인도적 식량 지원'에 반대하는 사람들이야말로, '인도'와 '동포애'를 배격하는 '반헌법세력'입니다.

독재 잔재를 타도하고 헌법을 수호하는 게, 우리 시민들의 '헌법적 책무'입니다. 20190509

헌법정신

"유구한 역사와 전통에 빛나는 우리 대한국민은 3·1운동으로 건립된 대한민국 임시정부의 법통과 불의에 항거한 4·19 민주이념을 계승하고, 조국의 민주개혁과 평화적 통일의 사명에 입각하여 정의·인도와 동포애로써 민족의 단결을 공고히 하고, 모든 사회적 폐습과 불의를 타파하며, 자율과 조화를 바탕으로 자유민주적 기본질서를 더욱 확고히 하여 정치·경제·사회·문화의 모든 영역에 있어서 각인의 기회를 균등히 하고, 능력을 최고도로 발휘하게 하며, 자유와 권리에 따르는 책임과 의무를 완수하게 하여, 안으로는 국민 생활의 균등한 향상을 기하고 밖으로는 항구적인 세계 평화와 인류공영에 이바지함으로써 우리들과 우리들의 자손의 안전과 자유와 행복을 영원히 확보할 것을 다짐하면서 1948년 7월 12일에 제정되고 8차에 걸쳐 개정된 헌법을 이제 국회의 의결을 거쳐 국민투표에 의하여 개정한다."

대한민국 헌법 전문입니다. 문재인 정부가 좌파 정책을 쓰면서 '헌법 가치를 훼손'한다고 주장하는 자가 있기에 '헌법 가치'가 뭔지는 아느냐고 물었더니, 대답을 못하고 얼버무리더군요. 그런 사람이 생각보다 많아서, 굳이 공유합니다.

'조국의 민주개혁과 평화적 통일'은 헌법이 제시한 국민 일반의 사명입니다. '민주개혁'을 방해하고 '전쟁 불사론'을 외치는 자들이 '반헌법세력'입니다.

'정의·인도와 동포애로써 민족의 단결을 공고히 하고'에서 민족은 남북한 주민을 합친 것이고, 동포애도 당연히 북한 주민에게까지 향해야 합니다. '인도적 식량 지원'에 반대하는 게 '헌법 가치'를 훼손하는 짓입니다.

'모든 사회적 폐습과 불의를 타파'하는 것이 바로 '적폐 청산'입니다. '적폐 청산'에 저항하는 세력이 '헌법 부정 세력'입니다.

　'정치 경제 사회 문화의 모든 영역에 있어서 각인의 기회를 균등히' 하는 사회가 '특권과 반칙이 통하지 않는 공정사회'입니다. 갑질하는 부패 기득권 세력이, 헌법 가치를 파괴하는 '반국가세력'입니다.

　'국민 생활의 균등한 향상'을 기하는 게, 최저임금 인상과 소득주도 성장 정책입니다. '균등한 향상 정책'을 '좌파 정책'이라고 비난하는 자들은, 헌법 전문조차 읽어보지 않은 '지적 나태자'들입니다.

　개별 정책들에 대해서는 각자의 생각과 이해관계에 따라 다르게 평가할 수 있습니다. 그러나 지금 정부의 기본 정책 방향은 이명박 박근혜 때와는 비교할 수 없을 정도로 '헌법 가치'에 충실합니다. 그런데도 문 정부가 '헌법 가치를 훼손하는 좌파 정책'을 쓴다고 비난하는 건, 생각도 없고 지식도 없는 무지한 자들이나 하는 짓입니다. 대한민국의 헌법 가치를 훼손하는 건, 이들의 끔찍한 무지입니다.

20190528

헛소문

'헛소문'의 사전적 의미가, 증거 없이 증언만 많은 겁니다.

　세간에 떠도는 온갖 헛소문과 거짓말들을 '증언'으로 받아들이는 사람은 언제나 있었습니다.

　옛날에는, 그런 사람들을 '바보'나 '광인狂人'이라고 불렀습니다. 상식이 붕괴하면, 사회도 붕괴합니다. 20190215

혁신

새정치연합에서 새정치민주연합으로, 다시 국민의당으로 모였다가 바른미래당으로.

그동안 안철수 씨가 이끈 정치세력은 혁신에 혁신을 거듭했습니다.

지난 6년간 조금도 혁신되지 못하고 앞으로도 혁신이 불가능해 보이는 사람은, 안철수 씨 본인인 듯합니다. 20200129

현실

영화 〈기생충〉에서 송강호 가족이 부잣집에 침투할 수 있는 계기를 만들어 준 사람은 아들의 친구입니다. 친구에게 과외 교사 자리를 인계받은 뒤에 명문대학 합격증을 위조하는 장면은 아주 인상적이었습니다. 아무리 스펙의 시대라지만, '스펙보다 연줄이 먼저'라는 사실을 선명하게 깨우쳐 줬으니까요. 나머지 가족들이 침투할 때에도 '연줄'이 선차적이고 '스펙 위조'는 부차적이었습니다. '몰락한 가족'도 연줄을 이용합니다. 연줄문화는 초계층적입니다.

같은 대학교 학생이라도 누구는 편의점 알바를 하고 누구는 과외 교사 알바를 합니다. 이 차이에조차 '부모의 연줄'이 작용합니다. 100시간 봉사 활동을 하고서도 자소서 한 줄 분량밖에 못 채우는 아이도 있고, 2주 인턴십만 해도 논문 제1 저자가 되는 아이도 있습니다. 물론 연줄 외에 부모의 경제력이나 타고난 성별도 '불평등한 현실'을 만듭니다. 하루 몇 시간씩 알바를 하면서 학자금 융자까지 받아야 하는 학생도 있고, 아무 부담 없이 학업과 스펙 쌓기에만 몰두하는 학생도 있습니다. 2년 동안 군대에 가야 하는 젊은이도 있고, 그 시간 동안 해외에서 어학 연수하는 젊은이도 있습니다. 이런 식의 생래적生來的 불평등이 유독 현대의 문제는 아닙니다. 역사의 전 과정에서 보자면, 이런 불평등은 차츰 완화하는 과정이라고 보아야 할 겁니다.

삼성 이재용 씨 아들이 영훈국제중에서 자퇴했을 때, SNS에 "가장 속상해하는 사람은 이재용 씨나 그 아들이 아니라 동기생 학부모들일 것"이라고 쓴 적이 있습니다. 삼성 후계자 집안과 인연 맺을 기회가 날아갔다고 봤을 테니까요. '연줄 맺기'는 다양한 공간에서 다양한 방식으로 진행됩니다. 연줄은 교회에서도, 고급 빌라 단지 안에서도, 골프장이나 헬스장에서도, 심지어 병원 내에서도 맺어집니다. 속세를 등지고 '자연인'이 되지 않는 한, 누구도 연줄에서 벗어날 수 없습니다. 어떤 줄이냐가 문제일 뿐.

이번 조국 교수 딸 사건과 관련해서도 언론들은 개인의 도덕성 문제로 몰아가지만, 저는 문제의 핵심이 '특목고'로 맺어지는 연줄에 있다고 봅니다. 한영외고는 학생들로부터 취득한 '학부모 개인정보'를 이용해 재학생 스펙 쌓기 프로그램을 만들어 운영했습니다. 프로그램을 운영하는 과정에서도 재학생들을 등급화, 차별화했을 가능성이 큽니다. 학부모와 학생들은 학교가 만들어 준 시스템과 관행 안에서 움직였습니다. 학부모 처지에서는 자기 자녀가 다니는 학교에서 부탁하는데 거절하기도 어렵고, 학교에서 추천하는 프로그램을 의심하기도 어렵습니다. 그들은 이 프로그램의 '원천적 부도덕성'을 인지하지 못했거나, 인지했더라도 '일반적으로 용인되는 수준'이라고 생각했을 겁니다. 조국 교수 부부가 이 프로그램 운영에 어느 정도로 개입했는지는 알 수 없지만, 당시가 이명박 정권 때라는 사실은 짚어둘 필요가 있습니다. 그리고 한영외고만 이런 프로그램을 만들어 운영했다고 보기도 어렵습니다. 아마도 많은 학교가 이런 식의 '스펙 쌓기 프로그램'을 운영했거나 하고 있을 겁니다.

연줄 자체가 사라지는 세상은 앞으로도 오지 않을 겁니다. 가족 자체가 해체되지 않는 한, 부모의 사회경제적 지위가 자식의 일생에 영향을 미치는 상황도 완전히 소멸하지 않을 겁니다. 문제는 상하 연결은 끊어지고 수평 연결만 유지되는 '계층별 연줄사회'를 어떻게 개혁할 것인가에 있습니다. 그런데 자사고 폐지 반대 운동에서 보듯, 우리 사회에는 계층별로 단절된 '수평적 연줄' 문화가 계속되기를 바라는 사람이 많습니다. 임대아파트에 사는 아이들을 '별도의 학교'에 격리하라고 요구하는 게, 이 시대 학부모들의 '정상적' 태도입니다. 이번 사건에 대한 언론 보도에서도 '특목고의 학부모 정보를 이용한 스펙 제공 서비스' 자체를 문제 삼는 경우는 거의 보지 못했습니다. 언론들은 '계층별 연줄문화가 작동하는 방식'을 문제 삼지 않고, 이를 개인의 도덕성 문제로 치환해 버렸습니다. 특목고 자사고 폐지에 반대하는 사람들이 이 사건을 가장 격렬히 비난하는 것도 아이러니입니다. 조국 교수 딸 사건은 그가 지향해 온 '가치'와 비교하면 부도덕하다는 비난을 받을 만하지만, 연줄망 안에서 작동하는 우리 사회의 '평균적 욕망 실현 방식'과 비교하면, 특별히 부도덕하다고 할 수 없을 겁니다.

진보니 보수니 좌파니 우파니 하는 사람들이 서로 다른 세상에 사는 건 아닙니다. 그들이 딛고 있는 현실은 하나입니다. "우리가 딛고 있는 곳이 진흙탕이니 좀 더 깨끗한 곳으로 옮겨 가자"고 하는 사람이 있고, "발에 진흙 묻은 건 모두 마찬가지니 그냥 이대로 있자"고 하는 사람이 있을 뿐입니다.

대학 다니다 군 복무 마치고 온 아들에게 "고등학교 때 2주 인턴십하고 논문 저자 된 '사람'에게 분노하지 말고 그런 일이 가능한 '현실'에 분노해라."고 얘기했지만, 통하지 않았습니다. 학습과 스펙 쌓기를 병행하면서 입시 지옥을 겪은 세대로선 참고 볼 수 없는 일이겠죠. 이들의 분노는 정당합니다. 그리고 이 분노가 개혁의 동력이

기도 합니다. 하지만 내 아들 또래에게 이 말은 꼭 하고 싶습니다. 현실에 디딘 발만 보지 말고 미래를 향한 눈도 함께 보라고. 20190821

혐오

모든 혐오는 죄인가?

근래 사용 빈도가 많이 늘어난 단어 중 하나가 '혐오'입니다. 우리 사회 일각에는 혐오를 '강자 또는 다수자가 약자 또는 소수자를 향해 발산하는 적대감, 증오감, 멸시감 등'으로 정의하고, '모든 혐오는 죄'라고 주장하는 사람들이 있습니다. 저는 생각이 조금 다릅니다.

흡연은 자체로 범죄가 아닙니다. 요즘 흡연자는 사회적 강자이거나 다수자도 아닙니다. 계층별로나 인구수로나, 흡연자가 오히려 약자이자 소수자입니다. 하지만 흡연자 혐오 담론은 사회 전체에 만연해 있을 뿐 아니라 공적으로도 권장됩니다. 금연 권장 공익 광고는 흡연자 혐오 광고이기도 합니다. 이런 분위기에서 흡연자에게 혐오감을 노골적으로 표출하는 사람도 많습니다.

비만은 공적 혐오의 대상이라고까지는 할 수 없으나 다이어트 광고부터 쇼윈도 안의 마네킹에 이르기까지 온갖 정보 전달 매체들이 지속적, 반복적으로 '비만 혐오 담론'을 생산, 유포하고 있습니다. 비만인 역시 사회적 강자도, 다수자도 아닙니다. 비만인 혐오를 중단하라는 목소리도 있지만, 그에 동조하는 사람은 아주 적습니다.

'기레기'는 명백히 혐오단어입니다. 언론이 사회 권력의 일부가 된 지는 오래지만, '기레기'라는 멸칭蔑稱이 널리 사용된 건 근래의 일입니다. 진실을 알리기 위해 노력하는 기자도 많겠으나, '세계 최고 수준의 언론자유도'와 '세계 최악의 언론 신뢰도'라는 한국 현실에서 '기레기'라는 말은 언론의 수준 향상을 바라는 시민들의 마음을 표현한다고 보아야 할 겁니다. 기자들 개개인으로서야 억울할 수 있겠지만, 이런 언론 현실에 대한 책임을 부정할 수는 없을 겁니다.

흡연과 비만은 건강에 해로우며, 수준 낮은 언론은 사회에 해롭습니다. 특히 흡연은 본인뿐 아니라 주변인에게까지 해를 끼칠 수 있습니다. 이들에 대한 혐오가 과연 죄일까요?

씻을 형편이 안 되어서 오랫동안 못 씻은 사람을 혐오하는 것은 잘못입니다. 그러나 씻기 싫어서 오랫동안 안 씻은 사람에 대해서도 그럴까요? 자신에 대해서건 타인에 대해서건, 혐오는 잘못된 행동을 교정하는 데 필요한 감성이기도 합니다.

생래적이거나 후천적이라도 본인의 선택과 무관한 요인 때문에 사람을 혐오하는 것은 분명 죄입니다. 사람은 자기 스스로 바꿀 수 없는 요인 때문에 남의 혐오 대상이 되어서는 안 됩니다. 인종, 성별, 장애 유무 등은 혐오할 권리가 되어서도, 혐오의 대상이 되어서도 안 됩니다. 하지만 스스로 선택한 신념이나 행위에 대해서는 그에 합당한 책임을 져야 합니다. '혐오의 대상'이 되는 것도 그중 하나입니다.

사람은 벼룩, 빈대, 바퀴벌레, 거머리, 뱀, 쥐 등을 본능적으로 혐오합니다. 오랜 진화 과정에서 이런 것들이 개인의 건강과 공동체의 안녕을 위협한다는 생각을 본능에 새겨 넣었기 때문입니다. 위험한 병이 사회 전역에 퍼지더라도 자기 집단의 안전만은 지켜야 한다는 신념을 가진 사람들, "야외에서는 병이 퍼지지 않는다."는 거짓말을 하면서 위험한 곳에 군중을 끌어모아 자기 집단의 정치적 이득을 도모하는 사람들, 이런 사람들을 법으로 처벌하긴 어려울 겁니다. 하지만 이들을 혐오하는 것은, 인간성을 지키기 위한 인간의 의무에 속합니다. 20200223

혐오단어

옛날에는 선천적으로든 후천적으로든 장애인이 무척 많았습니다. 장애인을 일러 '병신病身'이라고 했는데, '병든 몸'이라는 뜻으로 비하의 의도를 담은 말은 아닙니다. 어느 집에나 장애인이 한둘씩은 있어서 '장애인 비하'는 곧 '가족 비하'나 다름없었죠.

장애인은 언청이, 육손이, 절름발이, 곰배팔이, 곱사등이, 앉은뱅이, 벙어리, 귀머거리 등으로 구분했는데, 여기에서 '~이'는 '늙은이' '젊은이'처럼 '~한 사람'이라는 뜻으로 비하의 의미는 없었습니다.

다만 시각장애인은 장님, 소경, 봉사로 불렀습니다. 장님은 지팡이 짚은 어른, 소경은 고려시대 정4품 벼슬 이름, 봉사는 조선시대 종8품 벼슬 이름이었습니다. 낮춰 부른 게 아니라 높여 부른 거죠. 시각장애가 나이 든 사람에게 주로 생기는 데다가 육신의 눈이 멀면 마음의 눈이 밝아진다고 생각했기 때문일 겁니다.

물론 비하 의도를 담은 장애인 호칭도 있었습니다. 외눈이 또는 외눈박이를 애꾸라 부르거나 곱사등이를 꼽추라 부르는 등이었습니다. 6·25 이후에는 절름발이를 찐따라 부르기도 했습니다.

원래 '병신 육갑한다'는 말은 손가락이 다섯 개보다 많거나 적은 사람이 육갑 짚는다는 뜻이었습니다. 장애가 없는 사람을 비하할 의도로 '병신'이라는 단어를 쓰다 보니, 이 말이 혐오단어가 됐습니다. 그 대신 '장애인'이라는 말을 썼는데, 이 말도 오래 쓰다 보니 이제는 혐오단어처럼 돼 버렸습니다. 장애 없는 사람을 '장애인'으로 부르는 사례가 많으니까요.

속담에서 관용적 표현으로 사용돼 온 '절름발이'에 대해서는 혐오단어라고 난리 치던 사람들이, 구체적 인격체를 향해 '애꾸'라고 한 사람에 대해서는 별말이 없습니다. 언어의 역사를 혐오랑 일이 아니라, '인격 혐오'를 혐오할 일입니다. 20201021

혐한 1

일본에선 거의 매일같이 '혐한시위'가 벌어지고, 한인 동포 학생들이 차별과 폭행을 당하고 있지만, 한국에는 '반일시위'가 없습니다. '위안부 피해자들을 위한 수요집회'는 일본인 일반이 아니라 반성하지 않는 일본 정부를 향한 것입니다. 일본에 간 한국 관광객들은 '와사비 테러' 같은 짓을 당하지만, 한국에 온 일본인들이 모욕당하거나 신변의 위협을 느끼는 일은 없습니다. 민간 차원에서도 한국인의 태도가 훨씬 평화적이고 호혜적이며 차분합니다.

지금 일본인의 '혐한감정'이 문제인가요, 한국인의 '반일 감정'이 문제인가요? 일본 정부의 '반한정책'이 문제인가요, 한국 정부의 '반일정책'이 문제인가요? 일본 초계기가 한국 함정을 위협했나요, 한국 함정이 일본 초계기를 위협했나요? 방사능에 오염된 후쿠시마산 수산물을 한국에 수출하려는 건 '한국 멸시정책'이 아니고 그걸 막은 건 '반일정책'인가요? 한국 정부에 한국 대법원판결을 뒤엎으라고 요구하는 건 '한국 모욕 정책'이 아니고 그 요구에 응하지 않은 건 '반일정책'인가요?

문재인 정부가 국민의 '반일 감정'을 자극하여 국내 정치에 이용하려 한다고 주장하는 사람들, 당신들은 왜 일본인의 '혐한감정'조차 문재인 정부 탓으로 돌리는 건가요? 일본인들의 '혐한시위'가 문재인 정부 때 시작되었나요? 당신들은 왜 아베 정권이 자국민의 '혐한감정'을 정치에 이용하려 든다는 생각은 못 하는 건가요? '반일정권'을 물리쳐야 나라가 산다고요? '이완용 내각'이 성립된 덕에 나라가 살았나요?

30년 넘게 역사 공부하면서 개항기와 일제강점기의 담론들을 많이 살펴봤지만, 지금의 당신들처럼 역겨운 주장을 펴는 자들은 극히 드물었습니다. 하물며 지금은 일본의 통치를 받는 시절도 아닙니다. '조금이라도 힘 있는 자에게 빌붙는 게 이익'이며 '힘 있는 자의 부당한 요구에도 순종하는 게 손해 보지 않는 길'이라는 생각을 뼈에 새기고 살다 보니, 나라는 해방됐어도 정신은 여전히 노예인 겁니다.

PS. 일본의 극우 시위대는 "한국인 꺼져라"라고 외치지만, 한국의 극우 시위대는 일장기까지 들고 거리에 나옵니다. 이게 양국 간 문제의 핵심입니다. 한쪽은 군국주의 침략자 의식을 계승한 자들이 '애국세력'을 자임하고, 다른 한쪽은 식민지 노예의식을 계승한 자들이 '애국세력'을 자임한다는 것. 저들의 공통점은 일제강점기 한국 독립운동 세력을 비방하고 공격했던 자들의 후예라는 점입니다. 20190703

혐한 2

'혐한'은 일본 우파의 마음속에만 있는 감정이 아닙니다.
'식민지 엘리트' 의식을 계승한 한국의 부패 기득권 세력과 그 추종 집단의 마음속에도 있습니다.
우리 안의 '혐한'은 우리가 부숴야 합니다. 20190715

혐한 마케팅

"조선인들은 공짜라면 오금을 못 편다."
"조선인들은 외상이라면 소도 잡아먹는다."
일제강점기 일본인들의 대표적 '혐한' 담론이었습니다.

가난 때문에 생긴 현상을 '민족성' 문제로 치환한 거죠.

지금은 그렇게 가난하지도 않은데, 일본기업이나 일부 한국인이나 여전히 '혐한'을 실천하고 있습니다.

유니클로의 한국인에 대한 히트텍 무료 배포는, '공격적 마케팅'이 아니라 '혐한 마케팅'입니다. 20191118

혐한사관

어느 나라에서나 근대 국가가 형성될 무렵에는 국민을 통합하기 위해 여러 가지 상징물과 담론을 동원하여 자민족의 우수성과 자국사의 특별함을 강조했습니다. 그런데 '자국사의 특별함'을 드러내기 위해서는 '타국사'와 비교하지 않을 수 없었습니다. 일본인들은 자국사를 '독창적이고 선진적이며 위대한' 역사로 꾸미기 위해 인접국인 한국 역사를 '사대주의적이고 후진적이며 미개한' 역사로 정리했습니다. 자기들이 '잘났다'는 증거를 얻기 위해 한국인들에게 '못났다'는 낙인을 찍은 거죠. '혐한의식'에 기초한 역사가 한국에서는 '식민사학'이고 일본에서는 '민족사학'이었습니다.

한국 역사와 한국인을 멸시하는 '혐한의식'은 일본의 근대 국민교육에서 기본 정서였습니다. 반면 한국인들은 일본의 '혐한사관'을 1) 그대로 수용하거나, 2) 정반대 관점에서 똑같은 방식으로 대응하거나, 3) 더 높은 차원에서 '지양'하려 했습니다. "일본인들은 대외 관계에서 단합하는데 한국인들은 분열한다."는 말이 나오는 것도 이런 사정과 관련이 있습니다. 지금 아베 정권을 두둔하고 한국 정부를 비난하는 자들은, 일본인이건 한국인이건 구시대의 '혐한사관'에서 벗어나지 못한 자들입니다.

인류는 제2차 세계대전 중의 홀로코스트를 겪고서야 '자민족 우월의식'이 반인륜 범죄로 이어진다는 사실을 깨달았습니다. '인류 평등'이 비로소 범지구적 '대의'가 되었고, '이민족 혐오'는 범죄 행위로 규정됐습니다. 지금 일부 일본인의 '혐한'이야말로, 현대 인류의 대의를 따르지 못하는 '미개한 짓'입니다. 일본인 중에 '혐한'하는 자들이 많다고 해서 똑같이 '혐일'로 대하는 것도 마찬가지입니다. 혐오에 혐오로 맞서 봤자, 잘해야 '똑같은 놈'이 될 뿐입니다.

상대를 알아야 이길 수 있습니다. 아베가 이번 '경제 공격'으로 노리는 바는 1) 일본인들에게 보편적으로 잠재한 '혐한의식'을 자극하여 자기 지지도를 높이는 것, 2) 한국 내 '대일 굴종 의식'을 가진 자들과 연합하여 한국 정권을 흔들고 궁극에는 '대일 굴종 정권'으로 바꾸는 것이라고 봅니다. 아베 정권이 걸어온 이 싸움에서 이기려면, 정부와는 별도로 시민들의 대응도 필요합니다. 시민들이 할 일은 상대가 노리는 것과 정반대로 행동하는 겁니다.

첫째, 일본인 개개인을 공격하거나 모욕해서는 절대로 안 됩니다. 한국인들이 지키고자 하는 것은 '국가에 양도할 수 없는 보편인권의 가치'이며, 그 가치를 부정하는 것이 아베 정부라는 사실을 알리는 데에 주력해야 합니다. 구호는 '반일'이 아니라 '아베 정권 규탄'이어야 합니다.

둘째, 아베의 반인륜적 주장에 동조하는 한국인들의 세력을 약화시켜야 합니다. 전에 '토착왜구'란 말은 '한국 내 일본 군국주의 잔존세력'이라는 의미로 국한해 써야 한다고 했는데, 저들의 문제는 '친일'이 아니라 '반인륜'입니다. 한국 내 '반인륜 친아베' 정치세력과 사회 세력을 약화시키는 것은 '현대 인류의 대의'에 부합하는 일입니다. 일제 불매운동보다 더 중요한 게, '토착왜구' 배척 운동입니다. 20190705

혐한의식 1

엊그제 메이지유신 이후 일본인들이 자기들의 '국민적 정체성'을 구성하는 과정에서 '혐한의식'을 내면화했다고 쓴 바 있습니다. 패전 이후에도 일본인들은 미국에 형식적으로 굴복했을 뿐, '혐한의식'을 비롯한 '자민족 우월의식'을 스스로 청산하기 위해 적극적으로 노력하지 않았습니다. 피해 당사국 사람들에게 일본이 '반성하지 않는 나라'로 보이는 것도 이 때문입니다. 유럽에서는 독일뿐 아니라 나치에게 해를 입은 나라들도 '이민족 차별'과 '약소민족 혐오'를 범죄로 규정합니다. 자민족 우월주의와 결합한 파시즘이 인류사적 비극의 원인이라는 사실을 깨달았기 때문이죠. 일본도 한때는 '위안부 강제동원'을 교과서에 기술할 수 있게 하는 등 역사를 성찰하려는 모습을 보였습니다. 그러나 아베 정권은 과거 일본의 침략행위를 정당화하는 쪽으로 역사 서술의 방향을 바꿨습니다. 정권이 우경화하면서, '혐한의식'을 공공연히 표출하는 짓도 일상화했습니다. 일본에도 과거의 침략행위를 진심으로 반성하는 양심적 시민세력이 있지만, 이들은 정말 소수입니다.

일본인들의 '혐한의식'은 일제강점기 식민 교육을 통해 한국인들에게도 이식됐습니다. 지금 한국 주류 언론에서 매일같이 쏟아내는 담론은 기본적으로 이 '이식된 혐한의식'에 기초합니다. 그들은 이번 분쟁의 근본 원인을 '한국 정부의 비이성적이고 감정적인 조치' 탓으로 돌리거나, 기회주의적 양비론을 유포합니다. 내심으로는 '한국 책임론'을 주장하고 싶지만, 여론의 눈치를 보아 '일본에도 일부 책임이 있다'고 주장하는 정도죠. 예나 지금이나 이들 주장의 기본 전제는 "일본인은 이성적인데 한국인은 감정적이다"입니다. 한국의 주류 언론은 한일 국교 정상화 이후 이제껏 단 한 차례도 '반일'을 주창한 적이 없습니다. '극일'은 1982년 일본의 역사 교과서 왜곡 사태 때 전두환 정권과 그에 협력한 언론이 만든 단어입니다. 이후 이 단어는 한국인들의 대일 의식을 규율하는 '가이드라인'으로 이용됐습니다. 저들은 이번에도 객관적으로 열세인 한국이 일본에 맞대응하려는 것은 '비이성적이며 감정적'이라고 단정합니다.

물론 한국인 중에는 일본인들의 '혐한의식'에 일차원적으로 대응한 사람도 많았습니다. 그들은 과거 일본인들이 자기네 역사를 구성한 것과 똑같은 방식으로, '자민족 우월의식'을 고취하는 역사상歷史像을 만들려고 했습니다. 그들은 근대 이후의 짧은 기간을 빼고는 역사의 전 과정에서 한국인들이 일본인들보다 훨씬 우월했다고 생각합니다. 그렇게 생각하기 때문에 일본에 식민지배를 당했다는 사실에 더 큰 모욕감을 느끼고, 그 모욕감을 되돌려 줘야 한다고 주장합니다. "지금은 일단 참았다가 힘을 기른 뒤 복수하자"는 주장도 이런 '일차원적 대응' 방식의 하나입니다. 이들의 대응 논리가 한국 내의 '혐한론자'와 같아지는 건, 이들 모두 힘의 우열만을 기준으로 세계를 보기 때문입니다.

반면 일본 군국주의가 만들어 놓은 '혐한의식'을 극복하려면 다른 차원에서 대안을 제시해야 한다고 본 사람도 많았습니다. 그들은 민족 간 우열을 따지는 건 제국주의 시대의 침략 정당화 논리라는 사실을 간파했습니다. 그들이 지향한 건 민족을 경계로 차별과 수탈, 모욕이 자행되는 '불의의 시대'를 끝내고 상호존중과 호혜 평등의 원칙이 관철되는 '정의의 시대'를 여는 것이었습니다. 백범 선생이 〈나의 소원〉에서 강조했던 것도 바로 이런 생각입니다. "내가 남의 침략에 가슴이 아팠으니, 내 나라가 남을 침략하는 것을 원치 아니한다."

저는 지금 우리가 견지해야 할 것은 '세 번째 태도'라고 봅니다. 세상만사를 '친일이냐 반일이냐'나 '친북이냐 반북이냐'만으로 따지는 사람이 많습니다. 아메바도 빛이냐 어둠이냐는 따질 줄 압니다. 일본 사법부가 한국인 식민지배 피해자에게 불리한 판결을 내렸다고 한국 정부가 일본 정부에 항의한 적이 있었던가요? 한국의 삼권분립을 부정하는 일본 정부의 태도가 '혐한'입니다. 아베 정권을 향해 '군국 일본'을 재건하려는 야욕과 뿌리 깊은 혐한의식을 버리라고 요구하는 건 '반일'이 아닙니다.

지금 '반일 민족주의를 배격하자'고 목소리 높이는 사람들, 당신들 눈에 아베 정권의 '일본 민족주의 고취'가 보이지 않는 이유는 무엇인가요? 기미독립선언서가 '반일 민족주의'를 선동해서 삼일운동이 일어났던가요? 아직도 군국주의 시대의 미몽迷夢에서 벗어나지 못한 사람들을 꾸짖는 건, '인류통성과 시대 양심'의 '정당한 발로'입니다. 정의와 인도를 위한 운동조차 '반일'로 치부하는 거야말로. 이완용이 삼일운동을 비방하면서 보여줬던 뿌리 깊은 '혐한의식'의 소산입니다.

PS. 1927년 조선총독부는 식민통치용 참고자료로 〈조선인의 사상과 성격〉이라는 책자를 만들었습니다. 이 책에서는 조선인의 '민족성'을 다음 14가지로 요약했습니다. 많은 일본인과 한국인이 지금껏 '혐한의식'으로 범벅된 이 주장에 동조하고 있습니다.

1) 방종 사치 낭비 사행, 2) 표면적이고 형식적인 것을 좋아함, 3) 부화뇌동, 4) 모방성, 5) 무기력, 6) 겁이 많고 나약함, 회색, 보신주의 7) 이기적 판단, 8) 진지함이 없음, 9) 감격할 줄 모름, 10) 의뢰심이 많고 감사하는 마음이 없음, 11) 독립심이 없음, 12) 감각이 둔함, 13) 불평이 많음, 14) 자살을 경시함. 20190708

혐한의식 2

일제강점기 일본인들은 조선인이 '대의를 모르고 사익만 추구'하는 저열한 민족이라고 생각했습니다. 그들과 자주 접촉하는 토왜들이 모두 '대의를 모르고 사익만 추구'하는 저열한 기회주의자들이었던 점도 이런 생각을 뒷받침했습니다.

일본 정부 관리가 "문재인 정부가 계속되는 한 수출규제를 이어갈 수밖에 없다"고 말했습니다. 수출규제를 계속하면 한국 경제상태가 나빠질 테고, 그러면 '대의를 모르고 사익만 추구'하는 한국인들이 '대의를 모르고 사익만 추구하는' 정권으로 바꿔줄 거라 믿기 때문이겠죠.

일본 정부 관리의 저 발언 자체가 뿌리 깊은 혐한의식의 소산입니다. 예나 지금이나 일본인들이 혐한의식을 정당화하는 근거로 삼은 것은 '대의를 모르고 사익만 추구'하는 토왜들의 행태였습니다. 지금 일본 우파가 일본 편에 서서 한국 정부와 시민을 공격하는 한국의 족벌언론들에게서 보는 것도, '한국에 관한 정보'가 아닙니다. '대의를 모르고 사익만 추구하는 저열한 토왜 의식'입니다. 한국에서 토왜 토의식을 계승한 언론과 정당의 세력이 꺾이지 않는 한, 저들의 '혐한의식'도 줄어들지 않을 것이며, '혐한의식'에 기초한 한국 모욕도 계속될 겁니다.

지금은 150년 넘는 세월 동안 일본인들의 뼈에 새겨진 저열한 '혐한의식'을 지워줄 기회입니다. "한국인들은 대의를 모르고 사익만 추구하는 저열한 민족이니, 경제 공격을 계속하면 스스로 정권을 바꾸고 항복할 것"이라는 저들의 믿음을 철저히 부숴야 합니다. 저들의 기대와 정반대로, '대의를 모르고 사익만 추구하는' 저열한 토왜 의식을 공유하는 정치세력과 언론 권력을 확실히 청산해야 합니다. '혐한의식'에 사로잡힌 일본 우파가 무너뜨리려 하는 것을 지지

하고 저들이 지지하는 것을 무너뜨리는 게, 저들에게 우리를 '올바로' 인식시키는 길입니다. 20190719

협치

경찰은 수사에 책임을 지고, 민간인이 수사에 '협조'하는 겁니다.

영업부가 맡은 일에 바쁘면, 총무부가 '협조'할 수도 있습니다.

'통치'의 책임은 정부와 여당에 있습니다.

'통치'에 협조하는 게 '협치'입니다.

'협치'는 야당에 요구해야 하는 겁니다. 20200418

확실한 정보

삼성전자 지방 공장 경비원으로 일하다 그만둔 사람이 "이건희 사망 99% 확실하다."고 주장할 순 있습니다.

그런 사람을 스튜디오에 불러 이건희 상태에 대해 묻는 언론사가 정신 나간 거죠. 0200502

회계장부

정의연 관련 논란을 빌미로 극우 토착왜구들이 다시 "강제동원은 허구이며 위안부는 자발적 매춘부"라며 목소리를 높이고 있습니다.

조선일보와 정의연의 30년 치 회계장부를 다 공개하고 문제가 많은 쪽이 폐간 또는 해산하는 건 어떨까요?

인권, 제국주의 국가범죄, 독립운동의 정당성 등과 관련된 중차대한 문제이니, 그 정도는 걸어야겠죠. 20200522

회고록

'회고록'이라는 제목의 책에 어울리는 공통 부제는 '나는 다 잘했다' 또는 '나는 잘못한 게 없다'입니다.

이명박 회고록이나 전두환 회고록을 읽고 그 시대의 '진실'에 접근하려는 건 바보나 하는 짓입니다.

볼턴 회고록만 보고 우리 정부를 비난하는 건, 전두환 회고록만 보고 광주 시민을 비난하는 것과 다르지 않습니다. 20200623

휴가 연장

"엄마가 추미애가 아닌 서민이었어도 휴가 연장이 됐겠느냐?"라는 사람이 있기에, 굳이 한마디 보탭니다.

이명박 때 법무부 장관이었던 권재진 씨 큰아들은 자기 아버지 친구가 운영하는 공장에서 '산업 기능 요원'으로 복무했고, 둘째 아들은 현역 입영 판정을 받고도 집 근처 동사무소에서 상근 예비역으로 근무했습니다. 그러나 당시 언론들은 크게 문제 삼지 않았습니다.

박근혜 때 법무부 장관이었던 황교안 씨 아들은 전주에서 보병으로 입대했다가 두 달 뒤 아버지 친구가 사령관인 대구 소재 부대의 일반물자 저장관리병으로 보직 변경됐습니다. 얼마 후에는 다시

행정PC병이 됐습니다. 그래도 당시 언론들은 크게 문제 삼지 않았습니다.

그러나 문재인 정권 때 언론들은 조국 전 법무부 장관 아들의 '인턴 활동 증명서' 가지고도 난리를 쳤고, 추미애 법무부 장관 아들의 '휴가 연장'조차도 권력형 비리로 몰았습니다.

"엄마가 서민이었어도 휴가 연장이 됐겠느냐?"라는 질문의 답은 "그렇다."입니다. 그 사람에게 묻습니다. "이명박 박근혜 때에도 인턴 활동 증명서나 군 휴가 연장을 문제 삼은 적이 있었느냐?", "조국과 추미애가 검찰개혁을 포기했어도 이렇게 당했겠느냐?" 20200913

휴거携擧

문제의 1992년, 저희 집 가까운 곳에 다미선교회 본부가 있었습니다. 휴거된다는 그날 밤엔 산 사람들이 건물 지붕을 뚫고 하늘에 올라가는 모습을 구경하러 가기도 했습니다. 건물을 에워싼 경찰들밖에 못 봤지만.

이웃에 교수-약사 부부가 살았습니다. 당연히 잘사는 집이었고, 약 살 때마다 약봉지에 다미선교회 팸플릿을 끼워 건네던 약사의 성품은 무척 온화해 보였습니다. 저런 사람들이 왜 이렇게 황당한 사기에 당하나 싶었지만, 저들이 마땅히 누려야 할 '종교의 자유'라고만 생각했습니다.

휴거가 불발한 며칠 뒤, 교수-약사 부부는 말 그대로 야반도주를 했습니다. 휴거될 텐데 재산이 있어서 뭐 하냐는 '신념'으로 집까지 팔아 다미선교회에 몽땅 '헌금'한 상태였기 때문에 버틸 재간이 없었던 거죠. 안정된 직업이 있기는 했으나, 나이 50이 넘은 데다가 혼기를 앞둔 자녀까지 둔 사람들이 맨손으로 다시 시작해야 한다는 사실에 깊은 안타까움을 느꼈습니다. 하지만 그들에게 '선교'당했을 제자나 고객들과 그 가족들 처지에서는, 인과응보라고 할 만하다는 생각도 들었습니다.

역사적으로 모든 사이비 종교는 공공에 아무런 도움도 안 되는 '이기적 판타지'를 판매하는 다단계 사기꾼 집단이었습니다. '종교의 자유'를 악용해 '선량한' 피해자를 가해자로 만들고, 그 '선량한' 가해자가 또 다른 '선량한' 피해자를 만드는 과정을 반복시키는 악덕 업체들이었죠.

신천지 신도들이 집단 감염의 주요 매개체가 됐어도 그들이 마땅히 누려야 할 '종교의 자유'를 침해해서는 안 된다는 사람이 적지 않습니다. 사이비 종교가 근절되지 않는 것은, 그들이 '종교단체'와 '악덕 업체' 사이의 경계선상에 있기 때문입니다. 법으로는 저들을 단죄할 수 없습니다. 그렇다고 해서 사회적, 도덕적 단죄까지 포기해서는 안 됩니다. 저런 집단에 미혹되는 사람을 한 명이라도 줄이려고 노력하는 게, '이웃사랑'의 실천일 겁니다. 20200310

2차가해

왼쪽에서 때린다고 오른쪽에서 때리는 사람보다 우월해 보이지는 않습니다. 집단폭행범으로 보일 뿐.

　'조국 반대'를 내걸고 '치열히' 싸웠던 고려대 학생은 미래통합당 예비후보였고, 서울대 학생은 국민의당 비례대표입니다. 정의당 청년 후보들, 저들처럼 되지 못한 게 아쉬운 건가요?

　미래통합당, 국민의당과 한목소리를 낸 '결과'가 나오면, '깊이 반성'해도 소용없을 겁니다.

　진행 중인 재판 과정을 조금만 관심 갖고 살펴봐도, 검찰-언론이 가해자고 조국 일가가 피해자라는 걸 판단할 수 있을 겁니다. 굳이 '진보의 상식'까지 동원할 필요도 없습니다.

　'조국 장관에 더 치열히 반대하지 못한 걸 반성'한다고요? 당신들이 'n번방 피해자에게도 책임이 있다'고 주장한 〈반일 종족주의〉 저자와 다른 점이 뭡니까? 왜 검찰-언론에 의해 회복하기 어려운 피해를 겪은 조국을 다시 소환해 대중 앞에 세우는 겁니까?

　정의당 청년 후보들, 당신들이 '2차 가해자'입니다. 20200325

5 · 18이 남긴 숙제

계엄군에게 맞아 중상을 입은 상태에서 친구가 죽어가는 모습을 지켜본 사람들도 다시 혹독한 고문을 받고 법정에 섰습니다. 법원은 그들에게 사형, 무기징역 등 중형을 선고했습니다. 그때 그들을 기소한 검사들, 판결한 판사들, 그들을 폭도라고 매도한 기자들은 전두환과 한편이자 잔인한 '2차 가해자'였습니다.

5·18 이후 전두환 일당은 죄 없는 사람을 죄인으로 만들어야 출세하는 사례를 한 번 더 만들었습니다. 하지만 법과 기사를 무기로 전두환의 하수인 노릇한 자 중 이제껏 '손해' 본 사람은 없습니다. 이제껏 유족들과 피해자들에게 직접 사죄한 사람도 거의 없습니다. 이게 강기훈 씨가 유서 대필범이 되고, 한명숙 전 총리가 뇌물수수범이 되고, 서울시 공무원이 간첩이 되고, 조국 교수 일가가 감찰무마죄나 표창장 위조죄로 기소된 이유이며, 언론이 검찰 편에 서는 이유입니다.

양심을 버려야 출세하는 시대를 끝내는 것, 법이 양심 없는 자들의 무기가 되는 시대를 끝내는 것, 검-언 유착으로 없는 죄도 만드는 시대를 끝내는 것이, 5·18이 이 시대에 남겨준 숙제 중 하나일 겁니다. 20200518

n번방

고대 로마의 황제와 귀족들은 젖먹이 갓난아이까지 성적 쾌락을 얻기 위한 도구로 이용했습니다. 조선시대 지방관 중에는 관기官妓들을 상대로 온갖 해괴한 짓을 서슴지 않는 자들이 있었습니다. 박정희는 측근들과 수시로 '성 갈취'를 즐겼고, 그 현장에서 죽었습니다.

'변태'는 기본적으로 현대적 개념입니다. 옛날에는 용인되었으나 현대에는 용인되지 않는 행위, 옛날에는 '도덕적 비난'의 영역에 있었으나 현대에는 '법률적 단죄'의 영역으로 이동한 행위는 무수히 많습니다. 법률과 도덕률이 변하면 사람들의 의식도 변합니다. 이런 게 역사의 진보입니다. 하지만 시대가 변해도 과거의 의식과 도덕률에서 벗어나지 못하는 사람은 언제나 있습니다. 그래서 여러 시대의 의식이 같은 시대에 공존합니다. '과거의 의식'에 사로잡힌 자들은 늘 역사의 진보를 방해하고 저주했습니다. 그런 자들의 '과거 회귀' 본능은 특정 영역에 국한해서 발현되지 않습니다.

이른바 'n번방' 성 갈취 주범이 일베 용어를 썼다는 게 밝혀졌습니다. 그가 일베라고 단정할 수는 없으나, 일베와 정서를 공유하는 자임은 분명해 보입니다. 이제껏 일베류가 모든 영역에서 일관되게 드러낸 '패륜성'의 근저에는 '과거 회귀 본능'이 있습니다. 저들은 민주주의와 인류 평등의 가치를 배격합니다. 저들은 '강자의 패륜 만행'을 당연시합니다. 저들은 '약자 차별과 학대'를 즐깁니다. 저들은 '중세적 신분 사회'를 동경합니다. 반反민주주의, 인권 탄압, 지역 차별, 노동자 학대, 성 갈취 등 박정희 시대의 정치 경제 사회 문화 현상 전체를 동경하는 의식이, '박정희 우상화'의 배경입니다.

'n번방' 성 갈취 범죄의 원인을 '남자의 본성' 탓으로 치부해 버리면, 해결책은 남자들을 다 죽이는 것밖에 없습니다. 역사철학자 호세 오르테가는 "인간에게 본성이란 없다. 그에겐 오직 역사가 있을 뿐이다.''라고 했습니다. 우리가 '인간의 본성'이라고 생각하는 것들도 '역사적 구성물'입니다. 과거에 '도덕적 비난'의 영역에 있던 것을 '법률적 단죄'의 영역으로 옮기는 것도, 과거에 '경범죄의 영역'에 있던 것을 '중대 범죄의 영역'으로 옮기는 것도, 모두 정치가 할 일입니다. 법과 도덕의 기준이 바뀌면 사람의 의식이 바뀌고, 의식이 바뀌면 '본성'도 바뀝니다.

일베류가 퍼뜨리는 정치적 담론들, 최저임금 인상 반대, 종부세 반대, 근로시간 단축 반대, 복지 확대 반대, 특정 지역 혐오, 특정 국가 혐오, 남북 대결의식 고취 등의 근저에는 '박정희 시대의 정신'이 있습니다. 그 정신은 정치적 문제뿐 아니라 사회적이거나 성적性的인 문제에까지 일관된 면모를 보입니다. 장자연을 죽음으로 몰아갔던 자들의 행위가 'n번방' 범죄자들과 같은 이유이자, 그들이 유포하는 '정치적 담론'이 일베류와 같은 이유입니다.

'n번방' 주범과 공범 모두를 단죄해야 합니다. 그와 동시에, 저런 집단의 '더러운 본성'도 소멸시켜야 합니다. 일베류와 정서를 공유하며 그들과 같은 '정치적 담론'을 유포하는 세력을 척결하는 게, 우리 사회의 '법적 원칙'과 '도덕적 기준'을 새로 세우고, '현대'에 맞게 '인간의 본성'을 바꾸는 일입니다. 일베가 지지하는 정치세력이, 현대 '인간 본성'의 적입니다. 20200322

Yes

비행기 안에서 승무원이 "Coffee or tea?"라고 물어도, 매점에서 종업원이 "Cash or charge?"라고 물어도 "Yes"라고 대답합니다.

이 정도 '영어 실력'이 돼야 아무 말에나 'yes'라고 대답할 수 있습니다.

"반민특위가 아니라 반문특위를 비판한 것"이라는 황당한 말에 'yes'라고 대답할 정도의 국어 실력은, '한국인'이 결코 가질 수 없는 겁니다. 20190325